D1718879

La magia de la vida

Viviana Rivero

La magia de la vida

emecé
escritores argentinos

Rivero, Viviana
  La magia de la vida. - 3a ed. - Ciudad Autónoma de Buenos Aires :
Emecé, 2015.
  464 p. ; 23x15 cm.

  ISBN 978-950-04-3650-2

  1. Narrativa Argentina. I. Título
  CDD A863

© 2014, Grupo Editorial Planeta S.A.I.C.
Publicado bajo el sello Emecé®
Independencia 1682 (1100) C.A.B.A.
www.editorialplaneta.com.ar

Diseño de cubierta:
Departamento de Arte de Grupo Editorial Planeta S.A.I.C.
3ª edición: enero de 2015
2.000 ejemplares
Impreso en Tivana S.A.,
Pavón 3441, Ciudad Autónoma de Buenos Aires,
en el mes de enero de 2015.

IMPRESO EN LA ARGENTINA / PRINTED IN ARGENTINA
Queda hecho el depósito que previene la ley 11.723
ISBN: 978-950-04-3650-2

Dedicado a mi abuelo Domenico Fabris que nunca pudo volver a su Padua natal... Pero sí lo hizo a través de esa partecita que llevo de él en mis genes, esa que se emocionó cuando pisé la plaza, la calle, la estación de carabinieri. *Ese mundo que era el tuyo, Domenico, cada día hasta tus treinta y tres años.*

XXV

La razón seminal del cisne lo hace blanco
y, al nacer, recibe la blancura.

PLOTINO, *Enéadas*, VI, 1, 20

Del cisne nace un cisne,
de la semilla de un pino,
un pino parecido.

Un legado persistente nos construye.

En las manos llevo
un pasado que ignoro.

Me habita el rostro un gesto
que será de otros cuerpos.

Me acerco al mar para sentirlo,
revivo ahora un silencio
que hace siglos que para
la mirada de un hombre.

Soy alguien que fue.

CHARLES DUARTE, *El silencio*

Capítulo 1

Las familias dichosas se parecen; las desgraciadas, lo son cada una a su manera.

LEÓN TOLSTÓI, *ANA KARENINA*

Piacenza, diciembre de 2008

«Todos los jóvenes se parecen, pero los viejos lo son cada uno a su manera», meditó Benito Berni sentado en la fastuosa sala de su castillo. Llegaba a esta conclusión mientras miraba en un estante de la biblioteca el libro de Tolstói y el portarretrato de plata antigua que descansaba a su lado y lo mostraba jovencísimo. La idea de que cuando se es joven hay cientos de cuadraditos en el calendario por llenar y una historia por ser vivida, le hacía creer que esa expectativa por lo que vendrá era lo que igualaba las vidas de pocos años vividos; pero que, ahora, al llegar a los setenta y cuatro años, la historia propia que acarreaba sobre sus espaldas lo convertía en un viejo a su manera. Concluyó: «Se es viejo como se puede, cargando con la existencia que se tuvo y recordando la esencia con que uno impregnó los años».

Se levantó del sofá y una mueca de malestar se grabó en su rostro. La última década también le había traído el dolor de rodilla. Se acercó a la biblioteca. La tarde ya casi acababa y por la ventana ingresaban los últimos rayos de luz. Tomó su foto entre las manos. La imagen le mostraba su mechón de cabello rubio en la frente que volaba al viento, vestía botas altas de cuero y saco de nobuk; estaba en la puerta del castillo y un poco más allá se alcanzaba a ver un camión de mudanza. Recordaba ese día como uno de éxito;

11

sin embargo, lucía serio y su mandíbula, apretada. En realidad, si lo pensaba bien, no tenía fotos que lo mostraran sonriendo. Las únicas que lo revelaban alegre eran dos o tres de su vida de niño; más precisamente, de su vida hasta los nueve años. Hasta septiembre del año 1943.

Así de sencillo y así de complicado: una fecha y un antes y un después en torno a ella. Una jornada que determinó con qué llenaría él los cuadraditos de su propio calendario. Acomodó nuevamente la foto en la biblioteca atiborrada de libros cuando la voz de la mucama lo sacó del ensimismamiento.

–*Signore* Berni, la cena estará lista en media hora. ¿Le pongo la mesa en el comedor diario? –interrumpió Saira, la joven mujer de color, vestida con delantal y cofia de encaje blanco. Lo hizo desde la puerta, parada junto a la escultura de dos niñas hecha por el maestro Francesco Mochi.

–No... Dispóngala en el comedor dorado –ordenó.

Saira supo que el señor aludía a la sala cuyo techo estaba coronado con una moldura pintada en oro, el lugar destinado para atender a las visitas. Sin embargo, nadie había comido allí en los últimos años; al menos, nadie desde que ella trabajaba en el lugar.

–Como usted diga, *signore*... ¿Le prendo las luces? ¿Le corro las cortinas?

–No, lo haré yo –dijo terminante.

La empleada se retiró sigilosamente. Había ocasiones en que era mejor no molestar a su patrón; interrumpir a Berni en uno de sus momentos de introspección podía desatar su cólera, la cual ya había sufrido en un par de oportunidades. Pero el sueldo que pagaba, lo compensaba; trabajar en la casa de la nobleza italiana requería cierto tacto y paciencia. Y ella, con tal de recibir su pago y no tener que regresar a África, lo consentía.

Benito encendió las luces y las arañas de cristal desplegaron su brillo sobre la bella sala, los muebles antiguos, la cristalería y las pinturas costosas relucieron. Luego, fue hasta el ventanal y cerró los cortinados de terciopelo rojo. La noche ya casi caía por completo. Caminó hasta su escritorio y de uno de los cajones sacó un sobre abierto del que tomó la misiva que comenzó a leer, tal como lo había hecho una decena de veces desde que había llegado.

Roma, 3 de diciembre de 2008

Estimado Señor Benito Berni:
Nos complace comunicarle que, al fin y tras siete años de intensa búsqueda, nuestros esfuerzos han sido coronados con el encuentro de la pieza que usted nos encargó. Finalmente, el jarrón de la dinastía china Ming está en nuestro poder. En quince días, contados a partir de la recepción del depósito bancario, recibirá la pieza en su residencia.
Lo saludamos muy atentamente y le deseamos que pueda disfrutar de tan bella obra de arte. Ha sido un placer hacer negocios con usted. Y quedamos a su disposición para lo que desee.

Señor Paolo Cerezo
Galería de Arte Mancini

Volvió a meterla en el sobre. Su secretario había hecho el pago esa mañana, por lo que la cuenta regresiva de los quince días comenzaba en ese momento. Cumplidas las dos semanas, alcanzaría la meta que se había propuesto hacía muchos años. No podía creerlo. El día estaba llegando, se sentía extraño. Miró a su alrededor y se emocionó al ver todos los objetos queridos que lo rodeaban. Allí estaban todas las cosas conseguidas a través de los años: muebles, alfombras, obras de arte. En apenas quince días, ingresaría a la casa la última pieza anhelada. Toda una vida consagrada a lograr esto, a armar la casa tal como se veía en el fatídico día de septiembre de 1943. Y ahora, que estaba a las puertas de cumplir con su viejo deseo, tenía ganas de llorar. ¿De alegría? No, el sabor de su boca era amargo. ¿De tristeza? Tampoco, él siempre supo que, cuando lo lograra, ya no habría ninguna razón por la cual vivir. Las lágrimas eran de emoción. Miró otra vez a su alrededor: allí estaba el palacio tal como lo veía él desde su niñez, tal como lo había tenido su familia hasta la nefasta mañana en que su existencia se partió en dos. Y él había sido el encargado de recuperar cada objeto. La vida le había dado la revancha de poder hacerlo. Pero ese logro, lejos de darle consuelo, lo llenaba de rabia y dolor. No sentía la plenitud que había creído que sentiría. Las lágrimas se agolparon en sus ojos y el miedo a que sus sentimientos se descontrolaran lo hizo revestirse de una coraza, como siempre lo había hecho. Tragó el gusto salado ante la negación del llanto y se tranquilizó.

Un instante y ya había pasado. Había sido un momento de debilidad, uno de humanidad. Miró el reloj de la pared; marcaba las ocho de la noche.

Se sirvió una copa de su vino preferido, un *ortrubo* de la zona, y comenzó a consumar el ritual que realizaba cada noche antes de la cena: con la bebida en una mano y un lápiz en la otra, repasó el listado y punteó uno a uno los objetos con los que convivía. Por fin, tildó también el que acababa de conseguir. Sus ojos se posaron sobre las primeras palabras de la lista: mesa antigua de nogal, reloj de pared traído de Suiza por sus padres, escultura de Neptuno con tridente, cuadro de Boldini. Y continuó el repaso. Cuando lo terminara, cenaría, ya que hacerlo le llevaba exactamente veinticuatro minutos. De tanto repetirlo, lo tenía cronometrado.

Esa noche quería cenar en el comedor de oro porque era un día para festejar. Bebió el último sorbo de vino y lo decidió: cenaría en ese comedor cada una de las veladas que le quedaban hasta la llegada del jarrón porque —ya estaba resuelto— serían las últimas quince cenas de su vida. Con la llegada de la única pieza que faltaba para que la casa de los Berni recobrara aquel esplendor que tuvo hasta el día de su cumpleaños número diez, todo acabaría, incluida su propia existencia. Porque él se quitaría la vida; ya no habría razón por la cual vivir. Lo haría con la pistola *Beretta* que fuera de su padre.

La soledad era demasiado pesada; y la venganza, amarga. Habiendo cumplido su cometido ya no quedaba ningún deseo en su interior, reconoció fríamente.

Minutos después, mientras iba rumbo al comedor, se detuvo frente a las pinturas ubicadas junto a las escaleras de mármol blanco. Eran tres, las únicas que no habían ido a parar al salón de los cuadros ubicado en la planta alta. Habían sido puestas allí porque eran imágenes humanas de tamaño natural hechas con gran realismo. Las contempló con detenimiento. Esas figuras lo habían acompañado a lo largo de los últimos años. Eran las únicas que habían visto sus cavilaciones, sus dudas, su soledad; incluso, hasta podían atestiguar la emoción que le provocaba la llegada de cada objeto conseguido. Allí estaban las tres imágenes majestuosas: *La pastora*, concebida por Luca Donatello; *El carpintero*, por Manguardi, y *El maestro Fiore*, pintado por Gina Fiore, su mujer. Les sonrió sintiendo que los tres –la pastora y los hombres retratados– entendían que la despedida se acercaba. Luego, con paso lento, se marchó. La cena estaba servida.

Pero mientras se sentaba a la mesa, una nueva y férrea melancolía se asió a él: por un momento, la presencia de sus padres, Aurelia y Mario Berni, se le hizo palpable. Estaban allí y parecían acompañarlo. Sólo quince días más y se reencontraría con ellos. Los recuerdos de esa familia feliz que algún día había formado junto a sus hermanas, Lucrecia y Lucila, lo embargaron... Apretó los ojos con fuerza y pudo ver la imagen de su padre: vestía de militar, con la pistola pegada a su cintura...

Italia, septiembre de 1943

Mario Berni observó el bosquecillo que tenía enfrente y, al encontrarlo familiar y cercano a su casa, se apretó la gorra contra su cabeza en un intento de esconder su cabello rubio. No quería que nadie lo reconociese por ese camino de montaña, aunque por su altura y tamaño no era fácil pasar desapercibido. Unos kilómetros antes se había cruzado con un par de desconocidos que le habían sostenido la mirada de mala manera. Por las dudas, palpó el bulto que tenía en la cintura y comprobó que la pistola *Beretta* estuviera lista para ser desenfundada. Por esos días, el ambiente en Italia estaba enrarecido; ya no se sabía quiénes eran del bando propio y quiénes, del ajeno. Hacía una semana que deambulaba por las rutas, camino a Piacenza, donde estaban su casa y su familia. Desde que había salido de Salerno, gran parte del trayecto lo había hecho en un camioncito, pero la locura de los acontecimientos hizo que tuviera que bajarse, montarse en otro y, ahora, hacer el último trayecto a pie. Italia estaba en guerra. Y Alemania, la otrora aliada, ahora era su enemiga. En un primer momento, ni él, ni su compañía, habían podido creer que los alemanes, que estaban apostados en Italia, podían convertirse en sus adversarios. Pero la firma del armisticio del 8 de septiembre con los aliados así lo había instituido. No había dudas; a él le había quedado más que claro. Sobre todo, después de la situación vivida a la orilla del mar, en la caverna de Salerno, lugar donde se hallaba instalada su compañía el día de la firma del pacto. Recordar la imagen de lo sucedido lo llenó de horror: mientras su grupo se encontraba reunido allí, estudiando los mapas para un ataque, los alemanes irrumpieron con violencia. Tras unos minutos de caos y descontrol, los antiguos aliados les exigieron la rendición. Pero su compañía, que todavía era fiel a Víctor Manuel III, el rey de Italia, se negó y desató una ráfaga feroz de las metralletas. El primero en caer fue su amigo Ferrante Gonzaga que, al grito de «¡Un Gonzaga nunca se rinde!», se desangró frente a sus ojos. Que él estuviera vivo y hubiese podido escapar, era un verdadero milagro. Una explosión fuera de la caverna había distraído a los alemanes y le permitió escabullirse. Aunque gustoso hubiera dado la vida, porque su fidelidad era para el rey, quien les había ordenado que defendieran su posición en la gruta. Durante el último tiempo, en el interior de esta había funcionado gran parte del Estado Mayor italiano y allí se habían tomado importantes decisiones.

«No se es de la nobleza sólo por tener título de noble; se es por los valores y la valentía», eso le había enseñado su padre, el conde Berni. Al igual que a Gonzaga el suyo; por eso había dado la vida. Los Berni y los Gonzaga, ambas familias nobles, habían sido amigos y vecinos desde la época del papa Borgia. Sus castillos eran cercanos. Entre sus títulos, Berni ostentaba el de conde de Ciccolo; mientras que Gonzaga, el de marqués de Vodice.

«Patria y rey, o muerte», así los habían criado.

Pero tanto sacrificio y muerte por esa patria dolida comenzaban a parecerle absurdos en estos momentos en que las órdenes cambiaban día a día y reinaba la confusión. Ya no se sabía contra quién se peleaba. El propio gobierno italiano que, a través de Mussolini, les había inculcado que el amigo era Alemania, y ahora, después del armisticio, a través del rey y del primer ministro Badoglio, les decía que Alemania era el enemigo. Estas discrepancias habían traído la muerte de sus hombres, de su amigo, y, estaba seguro, seguiría trayéndola porque en la confusión el pueblo italiano comenzaba a dividirse en dos bandos: los fascistas, que seguirían apoyando a los alemanes; y los partisanos, que no lo harían. Inexorablemente, Italia se sumía en una guerra de guerrillas, en una guerra civil. Lo veía en los últimos kilómetros que llevaba caminando: no sólo debía cuidarse de que los alemanes no lo tomaran prisionero, sino también de cualquiera con quien se cruzase. Los que estaban en desacuerdo con los alemanes, huían a las montañas; y los que se quedaban, se amalgamaban con el enemigo, delatando a sus hermanos italianos. Bastaba que alguien portara el uniforme italiano para que los germanos lo tomaran prisionero y lo enviaran a Alemania a cumplir trabajos forzados. El día anterior, apostado en la montaña, había observado la hilera humana que caminaba junto al río; allí, a punta de pistola, los alemanes embarcaban a un millar de prisioneros. Al ver esto, había decidido quitarse el uniforme. Ya no estaba claro a quién se respondía y él quería llegar sano y salvo para ver a su familia. Después de estrecharlos en un fuerte abrazo y de garantizar la integridad de los suyos, vería cómo ponerse a disposición de los altos mandos para continuar la lucha. Por ahora, todo era confuso. Por eso llevaba el uniforme escondido en la mochila pegada a su espalda. Portaba su arma, sí, y una granada a la que sólo bastaba quitarle el seguro para volar en mil pedazos. Se había prometido a sí mismo que los alemanes jamás lo tomarían con vida; antes, prefería morir despedazado. Sabía que en Roma habían arribado de improviso paracaidistas alemanes que fusilaron sumariamente a todos los soldados italianos que habían encontrado a su paso. Los cuerpos habían quedado tirados en la calle, sin siquiera un entierro digno. Por eso, ante tanta incertidumbre y caos, él regresaba a su casa. Su mujer, Aurelia, acababa de dar a luz una hija en el castillo de Piacenza, donde vivían con Benito, su hijo varón de nueve años, y las mellizas Lucrecia y Lucila. Tendría que ser cuidadoso; no sabía bien qué lo esperaba. Había escuchado que los alemanes estaban por toda Piacenza. Y aunque él no portaba su uniforme, no hacía falta saber mucho para tener claro que los Berni habían luchado con fidelidad hacia el rey hasta el último momento. Y eso, en estos tiempos, en que la vida valía tan poco, podía costarle la suya.

Piacenza, castillo de los Berni,
septiembre de 1943

En el castillo de los Berni, ubicado en la colina de Ciccolo, los niños jugaban en el parque ante los ojos protectores de sus nanas. A pesar de la guerra, las formas no se perdían; por lo menos, no todas, porque las niñas llevaban vestidos blancos de puntillas, rodetes de trenzas en sus rubias cabezas y no se les permitía gritar aunque entablaran una verdadera batalla campal con los cachorros mastines napolitanos recién bañados por el jardinero. Muy cerca de ellas dos, Benito, el mayor y único hijo varón, tomaba clases de equitación y era corregido de manera exigente por su profesor. Los ojos de Aurelia, su madre, en camisón de encaje hasta el piso, observaban el panorama desde la privilegiada vista de la ventana de su cuarto que dominaba el parque. Ella, con el claro cabello largo lleno de rulos, acunaba dentro de la casa a la nueva integrante de la familia, la nacida hacía sólo días.

En un principio, la guerra no había cambiado mucho la vida acomodada de los nobles como los Berni, pero, al extenderse la contienda, algunos hábitos se iban trastocando y por más que se dispusiera de dinero, a veces, costaba conseguir ciertos alimentos, la nafta para el auto era un lujo y los viajes se hallaban suspendidos por completo, al igual que las fiestas. Ya no se celebraban ni los cumpleaños. No era época para festejos, como tampoco para clases especiales. Con pena, Aurelia Berni había tenido que suspender las de pintura y escultura y prescindir del profesor Rodolfo Pieri. Resignada, sólo había autorizado que sus hijos continuaran con las de equitación, impartidas por uno de sus trabajadores; y las de historia, que las daba la institutriz de la casa. Despedir al hombre le había dado pena. Era, sin dudas, un apasionado del arte. Lo había visto contemplar por horas algunas pinturas, como el retrato hecho por Giovanni Boldini, de quien se confesaba admirador. Pero lo terrible de desocuparlo era que el pobre Pieri tenía una familia por alimentar y se quedaba sin trabajo. Pero, ¿qué hacer? En estas épocas, ya sea por dinero, o por riesgo, todo debía reducirse. Aun así, ella cuidaba los detalles del castillo para que los niños no sufrieran demasiado los cambios. Y lo lograba, porque ellos crecían felices; lo comprobaba esa tarde por la ventana al observarlos reír con ganas. Su familia era su tesoro; en especial, para ella, que no había tenido una de niña. La suya, lo era todo y más; como así también, lo era el amor de su marido. Por eso se llenaba de ansiedad al saber que las costas de Salerno que él defendía habían sido tomadas con violencia por los alemanes.

La encargada de la cocina se presentó ante la señora de la casa y la sacó de su contemplación. Quería instrucciones y ella se las dio:

—Cenaremos en el comedor dorado. Ponga la mesa para mí y los niños y agregue un plato más. Mi hermano, que viene de Verona, nos acompañará –dijo y volvió a mirar por la ventana.

Su hermano le había dicho que necesitaba hablar sobre un asunto importante, traía novedades de lo que estaba aconteciendo con los alemanes. A Aurelia, el corazón le dio un vuelco. ¿Y si le daba una mala noticia de Mario, su marido? Y de su boca salió sin su permiso:

—¡*Puttana guerra!* ¡*Puttana guerra!*

La mucama, que continuaba en el cuarto, la miró desconcertada. No era propio de su señora hablar así, jamás lo hacía. Una voz infantil siguió al insulto:

—¡Mamá, esa palabra no se debe decir!

Se dio vuelta sorprendida. Su hijo Benito acababa de entrar a la casa y le hablaba desde la puerta. Ella, con la mirada en la ventana y la niña en brazos, no se había percatado de su presencia.

—¿Has terminado ya con tus clases de equitación? ¿Te ha ido bien?

—Sí, muy bien.

—Entonces, prepárate para la cena.

—¿Puedo cargar a la niña?

Ella dudó. Benito venía de estar con los caballos y seguramente ni se había lavado las manos. Pero lo que le pedía era una de esas cosas que luego unían a los hermanos.

—Está bien, pero ten cuidado –dijo con ternura y se la entregó.

Benito le canturreó un rato a la beba. Y luego, sin saber qué más hacer con ella, se la devolvió a su madre.

—Mi profesor dice que cabalgo tan bien, que ya estoy en condiciones de hacer un viaje de varios kilómetros. ¿Tú crees que podría ir a caballo hasta donde está papá?

—¿Hasta donde está tu padre? –repitió Aurelia conmovida.

—¡Sí! Tal vez, podría ayudarlo. Ya estoy grande. ¿Has visto hasta dónde llego? –le preguntó. Y caminando hasta la puerta, se apoyó contra el marco donde estaban las marcas que atestiguaban su crecimiento.

Aurelia medía a sus hijos cada seis meses y la prueba quedaba registrada en esa puerta. No le importaba que se arruinara la pintura, ni que el marco quedara desprolijo. Para ella, lo importante eran sus niños y no las puertas del castillo. Esta era una costumbre instaurada por su marido Mario Berni, pero, tras partir a la guerra, ella la había tomado a su cargo.

—¡Es verdad! ¡Estás más alto! —exclamó al ver por cuánto pasaba esta nueva medición a la última. Y agregó—: Pero no será necesario ir a caballo a ver a tu padre. La guerra terminará pronto y él regresará.

Sabía que mentía, pero era necesario mantener el mundo infantil a salvo, cubierto de felicidad y protección.

—¿Cuándo terminará, mamá? Extraño jugar a las espadas con él.

La última frase le rompió el corazón. Aurelia no tenía esa respuesta.

* * *

Dos horas después, la familia ya había cenado y ella y su hermano hablaban en la sobremesa aprovechando que los niños se habían retirado a sus aposentos.

—Dímelo todo. Explícame cómo fue en Verona —le pidió—. Quiero saber cómo fue que los alemanes tomaron el poder en esa ciudad esta semana.

—Después de una breve resistencia, la guarnición de Verona y su comandante, el general William Orengo, fueron desarmados. Él, incluso, fue deportado por las fuerzas alemanas. Pero aún hay tiroteos por todas partes. Ya sabes que algunas personas se están organizando y hacen ataques. Los partisanos han declarado una verdadera guerra de guerrillas.

—¡Qué horror! ¿Y en Milán?

—Igual. Ocupada Milán, detuvieron al general Vittorio Ruggero, el comandante de la plaza, y lo deportaron a Alemania, junto con sus soldados.

—¿Y qué harán ustedes? —dijo refiriéndose a él, a su cuñada y a sus sobrinos.

—Nos vamos, Aurelia. Eso quería avisarte. Nos vamos a las montañas, a la casa que la familia de mi mujer tiene allí. Ya sabes, todo es muy rústico, pero será mejor acarrear agua del río que perder la vida. Tú deberías hacer lo mismo...

—Lo sé. Dicen que de un momento a otro comenzarán los bombardeos, pero debo esperar a Mario...

—Mario vendrá en cualquier momento. Y cuando llegue, deberán irse.

—¿En verdad crees que vendrá? —preguntó con el rostro lleno de ansiedad.

—Es que si no ha sido tomado prisionero, tiene que hacerlo. Si no, ¿a dónde irá?

—A veces temo que esté muerto. Imagínate que dicen que Salerno fue tomada con mucha violencia y muertes —Aurelia puso en palabras los temores que no la dejaban dormir; y al hacerlo, sus ojos claros se llenaron de lágrimas. Su hermano estaba por responderle cuando alguien habló desde la puerta:

—¡Mi padre no está muerto! ¡No está muerto!

Benito, vestido de pijama, les gritaba a los dos.

—Hijo...

—Mamá, soy grande, déjame quedarme y enterarme de las noticias que cuenta el tío.

—Déjalo, Aurelia... Es verdad: no le hará mal estar al tanto de lo que está sucediendo. Ya casi cumple los diez años y estamos en época de guerra.

Sin muchas ganas, la madre permitió que pasara. Era verdad: cumpliría los diez años en sólo dos días.

Un rato después, Benito ya dormía en su lecho y el hermano de Aurelia se subía a su vehículo en la oscuridad de la noche. Pero antes de partir, se acercó a ella y le dijo en voz baja:

—Hay algo más que quiero decirte porque es necesario que estés preparada. Los alemanes han ingresado en algunas casonas de las familias importantes y han decomisado sus obras de arte más valiosas.

—¿Qué?

—Sí, como lo has escuchado —dijo y le nombró tres familias de alcurnia muy cercanas—. Puede que también vengan al castillo a querer llevarse tus cuadros, tus esculturas y...

—¿Y qué haré?

—Nada. Se los tendrás que dar. Tu vida y la de los niños valen más. Lo único que podrías intentar es esconder algo en el sótano de la caballeriza. No creo que busquen allí. O en la casillas de los empleados, pero asegúrate de que no sean fascistas, sino, terminarán delatándote —le advirtió, en alusión a los dependientes que vivían en las casas que rodeaban el castillo.

El rostro de Aurelia se contrajo de aflicción; las cosas cada vez se complicaban más. Se preocupaba de que sus hijos crecieran felices en medio de la guerra, de que su marido regresara sano y, ahora, además, tendría que pensar en salvar las obras de arte que había en su casa.

—Mantente atenta, Aurelia. Estoy seguro de que Mario vendrá en cualquier momento. Si lo hace, envíame un mensaje con la gente de la panadería. Ellos son de confianza y, ya sabes, van seguido a Verona; aunque, tal vez, ya no estemos allí...

Aurelia, preocupada, asintió con la cabeza, y luego de un par de frases más, lo despidió con un beso y bendiciones de protección para el viaje que estaba por emprender.

Tras ingresar a la casa, pasó por el *hall* y se detuvo frente a la sala principal. La miró con cariño: era el lugar más bello de la propiedad, atiborrado de obras de arte adquiridas por la familia Berni a través de las generaciones. Sus ojos se posaron sobre el jarrón de la dinastía Ming y la colección de estatuillas etruscas; luego, su mirada recorrió el marco laminado de oro del enorme espejo, el tapiz antiguo y la colección de cuadros que descansaba en la pared principal. Admiró por un instante el retrato pintado por Tiziano, que refulgía junto a otros. No podía perderlo. No podía perder esas obras de arte; eran parte de la historia de la familia, eran la herencia de sus hijos. Por lo menos, no todas. Y de inmediato, decidió que por la mañana temprano las llevaría al sótano de la caballeriza, donde a nadie se le ocurriría buscar. Durante décadas, el lugar no se había usado. Estaba por ir en busca de uno de los empleados para explicarle el plan del día siguiente cuando desde arriba le llegó el llanto de su bebé. Permanecía al cuidado de la nana, pero seguramente quería su leche. Se tocó los pechos y lo constató: era hora de la comida de su hija. Muchas mujeres de su posición utilizaban los servicios de una nodriza, pero ella disfrutaba amamantando a su beba. Estaba convencida de que era bueno para la niña más allá de que la medicina de la época sostuviera lo contrario. Subió las escaleras rumbo al cuarto y mientras lo hacía vio en la pared otros tres cuadros queridos: *La pastora*, de Luca Donatello; *El carpintero*, de Manguardi; y *El maestro Fiore*, de Gina Fiore. Con estos también tendría que hacer algo; los quería demasiado para perderlos, pensó, mientras el reloj dio las campanadas de las diez de la noche.

Florencia, 1943

En la ciudad de Florencia, el reloj del restaurante *La Mamma* también marcó las diez de la noche. A pesar de que su dueña, Rosa Pieri, no ofrecía cenas desde que la guerra había recrudecido, esa noche abrió porque debía atender una mesa grande.

Hacía unos días, desde que había sido tomada por los alemanes, la ciudad estaba conmocionada. El general italiano Chiappa Armellini, que estaba a cargo, los había hecho pasar sin oponerse. Desde entonces, el gobierno germánico se dedicaba a la captura y el desarme del ejército italiano. Aun en medio de estas anormalidades, la gente seguía comiendo; sobre todo, los alemanes, que, con dinero en el bolsillo, se movían como dueños y señores por todas partes. Su primo, Rodolfo Pieri, que ahora vivía en Milán, pero que años antes había compartido su residencia entre esa ciudad y Florencia, le había pedido que armara una cena para un grupo de oficiales alemanes. Y ella, aunque de mala gana, había tenido que hacerlo. En *La Mamma* no se le negaba la comida a ningún cliente; y menos, si pagaba bien. Además, tenía cierto compromiso con su primo porque le había aportado los datos que ella le había pedido sobre el paradero del cuadro que buscaba su amigo Fernán de Argentina. Rodolfo, después de haber investigado, le había dicho con claridad dónde se hallaba el retrato de Fiore pintado por su mujer, Gina. Conocía bien la casa porque había dado clases allí. Pero con la guerra todo se había complicado y Rosa y Fernán no se habían podido comunicar durante los últimos meses.

Cuando Rodolfo le pedía algo, como en esta oportunidad, Rosa trataba de ayudarlo porque, por culpa de la guerra, él se había ido quedando sin trabajo. Ya nadie estaba interesado por sus clases de arte y pintura. Hasta no hacía tanto, su primo dejaba a su familia en Milán y se instalaba por algunas semanas en un lugarcito del centro florentino donde enseñaba pintura. Pero la guerra había acabado con el interés popular por el arte y ahora sólo le quedaban unos pocos alumnos particulares, casi todos hijos de familias adineradas. Puesto que la gente suspendía más lo superfluo —y estas clases lo eran—, no sabía hasta cuándo seguiría dictándolas. Rosa imaginaba la ansiedad de su primo, quien debía afrontar ciertas dificultades para darle de comer a su familia. Era evidente que él, siempre tan ambicioso, planeaba hacer una tarea para los alemanes. Rosa no entendía muy bien cuál; tampoco le interesaba saberlo porque cuanto menos se supiera, más seguro se vivía. Pero había sido inevitable escuchar algunas frases en la sobremesa. Durante la comida, los militares sólo se habían dirigido la palabra entre ellos, pero al terminar de comer, como si recién allí hubieran descubierto a Rodolfo, le dieron instrucciones con frases secas y cortantes, mitad en italiano, mitad en alemán. Ella había distinguido algunas palabras que se repetían: «cuadros», «obras de arte», «confiscación», «ejército alemán», «vencidos», «vencedores», «dinero».

El grupo alemán terminó de tomar el café, pagó la abultada cuenta y se marchó.

Rosa se acercó a su primo, que escribía una lista en un papel.

—¿Quieres otro café? ¿Está todo en orden?

La voz de ella lo volvió a la realidad.

—Sí, todo salió muy bien, gracias. Por favor, si puedes, sírveme otro café. Necesito trabajar un rato más; luego, me iré —respondió.

—¿Te quedarás en Florencia?

Rosa se dio cuenta de que su primo, antes muy solicitado, ya no pasaba largas temporadas en Florencia para enseñar. Pieri, que siempre había estado yendo y viniendo de Milán, ahora casi ni aparecía.

—Sí, pero sólo esta noche; mañana parto —respondió Rodolfo, rogando que ella no le preguntara dónde pernoctaría. Si lo hacía, tendría que contarle que los alemanes habían pagado su noche de hotel.

—Entonces, te traeré un café y también un paquete con comida para que mañana se lo lleves a tu familia.

—Gracias, prima, muchas gracias.

Los alimentos se habían vuelto el bien más preciado. Rosa fue a buscar lo prometido y él se quedó redactando su lista. Esa noche, todo había salido bastante bien. Ahora le tocaba a él la parte de recordar, traer a la memoria las obras de arte que había visto para poder señalarlas. Algunas, las importantes y bellas, venían rápidamente a su mente:

1. Estación de *carabinieri* de Padua: cuadro valioso...
2. Casona de la familia Panetto: tres pinturas importantes y una escultura antigua...
3. Castillos de Piacenza...

Mordió la punta del lápiz. En esos castillos de Piacenza había mucho... Y recordó:

3. Castillo de los Berni: un Tiziano, un Boldini, una colección de estatuillas etruscas, una escultura de...

Él las había visto durante las clases que les impartía a los niños Berni. En realidad, durante las lecciones que ofrecía a las clases acomodadas, había conocido y apreciado personalmente casi todas sus obras de arte. Y esta tarea de información y señalamiento que le pedían los alemanes o la hacía él, o la haría otro. Era inevitable que los vencedores se quedaran con el botín. Se decía que los alemanes tenían compradores para todo en los países neutrales y que el Führer estaba armando un gran museo propio. Pero... ¿a quién podía importarle esto cuando se pasaba hambre? Nadie amaba el arte como él, pero ahora su prioridad era darle de comer a su familia.

Minutos más tarde, salió de *La Mamma* y se subió contento a su vehículo. La suerte mejoraba y algunas cosas cambiaban para bien, como volver a usar su auto. Después de meses sin utilizarlo por falta de combustible, esa semana los alemanes le habían provisto gasolina. Los oficiales querían sus servicios y se lo habían dicho claramente: habría compensaciones para los italianos que cooperasen. Sólo tenía que ver hasta qué punto se involucraba porque sería criticado. Su prima Rosa había hecho una mueca de disconformidad cuando entrevió lo que escribía en el papel, y ella no sería la única molesta. Pero este era un momento histórico para sacar provecho. Tal vez, con prudencia y sigilo, no sólo daría de comer a su familia, sino que también haría realidad algunas ambiciones económicas que amasaba desde hacía años. Observó la hoja de papel con toda la información que, doblada en dos, descansaba en el asiento y pensó cuánto valía lo escrito allí. Si sabía mover bien las piezas de este ajedrez, esos datos le servirían no sólo para subsistir, sino para ganar mucho dinero.

Capítulo 2

Buenos Aires, 2008

Si alguien mirara desde arriba, más precisamente desde el techo del cuarto, o desde más arriba aún, vería a una joven pareja desnuda, tendida en una cama, donde el pelo claro de él se confunde con el oscuro y largo de ella. Pensaría, entre otras cosas, que se están contando intimidades y profundidades después de hacer el amor. Pero si en la mano tuviera una cámara y acercara el zoom buscando un primer plano, constataría una realidad muy distinta.

Emilia pensaba esto de la imagen que ella misma conformaba con Manuel en ese momento y jugaba al juego que le gustaba: imaginarse la manera en que Dios debía mirar el universo, acercándose cuando algo le interesaba como si tuviera la lente de una cámara, aproximando el zoom hasta ver los detalles, igual que si la escena estuviera bajo la lupa. Sólo que esta vez, el juego se le antojaba cruel porque en esa cama estaban ella y Manuel, ella y el hombre con quien compartía la vida desde hacía tres años. Y no se contaban intimidades, mucho menos se decían ternezas.

—¡Estados Unidos! —exclamó Emilia abriendo desmesuradamente sus ojos verdes mientras se incorporaba en la cama. Lo que acababa de escuchar la había sacado del letargo en que se hallaba.

—Sí, Estados Unidos —respondió Manuel que, acostado a su lado, cruzó los brazos sobre su pecho desnudo y sin vello, resignado a comenzar una discusión.

—¡Una beca! ¡Nunca me contaste que enviaste una solicitud! —protestó Emilia mientras traía el acolchado desde la punta de la cama para taparse. Escuchar a Manuel contar tan livianamente sus planes de irse a otro país le hacía no querer estar desnuda delante de él. Aunque Manuel también lo estuviera, porque recién acababan de hacer el amor.

—Es que Martincho envió un formulario a la universidad de Arizona y me propuso que hiciera lo mismo. ¡Qué sé yo! Lo hice de manera casi inconsciente, para acompañarlo... jamás pensé que me aceptarían.

Manuel era cambiante, pero esto se pasaba de la raya. Emilia sentía ganas de llorar. La noticia la desarmó. Mirar el rostro de él entusiasmado con vivir un año en Estados Unidos la desencajaba. Manuel nunca le había dicho nada de ese plan, ni de esa solicitud a la Arizona State University, ni tampoco de querer irse. Si había alguien que siempre había estado interesada en visitar o trabajar en otros países era ella. Y si no lo había hecho fue porque existía la relación con Manuel. Llevaban tres años juntos, viviendo un poco en el departamento de él, un poco en el de ella, pero siempre juntos y pensando que en cualquier momento alquilarían uno más grande para los dos. Así que no entendía cómo, de un día para otro, el hombre con el que había pasado los últimos tres años de su vida, le estaba planteando un cambio tan radical... Esto sí que no se lo esperaba; se sentía traicionada. ¿Qué pasaría con ellos? ¿Qué pasaría con su relación? Los últimos meses habían sido malos. Sí, la pareja no estaba en su mejor momento. ¡Pero irse un año!

—¿Cuánto hace que lo sabés?

—Me llegó el *mail* de aceptación hace tres días.

—¡Tres días! ¡¡Me lo podrías haber dicho antes!! O por lo menos hoy, antes de que hiciéramos el amor.

—No quise arruinar el momento.

Él solía ser ciclotímico. A veces quería algo y al poco tiempo lo dejaba de lado.

—¿El momento...? ¿Te preocupás por el momento? Estás arruinando el día, la semana... —estaba por decir «Mi vida», pero su amor propio se lo impidió, y sólo agregó—: Decime, Manuel, ¿realmente querés irte a Arizona por tanto tiempo?

—A ver, Emilia, querer, querer... no sé, pero es una gran oportunidad. Dicen que a esa beca se presentan cientos por año y que me hayan dicho que sí a mí es una oportunidad que no puedo despreciar. Tengo treinta y cuatro años. No quiero seguir dando clases de historia en la universidad de por vida. Esto me abre puertas para escribir el libro que siempre quise.

Sí, pensó Emilia, «tus» clases de historia, «tu» libro, «tus» treinta y cuatro años. Yo tengo treinta y tres años, soy periodista y no hace tantos rechacé la oportunidad de ir trabajar a España al diario *El País* por vos, Manuel. Y a punto de poner este pensamiento en palabras se detuvo: ella era la única culpable de esa decisión. Cuando surgió la posibilidad, debería habérselo propuesto a Manuel, pero no lo hizo. Y ahora debía cargar con aquella elección. Se calló, pero nombró el meollo del asunto.

—¿Y nosotros? ¿Qué va a pasar con nosotros? —interrogó sin disimulos.

—Y nosotros la seguimos por *Skype*.

—¿Por *Skype*...? ¡Ay, Manuel, no seas ridículo!

—Bueno, claro que también vendría a Argentina...

—¿Cuándo? ¿Cada cuánto? —preguntó nerviosa. Sin darse cuenta, se deshizo el rodete con las manos. Siempre que estaba ansiosa lo hacía.

—Cada tres meses... o cuatro —la voz poco convincente de Manuel agregó—: Parece que no estuvieras contenta... Esto es una oportunidad.

—Es que para nosotros, esto es lo mismo que cortar.

—No es lo mismo. Pero ya veo que querés empezar a discutir de nuevo como lo venimos haciendo todos los días durante las últimas semanas. La verdad, Emilia, que me pone mal que seas tan egoísta y que no te alegres por mí.

—¿Que yo sea egoísta? ¿Que no me alegre? ¿Qué mujer se alegraría de que su pareja se vaya un año a vivir a diez mil kilómetros? —No esperó la respuesta y volvió a recogerse el pelo en un rodete.

—Lía, pero si somos sinceros, tenemos que reconocer que hace mucho que no estamos bien. Cada vez tenemos menos en común.

—¡Ah! ¿Es eso? Entonces no pongas la excusa de la beca. Querés que la acabemos y esta es tu escapatoria perfecta —se soltó el pelo otra vez.

Emilia hubiera querido agregar que era él quien cada vez tenía menos cosas en común con ella, y no al revés; que era él quien en los últimos meses se venía alejando, pidiéndole espacios. Pero fue Manuel el que habló:

—Creo que la separación nos permitirá ver mejor las cosas... La verdad, yo no estoy dispuesto a dejar oportunidades por esta relación que viene en caída libre. No sé, necesitamos espacio y mi viaje nos vendrá bien.

–¡Listo! ¡Está todo dicho! –reconoció Emilia. Y al hacerlo, sintió deseos de llorar desconsoladamente. Pero otra vez su amor propio vino en su auxilio; se levantó con rapidez envuelta en el acolchado de flores y, al llegar a la puerta del baño, lo dejó caer al piso y entró desnuda. Allí dentro se miró el rostro en el espejo. Sus ojos verdes estaban más claros que nunca, como le pasaba cuando estaba a punto de quebrarse emocionalmente. Pero no se pondría a llorar delante de él. No, señor. Se observó de nuevo. Su cabello oscuro lucía revuelto. Lo peinó con la mano y volvió a recogerlo en un improvisado rodete. Se puso una remera blanca que encontró colgada al lado de la toalla y se alegró de que fuera bien larga. Era extraño, pero lo que Manuel le acababa de decir la ponía tan a la defensiva que hubiera querido cubrirse con una túnica larga hasta el piso para que no le viera ni los tobillos. Hasta le molestaba estar descalza. No se podía estar desnuda frente a un traidor; aunque este fuera Manuel Ruiz, su Manuel, el hombre que quería y de quien estaba enamorada. Al pensarlo, ya no pudo contenerse: dos o tres lágrimas resbalaron por sus mejillas. Se las limpió rápidamente y en minutos estuvo fuera.

En la cocina encontró a Manuel con el *jean* y la camisa a cuadros puestos; él también se había vestido.

–Me parece que lo mejor es que me vaya.

–No hace falta... No salgas en ayunas, tomate un café.

–No es necesario. Entiendo que estés enojada.

–Tomemos un café... –esta vez, su voz sonó a súplica. Y agregó–: ¿Cuándo te irías a Estados Unidos?

–En una semana. Las clases están comenzando ahora. Así que no puedo demorarme más.

–Una semana... –dijo y otra vez le volvieron las ganas de llorar.

Se levantó, preparó la cafetera y puso los dos individuales que habían comprado el fin de semana en San Telmo, hacía un par de días, cuando fueron a pasear. ¿Cómo había hecho Manuel para maquinar todo un viaje y seguir viviendo lo más tranquilo?

–Mirá, Emilia, yo...

–No digas nada –los ojos de ella se pusieron más verdes que nunca.

–Lo que quiero decirte es que en cuatro meses yo estaría viniendo y veríamos cómo estamos. Claro, además, nos vamos a escribir y hasta nos podemos hablar, aunque es complicado por lo caro, ¿viste?

Emilia no le respondió, sirvió café en dos tazas y puso unas galletitas en la mesa.

Muy campante, Manuel tomó el paquete y se comió tres, una detrás de la otra. Eran las que tenían pepitas de chocolate, sus preferidas. Observándolo, Emilia pensó que ya no necesitaría comprarlas más; total, a ella no le gustaban. Tampoco compraría alfajores, ni todas esas cosas dulces que él siempre andaba buscando por la alacena de la cocina y que odiaba tener porque se las terminaba comiendo ella, cuando ni siquiera le atraían. Encima, engordaban.

—¿Querés que te cuente...? —preguntó él. La voz lo delataba. Era imposible no darse cuenta de que estaba entusiasmado con el viaje. Emilia lo conocía demasiado.

—Contame —aceptó ella.

Y los siguientes cuarenta minutos se quedaron sentados a la mesa hablando de cómo haría su partida, del pasaje, de cómo se organizaría para subalquilar el departamento mientras no estuviera y trató de explicarle el complicado trámite para obtener su licencia laboral en la Universidad de Buenos Aires. Ninguno de los dos quiso tocar nuevamente el tema de qué sucedería con ellos como pareja; hablarlo podía quebrar la precaria paz en la que se habían instalado por ese breve momento. Emilia no deseaba llorar delante de él y Manuel no quería irse preocupado, ni con cargo de conciencia.

Pero antes de una hora, él se retiró y ella comenzó un llanto largo que duraría hasta la noche. Para Emilia, esa había sido la despedida, porque por más que Manuel la visitaría dos veces durante la semana siguiente y hasta harían el amor una vez más, ella lo sentiría distante, con su mente y su corazón puestos en otro país. Aunque por momentos le había parecido que él aún la amaba y que sólo era un chico para quien el viaje era un juguete nuevo; por otros, lo había sentido lejano y diferente. Manuel era así, inconstante.

* * *

Cuando Manuel se marchó la mañana de ese viernes triste y gris, Emilia, que había pedido el día en el trabajo —porque con esa cara de llanto no podía escribir ni una línea—, se quedó toda la tarde en pijama, sentada en el sillón, meditando acerca de qué haría con su vida. Necesitaba hacer algo durante esos meses, si no, ¡se volvería loca! Los ojos azules y el pelo claro de Manuel la acompañaban en todo momento. Los veía en cada mirada de igual color que la observaba y en cada cabeza rubia con la que se topaba en la calle. Pensaba que tendría que hacer un cambio porque la tristeza la embargaba. Sin embargo, una idea consoladora se instalaba en su mente: ellos se habían querido y saberlo la salvaba de sumergirse por completo en la oscuridad más absoluta.

Tomó el último sorbo de su café cuando escuchó el portero eléctrico. Su amiga Sofi venía a hacerle compañía. Ella era incondicional para todo, desde unírsele en la oficina, donde ambas trabajaban para hacerle frente a Marco, el jefe de la revista, hasta para ponerle el hombro si había que llorar por amor. Pero en este momento, por más buena voluntad que pusiera, estaba muy lejos de comprender lo que ella sentía. Sofi acababa de regresar de su luna de miel y estaba en plena etapa de felicidad. Emilia recordaba cómo sólo un mes atrás habían estado bailando en ese casamiento con Manuel, y ella, entre romántica y divertida por las copas de *champagne* que había bebido durante la noche, le había preguntado:

—¿Y a nosotros, nos ves casados?

Él respondió:

—El matrimonio no es para todo el mundo, ni para todas las épocas. Y no siempre tiene que ver con el amor.

Con esa ridícula respuesta se tendría que haber dado cuenta de lo que pasaba. «¡Qué estúpida había sido!», se reprochaba Emilia, echándose la culpa de todo. Estaba en plena fase de autocompadecimiento cuando la puerta se abrió.

—Ey, ¿qué es esto? ¿Un velorio? —dijo la voz jovial de Sofía.

—Y… más o menos.

—Pero sirvió para que no fueras a trabajar. Así que, Emilia Fernán, querida amiga, quiero felicitarte por la decisión. ¡No puedo creer que hayas faltado! ¡Muy bien! Vas mejorando.

Sofía creía que esto era un verdadero milagro; su amiga, una especie de Sarmientito que nunca faltaba, siempre cumplía con todo y era exigente al máximo con ella misma.

—Es que realmente me sentía fatal.

—Me imagino. Pero ahora, cambiate, que vamos a dar una vuelta.

—No, no tengo ganas.

—Es que tengo que darte un notición y si estás acá, encerrada, en vez de bueno, te va a parecer malo.

31

—¿Quééé? ¿Cuál noticia?

—Haceme el favor, Emi, sacate ese pijama y bajemos a tomar algo al barcito de la esquina.

Con pocas ganas, Emilia comenzó a sacarse las pantuflas. No podría negarse; su amiga no se daría por vencida.

En minutos estaban abajo, sentadas frente a frente, pidiendo un té chino y un café.

—Escuchá, no me digas que no. Antes, dejá que te explique.

—¿Qué te traés, Sofi...?

—Hace un par de días lo volví loco a Marco con una propuesta para una serie de artículos. Y él me dijo que lo iba pensar y que me respondería. Lo hizo hoy.

—¿Qué le propusiste? —Emilia sabía que a su jefe no le gustaba nada que no naciera de su propia iniciativa.

—Le pedí que reflotáramos la idea de hacer la producción sobre los restaurantes europeos.

—¿Cuál?

—La que queríamos hacer sobre «comida de madre» versus «platos sofisticados» en España e Italia.

—¡Ah, sí! ¿Y qué dijo?

—Que sí, que quiere que le demos ese enfoque. Además, que en lugar de la notita tonta con la receta de siempre, quiere que para la sección *Cocina* hagamos una superproducción que combine la gastronomía europea con las secciones de *Viajes* y *Turismo*.

—Pero, ¿cuál es el notición? —Emilia, en su estado, era inconmovible.

—Que decidió que una de nosotras viaje a Italia y España. Y claro, como yo soy una señora casada, te toca a vos.

—Ah, Sofi, lo hiciste a propósito.

—Un poco... —puso cara de inocente.

—Pero yo no tengo ganas de ir.

—¡Claro que irás! ¿Para qué querés quedarte acá, llorando por los rincones? ¡Tenés que ir a buscar algún amor allá!

—Yo no quiero ningún amor. No por ahora.

—No me digas nada. Ya lo pensarás. Hay un par de días. Dale, ahora, contame cómo fue la despedida.

—Fatal.

—Bueno, ahora tenés que dedicarte a disfrutar un poco de la vida.

—¿Disfrutar? ¿Mientras Manuel no está?

Sofía no entendía por qué su amiga era tan propensa a negarse a gozar de la vida. Pensaba que Emilia era demasiado estricta consigo misma y eso era justamente lo que le traía problemas con los hombres. Siempre comiendo lechuga para no engordar, matándose en el gimnasio para estar firme y quedándose en la oficina después de hora para tener todo listo, superando toda exigencia. Ni hablar del departamento, que lo tenía como un hotel, brillante y limpio a más no poder, con cada cosa en su lugar y todo muy bien decorado.

—Dejame darte algunos consejos de cómo permitir que la vida simplemente transcurra —dijo Sofi riéndose. Ella jamás se quedaba fuera de hora, siempre tenía unos kilos de más y odiaba hacer *gym*. Pero era feliz.

El mozo sirvió el café para Sofi y el té chino para Emilia. Le agradecieron, se retiró y ellas, retomando la charla, conversaron como lo hacen las mujeres cuando se necesitan unas a las otras.

* * *

Frente al espejo del baño, Emilia se recogió el cabello en una coleta. Lo solía llevar así por comodidad y más en un día en el que debería afrontar un viaje de doce horas. El pelo le llegaba recto casi hasta la cintura. Jamás se hacía nada, ni siquiera un tono más claro porque las tinturas no iban con su inclinación ecológica. Se puso brillo en los labios y se dedicó a la valija: agregó dos pantalones de *jean*, una bikini por las dudas y la cerró con esfuerzo; llevaba bastante ropa. Para esa fecha, de día y con sol, en Europa haría calor; pero de noche todavía estaría fresco. Era una maleta bien grande. Planeaba quedarse un par de meses. Las notas pautadas con Marco también servirían para las ediciones italiana y española de la revista. La idea de publicarlas al mismo tiempo en Argentina y en las versiones europeas la entusiasmaba porque, sin dudas, era también una excelente oportunidad profesional. Su jefe le dijo: «Llevó su tiempo que nos atiendan, pero fue sencillo convencerlos. El tema les interesa y les gustó mucho la nota que hiciste sobre los sabores y lugares de Buenos Aires». Era gracioso que justo ella, que no tenía ninguna inclinación especial por la comida, escribiera sobre manjares y otras delicias. Odiaba cocinar y comer era un trámite. Si por ella fuera, viviría a pan y queso. Porque cuando no tenía hambre, no quería ponerse a cocinar; y cuando lo tenía, le faltaba paciencia para hacerlo, así que realmente no se explicaba cómo era que sus notas sobre este tema le habían salido tan bien. Incluso, había recogido muchos y buenos comentarios. Sería porque, a pesar de que se trataba de comida, desarrollaba los temas de sus artículos con sentimiento, con pasión.

La nueva perspectiva profesional era muy alentadora, pero seguía desgarrada por la partida de Manuel. En los últimos días había recibido de él dos correos bastante cortos; en uno, le decía que había llegado bien; y en el otro, le contaba pequeños detalles de la estadía y le prometía que, en cuanto estuviera más tranquilo, harían *Skype*. Ella le había respondido contándole de su viaje, pero él aún no le había escrito sobre la noticia. Y ahora que se iba, ni siquiera tenía la certeza de saber si Manuel estaba al tanto de que ella estaría viviendo en Europa los próximos meses. Esta idea le dolía, la hacía sentir aún más lejos de él. De su grupo de amigos se había despedido la noche anterior con una cena en la casa de Sofía; de su hermano mayor, Matías, que vivía en Brasil, con una larga llamada. Y ahora esperaba a su padre, que vendría con su mujer, para llevarla a Ezeiza. Le daba pena pensar que, si su madre o su abuela estuvieran vivas, seguramente le estarían dando un buen consejo con respecto a qué hacer con Manuel. Hacía casi diez años que había perdido a Irene, su madre; y dos, a su abuela Abril, quien había muerto a los ochenta y nueve años. Y, claro, todavía las extrañaba. Una de las cosas que haría en este viaje sería cumplir con un eterno encargo que le había hecho su abuela en las oportunidades que la había visto empacar sus valijas rumbo a Europa: averiguar sobre un cuadro que fuera de la familia de su amado marido Juan Bautista. Entre las muchas obras de la pinacoteca, la abuela siempre había ponderado el retrato de la madre de Juan Bautista, un cuadro pintado en Italia que tenía tras sus espaldas una larga historia. Solía decir, además, que a esa pintura le faltaba otra con la que hacía juego. El padre de Emilia tenía en su casa ese cuadro con la imagen de la mujer vestida de rojo. Pero, según la abuela Abril, faltaba el retrato del hombre. Aparentemente, los padres de su abuelo Juan Bautista, ambos pintores italianos, se habían retratado uno al otro con la idea de que los dos cuadros estuvieran siempre juntos. Se decía que ellos se habían amado mucho. Y era una pena que la familia aún no hubiera logrado unir las dos pinturas. Esta vez, ella iba a Europa con tiempo y trataría de averiguar el destino del cuadro del hombre, ese del que tanto le había hablado su abuela.

Controló que en la cartera estuvieran el pasaje y el pasaporte. Y mientas lo hacía, atendió el portero eléctrico; era su padre. Cuando abrió la puerta, él le sonrió. En lugar de venir con su mujer, había llegado con su propio hermano.

—Vamos, hija, vine con tu tío para que nos ayude con las valijas. Vilma no podía venir; está dando clases en el instituto. Te mandó sus saludos.

—¡Pero si tengo una sola! ¡Qué raro ustedes dos juntos, no puede ser! —dijo Emilia sonriendo y estampándoles un beso a cada uno. Su padre y su tío eran mellizos y siempre se las arreglaban para andar juntos por la vida, ya de sea de trámite, de paseo o haciendo favores.

Su tío le retrucó:

—¡Ey, Emi! ¿Qué más querés? ¡Tenés dos hombres para hacerse cargo de tus bártulos! Que, por lo que veo, son bastante grandes —la enorme valija roja refulgía bajo sus ojos.

—Es que son varios meses —se justificó. Pero su voz sonó con pena al recordar lo largo que se harían sin Manuel.

Su padre, que estaba al tanto de la situación a través de una llamada informativa que le había hecho Emilia, al verla triste, le cambió de tema.

—Aquí te anoté el nombre del pintor del cuadro que debés buscar: se llama Camilo Fiore. Y el nombre del restaurante, *La Mamma*. Allí, tal vez, alguien tenga alguna pista.

—¿Qué fue lo último que te dijo la abuela Abril cuando habló con vos de este tema?

—Que desde ese restaurante, una mujer de nombre Rosa les avisó que el cuadro estaba en Florencia, en manos de una familia adinerada, pero que cuando estaban a punto de recuperarlo, se desató la guerra y perdieron las comunicaciones. Cuando retomaron los contactos, esta mujer, Rosa, ya había fallecido.

—¿Hicieron contacto con otra gente?

—Intentaron un poco más. Pero imaginate que tus abuelos, Abril y Juan Bautista, tuvieron que dedicarse a la crianza de un par de mellizos y de cuatro niños más. ¡Todo un familión! Y si a eso le sumás los cargos políticos que tuvo tu abuelo… No había tiempo para andar preocupándose por un cuadro perdido en medio de la guerra.

Por la memoria de su abuela y el cariño que le tenía, Emilia haría las averiguaciones necesarias. Por otro lado, también se ponía contenta, porque la pesquisa la tendría entretenida en algo más que no fuera su trabajo. Era una manera inteligente de estar alejada del correo y del teléfono, esperando en vano noticias de Manuel.

—Bueno, vamos... —escuchó decir a su padre.

Ella afirmó con la cabeza, y antes de cerrar con llave el departamento, dio una última mirada a los objetos familiares del *living*; sus ojos se posaron en el portarretrato que estaba sobre el mueble y mostraba una pareja en el Tigre. Manuel y ella, sonrientes, hacía dos meses, durante el último fin de semana largo, en el que pasaron unos días preciosos, llenos de pasión. ¿Cómo se podía cambiar tan pronto? Una punzada le hizo doler el estómago y cerró la puerta con fuerza.

Ya en el auto, su padre y su tío se la pasaron dándole indicaciones del cuidado que debería tener en el aeropuerto de Fiumicino y en el metro de Roma e insistiéndole que no se olvidara de comer y que se alimentara bien, porque ya bastante flaca estaba. Lo hacían tal como si ella fuera una niñita o como si nunca hubiera vivido sola o estado en Europa. Ella se los permitió con una sonrisa, necesitaba un par de hombres que la quisieran bien. Y a veces, el amor de padre y de tío consolaba y era lindo sentirse niñita, sentirse hija y no sólo una mujer independiente. A los treinta y tres años, lo sabía muy bien.

En el aeropuerto, una vez que se despidió de ellos, subió al avión y se instaló en su asiento, junto a la ventanilla. Cuando despegó, vio por el vidrio cómo los árboles se hacían pequeñitos y el suelo argentino quedaba lejos, cada vez más lejos. ¿Qué le depararía este viaje? ¿Algo emocionante? ¿O sólo sería extrañar? «¿Cambiará algo en mi vida?», se preguntó sin imaginar que, a su regreso, todo y más, habría cambiado para ella. Porque regresaría siendo otra, una mujer completamente diferente en todas las áreas de su vida, aun las inimaginables.

Si alguien de arriba, desde muy alto, hubiera observado lo que no se ve, pero que existe, hubiera descubierto hilos invisibles entre esta morocha de pelo largo y ojos verdes y ese rubio que se hallaba del otro lado del Atlántico ordenando su ropa y sus libros en el nuevo departamento de la Arizona State University. Hubiera visto, también, los hilos que la unen con dos hombres italianos: uno, mayor, renegado de la vida; y otro, joven, vital y lleno de esperanza.

36

Si hubiera alejado la lupa, o si la cámara hubiese tomado un plano alto y abierto, hubiera visto a estos tres hombres influenciando la vida de Emilia de una manera tan decisiva que nos asustaría. Tres individuos, tres maneras de tomar la vida, tres existencias que influirían para siempre en la de ella.

Por suerte, la lente bajó y se concentró en Emilia, en el habitáculo del avión, más precisamente en la azafata que le preguntaba: «¿Carne o pasta, señorita?». Entonces, una oleada de normalidad y trivialidad inundó el aire.

* * *

En cuanto Emilia llegó a Roma, tomó el tren que la llevaría a Florencia. La idea era instalarse allí y visitar primero los restaurantes del norte. Luego, recorrería los del sur y, finalmente, los de España. Era un plan por demás emocionante, pero de sólo pensarlo ya sentía cansancio. Sobre todo, después de haber pasado la noche en el avión. Había dormido poco, el hombre del asiento de al lado había roncado por horas y el menú le había caído mal.

Pero el tren era excelente y en menos de dos horas, en las que disfrutó de un bello paisaje, había llegado a Florencia. Su compañera de asiento, una joven francesa, le había dado las instrucciones necesarias para llegar. Emilia manejaba ese idioma a la perfección, al igual que el inglés, pero se lamentaba de que del italiano sólo entendiera las palabras que sonaban parecido en español.

Para pasadas las tres de la tarde ya se hallaba instalada en el lugar que la editorial le había conseguido sobre la calle Borgo San Jacopo. Era una hermosa propiedad antigua que había sido subdividida dando paso a cuatro departamentos. Uno, era el de ella. Todos llevaban a un gran *hall* en cuyo extremo había una puerta doble de madera tallada de, al menos, unos quinientos años, que comunicaba a la calle. Emilia agradeció la buena suerte de que el lugar fuera en planta baja; sería más cómodo que andar subiendo y bajando escaleras. Miró a su alrededor: sólo era un cuarto con una cama doble, un bañito, una cocina con su mesa y sus sillas. Junto a la ventana de cortinas moradas, había un sofá de igual tono y una mesita. Todo bien pequeño, como era clásico en Europa, pero confortable y agradable como para pasar un par de meses. Las alacenas se mostraban impecables, y el baño, también. Con eso, a ella le bastaba.

Emilia ordenó la ropa en el *placard*; tenía la idea de salir a hacer unas compras para aprovisionar la heladerita del lugar, pero como aún no terminaba de juntar fuerzas para hacerlo, buscó reponerse tendiéndose un rato en la cama para descansar; la realidad fue que terminó quedándose dormida por un par de horas. Cuando despertó, había caído la noche y le pareció que lo mejor era dejar las compras para el día siguiente. Pensó que debía ir a cenar, pero todavía se sentía un tanto descompuesta. Buscó su *notebook*; quería abrir su correo. Tal vez, su jefe le había dejado alguna instrucción o, tal vez, Sofía, o su padre... ¿A quién quería engañar? Ella sólo quería ver si Manuel le había escrito. Pero cuando abrió el correo lo constató: no lo había hecho. Había, sí, un correo de Sofía, otro de su padre pidiéndole que avisara cómo había llegado y uno referido a su trabajo, en el que le anunciaban que el lunes debía reunirse con el jefe de redacción italiano; por suerte, el hombre le había escrito en inglés. Mientras respondía el correo, pensó que recién era viernes por la noche, por lo que tendría todo el fin de semana para reponerse del viaje. Y eso le mejoró el ánimo.

Decidida a no salir a la calle, se contentó con las galletitas que le habían quedado del avión. Las comió mientras respondía los correos e ingresaba a Internet buscando datos. Era la madrugada cuando se dio cuenta de que llevaba dormida varias horas con la ropa puesta y la luz prendida. Por la ventana aparecían los primeros rayos de claridad del día.

* * *

Temprano, se dio un baño, se vistió y salió a la calle. Fue al negocito de un chino que, en un local de dos por dos, tenía todo lo que podía hallarse en un supermercado. Compró lo indispensable y volvió al departamento. Mientras acomodaba las provisiones, comió una manzana y decidió salir: almorzaría en alguno de los lugares que sería objeto de su nota. También, si podía, quería averiguar de algún gimnasio. Era demasiado tiempo para estar sin hacer una rutina.

Se puso un pantalón de *jean*, una camisa blanca y sandalias tostadas de taco bajo y se recogió el pelo en una coleta. Caminaba por la calle Santa María, intentando decidir en qué lugarcito de su lista almorzaría cuando recordó que por esa zona debería estar el restaurante *La Mamma*, el lugar que le había anotado su padre y en el que podrían darle información sobre el cuadro. Decidió matar dos pájaros de un tiro y buscar el lugar; pero tras veinte minutos de infructuosa búsqueda, desistió. *La Mamma* no estaba por ningún lado y ella se estaba sintiendo mal del hambre.

Ingresó a *Buon Giorno*, uno de los restaurantes que estaba entre los recomendados. El lugar era luminoso, con estilo sencillo, pero cuidado. Emilia escribiría entre sus apuntes que era uno de esos salones que hacían sentir al comensal en la cocina de su propia casa. Le pareció perfecto. Sería uno de los que representaría a la «comida de madre» versus los «platos sofisticados» de su nota. Contenta con el lugar, se ubicó en una mesa junto a la ventana. Desde el mostrador, el encargado le hizo un saludo amistoso y le sonrió. «Lindo italiano», pensó Emilia, mientras lo observaba: rasgos armoniosos, pelo castaño, ojos oscuros, amplia sonrisa; estaba a punto de devolverle el saludo cuando el mozo se le acercó y le entregó la carta. Sin pensarlo mucho, eligió una ensalada de verdes y quesos y un agua mineral.

Mientras esperaba su plato y tomaba su copa de agua, recorrió el lugar con la vista. Un par de veces sus ojos se posaron en el encargado, quien, invariablemente, le sostenía la mirada con una sonrisa. El atractivo hombre de unos treinta y ocho o treinta y nueve años era un simpático seductor, que ratificaba la fama bien ganada de los italianos. En Buenos Aires jamás serían estas las reglas. El misterio —y hasta la histeria— era lo común; no esas sonrisas francas y simpáticas. Por un momento pensó: «¿Y por qué no?». Tal vez aquí hubiera un italiano apuesto y agradable, como este encargado. Al fin y al cabo, era una mujer soltera y, para peor, despechada. Podía mirar a quien quisiera.

Con el plato sobre la mesa, decidió concentrarse en la comida y olvidarse de todo; pero bastó probar un bocado para recordar que la última vez que había comido ese plato había sido con Manuel, en un restaurante de Puerto Madero. Comió el segundo bocado y no pudo evitar rememorar las palabras de aquella cena. Durante el postre, él le había contado que una compañera de trabajo quería irse a Estados Unidos con una beca. Y recordó, también, cuánto le había llamado la atención que la nombrara tanto. ¡¡Por Dios!! ¿No sería que…? No, no podía ser. Lo pensó una y otra vez.

Su mente actualizó imágenes, conversaciones. ¡Cómo olvidar el día en que le dijo que se iría! La cámara se acercó… era una pareja que acababa de hacer el amor y el hombre decía: «beca», «Estados Unidos», «Martincho».

Habían pasado cinco minutos y ella seguía sacando conclusiones nefastas. Sólo había probado dos bocados, su plato seguía lleno y otra vez se sentía descompuesta. Quería irse.

Llamó al mozo y pidió la cuenta. La comida estaba intacta. El hombre se la trajo de inmediato y le preguntó en italiano:

—*¿I formaggi non vanno bene?*

—No, no... Los quesos están buenos —dijo ella.

—*¿Desidera cambiare l'insalata?*

Emilia, que no entendía bien todo lo que el hombre le decía y que se sentía a punto de desmayar y hasta nauseosa, se levantó intempestivamente y se dirigió a la puerta. En ese estado, alcanzó a ver que el encargado la observaba nuevamente, pero esta vez, serio. Temerosa de pasar el bochorno de caerse allí mismo, en pleno restaurante, apuró aún más su andar sin volverse a mirarlo y se marchó. En la calle, agradeció la bocanada de aire fresco. Sentía que el aire la volvía a la vida. ¡Carajo! ¡¿Es que Manuel iba a estar en cada uno de los momentos de este viaje?! ¡Y ella que pensaba que en Europa podía escapar de él!

* * *

Ya en el departamento, buscó su computadora. Le escribiría a Sofía para contarle sus sospechas de que Manuel había viajado tras otra mujer. Si bien no estaba segura de nada, descargarse la haría sentirse mejor. Lo hizo, pero tras apretar «Enviar» no se sintió mejor, sino peor. Resolvió hacer lo que había pensado que haría recién en una semana: hablarle a su padre. Necesitaba su voz cariñosa.

Un par de minutos y tenía comunicación.

—¡Hola, papi!

—¡Emilia! ¡Qué sorpresa! No pensé que hablaríamos tan pronto. ¿Qué hora es allá? ¿Estás bien?

—Sí, pa, todo bien, acá es el mediodía. Era para avisarte que ya me instalé y todo está en orden.

—Me alegro... ¿Necesitás algo de Buenos Aires?

—No, este... No, pero... ¿Ustedes no han tenido noticias de Manuel...? Digo, porque ya veo que él se comunica con Argentina y yo estoy acá.

—No, hija, no habló.

—Bueno, nada, sólo eso, quedate tranquilo que acá los tanos me tratan de diez.

—Claro, como corresponde, no te olvides de que mi padre era italiano —dijo refiriéndose a Juan Bautista, quien había sido adoptado por argentinos, pero era hijo biológico de los pintores italianos Camilo Fiore y Gina, la mujer cuya imagen con vestido rojo colgaba en el cuadro ubicado en la sala de su casa. Juan Bautista se había encargado de que el padre de Emilia, su hijo, se interesara por la cultura latina y aprendiera a hablar el italiano. De hecho, Miguel Fernán, luego de enviudar, mientras perfeccionaba el idioma, conoció a su segunda mujer, Vilma, que ahora le daba clases particulares de italiano.

—Papá, si pasa algo importante, te hablo; lo mismo vos. Ahora corto porque sale carísimo.

—Chau, hijita. Te quiero.

—Yo, también. Besito.

La voz familiar y cariñosa la había hecho sentirse mejor. Ahora, sólo necesitaba dormir un rato. Cuando lo hiciera, seguro, vería todo de otra forma. Se tapó hasta el cuello, descansaría una horita. Esperaba conciliar el sueño.

En pocos minutos, estaba profundamente dormida y, contrariamente a lo que había pensado, pasarían varias horas hasta que despertara.

* * *

Eran las siete de la tarde y Emilia ya no sabía qué pensar: había dormido un montón y seguía con sueño, se sentía mal del estómago y casi no había comido. El malestar ya le preocupaba. Se hallaba aquí, lejos de todo, y de todos, y al día siguiente debía trabajar. Manuel no se había comunicado y cada vez que pensaba en eso se sentía descompuesta. Tenía que superarlo o tendría problemas graves.

Se levantó. Iría a la farmacia para conseguir algo parecido a la *Buscapina* o al *Sertal*. Había visto una grande en la misma cuadra del negocio del chino; aunque debía apurarse para llegar antes de que cerraran. La tarde del sábado avanzaba.

Llegó al lugar justo a tiempo. La farmacéutica, una señora mayor de cabellos blancos, estaba a punto de cerrar, pero con una seña le permitió pasar y la saludó de forma simpática en un cerrado italiano. Al escucharla, Emilia pensó que sería complicado explicarle los síntomas y que le entendiera que necesitaba lo más parecido a un *Sertal*. Intentó con el inglés:

—*Please, I need... Sertal.*

La mujer le sonrió confundida y le dijo en italiano:

—¿Me repite, por favor?

Emilia intentó en italiano: «*vomito*», «*pancia*»... Le hizo señas de asco por la comida y se tocó el ombligo hasta que a la mujer, muy concentrada en sus gestos, se le iluminó el rostro. Se dio vuelta y del estante que tenía a sus espaldas extrajo una caja y se la entregó. Emilia extendió las manos, pero al tomarla y ver lo que decía, comprendió. Y sonriendo, le dijo:

—Oh, no, no, no... —la mujer le estaba dando un *test* de embarazo.

—*I'm not pregnant. I have only nausea...* ¡No estoy embarazada, sólo tengo náuseas!

La mujer la miraba y asentía con la cabeza mientras decía: «*Sí, sí, sí*».

—No, no, usted no me entiende —e insistía, mitad en inglés y mitad en italiano—: *It can not be... I... I only had morning sickness...* ¡Vomito! ¡Solo la mattina! ¡Sólo en la mañana!

Y mientras decía las últimas palabras, sintió que en su interior una duda se transformaba en terror. Y que el cielo raso de la farmacia se caía sobre su cabeza, encima de su vida entera.

—No, no, no, no, no, no, no... —dijo.

Y pensó: «Sí, sí, sí... ¡Nooooooooo! Sí... Podía ser...».

Y ante sus ojos, como una película, aparecieron los besos en la cama de la cabaña del Tigre durante aquel fin de semana largo, las caricias de los días previos a la partida y todo lo demás. A pesar de no estar bien, Manuel y ella jamás habían dejado de tener sexo.

La farmacéutica sacó de un cajón una tira de *Maalox* e intentó intercambiarla con la caja del *test* de embarazo que Emilia todavía sostenía en sus manos. Y por un instante, Emilia sostuvo una lucha interior: no sabía si devolvérselo y hacer como si la duda no existiese, de que todo era un malentendido de idiomas, o quedárselo y tener que enfrentar la posibilidad... la terrible posibilidad de que su existencia podía partirse en dos. La nueva perspectiva marcaría un antes y un después. La resistencia de la mano de Emilia, que no dejaba de apretar la caja del *test* mientras tenía los ojos fijos en ella, hizo que la facultativa exclamara en italiano:

–*¡Madonna Santa!* ¿Lo quiere o no? ¡Si ha estado con un hombre, puede estar embarazada! Decídase.

Emilia, que no había alcanzado a entender, pero que ya había tomado una decisión, aceptó el *test* y la tira de *Maalox*. Le entregó tres billetes y se marchó sin esperar los dos euros de vuelto. Tampoco percibió que, desde la caja, la mujer le indicaba que esperara la moneda.

En minutos caminaba las dos calles más largas de su vida, y al mismo tiempo, las más cortas. Porque, por un lado, quería llegar urgente al departamento para hacerse el *test*; pero, por otra, deseaba demorarse para no enterarse nunca si estaba o no embarazada.

Ni bien abrió la puerta del departamento, sus dedos nerviosos rompieron sin paciencia la caja del *test*. Rumbo al baño para resolver la duda, miró la computadora y le pareció ver que marcaba la llegada de un *mail*. ¿Y si era de Manuel? Abandonó el *test* y miró bien. ¡Sí, era un correo nuevo! ¡Sí, era de Manuel! Desesperada, lo abrió. ¿Y si le decía que la extrañaba? ¿Y si ella estaba embarazada y se lo contaba y Manuel se ponía a festejar? ¿Y si ellos dos se...?

Las letras saltaron a su vista y dejó de soñar:

Hola, Lía, ¿cómo has estado? Yo, por aquí, muy bien. Ya me he acostumbrado al campus. Es un lindo lugar y hay varios argentinos, aunque en general todos los estudiantes son muy abiertos y agradables. La verdad es que me hice de un grupo bárbaro, con el que me voy este fin de semana de visita al Gran Cañón. Nos queda cerca y dicen que es una experiencia única. ¡Estaremos sin teléfonos y computadoras por tres días! Esa es la condición para la excursión que haremos, la que será todo un aprendizaje. Bueno, Emilia, espero que estés bien y que estos tiempos te sirvan para pensar como me están sirviendo a mí. ¡Cierto que ahora estarás en Europa! ¡Qué sorpresa me dio la noticia! Cuando puedas, contame un poco de eso. Te dejo porque ya me pasan a buscar. Un abrazo.

Manuchi

El *mail* no era muy alentador. Era evidente que casi se había olvidado de que ella le había contado que estaba en Europa. Lo único bueno era la firma. Había puesto «Manuchi», como le decía ella de forma cariñosa. Nadie más lo llamaba así. Un tanto descorazonada, miró la caja del *test* y volvió a su propio drama. Seguía con náuseas. Y eso que, en lo que iba del día, sólo había probado dos bocados de la comida de *Buon Giorno*. Sentada frente la compu, tomó la valentía para lo que le tocaba hacer. Jamás había pensado que esta situación sucedería aquí y de esta manera. Alguna que otra vez, había fantaseado con este escenario. ¿Qué mujer no? ¡Pero no así! Manuel viviendo en un país; ella, en otro... ¡Y con un futuro incierto! ¿Y si realmente estaba embarazada? Bueno, no era una niña: tenía treinta y tres años, disponía de un buen trabajo y podía enfrentarlo bien. Pero no sin Manuel; sin él, no quería. Se sintió desbordada, con su vida en descontrol y con ganas de llorar. Se levantó y se encerró en el baño.

* * *

Una hora después, Emilia se hallaba sentada en el borde de la cama, frente al espejo. Tenía la tirita del *test* en la mano. Desde que había salido del baño, la dejaba y la tomaba una y otra vez y se decía a sí misma en voz alta: «¡Es sí! ¡Es, es, es...! ¡Carajo! ¡Estoy embarazada!». No sabía si ponerse contenta o tirarse por la ventana. Esto sí que no se lo esperaba. Embarazada. Embarazada. Embarazada. La cabeza le explotaba. ¿Qué hacer? ¿A quién contarle? ¿A su padre y su familia? No, por ahora. ¿A Manuel? Él estaría un fin de semana largo sin comunicación. Además... ¿cómo lo tomaría? Ni siquiera le había puesto «Te quiero» en ninguno de los últimos tres correos. Pensó en Sofía. No, seguro que la retaría, le diría de todo. Y por ahora, no estaba para eso. ¿Y si volvía a la Argentina? ¿Qué ganaría con eso? Perderse de hacer las notas, quedar mal en el trabajo, justo cuando más necesario le sería. Y además, todavía faltaba mucho para que naciera. Porque ese bebé nacería; ella jamás haría otra cosa. No era una adolescente para escapar de lo que le tocaba, aun cuando le tocara sin un hombre al lado.

Se miró a sí misma con detenimiento en el espejo grande del cuarto, como queriendo reencontrarse con la Emilia que ella conocía y vio las sandalias bajas de color tostado: casi no usaba taco, era alta y le gustaba la practicidad. Las uñas pintadas a la francesita: lo hacía por Manuel, que le encantaba; y sin embargo, él estaba a muchos kilómetros sin importarle nada de ella, menos sus francesitas. Vestía *jean* y camisa blanca: amaba la sobriedad. Era delgada, su peso nunca le había dado trabajo. Comía siempre de dieta y hacer gimnasia era sagrado, pero ahora estaba delgadísima. Llevaba sólo un anillo y un par de aritos de brillantes que nunca se quitaba. Se maquillaba poco, tenía pecas pero no le interesaba; eran parte de su personalidad. Y cómo no reconocerlo: su buena piel y sus ojos verdes heredados de la abuela Abril, siempre la habían ayudado. Miraba en el reflejo del espejo todos los detalles y se daba cuenta de que ahora no importaban. Ni siquiera habían servido para conservar el amor del hombre que quería y del cual ahora esperaba un hijo. Se sintió negativa. Ella, que siempre se había preocupado de estar bien, de desarrollar el intelecto estudiando y capacitándose, de ser mejor en lo emocional —«No hacer mal a nadie y hacer el bien a todos», era su lema—; ella, que siempre se exigía en todo, ahora se hallaba en medio de una situación que, en lo inmediato, la desconcertaba. «Mi vida, tal como la conocía, despistó. Es un vuelco», pensó. «Y lo mejor es que comience a dominarlo.» Era inevitable que hubiera un cambio grande, así que intentaría que, al menos, le sirviera para vivir diferente; tal vez, incluso, mejor. Intentaba pensar de manera valiente, pero estaba muerta de miedo.

Dejó la tirita sobre la mesa de luz, se sacó la ropa y se puso el pijama. Todos los pensamientos la ponían a la defensiva y la llenaban de adrenalina. Tenía que parar la cabeza, distraerse. Prendió la tevé. Y así, con el aparato prendido, estuvo varias horas, mezclando noticias e imágenes con el pensamiento que le rebotaba como un eco: «¡Un hijo! ¡Un hijo!». Hasta que a las tres de la mañana, finalmente, se durmió.

* * *

A varios kilómetros de allí, en un castillo de Piacenza, un italiano, un hombre mayor, se despertaba. Su noche tampoco había sido buena, pero las razones de sus desvelos eran muy diferentes a las de Emilia. Sólo que a él y a Emilia, sin saberlo, los unían los hilos invisibles de la vida.

Capítulo 3

Piacenza, 2008

Día 1

Benito Berni, en su castillo, esa mañana se levantó antes de que
despuntara el alba y desde temprano se dedicó a juntar y ordenar papeles. Había citado al notario para darle instrucciones. Quería dejar
todo listo para cuando él ya no estuviera en este mundo. Sólo tenía
quince días para organizarse. Después, todo habría acabado.

Y ahora, siendo ya la hora del almuerzo del día uno, sentado frente
al notario en el sillón de su escritorio, fríamente le daba las instrucciones de lo que quería que hiciera cuando él partiese a mejor vida.

—Señor Berni, usted me dice que quiere hacer un museo de su
castillo. Pero no hace falta que nos apuremos tanto. Si ese proyecto
se hará recién cuando usted fallezca, podemos realizar los trámites
con tranquilidad.

—Uno nunca sabe cuándo llega el momento de partir.

—Es verdad, pero admitamos que usted está espléndidamente.

—Señor Magani, le pido, por favor, que se limite a cumplir mis deseos, que para eso le pago. Aplíquese cuanto antes a hacer los papeles
necesarios para que esta casa, cuando yo ya no esté, sea intocable, para
que nadie pueda sacar ni un ladrillo, ni una copa, nunca.

—Sí, claro, como usted diga. Le traeré los pliegos.

—Acelere las gestiones, redacte los papeles que debo firmar y tráigalos cuanto antes.

—Así lo haré —dijo el notario. Pensó que Berni era un hombre extraño y cascarrabias. Algunos decían que había vuelto a armar la casa de sus padres sólo por venganza. Era evidente que ese lugar era su santuario y quería asegurarse de que cuando estuviera muerto, nada fuera cambiado de sitio. Un loco.

Dos o tres frases y los dos hombres se despedían en la puerta principal. Berni, agotado por la mala noche, decidió pasar por alto el almuerzo e irse a descansar. Suicidarse y que, después de muerto, todos cumplieran lo que él quería, no era tarea sencilla, pensó sarcásticamente. Intentó subir a sus aposentos, pero a mitad de la escalera de mármol, su rodilla no le permitió seguir y tuvo que aguardar un momento en el descanso de la escalera cubierta por la alfombra roja de vivos negros. Y allí, mirando los oscuros dibujos, fue asaltado por sus visiones del pasado. Primero, las rechazó; no quería hundirse en los recuerdos, necesitaba estar lúcido para organizar lo que se avecinaba. Se esforzó por pensar sólo en los trámites, pero no pudo librarse de las remembranzas. Esa alfombra roja de arabescos negros era la misma... la misma...

Piacenza, 1943

Aurelia y su hijo Benito empujaron el cuadro de Tiziano que acaban de descolgar de la sala, y al apoyarlo en el descanso de la escalera, el marco se atascó en la alfombra roja, los hilos negros del arabesco se enredaron y quedaron prendidos al marco.

—¡Merda! —exclamó Aurelia.

—¡Mamá! —la retó su hijo.

—Perdón... —dijo ella sintiéndose culpable. Durante los últimos tiempos tenía que enfrentar cosas muy diferentes de las que estaba acostumbrada, por lo que los improperios más de una vez salían de su boca sin que ella se diera cuenta. Estaba volviéndose una mala influencia para el lenguaje de sus niños.

—Va a ser imposible que hagamos esto nosotros dos solos —dijo la mujer después de intentar levantar el cuadro. El marco pesaba demasiado.

—No, mamá. Contemos hasta tres y lo movemos juntos. Papá me

enseñó que así se mueven las cosas pesadas. Cuando cambió de lugar el cofre que tiene en su escritorio, lo hicimos así.

Aurelia se enterneció y suspiró. Los primeros rayos de sol ya entraban por las ventanas. Había querido hacer este traslado en medio de la oscuridad de la madrugada, pero la tarea había resultado más complicada de lo imaginado. Pronto las mellizas despertarían y faltaba poco menos de una hora para que la servidumbre se presentara, como cada mañana, en su aposento para que les impartiera las instrucciones del día.

Decidió darle una oportunidad al plan de su hijo.

—Uno, dos, tres... —contaron juntos y la pintura salió del atasco. Tomándola cada uno de una punta, la subieron escaleras arriba con esfuerzo y la ingresaron al cuarto de Aurelia. En la frente del delicado rostro femenino caían dos gotitas de sudor.

—Ven, ayúdame —le pidió a su hijo.

Benito se acercó, y con cuidado, los dos empujaron la cama de ella. En el piso de madera, luego de sacar la alfombra, quedó descubierta una tapa disimulada. La abrieron. Era un escondite secreto que, Aurelia explicó, ni la servidumbre sabía que estaba allí.

—Este será nuestro secreto —dijo ella en voz baja.

—Sí —respondió Benito encantado, sin saber qué era lo que más le gustaba: si estar al tanto de que allí había un escondite o creer que su madre lo consideraba lo suficientemente grande como para compartir con él lo que acababan de hacer.

Una vez que escondieron el Tiziano, volvieron la cama a su lugar y taparon la zona con una alfombra, tal como estaba antes. Luego, sonriendo cómplices, exhaustos, se tendieron en la cama boca arriba. Descasaban cuando un ruido extraño se escuchó en la ventana. Aurelia, inmóvil, agudizó el oído. ¿Era su imaginación? No. Otra vez el sonido... «Toc... toc...»

Madre e hijo se sentaron en la cama... «Toc... toc...»

Benito se levantó de un salto y ella intentó detenerlo agarrándolo de las ropas, pero no alcanzó a sujetarlo.

—¡No, Benito...! ¡No!

El niño apoyó el oído al postigo y escuchó atento por unos instantes.

—Son piedras, mamá. Alguien está tirando piedras —dijo y pegó los ojos a una rendija.

Y luego de unos segundos, que para Aurelia parecieron eternos, él exclamó:

—¡Es papá! ¡Es papá! ¡Te lo juro!

* * *

Media hora después, el cuarto matrimonial de Aurelia exultaba de algarabía. Las mellizas correteaban alrededor de la cama queriendo atraparse, Benito intentaba captar la atención de Mario Berni, a quien no le alcanzaban los ojos para mirar a cada integrante de la familia. ¡Qué largo tenían el pelo las niñas y qué parecidas estaban! ¡Cómo había madurado Benito! ¡Qué bonita era la beba…! Y Aurelia, en camisón y con el cabello revuelto, estaba más hermosa que nunca. ¡Qué felicidad estar en su cuarto! ¡Qué limpio era todo, qué sucio estaba él y qué peligrosa se veía la granada en ese cuarto de terciopelo lleno de niños! A pesar de haberla depositado sobre un mueble alto, bien arriba, donde sólo llegaban sus manos, era un objeto que no tenía nada que ver con su casa.

Aurelia, que mientras acunaba a la pequeña, miraba el cuadro, no entraba dentro de sí misma de tanta felicidad. Su marido había regresado sano y salvo. Sólo que ahora habría que ver cómo continuaban con la vida, porque por toda Italia los alemanes estaban tomando prisioneros a los soldados italianos y deportándolos a Alemania. Finalmente, una de las mellizas atrapó a la otra y ambas soltaron un chillido fuerte.

—¡*Ragazze!* —exclamó su madre sobresaltada. Ni siquiera la servidumbre se había enterado del regreso de Berni. Por seguridad, necesitaban, urgente, un plan a seguir. Pensó que debería reunir a todos sus empleados en la sala para pedirles que tuvieran extrema discreción hasta ver qué sucedía en la ciudad y cómo se desenvolvían los acontecimientos. Pero la idea no le terminó de gustar. Entre ellos había algunos fascistas acérrimos y eso, a la larga, pesaría más que el cariño que le tenían a su familia. No era descabellado suponer que alguno terminara delatando a su esposo. Precisaba hablar de esto con Mario ya mismo. Su esposo, dominado por idénticos pensamientos, le ganó de mano:

—Aurelia, necesitamos hablar…

—Sí —respondió ella quedamente.

Florencia. 1943

Esa misma mañana, mientras los Berni festejaban, muy cerca de allí, Rodolfo Pieri se acomodó la ropa y pensó: «A lo hecho, pecho». Acababa de salir de una nueva reunión con los alemanes y sentía que su suerte había sido echada, porque si bien había intentado no comprometerse tanto, ellos no andaban con medias tintas. Puesto a decidir, había primado su ambición y lo había hecho por el bando alemán. Esperaba no arrepentirse. No creía que sucediera porque las noticias que se oían no eran alentadoras para los italianos. El Estado Mayor había quedado formalmente disuelto, y las tropas, desorientadas y confundidas. El rey Víctor Manuel III y el primer ministro Badoglio, junto a otros altos funcionarios y amigos, habían huido de Roma en siete coches. La ciudad había capitulado y si bien el ejército alemán había autorizado un gobierno provisional encabezado por el general italiano Carlo Calvi di Bergolo, ese efímero acuerdo había sido cancelado; los soldados italianos, desarmados, y Bergolo, finalmente, detenido. Poco a poco, Roma se transformaba en el centro logístico clave para alimentar el frente. Los alemanes habían copado la ciudad con un costo exiguo: un centenar de bajas y quinientos heridos; mientras que entre las fuerzas italianas, la cifra ascendía a seiscientos muertos; la mitad, civiles.

En Piamonte, los alemanes habían neutralizado rápidamente las tropas italianas presentes; en Milán, el comandante de la plaza, general Vittorio Ruggero, había intentado negociaciones, pero después de dos días, cuando parecía que había logrado un acuerdo, los alemanes ocuparon Milán y deportaron a Ruggero y a sus soldados a Alemania.

Para Rodolfo Pieri, cada una de estas desalentadoras noticias había sido un motivo más para aceptar la tarea encomendada por los oficiales nazis, cuyo primer paso comenzaría al día siguiente. Los oficiales le habían exigido hacer un recorrido por los lugares indicados en la lista que les había entregado. Primero, irían a una casona, en Parma; y luego, a tres castillos de Piacenza. Sería sólo el comienzo porque dedicarían una semana entera a la labor de requisa; pero Rodolfo, que había escuchado algunos comentarios entre ellos, estaba convencido de que desde el principio harían confiscaciones. El grupo de oficiales nazis con el cual él se relacionaba partía esa misma noche a Verona. Allí, después de una breve resistencia, la guarnición y su comandante, el general William Orengo, habían sido desarmados y deportados por las fuerzas germánicas, las que ahora detentaban el poder del lugar. Por la mañana, Rodolfo iría con su propio vehículo.

Piacenza, 1943

En el castillo de los Berni, la mañana siguiente a la llegada del padre, la familia entera se hallaba desayunando en la cocina, algo inusual en ellos, que siempre lo hacían en el comedor dorado. Pero las cosas habían cambiado drásticamente de un día para el otro y, priorizando la seguridad, la servidumbre había sido despedida por dos días. La idea era darse ese tiempo para ver cómo se desenvolvían los hechos. Habían prescindido de todos, menos de Campoli, el jardinero, y de su mujer, personas de edad media y sin hijos, incondicionales y de suficiente confianza. El matrimonio estaba al servicio de los Berni desde siempre; de hecho, Campoli había sucedido a su padre, que había sido el jardinero del castillo en el pasado. La idea era que la mujer ayudara a Aurelia con las tareas de la casa y con los niños. Pero, aun así, estaba claro que en breve tendrían que hacer regresar a sus empleados. O toda la familia debía irse del castillo. Vivir en ese lugar, sin ayuda, era imposible. Por eso, evaluaban una partida inminente hacia la casa de la montaña, del mismo modo en que lo había hecho el cuñado de Berni.

Mientras terminaba la leche de su taza, Benito no dejaba de mirar la pistola que su padre llevaba prendida a la cintura. Desde que había llegado, no se la había quitado un solo momento. A cada movimiento de Berni, el arma se sacudía con él, lo acompañaba en un oscilar que a su hijo se le antojaba encantadoramente hipnotizante.

Terminado el desayuno, y dormida la beba, los Berni, junto al jardinero y su mujer, comenzaron la tarea conforme lo habían planeado la noche anterior: dedicarían la jornada a esconder en el sótano de la caballeriza las obras de arte más importantes de la noble familia. La cuadra quedaba a unos metros de la casa y era donde ya habían sido escondidos la granada y el uniforme del ejército italiano de Berni.

Los alemanes venían quitándole sistemáticamente las obras de arte a toda Europa. ¿Por qué no lo harían con ellos también? Mejor era prevenirse. No costaba nada, sólo un poco de trabajo, que harían entre todos.

Durante las primeras dos horas de labor, Mario Berni y el jardinero habían introducido en el sótano de la caballeriza varias de las pinturas y ahora se ocupaban de meter en un baúl algunos objetos pequeños; luego, lo bajarían al subsuelo. Aurelia había tenido que dejar por la mitad el embalaje de la colección de las copas de plata, la caja había quedado abierta en la sala, y las niñas ahora jugaban con ellas, mientras Benito las retaba e intentaba concluir la tarea que había empezado su madre. La beba había requerido tomar su leche y Aurelia se hallaba en su cuarto con la pequeña.

Junto a los tres niños, la mujer del jardinero envolvía con tela los cuadros: *El maestro Fiore*, de Gina Fiore; *El carpintero*, de Manguardi, y el retrato hecho por Giovanni Boldini. La colección completa de estatuillas etruscas ya estaba dentro de un par de cajas de madera, al igual que la escultura de Neptuno; la sala principal comenzaba a verse vacía y un desorden similar al de una mudanza se hacía presente por todos los rincones.

En la cabelleriza, Mario Berni cerró con fuerza la tapa del cofre y el ruido que hizo se confundió con el de un motor de auto que venía de afuera; aun así, algo dentro de él, propio de quien ha vivido los últimos días bajo tensión, lo puso a la defensiva. Se detuvo en su tarea y aguzó el oído. ¿Acaso podía ser un auto? El ceño fruncido del jardinero le confirmó que sí, que alguien entraba a su propiedad en ese momento. Constató que la pistola estuviera en su cintura.

A sólo metros de allí, se veía un camión *Mercedes Benz* del ejército alemán, un *Volkswagen* Kfz 82 y el vehículo particular de Pieri; los tres suspendieron su marcha. Habían llegado a donde querían: el castillo de los Berni. A Rodolfo Pieri el corazón la latía con violencia, tal como le había sucedido dos horas antes frente a la casona de Parma, cuando los propietarios lo habían mirado con desprecio luego de que el grupo de alemanes les incautara cuatro de sus obras.

Dos alemanes se bajaron del camión y se dirigieron rumbo al castillo; los otros dos se quedaron sentados dentro de este; mientras que el conductor del *VW* Kfz 82 y su compañero, sin moverse de sus asientos, discutían y marcaban un mapa.

Mientras Rodolfo Pieri avanzaba con los dos alemanes, intentó explicarles quiénes vivían en ese lugar, pero no les interesó. Apenas captó su atención cuando mencionó que Berni era soldado y que era probable que hubiera muerto en la guerra. Los alemanes lo escuchaban cuando de la caballeriza aparecieron dos hombres que hicieron que los nazis dejaran de prestar atención a la explicación y se pusieran en alerta dando gritos y amenazas. Los que habían quedado en el camión y en el *VW* Kfz 82, advertidos por las voces, comenzaron a descender y acercarse a sus compañeros.

Con un golpe de vista, Rodolfo Pieri se dio cuenta de que el hombre grandote y rubio era Berni; y el pequeño y mayor, uno de sus empleados. Jamás había imaginado que Berni estuviera de regreso en la casa. Intentó dar una explicación para calmar a los soldados, pero sólo le salió un tartamudeo que se perdió en medio de la parafernalia de gritos en alemán que iba en aumento; exigían, bajo amenaza, que Berni y Campoli se arrodillaran en el piso con las manos en alto.

Tras la sorpresa, a Mario Berni, la imagen de esos hombres metidos en su propiedad, le desbocó el corazón. Él se había trenzado con ellos en los combates que libró en las ciudades, los había visto cara a cara en Salerno cuando mataron a su amigo Ferrante Gonzaga, pero descubrirlos dentro de su parque, a sólo metros de su mujer y de sus hijos, lo volvió loco, lo descontroló y automáticamente puso la mano en la pistola, dispuesto a desenfundarla. Mientras lo hacía, escuchó, lejana, la voz del jardinero que ponía el brazo sobre el suyo y le decía:

—¡No, Berni, no!

Al ver los movimientos de los hombres, los militares sacaron sus metralletas y comenzaron a disparar. Cinco segundos y las ráfagas los alcanzaron. En medio de la balacera, Berni disparó su pistola un par de veces e hirió en el brazo a uno de los que recién llegaba. Campoli, el jardinero, regresó a la caballeriza y manoteó la granada.

—¡Ríndanse! ¡Ríndanse! —gritaban los alemanes.

Tendido en el suelo, Berni se arrastraba con la intención de regresar a la caballeriza. La exigencia alemana le recordó el momento en que su amigo Ferrante Gonzaga se enfrentó a la muerte, en Salerno. Y en medio de la locura del tiroteo, se conmocionó aun más cuando en su memoria resonó la respuesta: «Un Gonzaga nunca se rinde». La frase contenía el mismo espíritu con que su padre le había inculcado acerca de la valentía... el honor... el coraje... Entonces, lo pensó: él no dejaría que sus hijos vieran cómo se rendía ante el enemigo y cómo lo llevaban prisionero para deportarlo. No, no y no. Siguió disparando y volvió a herir a un oficial, pero también fue herido otra vez. Perdía mucha sangre cuando se dio cuenta de que ya no le quedaba una munición. Y entonces, en medio de las balas que le seguían llegando, se puso de pie como pudo... Uno, dos, tres... fueron los impactos que dieron de lleno en su pecho, mientras sus ojos miraban el parque querido y su boca decía la misma frase que había dicho su amigo Ferrante al morir:

—*¡Un Berni che non si arrende mai, merda! ¡Paese e il re o morte!*
—al hacerlo, cayó al suelo con la camisa completamente manchada de rojo.

El alemán del brazo herido se lo apretaba contra su cuerpo, mientras los otros seguían gritando, disparando con vehemencia en dirección de la puerta de la caballeriza cuando, inesperadamente, Campoli apareció con la granada en la mano. Y sin darles tiempo a refugiarse, con un movimiento certero le quitó el seguro y la lanzó con fuerza contra los atacantes. Una tremenda explosión despidió a dos de los soldados por el aire junto con trozos de tierra y pasto.

Dos de los alemanes resultaron heridos. Uno, muy malamente, porque la pierna había sido seccionada a la altura de la rodilla; el otro se tapaba los oídos y se agarraba la cabeza. Pero los dos que quedaron indemnes, aunque algo atontados por la onda expansiva, continuaron disparando sus metralletas hasta darle a Campoli.

Un minuto después, el hombre que había servido por tantos años a los Berni también quedaba inconsciente en el suelo, desangrándose.

Desde la ventana de su cuarto, Aurelia no podía creer lo que veía. La imagen terrible le semejaba una pesadilla de esas que había tenido cuando su marido estaba en el frente. Sus ojos miraron los cuerpos ensangrentados y tirados en el suelo; más allá, a los alemanes sanos arrastrando a los dos heridos rumbo al vehículo. Ella, con una violencia desconocida, dejó a la beba tendida sobre la cama y se dirigió rumbo a la escalera. En el parque, frente a la sangrienta escena, Rodolfo temblaba como una hoja y se preguntaba una y otra vez en qué momento se había desatado este horror que lo rodeaba.

Cuando Aurelia, desesperada, estaba a punto de bajar los escalones, su hijo Benito los subía en busca de su protección. En ese instante, los soldados del *VW* Kfz 82 ingresaron a la casa con violencia. Sus gritos de forajidos provocaron un gran caos en la sala. Mientras las mellizas lloraban detrás de la pollera de la señora Campoli, los dos alemanes subían por las escaleras para enfrentar a la mujer que, en la puerta del cuarto, permanecía aferrada a su hijo. La zamarrearon exigiéndole que les dijese si había más hombres en la casa. «¿¿Por qué están escondiendo todo?! ¡¿Dónde lo ocultan?!», gritaba, enardecido, el militar más joven que, apuntándola con el arma, le molestaba lo evidente: que en esa casa estaban embalando los bienes preciados para esconderlos y protegerlos de las fuerzas del Führer. «¡¿Dónde está lo que falta?!», insistía en su idioma el joven irritado. Aurelia lloraba; no sabía ni siquiera qué le estaba preguntando. Lo único que deseaba era que ese hombre se quitara de su camino para poder salir al parque a socorrer a su marido.

En medio de esta escena, se escuchó el ruido del motor del camión que se marchaba apurado llevando a los heridos. Al oírlo, exasperado por la mudez quejosa de Aurelia, el oficial exclamó indignado:

—¡¡Si usted no habla, señora, lo hará el muchacho!! —y tomando a Benito del brazo, lo obligó a bajar la escalera.

Al comprender lo que estaba pasando, Aurelia pegó un grito desesperado y se abalanzó sobre el hombre que se llevaba a Benito. Durante el forcejeo, el niño se soltó y escapó escaleras arriba, rumbo a los cuartos. Aurelia, que seguía prendida al alemán, recibió una feroz bofetada. Pero en lugar de apartarse, se aferró con más fuerza al hombre y ambos trastabillaron y rodaron por la escalera de mármol, escalón por escalón, hasta quedar tendidos en el piso. El hombre se levantó, pero Aurelia, inconsciente, no respondía a los llamados de la señora Campoli. Impaciente, el militar sacó a los empujones a la mujer y a las mellizas. Y a punto de marcharse, decidió regresar y ver si encontraba al niño que había escapado hacia la planta alta. Buscó en uno de los cuartos, en dos, y hasta en tres, pero ese lugar era un endiablado laberinto. En medio de su apuro, un bulto sobre la cama lo distrajo: un bebé chillaba a viva voz.

—¡¡Mierda!! ¡Malditos italianos llenos de niños! —exclamó y pensó en lo ridículo que eran al querer enfrentar al ejército alemán rodeados de niños. Odiaba esta parte de la contienda, llena de civiles. Pero así sería esta semana y algunas más. En Italia, el frente eran las ciudades y en ellas estaba la gente.

Tomó a la pequeña como si fuera un paquete y luego se la entregó a la mujer de Campoli, que ya estaba arriba del *VW* Kfz 82 junto a las mellizas que lloraban sin consuelo. Miró a su alrededor, se subió al vehículo y arrancó con ímpetu.

Habían transcurrido unos minutos y el castillo Berni y su parque se hallaban en el más absoluto silencio. En la confusión, nadie había pensado en Rodolfo, ni en cuál era su papel; ni siquiera él, que seguía en el mismo lugar, a metros de los cuerpos de Berni y de Campoli. Una bandada de pájaros que surcaba ruidosamente el cielo celeste, ajena a la desgracia, lo sacó de su ensimismamiento. Entonces, se dirigió a la puerta principal del castillo. Con pasos vacilantes, ingresó a la casona y vio a Aurelia tirada en el piso; junto a su cabeza ya se había formado un gran charco de sangre. Sintió cómo una arcada le subía del estómago a la garganta. Tuvo deseos de llorar; se sentía culpable; odiaba la guerra. Cerró con fuerza los ojos buscando despertarse de un mal sueño. Pero al abrirlos, allí estaba otra vez la muerte mostrando su cara. Se quedó petrificado durante un largo rato, media hora; tal vez, cuarenta minutos... La más rotunda calma lo circundaba. Se habían llevado a todos y los demás estaban muertos, pensó equivocado. Decidió irse. No podía hacer nada, salvo estar agradecido de que a él no lo hubieran tocado y que su familia estuviera sana y salva en su casa de Milán. Casi había llegado a la salida cuando algo lo hizo dar la media vuelta y volverse. Miró a su alrededor evitando posar los ojos en el cuerpo de Aurelia. Entonces, los vio: ante él estaban todos los objetos que habían quedado embalados. Con la certeza del hombre calculador en el que se había convertido, supo que serían saqueados por ladrones o por los propios alemanes que regresarían por el botín más tarde o al día siguiente. Una idea vino a su mente. Y lo que al principio le pareció una locura, luego no lo fue tanto. Sus oscuras ambiciones le dieron forma: ¿y si se llevaba algunas piezas? Pasados los primeros minutos de duda, y convencido de que así lo haría, organizó mentalmente cómo cargar los objetos elegidos. Puso manos a la obra e introdujo en el vehículo la colección de estatuillas etruscas, las copas de plata y los cuadros *El maestro Fiore, La Pastora* y el retrato hecho por Boldini que tanto le gustaba. Con cuidado, hizo lugar también para la escultura de Neptuno y para tres pinturas más que había visto en el pasillo. Revisó algunos cuartos más, incluido el de Aurelia y su marido, donde husmeó hasta en el ropero con la esperanza de hallar joyas. No tenía caso dejarlas allí; nadie las aprovecharía. Se tranquilizó diciéndose que, total, nadie lo veía, que nunca nadie se enteraría, sin jamás imaginar que, bajo la cama matrimonial, la tapa del escondite secreto se abría unos centímetros, los necesarios para que los ojos celestes de Benito vieran los gastados zapatos marrones de su profesor de pintura, su calva incipiente y reconociera su caminar pausado, sus manos blancas casi femeninas husmeando en el *placard* de su madre. Esa hendija, incluso, le permitió escuchar lo que decía: «Piensa, Rodolfo, piensa con claridad qué es lo que conviene llevar».

La tarea le demandó casi dos horas porque también requisó la caballeriza, de donde sacó algunos objetos valiosos. Cuando se marchó, nervioso, lo hizo con el auto casi repleto. Sabía que tomaba un riesgo, pero no más del que había pasado un rato antes entre granadas y tiros; ni tampoco más del que tomaría en los próximos días porque en cada lugar que visitaran existiría la posibilidad de que sucediera algo similar a lo que había pasado esa mañana. Amén de que la gente comenzaría a identificarlo, a señalarlo y a odiarlo. Pero ahora, era tiempo de subsistir y hasta de lograr algún beneficio extra si se podía. Cuando la guerra acabara, serían días de calma. Entonces, ya se ocuparía de lo demás. La guerra era mala y convertía a las personas en otra clase de individuos muy diferentes de lo que hubieran sido si nunca se hubiera desatado. Cada persona era un potencial asesino o ladrón, u otras cosas peores. Pero algún día la disputa acabaría, los sucesos de esos años serían olvidados y la normalidad teñiría los días. Cuando la vida retomara su cauce, tendría en su casa ese retrato de Boldini que tanto le gustaba y ya nadie se acordaría de nada, pensó, otra vez, equivocado, mientras arrancaba su vehículo.

* * *

En el castillo, una vez que Benito se supo solo y seguro, encerrado en el escondite, se largó a llorar. Por su cabeza pasaban ríos de sentimientos: miedo, angustia, dolor, terror, eran cataratas que lo inundaban; un centenar de preguntas se agolpaban en su interior. ¿Dónde estaban todos? ¿Su padre había muerto en esa terrible explosión que se escuchó? ¿Y su madre? ¿Qué había pasado con ella? ¿Sus hermanas? ¿Se los habían llevado? ¿Volverían esos hombres a su casa? ¿Por qué el profesor Pieri había llevado a los alemanes a su hogar?

¿Por qué se había robado las cosas de su casa si ellos eran amigos? ¿Era toda la gente mala?

Durante varias horas, Benito estuvo encerrado, turbado, y acosado por incertidumbres y miedos, hasta que se hizo la tarde y decidió salir. Sigiloso, abrió la portezuela del escondite y salió de abajo de la cama; luego, fue directo a mirar por la ventana. En el parque estaban tendidos los cuerpos de su padre y el de Campoli. Las ganas de llorar lo ahogaron. Temblando, salió del cuarto y buscó bajar las escaleras. Pero desde arriba, antes de comenzar a hacerlo, alcanzó a ver el cuerpo de su madre. Ella estaba tendida con sangre a su alrededor. La dolorosa imagen le produjo un cimbronazo en su tierno interior. Había llegado a pensar que su padre podía estar muerto. La explosión y los tiros se lo habían hecho suponer... ¿Pero su madre...? No, no. Lloró con llanto de niño mientras bajaba algunos escalones. Al verla, no se atrevió a bajar más peldaños, ni a salir al exterior, sino que volvió corriendo sobre sus pasos y se metió nuevamente en el escondite. ¿Quién iba a cuidar de él si sus padres estaban muertos? ¿Dónde estaban las mellizas? ¿Y si los alemanes volvían y querían matarlo? ¿Y si el maldito profesor de pintura los traía de nuevo? Pensó en el hombre y recordó cómo se había robado las cosas de su casa. Imaginó cuánto se enojaría su madre al enterarse. Y al hacerlo, se dio cuenta de que no se enojaría porque ella estaba muerta. La idea de que todo su mundo de felicidad y familia se había derrumbado para siempre no entraba en su cabeza de niño. Trataba de que cupiera, pero era imposible. No había suficientes palabras, ni suficientes experiencias en su cerebro para entenderlo. Todo su cuerpo se convulsionó, y ahí abajo, en la oscuridad vomitó, y tembló durante un largo rato. Luego, sintiéndose incapaz de enfrentar la realidad, ni de comprender qué pasaba, ni qué pasaría, ni cómo superaría la situación, se quedó inmóvil en el escondite, aterrorizado, durante horas. Y más horas y más horas.

Permaneció allí hasta que el sol se fue, volvió a salir y volvió a irse. Así estuvo durante dos días hasta que, muerto de sed, salió empujado por el último hilo de supervivencia que le quedaba.

Cuando lo hizo, la luz de la habitación le lastimó los ojos. Después de tanto encierro y oscuridad, le costó ver su propia imagen reflejada en el espejo grande del cuarto de su madre. Pero una vez que su figura se le hizo nítida, sintió vergüenza. Observándose con detenimiento, reparó en los rasguños de su cara que él mismo se había hecho en un asalto de locura. Los ojos lucían hinchados y rojos por tanto llanto; el pelo, despeinado; la camisa estaba abierta y sin botones porque él mismo se los había arrancado de tanto tironeárselos en un ataque de susto. Y lo peor y más vergonzoso: sus pantalones y sus piernas mostraban las huellas —algunas secas, otras aún húmedas— de haberse hecho encima todas sus necesidades durante los dos días de encierro. Las sólidas y las líquidas eran palpables y lo impregnaban de mugre y olor. El terror lo había tenido sujeto y si allá abajo logró respirar fue sólo porque el cuerpo lo hacía sin que él necesitara pedírselo. Todo lo demás había quedado en suspenso.

Así, en ese estado calamitoso, bajó las escaleras y dándole una última mirada al cuerpo de su madre que seguía inerme, con sus rulos rubios manchados de sangre, fue a la cocina y tomó agua hasta saciarse. Luego, abrió la puerta y salió al parque. No quiso acercarse al cadáver de su padre, sino que una vez afuera, corrió, corrió y corrió. Lo hizo hasta alejarse del castillo, hasta llegar a un camino que no conocía, hasta trepar a una montaña que jamás había pisado, hasta encontrar desconocidas extremidades del río que limpiaran su vergüenza, hasta que el lugar y el paisaje fueron lo suficientemente extraños como para hacerlo sentir seguro. Y tendiéndose bajo un árbol, lloró y lloró desconsoladamente durante horas hasta que se durmió como no lo había hecho desde la última noche en que había estado en su cama, como no lo hacía desde que tenía nueve años, porque en medio de los encierros y el terror, él había cumplido los diez. Sólo que nadie había estado con él para recordárselo.

Por la tarde, Benito fue encontrado por un grupo de partisanos, quienes no necesitaron demasiadas explicaciones para darse cuenta de que el niño había sufrido la terrible experiencia de haber perdido a sus padres. La guerra era dura con todos los italianos y él no era la excepción.

Benito los dejaba creer lo que ellos creían: que era uno de los muchos damnificados por los bombardeos. Pero en su interior se prometía a sí mismo volver para vengar a sus padres de los alemanes, volver y buscar a sus hermanas, volver y vengarse de ese maldito profesor que había llevado la desgracia a su casa y que se había robado las cosas de su familia. Estaba con la gente correcta para poder hacerlo. A su lado, los partisanos planeaban un ataque a los alemanes que ocupaban el pueblo cercano. Ellos lo ayudarían a vengarse. Pero antes necesitaba hacer una cosa: crecer... Pensó en eso, y al hacerlo, aceptó el primer bocado de pan. No había ingerido nada desde aquel desayuno que había tomado cuando todavía los Berni eran felices. Lo hizo sin hambre, sólo por la necesidad de querer ser fuerte para enfrentar a sus enemigos. Un pensamiento de venganza se instalaba en él y lo marcaba, le dejaba su huella de manera indeleble en su joven cerebro, como un líquido que penetra en una ranura, como una poción que entra en una lastimadura, en esa que le habían dejado. El veneno se le metía dentro de una manera que difícilmente alguna vez pudiera librarse de él.

Capítulo 4

Florencia, 2008

Al día siguiente del gran descubrimiento, Emilia se despertó cuando era casi el mediodía. Se sentó en la cama y lo primero que hizo fue una arcada; las náuseas de la mañana se hacían presentes. Se preparó un té con azúcar que le sentó de maravillas, mucho más que el té chino que siempre tomaba. «Un cambio más para incorporar», pensó. Y con la taza en la mano, tomó una decisión: ella no podía seguir con los pensamientos que la llenaban de ansiedad. Aún tenía por delante dos meses, o más, e intentaría que la estadía fuera buena. No se la pasaría pensando en qué hacer con su vida. Por lo menos, no buscaría estos pensamientos adrede; si venían, ya vería. Pensaba dejar que la vida transcurriera, deslizarse suavemente por los días, como nunca lo había hecho antes, sin tener el timón todo el tiempo en alerta. Además, tenía que reconocer que, con lo que le tocaba vivir, no le quedaba otra cosa por hacer. Y en ese momento, necesitaba pensar en ella, cuidarse, precisaba comer. Hacía cuarenta y ocho horas que lo único ingerido era una manzana y dos bocados de comida. Pensó en *Buon Giorno* y le pareció una buena idea volver. El lugar le había gustado y les debía una disculpa. Sobre todo, porque sería uno de los lugares que nombraría en su nota.

Se puso un vestidito claro y suelto, se maquilló un poco y, más tranquila, salió a la calle. El sol de primavera estaba precioso. Florencia bullía como día domingo, día de paseo de los que allí vivían, y no sólo de turistas en la calle; se notaba. Cruzó el puente Vecchio y disfrutó del río a esa hora. Todo le sabía diferente: iba a ser madre. De repente, se dio cuenta de que le interesaban cosas que antes no le llamaban

61

la atención. Por ejemplo, ahora quería ver la cara de las mujeres que llevaban niños. ¿Se las veía felices? ¿Eran más jóvenes o más grandes que ella? ¿Todas tenían un hombre al lado? ¡Cómo podían cambiar los intereses de un día para el otro! Los cochecitos de bebé despertaban su interés, acababa de descubrir que venían distintos modelos; antes, nunca se había dado cuenta... ¡Lo había de tres ruedas, de cuatro y hasta de seis!

Ensimismada con los nuevos descubrimientos, sólo supo que había llegado a *Buon Giorno* cuando estuvo frente a la puerta.

El lugar estaba lleno, pero el mozo la reconoció y le buscó un sitio tranquilo, alejado de los grandes grupos de familias y amigos. Era domingo y, entre todos los comensales, ella parecía ser la única que ocupaba una mesa en solitario. Había llegado tarde, así que, por suerte, en breve todos terminarían sus postres y empezarían a irse. Aun así, le pesó la soledad y la situación. Pero, ¿qué hacer? Era lo que le tocaba vivir. Tomó la carta y cuando vino el mozo, le hizo el mismo pedido: ensalada de verdes con queso y agua mineral. El hombre la miró sorprendido; ella pedía lo mismo que ayer había dejado sin comer. Pero no dijo nada. Además, tenía claro que el idioma los dividía; la chica de los ojos verdes no hablaba italiano. Y a él, el inglés lo hacía renegar demasiado para intentar una conversación fluida.

Emilia esperaba su pedido cuando, inesperadamente, se acercó a su mesa el italiano que regenteaba el lugar. Lo vio aproximarse sonriendo. Era lindo. Tenía sonrisa de publicidad. Vestía *jean* y chomba polo color rojo. Era alto y muy grandote.

—*Signorina... ¿Posso darle un suggerimento? ¿Lei parla italiano?*

—*In English, please.* O en español, ¿será mucho pedir? —dijo Emilia.

—*Certo che no.* Si tengo que elegir, prefiero hablar español. Y más, con una porteña. ¿Sos de Buenos Aires, no?

—Sí, ¿cómo te diste cuenta? ¿Tan mal hablamos? —sonrió contenta de poder entenderse.

—Viví allí algunos años, otros tantos en España y me doy cuenta de inmediato quién es quién.

—¡Uy! Buenos Aires está tan lejos ahora... ¿Así que viviste ahí? —la pregunta de Emilia contenía la nostalgia por su tierra, por sus afectos.

—Sí, fui *chef* del *Hotel Plaza*. Soy el dueño de *Buon Giorno*. Mi nombre es Fedele Pessi —dijo extendiéndole la mano.

Emilia le estrechó la suya:

—Mucho gusto. Un honor que me atienda el *chef* y el dueño —dijo sonriendo.

—Ya casi no hago de *chef*, pero sí me ocupo de la elaboración de los platos. Es la parte que más gusta. Por eso es que vengo a hacerte una sugerencia...

—¿Una sugerencia? Sí, te escucho.

—Ayer viniste y, según entiendo, no te gustó la ensalada.

—Ah, no, no... —se sintió descubierta—. Es que me tenía que ir, tuve una urgencia.

—¿De verdad?

—¡Sí! —insistió ella.

—Bueno, me dejás más tranquilo. De todos modos, hoy es domingo, es día de pastas y te cuento que han hecho la *lasagna* bajo mis estrictas directivas. ¿Por qué no la probás?

—Hum... No sé...

—¿No te gustan las pastas?

—Sí, me encantan, pero... me acostumbré a no comerlas porque engordan demasiado. Y sin pensarlo mucho, pido ensaladas porque son livianas.

—¡Olvidate de eso! Estás en Italia, el lugar para disfrutar de los sentidos, incluido el del gusto. Comer también es una emoción.

A Emilia la frase le gustó, era acorde con lo que venía pensando que iba a escribir. Le pareció una buena premonición, sobre todo, porque venía del dueño con quien ella necesitaba hacer contacto para la nota.

—¡Adelante, entonces! ¡Pidamos una *lasagna*! —exclamó decidida.

—No te arrepentirás, *signorina*... —dijo esperando el nombre.

—Emilia Fernán.

—¿Apellido español, verdad?

—Sí —dijo ella. No iba a ponerse a explicarle que su abuelo Juan Bautista Fernán había sido ciento por ciento italiano y que el apellido español era sólo por los padres adoptivos, que eran argentinos. No daba.

—Bueno, Emilia, siéntete bienvenida a *Buon Giorno* —dijo haciéndole una reverencia graciosa—. Ahora me voy tranquilo: porque la ensalada de ayer no la comiste, pero no porque el queso estuviera malo. Además, me retiro contento: porque pedirás *lasagna*. ¿Te agrego una copa de vino?

—Hum… —frunció la nariz. Casi nunca tomaba alcohol. Y ahora, en su estado, no debería. Pero por una sola copa no pasaría nada, pensó.

—Está bien, una de tinto.

—Perfecto, Emilia —dijo Fedele haciendo un chasquido con los dedos.

Emilia se sintió contenta. Al fin, un poco de charla con alguien agradable. Ni hablar de que el italiano era lindo. Pensar que ayer lo había mirado y hasta había imaginado que estaría bueno conocer a alguien así. Ahora lo conocía, sí; pero ella era una mujer que pronto sería madre; no estaba para mirar hombres, ni buscar amores, como le había dicho Sofi cuando le propuso viajar. Más bien tenía que intentar salvar la relación con Manuel. Físicamente, pensó, el italiano era todo lo contrario a Manuel. Era morocho y de ojos marrones, sus cejas estaban muy pobladas y tenía una boca grande de sonrisa blanca. De altura, eran más o menos iguales, pero el italiano era indudablemente más fuerte. Cuando caminaba, parecía que todo el piso se movía a su paso. Imaginó la diferencia entre los brazos de Manuel y los de él. Y sorprendida, pensó: «¿Qué hago comparando a estos dos hombres de esa manera? Emilia —se dijo a sí misma—, eres una ridícula. Estás embarazada».

En pocos minutos, el mozo le acercó el plato y el vino. Y Emilia, que hacía años que no comía *lasagna*, ya que en pasta lo más audaz que pedía eran unos fideítos —como solía llamarlos—, se sintió con los sentidos desbordados. El aroma de la salsa de tomates maduros por el sol, los toques de especias con el predominio de la albahaca, el panqueque tierno, el queso aromático, el pan recién horneado y la copa de vino que la acompañaba… la emocionaron y terminó recordando los platos de su niñez. El italiano tenía razón: comer era una emoción. Fuera que llevaba más de dos días sin alimentarse bien. Probó el primer bocado y el sentido del gusto le dijo que había sido acertado regresar a *Buon Giorno*. Sin lugar a dudas, ese sería el restaurante representativo de la comida de madre florentina. «Más bien, comida de padre», dijo pensando en el italiano porque, había que reconocerlo, era atractivo. Lástima que su vida, fuera un lío en este momento, y no estuviera para romances de ninguna clase.

* * *

Hacía un buen rato que Emilia había terminado de comer y el lugar ya estaba más tranquilo. Tomaba un té digestivo cuando el italiano apareció de nuevo.

–¡Uy, al fin se calmó un poco el bullicio en *Buon Giorno*! ¡Parecía una boda! Mira, te traje esto. Pero como ya he visto que sos de las que no se dan con los gustos, te serví sólo la mitad de una porción. ¡Tienes que probarlo! –dijo mientras ponía sobre la mesa un platito con un trocito de tiramisú.

–Oh, no, no –dijo Emilia, como si viera al diablo.

–Tenés que probarlo; lo hice yo –dijo extendiéndole la cuchara.

A Emilia le hizo gracia la capacidad de alternar el acento español con el argentino. Se resignó, había comido como un puma, como decía su amiga Sofía cuando se zafaba demasiado con la comida, y ahora no iba a ponerse mojigata por un pedacito de tiramisú. Lo probó. Estaba exquisito. Mientras lo saboreaba, el italiano la miraba sin quitarle los ojos de encima, quería ver si le había gustado. Pero estaba claro que también la miraba ella. Emilia se daba cuenta.

–¿Y...? –preguntó inquisitivo.

–Riquísimo. Todo ha estado muy rico, he disfrutado mucho la comida –dijo comiéndose de un bocado el trozo de postre que quedaba.

–Yo sabía que te gustaría. Estás en Italia, tenés que relajarte, dejarte llevar por los sentidos y disfrutar de todo.

–Hoy lo hice a pleno –dijo soltando una risita.

–Me alegro. ¿Estás paseando?

–No, vine por trabajo. Soy periodista...

Él hizo gesto de sorpresa y preguntó:

–¿Y para quién escribís?

Emilia estaba por empezar a contarle cuando la chica que hacía de *maître*, se acercó a Fedele y le dijo algo en italiano. Él se puso de pie:

–Disculpame. Lo siento, el trabajo me llama. Vuelvo en unos momentos. Si seguís aquí, continuamos la charla.

Emilia terminó de tomar su té y pensó que ya era hora de marcharse. El italiano seguía entretenido tras bambalinas. Lo había visto entrar y salir apurado de la cocina, pero no les faltaría ocasión de charlar; quería reportearlo para su nota. Tenía pensado volver al día siguiente a *Buon Giorno*.

* * *

Ya en su departamento, a pesar de la noticia que pesaba sobre ella, Emilia durmió una siesta muy tranquila; por la noche, también le fue fácil conciliar el sueño. La comida le había caído de mara-

65

villas y luego, por cena, sólo había tomado un té con galletitas. Había quedado satisfecha con el almuerzo como hacía mucho que no lo estaba.

* * *

El lunes, luego de su sesión de náuseas de la mañana, Emilia partió temprano para la sede de la editorial italiana de su revista.

Sentada frente a Franco Poletti, el director de la publicación, pensó que los italianos tenían una manera distendida y alegre de ver la vida. Lo cual, dada su situación, le venía muy bien. El hombre le propuso que disfrutara de las notas, como si diera un verdadero paseo por esos restaurantes y lugares. Le parecía que sería bueno que los lectores captaran eso. Se lo decía mitad en inglés, mitad en italiano y un poco en español. Él mismo se reía de la mezcla. Pero Emilia le respondió que lo entendía perfectamente, convencida de que si había algo que le sobraba a los italianos eran palabras y gestos. La reunión había sido buena; la experiencia, agradable. Salió contenta. Luego, por cortesía, una secretaria la llevó a conocer las dependencias de la editorial. Aunque no tendría que trabajar allí, ya que lo haría en su departamento, quiso conocer las oficinas. La idea era enviarles por *mail* las entregas parciales de la nota. Poletti le aseguró que la editarían bajo la premisa de la mirada de una extrajera frente a las dos opciones de «comida de madre» o «plato sofisticado». El departamento de arte se encargaría de producir las fotografías.

De la editorial partió directo al restaurante de Florencia que deseaba probar ese día. Era uno especializado en mariscos.

Ubicada en el glamoroso salón, a través de la ventana veía el puente Vecchio y las joyerías circundantes. Era un lugar caro y refinado. Decidió encuadrarlo en platos sofisticados. Al lector le tocaría elegir qué era lo que prefería. Ella sólo le daría la información y escribiría sobre la parte sociológica del asunto: que cada uno decide dónde comer de acuerdo al momento que está viviendo y termina eligiendo el lugar donde quiere y necesita ir a comer. Las elecciones de un restaurante se hacen mucho más profundamente que pensando sólo en la comida, las luces y los manteles. «Es todo un sentimiento», pensó. Y eligió para su almuerzo una ensalada de mariscos.

* * *

Por la tarde, sentada en el improvisado escritorio que había armado en la mesa de la cocina del departamento, disfrutaba de hallarse enfrascada en su texto. Concentrada en su escrito, se olvidaba del tema que una y otra vez volvía a su mente: ¡estaba embarazada!

Se dedicó con ahínco y trabajó varias horas hasta que estuvo satisfecha con los primeros párrafos. Recién allí se percató de que su reloj marcaba las nueve de la noche, que estaba cansada y que la ensalada de mariscos había desparecido de su estómago. Estaba lista para comer algo sustancioso y lo primero que vino a su mente fue *Buon Giorno*. Salió a la calle con la cabeza llena de su nota, pero cuando la *maître* le abrió la puerta del lugar y ella vio que estaba tranquilo, se relajó. Decidió olvidarse de sus tribulaciones y centrarse en la comida. Como buen lunes, no todas las mesas estaban ocupadas. Frente a la carta, mientras decidía qué comería, la chica que la había hecho pasar se acercó con un plato humeante de *risotto* y le dijo en un español trabado:

—Dice el *signore* Pessi que esto es para usted, que lo pruebe, pero que si no lo quiere, lo llevo de vuelta a la cocina y se lo cambia por lo que desee.

La sola imagen del arroz y los calamares fue irresistible. Pero el aroma la terminó de decidir:

—Déjelo, por favor. Gracias.

La chica sonrió y agregó:

—Y también le envía esto —señaló y dejó una panera con pan caliente y un florerito con un jazmín enorme y perfumado. El florero llevaba pegado con cinta un papelito doblado en dos.

—Muchas gracias —dijo Emilia y mientras la chica se retiraba, leyó el escritito. Contenía sólo una frase: «Disfruta con todos tus sentidos». Le pareció muy adecuada al momento; tanto, que la guardó en su cartera. Luego, se dedicó al *risotto*. Era un plato que ella no pedía; si lo había comido dos veces en su vida era mucho, pero ese día se había tentado. Estaba riquísimo, igual que el pan recién horneado que desparramaba aroma. Se sintió feliz. Comió disfrutando el momento, aspirando el perfume del *risotto* que se entremezclaba con los del jazmín y el pan.

Minutos después, Fedele Pessi llegó a su mesa con una taza de té humeante, el mismo té de jengibre que ella había pedido el domingo.

–¿Este es el que te gusta, verdad? ¿Me permites sentarme un minuto?

–Sí. Justamente quería hablar con vos –dijo Emilia. Y señalando el té, agregó–: Gracias, ya veo que conocés mis gustos.

–Un placer. Para eso estoy en este restaurante, para hacer feliz a los que vienen. Ahora, dime, periodista, ¿de qué quieres hablar?

–De algo relacionado con mi trabajo. Estoy haciendo una nota sobre comidas, lugares y platos.

–Uy, eso es cosa seria. Se merece un café. Disculpa –dijo, y dándose la vuelta, le indicó al mozo que le trajeran un café.

–Quiero nombrar tu restaurante y reportearte.

–Me encanta que lo nombres... Pero, ¿reportearme a mí?

–Serán sólo tres o cuatro preguntas. Lo haré con los tres restaurantes que más me gusten. Tengo pensado visitar varios más. Pero ya está decidido que el tuyo será uno de esos tres.

–¡Qué honor! Me parece bien, pero te digo algo: a mí lo que me importa es que la gente se vaya contenta de mi restaurante. No creo mucho en las cosas que escriben ustedes, los periodistas.

–No será la típica nota del estilo que creés. Llevará por título «Delicias de madre versus platos sofisticados».

–¿Algo así como «Manteles a cuadros versus vajilla de cristal»?

–Sí, pero más profundo –dijo Emilia. Y comenzó a contarle su idea, mientras a él le llegaba el café.

La explicación dio paso a otros temas como dónde estaba parando ella, desde cuándo estaba en Florencia y para qué revista escribía. Él le contó que, mientras vivió en Buenos Aires, lo hizo en un departamento de la calle Aráoz. Emilia le comentó que eso era a sólo cuadras de donde estaba el suyo. Pero lo que ella no le dijo fue que eso también era cerca de lo de Manuel. Claro que Fedele había estado allí hacía siete años, lo cual, era toda una vida, ya que después de su experiencia porteña había vivido en España.

Quedaron en hacer la nota al día siguiente. Ella traería su grabador y él debería prepararse mentalmente, le aclaró riéndose. Mientras se despedían, Emilia le agradeció el papelito y la flor.

–Te lo escribí muy en serio. Y también muy en serio te corté el jazmín de mi jardín porque creo que debes darte un permiso para disfrutar más de la vida. Apuesto a que comiste ensalada en el restaurante donde almorzaste.

¡Era verdad! Se sintió descubierta, pero lo disimuló:

—Te responderé con otra pregunta: ¿cómo que tenés un patio aquí?

—Sí, vení, pasá. Miralo antes de irte.

Emilia observó a su alrededor. La última pareja de comensales se retiraba.

—¿Por qué no? Vamos.

Salieron. La noche estaba hermosa, tibia, veraniega y el jardín era verde, tenía canteros con plantas de especies aromáticas. «Seguro que las usan para cocinar en el restaurante», pensó Emilia. El aire, que olía a albahaca y menta, se mezclaba con las flores de la planta repleta de jazmines.

—¡Qué lugar precioso! ¡Sos un privilegiado!

—Era lo que extrañaba cuando vivía en Buenos Aires y en España. Esta es una de las poderosas razones por las cuales regresé y puse mi restaurante. Aquí también está mi casa —señaló una construcción antigua cubierta de hiedra verde con una hermosa puerta tallada que también daba al patio.

—¿De verdad? ¡Qué belleza!

—Sí, también tiene salida a la calle. Esto y el restaurante me trajeron de regreso a Florencia.

—Algún día tenés que contarme esa historia. Presiento que debe ser interesante.

—Mucho más de lo que crees. Ahora, toma, llévatelos a tu departamento —cortó dos jazmines y se los entregó.

En la puerta, antes de despedirse, Emilia le recordó que al día siguiente harían la nota.

Ella se iba feliz. Había sido una bella noche, sentía que había comido como si estuviera en su casa y charlado con un amigo. Sus sentidos estaban más vivos y despiertos que nunca. Fedele tenía una filosofía de vida que se percibía en su restaurante todo el tiempo. Los clientes lo notaban y ese era el secreto de su éxito. Claro que cuando se llevaba una existencia tan plena y feliz como la de Fedele era fácil, pensaba Emilia. Porque para ella no lo era tanto. Recordó su estado y se tocó la panza, que estaba más chata que nunca. Y aunque no halló nada, tuvo la certeza de que allí estaba, que latía y que en poco tiempo se notaría.

* * *

Al día siguiente, a pesar de haber cenado *risotto*, Emilia se levantó temprano, sin náuseas y de buen ánimo, al punto tal que se le presentó un interrogante: ¿y si el *test* de embarazo se había equivocado? Esa mañana compraría uno nuevo. Pasaría por la farmacia antes de visitar el próximo restaurante.

Así lo hizo; fue a la misma; pero esta vez la atendió una muchacha joven. Mientras le entregaba el *test*, Emilia notó que la observaba con detenimiento, como buscando en su rostro la alegría o la preocupación que le provocaría lo que estaba por comprobar con esa caja.

En el baño del departamento, las dos líneas de color lila se marcaron con más nitidez que durante la prueba del sábado y le dieron la certeza de que su estado era real. Estaba embarazada, no había vuelta atrás. En cierta manera y para su sorpresa, esta vez miró con alivio las rayas. Ya no había dudas, no había incertidumbres, ni vacilación, ni titubeos; indefectiblemente, su vida iba en una dirección y no había manera de cambiarla. Ella ya no era más la dueña absoluta de su existencia; ahora, otra, indefensa, dependía de la suya. Se enterneció ante la idea. Ella y ese pequeñín, unidos para siempre. ¿O sería una pequeñita? Lo que fuera era una razón poderosa para que cuidara más que nunca su trabajo, así que decidió hacer lo mejor posible lo que le tocaba hacer durante esa jornada. Ese mediodía, visitaría dos restaurantes.

* * *

Para la tarde ya tenía la conclusión sobre los restaurantes visitados. Los dos eran buenos y del tipo «comida de madre», aunque sólo probó un bocado de los menús que le sirvieron porque se reservaba para comer a la noche en *Buon Giorno*, que era donde más a gusto se sentía. Hasta ahora, ninguno alcanzaba el *status* de *Buon Giorno*. Pero lo que más le gustaba era algo que no sabía describir y que le hacía sentir como en su casa.

Caminaba rumbo al departamento cuando un negocio llamó su atención. La elegante puerta de vidrio tenía grabado *Salone El Porteño*. Era una peluquería y la nostalgia de ver escrita la palabra que significaba su ciudad, la detuvo, le dio curiosidad. A través del vidrio, contempló el interior del salón con varias clientas haciéndose atender. Lavados de cabeza, pintura de uñas, y secadores de pelo estaban a la orden del día. Sintiéndose atraída por ese mundo femenino que, según rezaba el cartel, le hacía suponer que estaba en manos de un compatriota suyo, se dejó tentar e ingresó al lugar. Antes, jamás hubiera hecho eso; ahora, ya no iba negarse a lo que quería; por lo menos, no de la manera indiscutible y categórica con la que siempre lo había rechazado. Comenzaría con un pequeño acto; se haría algo diferente en el pelo. Y si tenía suerte, la atendería alguien de Buenos Aires.

Dejó la acera y un minuto después estaba sentada, rodeada de un universo de voces italianas que se mezclaba con la voz del *coiffeur*, que le hablaba en español. El hombre, de unos cuarenta años, muy conversador, le contó que era de Buenos Aires, que estaba instalado en Florencia hacía cuatro años y que le iba excelente. La vida no lo había tratado bien y después de haber intentado en España, finalmente en Florencia había encontrado su lugar en el mundo.

–¿Así que sos periodista? ¡Qué bien! La ciudad de Florencia es tan cosmopolita, que ayer atendí a una periodista japonesa y hoy te atiendo a vos. Pero cómo se nota que sos argentina, porque ese pelo hasta la cintura no lo tiene cualquiera. Es típico de las argentinas; lo tienen largo y bien cuidado sin importar la edad. Bueno, decime qué te hago.

–Quiero un cambio –alcanzó a meter un bocadillo Emilia.

–¡Upa! Cuando las mujeres vienen pidiendo eso es porque algo grave está pasando en su vida. ¿Es así? ¿Te corto las puntas?

Y ella, que estaba buscando un cambio y un lugar donde confesarse, respondió muy campante, como si le dijera la hora:

–Estoy embarazada. Cortame rebajado y bastante.

–¡¡Felicitaciones!! ¿Segura? Mirá que vas a dejar de parecer una argentina y te vas transformar en una francesa.

–Segura. Quiero un cambio. También me voy a hacer una iluminación bien clara.

–¡Guau! ¡Cómo estamos, eh! –exclamó sonriendo.

El hombre buscó los implementos y mientras hacía su trabajo con las manos, ella se animó a poner en palabras lo que hasta ese momento sólo eran pensamientos interiores. Le contó a ese perfecto desconocido toda su vida. Así eran las mujeres en la peluquería.

Un par de horas después, cuando se miró en el espejo, le gustó lo que vio. Su pelo seguía largo, pero ahora, rebajado en capas y con una buena cantidad de reflejos dorados. Su cabeza probaba las tinturas por primera vez y le sentaban. «¡Bienvenidos los químicos!», pensó, rebelde. Rubia no estaba, pero algunos destellos claros resaltaban sus ojos verdes y mostraban sus pómulos altos. Era la misma de siempre, aunque radiante.

—Estás luminosa.

—Sí, es verdad. Me gusta.

Emilia le contó algo más sobre cómo había dejado Buenos Aires y antes de retirarse, el hombre le propuso:

—Vení cuando quieras. Pasás y te tomás un café. Siempre es bueno charlar con argentinos.

Ella le agradeció y se marchó. Le había hecho bien la sesión de peluquería y psicoanálisis. Esa tarde se sentía otra. A veces, los cambios interiores empezaban por uno exterior. ¿De dónde había sacado eso? Sí, ya se acordaba: de una nota de la revista para la que trabajaba.

Cuando llegó al departamento, se sacó los zapatos y descansó un rato. Se preparó un té y escribió las impresiones que le habían dejado los dos restaurantes que había visitado donde probó las comidas. Luego, mientras caía la noche, decidió arreglarse un poco más para cenar en *Buon Giorno*. Su nuevo corte de pelo lo requería. Esa noche le haría el reportaje a Fedele Pessi.

Se maquilló los ojos y se pintó de rojo la boca, eligió un vestido negro a la rodilla algo escotado y se calzó las únicas sandalias altas que había traído. Y partió a la cena contenta; ya tenía hambre.

Cuando llegó y la *maître* la hizo pasar, se preocupó. El lugar ya estaba lleno, había demasiado bullicio para el tipo de charla que deseaba tener y supuso que esa noche Pessi estaría ocupado.

Antes de ubicarla, la *maître* le aclaró:

—El señor Pessi la espera —e hizo una seña a uno de los mozos para que llamaran a Fedele, quien apareció al instante.

—*¡¡Madonna Santa!!* Casi no te reconozco. ¡Qué cambio! Me encanta, te queda muy bien. ¿Será un signo de algo que viene de adentro? —preguntó inquisitivo. A él le gustaba la mujer arreglada, sofisticada. Y la argentina que hoy tenía enfrente era la sofisticación en persona.

Ella sonrió... idéntico comentario que la revista. ¿Habían leído lo mismo? Pero sólo respondió:

—Ya veremos. Por ahora, vengo preparada para reportearte según lo convenido. ¿Lo podremos hacer? Porque veo que *Buon Giorno* está repleto.

–Sí, pasá, hice preparar una mesa en el patio para nosotros. La noche está linda para estar bajo la luna con una periodista de tacos altos hablando de comidas –dijo haciéndole un guiño.

Emilia se rio divertida y sacudió la cabeza. Fedele era gracioso, se movía con soltura en las conversaciones y esa noche él también se había vestido diferente para la ocasión: llevaba pantalón de vestir –en lugar del *jean* que siempre le había visto– y camisa manga larga de color celeste.

Se sentaron. La luna brillaba. A Emilia le bastó escuchar los grillos y aspirar el aire cálido veraniego para sentirse transportada al patio de la casa de su abuela Abril y revivir las cenas que solían armar en su casona cuando ella era una niña. Sólo que la mesa que Fedele dispuso bajo la planta de jazmín era más chica; el mantel, de color bordó; y dos velitas brillaban en el centro. Las flores del jazmín perfumaban el aire. El azahar llegaba en oleadas intensas, entremezclado con el aroma de las especies de los canteros que los rodeaban. Al fondo, el limonero se adivinaba entre las sombras iluminado sólo por una decena de luciérnagas que jugaban su juego de luces. Contra el muro, una dama de noche mostraba su única flor.

Emilia la miró. Había algo en esa planta... algo que la emocionaba...

Él se dio cuenta de que la observaba.

–¿Viste? Salió para vos... Hacía años que no florecía.

Emilia sonrió. Tal vez, era verdad aquella frase de «Todo tiene que ver con todo más de lo que uno cree».

–A mi abuela Abril le encantaba esa planta –le aclaró mientras uno de los mozos se acercó con una botella de vino en la mano. La noche avanzaba; las decisiones, también.

–Hum... –dijo ella, que había pensado pedir agua mineral.

Él observó su titubeo:

–¡Al menos tenemos que brindar! –se anticipó.

–Está bien –dijo Emilia. Él tenía razón y ella no podía explicarle por qué se negaba a tomar alcohol. Tampoco daba.

–¿Y de comer, qué vas querer? –preguntó Fedele. Era su manera de agasajarla; para él, la comida era un sentimiento.

–Había pensado cenar sólo una ensalada. Necesito reportearte y no pensar tanto en cosas ricas.

–¿Una ensalada? ¡No, qué triste! Esta noche, este patio y la reunión informal que tendremos exigen otra cosa. *Signorina*, ¿tengo posibilidades de convencerla de que comamos una *pizza* juntos?

—¡¿Una *pizza*?! —Emilia no esperaba esa propuesta.

—Masa casera bajo mis estrictas instrucciones más los secretos de un *chef* que ha trabajado en una pizzería de Buenos Aires.

—¿No era que habías trabajado en el *Hotel Plaza*?

—¡También! ¡Y en muchos lugares más! Pero en *pizza*... ¡soy un especialista!

Emilia sonrió. Este hombre tenía una forma de ser que haría hablar hasta las piedras. Siempre estaba de buen humor y tenía una forma dulce de decir las cosas que ella no podía negarse; menos cuando sonreía de esa manera.

—Bueno, que sea *pizza* para los dos, entonces.

—La felicito *signorina* Emilia Fernán —dijo él en tono de broma y le extendió la mano. Ella le respondió ofreciéndole la suya y sintió el apretón de una mano grande, fuerte, que la estrechaba con cuidado. Le gustó la sensación del contacto con su piel.

Fedele sirvió el vino, elevó la copa y propuso:

—¡Por la vida!

—¡Por la vida! —dijo Emilia. Y haciendo chocar el cristal, no pudo evitar pensar que no había nadie mejor que ella para brindar por eso. Llevaba una nueva dentro. Y al recordarlo, apenas si probó el vino.

Luego, conversaron dos o tres palabras sobre cómo había sido el día de ambos y Emilia sacó el grabador.

—¿Empezamos?

Él asintió con la cabeza mientras bebía un trago de su copa.

—Fedele, ¿por qué tener un restaurante?

—Porque me encanta agasajar a la gente y hacer sentir bien a las personas con la comida.

—¿Estudiaste para *chef*? ¿Dónde?

—Sí, en Francia, donde viví dos años.

—¿Te has dedicado a otras cosas o siempre has tenido restaurantes?

—Hice varias cosas, pero casi siempre relacionadas con la comida. Por ejemplo, trabajé en el mercado de París. Así me pagué los estudios de *chef* —dijo sonriendo—. Deberías haberme visto vendiendo pescados.

Emilia sonrió. Se lo imaginó joven, hablando en francés. Era un hombre interesante.

—¿En qué otros lugares trabajaste de *chef*?

—En hoteles de Roma, Barcelona y Buenos Aires.

–¿Qué creés que debe tener un restaurante para que sea exitoso como *Buon Giorno*?

–¡Buena comida! Hecha con amor. Comida de madre, como decís vos.

–¿Cuándo empezaste con *Buon Giorno*?

–Antes de que sea mío, este restaurante fue de mi madre. Mientras ella estuvo a cargo, participé muy poco; sólo ayudaba, pero nada más. Claro, era muy joven. Luego, me fui a recorrer el mundo durante algunos años, y cuando regresé, me hice cargo yo. Hace ya bastante que es mío y que está bajo mi completa responsabilidad. Pero siempre estuve cerca.

–¿Fue de tu madre? ¿Y ella vive? –preguntó Emilia interesada.

–Sí. Ella es viuda y reside en una ciudad que da al mar Adriático, en Ancona.

–O sea que *Buon Giorno* tiene una larga historia.

–Tan larga, que eso es un capítulo aparte. Pero si querés, un día te la cuento.

–Claro que quiero. Tenés que prometerme que lo harás.

–Sí, pero como ese día te contaré secretos de mi familia, ya no podrás traer tu grabador, ni poner la historia en el reportaje.

Emilia soltó una carcajada y exclamó:

–Está bien, pero... una última pregunta: la pasión por cocinar, ¿se hereda?

–Sí, imaginate que en este momento se están abriendo dos franquicias de *Buon Giorno*; una en Roma y otra, en Milán –respondió en el momento en que recibía la *pizza* que llegaba de manos del mozo.

Mientras servía las porciones, Fedele hizo de periodista:

–Ahora me toca preguntar a mí... ¿Por qué te has cortado el pelo?

Ya imaginaba Emilia una pregunta así. Lo había visto mirarla todo el tiempo.

–Porque entré a un *salone* y me encontré con un peluquero porteño.

–¡Ah! –esta vez fue él quien soltó una carcajada–. ¡Mirá que son insólitas las mujeres! Como sea, ha sido un acierto: te queda precioso –dijo y se inclinó hacia atrás para verla en toda su dimensión–. Me gusta tu pelo y con esos ojos verdes pareces Kate Moss... Te ves fatalmente *sexy* –dijo y sus ojos se posaron con descaro sobre su boca.

Ella se ruborizó. En esos ojos había visto deseo. No estaba acostumbrada a los halagos de forma tan directa. Un argentino los hubiera dicho de manera más velada.

Pero como si nada, Fedele pasó de los labios de Emilia a centrarse en la *pizza* que ambos degustaban con cubiertos. Hasta que él propuso comerla con la mano. Y al hacerlo, ella lo siguió.

La *pizza*, los jazmines, la noche hermosa, la luna, las velas, la compañía agradable... Por primera vez en mucho tiempo, Emilia se olvidaba de sus pesares y preocupaciones. Se sintió agradecida porque, buscando *La Mamma*, había encontrado este restaurante y había conocido a un hombre como Fedele, alguien capaz de convencerla de comer *pizza* en vez de ensalada, de reírse en vez de llorar, de charlar en vez de meterse para adentro, de animarla —sin saberlo— a usar tacos en vez de zapatos bajos... Porque se los había puesto por él.

Durante las horas que pasaron juntos, charlaron de todo: de libros, de música, de las decisiones, de la vida. En dos oportunidades, la *maître* se había presentado a solicitarle indicaciones; lo hacía en italiano, pero Emilia alcanzó a entender que Fedele le daba algunas instrucciones y le pidió que no los interrumpieran. Se notaba que Fedele era un apasionado por su tarea. Una extraña mezcla de un artista de la comida, una especie de bohemio lleno de ideales, pero con mente para los buenos negocios, porque el lugar funcionaba más que bien y lo veía dirigirlo con autoridad y firmeza.

Cuando Emilia miró la hora y dijo que se marcharía, ninguno podía creer lo rápido que había pasado el tiempo. Fedele la despidió en el patio; él todavía debía pasar por la cocina antes de volver al salón. *Buon Giorno* aún estaba repleto. Junto a la planta de jazmines le dio dos besos, uno en cada mejilla, y le tuvo una mano entre las suyas más tiempo de lo normal, mientras le insistía:

—Sé que vas a visitar más restaurantes, pero vení mañana, que te espero con una sorpresa para el almuerzo.

Se despidieron y Emilia caminó las seis calles que la separaban desde *Buon Giorno* a su departamento. Lo hizo despacio, sintiéndose libre y feliz, como hacía mucho que no se sentía. Sólo cuando abrió la puerta de su casa y encendió la luz, vio la computadora y el mundo se le vino abajo de nuevo. Todavía no había *mail* de Manuel y ella estaba embarazada. En cambio, había un correo de Sofía; le decía que acabara con las paranoicas elucubraciones, que el viaje de él no era por una mujer. Su amiga le mandó las últimas noticias de la oficina y le recalcó que la pasara lindo, que no pensara más en Manuel. Claro, qué otra cosa podía aconsejarle, si no sabía que estaba embarazada, que ella llevaba dentro suyo un hijo de Manuel y que su vida estaba unida con la de él para siempre.

Decidió que hasta que le viniera el sueño, aprovecharía para compaginar el reportaje. Mientras intentaba armar algo en su computadora con lo grabado, ingresó un *mail* en la bandeja de entrada de su correo. Miró bien. ¡Era de Manuel! Lo abrió desesperada.

«Si es urgente, podemos intentar hacer *Skype* a las doce de la noche de Italia», decía. En pocas líneas le contó que acababa de regresar del Gran Cañón y que ese mismo día empezaba las clases. Emilia miró su reloj. Faltaba más de una hora para eso. La diferencia horaria era un lío. Volvió a leer el *mail* buscando algo más que denotara el estado de ánimo de él. Era inestable y podía estar de buen humor o no. Pero no halló nada que le permitiera sacar una conclusión, aunque el escrito bastó para hacerla entrar en un estado de ansiedad tal que se le hizo difícil hilvanar ideas coherentes para armar el reportaje. Y mientras esperaba a que se hiciera la hora, se levantó de la silla una y mil veces, se tomó cinco tazas de té verde y releyó el correo siete veces. Conclusión: las doce de la noche se habían pasado por diez minutos, ella sólo había escrito una frase y estaba más histérica que nunca. ¿Cómo se le decía a un hombre que estaba embarazada cuando la última vez que estuvieron juntos él le había dicho que no estaba seguro de quererla? No podía estar en peor situación. Continuaba eligiendo las palabras con las que le explicaría... cuando escuchó la señal de su compu. Era Manuel, al fin. Lo aceptó, pero la transmisión de *Skype* era mala. Comunicarse estaba complicado y la imagen de Manuel se negaba a salir por la pantalla. Al menos, escuchaba su voz. Decidieron eliminar la pantalla y entenderse como si fuera una llamada normal. Ahora lo oyó claro:

—¿Cómo estás, Emilia?

La voz masculina y querida retumbando clara en el departamento le hizo dar un vuelco a su corazón.

—Bien. ¿Y vos? ¿Cómo te fue en el Gran Cañón?

—Espectacular. Pero llegué muy cansado y acá se lleva un ritmo de estudio tremendo. Los *yankees* son superexigentes. ¿Y a vos, cómo te está yendo en Italia? ¿Estás haciendo notas, verdad?

Ella le explicó durante unos minutos sobre su trabajo, pero lo cierto era que mientras lo hacía de forma verborrágica y nerviosa, sólo pensaba en qué frases usaría para darle la noticia importante. Finalmente, fue Manuel quien insistió sobre el verdadero motivo de la charla:

—¿Y? Contame... ¿Qué es lo importante que me querías decir? ¿Había algo por hablar, no? —al fin de cuentas para eso se había tomado la molestia de programar la charla en medio de las clases y a los apurones.

—Sí.

Silencio total.

—¿Estás ahí, Emilia?

—Sí.

—Te decía que me cuentes... ¿De qué querías hablar...?

—Mirá, Manuel, creo que estoy embarazada —dijo sin rodeos. No tenía sentido ponerle adornos a la noticia.

Ahora, el silencio total fue de él. Hasta que al fin explotó:

—¿Cómo que creés? ¿Esa era la noticia?

—Bueno, la verdad es que no lo creo, estoy segura. Sí, esa es la novedad.

Silencio... Más silencio... Hasta que:

—Pero... ¿cómo embarazada? ¡Si yo estoy acá!

—¡¡De antes, Manuel!! ¡De antes! ¡No seas infantil!

—¿No te habrás equivocado? Si vos tomabas pastillas.

—Sí, tomaba, pero acordate de que cuando fuimos al Tigre nos las olvidamos. Y no, no me equivoqué: ya me hice el *test* dos veces.

Otra vez silencio. Era evidente que Manuel estaba en *shock*. Al fin dijo:

—Emilia, me matás con esta noticia. Si había algo que no esperaba era esto —hizo un nuevo silencio y luego continuó—: ¿Y qué vas a hacer?

A Emilia la frase la lastimó. Significaba que consideraba este embarazo algo solamente de ella y que, además, Manuel creía que existía una posibilidad de que no naciera. Se le llenaron los ojos de lágrimas. Por suerte, no habían podido conectar la cámara y no la veía. Le respondió quebrada y enojada:

—Nada, tenerlo. ¿Acaso hay otra opción?

—¿Tenerlo así como así?

—Sí.

—No sé. Un hijo es para toda la vida Y vos sabés que nosotros dos no estamos... No somos... Vos y yo, cuando me vine a Estados Unidos, nos dimos un tiempo.

—Ya sé. Comprendo perfectamente. Pero creí que tenías que saberlo.

—Mirá, para mí, en este momento de mi vida, esto es una locura. Jamás me imaginé vivir algo así —señaló él.

—Entiendo, yo tampoco. Pero, ¿qué querés que hagamos? Así están las cosas —añadió Emilia.

—¿Hacer? Yo tengo aquí para varios meses más. Por ahora, no voy a regresar a Argentina.

—Manuel, yo ni siquiera estoy en Argentina. ¿O ya te lo olvidaste?

—No, no...

Con el desconcierto en que la charla lo había sumido, era evidente que sí.

—Pero si querés, podés venir a Italia —se animó a proponer Emilia.

Él no lo dudó ni un instante:

—Imposible, Emilia, estoy en medio del curso. El presentismo es determinante.

—Si querés, puedo ir yo.

—¿A Arizona...? ¿Para qué?

—Para hablar.

—Acá, en la universidad, todo el día es estudio. Y no serviría de nada.

Tenía razón. Las opciones que le propuso eran ridículas.

Manuel continuó:

—Además, ya te dije: no sé qué quiero hacer de mi vida, salvo lo que estoy haciendo ahora acá.

—Entonces, no tenemos más de qué hablar —dijo ella terminante.

—No te enojes. No te estoy diciendo que me voy a borrar, no. Yo puedo ayudarte...

—¿Ayudarme...? Yo quiero un hombre a mi lado. Si no estás seguro de eso, olvidate de todo.

Emilia respondía con dureza, pero lo cierto era que hacía minutos que estaba al borde de las lágrimas. El gusto de su boca era salado y tenía un nudo en la garganta que casi no le permitía pronunciar bien la frase.

Un nuevo silencio se hizo presente hasta que Manuel propuso:

—Lo mejor será que nos tranquilicemos y hablemos de nuevo en un par de días. Necesito hacerme a la idea. ¡Pero, ojo, eh! ¡No me estoy borrando!

—Como quieras —dijo secamente Emilia y cortó primero, apurada. Quería llorar.

Y lo hizo desconsoladamente. La charla había salido mal. Aunque no esperaba otra cosa de él, era difícil aceptarlo. Así se la pasó gran parte de la noche y en varias oportunidades estuvo a punto de escribirle a Sofi y a su padre para contarles todo. Pero se contuvo: aún no se sentía preparada para eso. ¿Quién sabe qué barbaridad podía aconsejarle su amiga si se enteraba de que estaba embarazada y qué ataque de locura podía darle a su padre si se lo decía por *mail*? Lo mejor sería dejar pasar unos días más.

Era la madrugada y ella, tirada en la cama, aún lloraba cuando recordó que por la mañana debía entregar en la editorial lo que ya tenía escrito. Y entre lágrimas hizo un esfuerzo por dormirse. Sería una semana dura y decisiva, aunque no sospechaba cuánto. Su imaginación jamás hubiera podido volar tan lejos. Su corazón se hallaba demasiado lastimado para hacerlo.

El hombre joven

El hombre joven se despierta. Es martes. Abre la ventana de su cuarto y el aroma de la ciudad de Florencia lo envuelve. Aspira con los ojos cerrados y puede identificar en el aire la mezcla del olor a flores de primavera junto al del yeso de las construcciones modernas y al de los ladrillos de las antiguas. Hasta él también llega el aroma del pan recién horneado de la panadería de la esquina y hasta una nota de gasoil de algún automóvil fuera de punto. Y sí... el aroma de Florencia es esto y mucho más. Y a él siempre le había encantado.

Va al baño y se lava la cara. Se mira en el espejo. El día será difícil. Se acerca a la cómoda y realiza su ritual de todas las mañanas. Cada persona tiene los suyos; algunos dan fuerzas; otros las quitan. Aunque esos dos rostros sonrientes ya no estén en este mundo, él siente que se carga de energía cuando besa los dos portarretratos. Aunque sólo sea un beso y una caricia hecha con el dedo índice a ese pedazo de vidrio que recubre las dos fotos, a él le sirve; es su liturgia de recordar y siempre será así.

Se dirige al *placard* y elige su mejor traje. Se saca el pijama celeste de pantalones cortos y se pone la camisa blanca.

Él, que siempre estaba entre creer y no creer, esa mañana irá a misa, porque después de la desgracia, al revés de otros, ha empezado a creer. Tiene que haber un Dios, tiene que haber un lugar de luz donde reencontrarnos con los que se han ido de este mundo. Su esposa Patricia y su hijito Carlo no pueden estar vagando por la nebulosa o simplemente haber dejado de existir; han sido personas demasiado bellas como para eso. Toma la invitación con la mano; allí está la hora y mira para confirmarla. Pero la realidad es que la sabe de memoria, la tiene grabada desde el día en que le entregaron la esquela. Volver a leerla le da un pequeño, tonto y esperanzador regocijo. Es recordar una vez más que ellos existieron, es pensar que otros también los recordarán, que no olvidarán que alguna vez Patricia y Carlo estuvieron aquí.

La muerte. ¡La muerte! La muerte... Hay que saber lidiar con ella. Y su manera es honrando la vida.

Sobre el cartón blanco, las letras saltan a su vista dándole la caricia del recuerdo, la única que tienen los que sufren ausencias perennes.

«La iglesia de la Santa Croce los espera el martes 11 de marzo, a las 9 horas, a la misa por los muertos en Atocha.»

Abajo se lee la larga lista de 192 nombres entre los que están los de su esposa Patricia y de su hijo Carlo.

A los 1858 heridos no se los nombra; ellos, aunque con sus heridas de toda clase, tienen la ventura de todavía estar aquí, con sus seres queridos, disfrutando del sol.

Toma su café despacio, como preparándose para una batalla. Pero lo cierto es que esa mañana ya se ha desatado y ahuyenta los fantasmas como puede. Ensañados, le llenan la cabeza con interrogantes. ¿Ella y su hijo habían sufrido? ¿Habían llegado a tener miedo? ¿Patricia había tenido tiempo de abrazar a Carlo antes de...? Se tapa la cara con las dos manos; hoy es el día difícil del año.

Termina de tomar el fuerte líquido negro de su taza y sale a la calle. Por ellos dos continúa con la vida, por ellos dos sigue adelante. Esa es su manera de recordarlos, de revivirlos.

* * *

Dos horas más tarde, el hombre joven baja las escalinatas de la iglesia. Ha dejado gran parte de su peso interior dentro del antiguo edificio, ha aprendido a hacerlo después de sufrir mucho. La vida continúa, nunca igual, pero continúa. Él la honra con esfuerzo y ganas; es su manera de enfrentar la desgracia. «Cada cual tiene la suya y cada uno hace lo que puede», se dice a sí mismo mientras parte a su trabajo. Allí lo esperan.

Capítulo 5

Los recuerdos verdaderos parecían fantasmas, mientras los falsos eran tan convincentes que sustituían a la realidad.

GABRIEL GARCÍA MÁRQUEZ,
Doce cuentos peregrinos

Piacenza, 2008

Día 2

En la cocina del castillo del conde Berni, las empleadas sorteaban a cara o cruz con una moneda cuál de ellas iría a preguntarle al viejo si ya se hallaba listo para la cena. Para el hombre, el día había sido malo. Y ellas, que habían tenido que soportar más de una explosión de cólera, ahora que la comida estaba lista, no querían acercarse a su despacho.

Sentado en el sillón del escritorio, con la copa de vino en la mano, Benito Berni terminó su ritual nocturno de puntear los objetos de su lista. La cuenta regresiva que inexorablemente se llevaría su vida avanzaba y saberlo lo tenía más sumergido que nunca en sus recuerdos.

La mucama designada por la moneda salió de la cocina, tomó coraje y se presentó ante su patrón:

—Señor, la comida está lista. ¿Se la sirvo?

Él le respondió con otra pregunta:

—Señorita..., ¿piensa que esa lámina del puente Vecchio desentona con el resto de la decoración de la sala? —dijo señalando el dibujo que colgaba frente a él. Era uno de los pocos objetos que él había agregado a los adornos del castillo. Lo había comprado siendo muy joven y esa noche la imagen lo llenaba de recuerdos.

A la chica le sorprendió la pregunta y también, la amabilidad.

—No desentona y me parece muy bonita. Siempre es agradable mirar el puente Vecchio —dijo ella recordando cómo le gustaba caminar por el lugar de la mano con su novio. Luego, aprovechando el buen humor de su patrón, le preguntó:

—¿Le pongo la mesa en el salón dorado?

—Sí —dijo Berni y su mirada se perdió en la figura del puente... Más precisamente cuando corría 1954...

Florencia. 1954

Benito Berni se sintió extraño al caminar por Florencia después de una ausencia de largos años. Transitar por sus calles con veinte años le producía una serie de sentimientos encontrados. Se sentía satisfecho de haber podido vencer las estocadas del pasado y finalmente haberse animado a volver a este terruño. Regresaba con sus lisiaduras emocionales, las que le habían quedado de sus recuerdos traumáticos, pero asimismo sentía un gran placer de estar allí; oír todo el tiempo a su alrededor el idioma que había hablado de niño lo confortaba.

Después de la guerra, Italia había cambiado y Florencia era parte de ello. Porque lo único que realmente estaba igual tras los bombardeos era el puente Vecchio. Nadie se había animado a tocarlo por bello y antiguo. Ni los aliados lo habían bombardeado, ni los alemanes lo habían volado como habían hecho con todos los demás puentes de la ciudad en agosto de 1944, cuando, en el intento por retrasar el ingreso de los aliados, casi al final de la guerra, no habían dejado en pie ni siquiera el puente de la Trinidad, construido por Bartolomeo Ammannati a mediados del siglo XVI. Pero para Benito, lo más extraño era que por primera vez pisaba Florencia siendo adulto y todo lo que antes le parecía inmenso, ahora lo veía pequeño. No era para menos. Tenía barba rubia, medía más de un metro ochenta y parecía más grande de lo que en verdad era; se había convertido en un atractivo hombretón como lo había sido su padre. En eso, había salido a él. Lo vivido lo había hecho madurar más rápido y se notaba en su físico. Junto a los partisanos, había pasado más de dos años de lucha volando puentes, interceptando camiones, atacando

84

alemanes; viviendo en cuevas, bajo los árboles, en las montañas; pasando frío y hambre; comiendo muchas veces raíces. En su afán de perseguir la victoria contra el odiado ejército germánico sufrió todo tipo de inclemencias, pero cuando todo hubo terminado y al fin los alemanes huyeron perdidosos, él, con apenas catorce años recién cumplidos y sin saber qué hacer con su vida, se dejó convencer por dos de los hombres del grupo rebelde y se marchó con ellos a la Unión Soviética atraído por las ideas comunistas. Pero después de más de cinco años de sacrificio, en los que tuvo al partido por dios, trabajó duramente noches y días en una fábrica de velas por unos pocos rublos, donde aprendió a hablar con fluidez el ruso, decidió regresar a Italia. Y ahora, de Rusia, sólo le quedaba el recuerdo de las largas horas de trabajo en medio de una alegre camaradería en la manufacturera y dos aprendizajes vitales: beber alcohol en exceso sin llegar a emborracharse y disfrutar del cuerpo de una mujer, porque las rusas, mucho más liberales que las italianas, le habían enseñado todo lo que un hombre necesitaba saber sobre sexo.

Caminaba mirando con interés los detalles de la ciudad cuando decidió sentarse en la plaza de la Signoria y descansar. Desde allí alcanzó a ver a una muchacha que vendía láminas dibujadas por ella misma. Eran de paisajes italianos y de lugares de Florencia. Se acercó para observarlas mejor: una del puente Vecchio le gustó mucho. Ese puente era el único lugar que recordaba con claridad de sus visitas de niño a Florencia. Le preguntó el precio y le pareció razonable; estaba bien hecha y la compró. Tenerla en sus manos lo hizo emocionar porque era la primera vez en su vida que compraba algo que no fuera ropa o comida. Compró un objeto, y no cualquiera. Este era parte del plan que comenzaba a urdir. Porque no había regresado a Italia a tientas y a locas, sino con un propósito: llenar el vacío que lo aquejaba. Tenía suficiente dinero ahorrado como para subsistir por unos meses y dedicarse a averiguar qué había sido de sus hermanas, qué había pasado con el castillo de su familia e interiorizarse sobre si, al morir, su padre había dejado otras propiedades.

Benito pensó que todos los conocidos lo darían por muerto. En un primer momento, había estado tentado de regresar a Piacenza para encontrar una punta de su investigación. Pero como no sabía qué podía encontrar allí, lo mejor sería que muy pocos se enteraran de su vuelta. No quería que nadie lo importunara preguntándole qué había sido de él. Decidió, entonces, encaminarse hacia Florencia porque tenía el débil recuerdo de que allí su padre visitaba a uno de sus notarios; él, incluso, lo había acompañado una vez durante la firma de los papeles de la compra de unas propiedades florentinas. Y también, porque estaba casi seguro de que Rodolfo Pieri, el profesor de pintura, había tenido allí una pequeñísima academia, o algo así, donde impartía clases de arte. El hombre siempre hablaba orgulloso de eso.

A pesar de los años transcurridos, a Benito no se le olvidaba Rodolfo Pieri. Pensaba encontrarlo como fuera.

* * *

Por la tarde, después de haberse pasado el día familiarizándose con la ciudad y visitando algunas dependencias de gobierno en su afán de lograr la información que buscaba, Benito se dirigió a la casa del notario de apellido Moncatti. En la estación de *carabinieri*, donde funcionaba la oficina de ayuda para los que buscaban seres queridos perdidos durante la guerra, le habían dado el dato de ese escribano. Buscando entre la cantidad tremenda de papeles que tenían, había surgido el nombre de una familia de escribanos, los Moncatti. El apellido figuraba en muchas de las transacciones que las familias nobles habían concretado en los últimos años. Benito, al decirle su nombre a la mujer que lo atendió en la oficina de gobierno, logró, además, que le confirmara su propia identidad con los datos del archivo. Ella le aseveró con certeza que Benito Berni era el conde de Ciccolo. Así figuraba Mario Berni en las escrituras; por lo tanto, también le correspondía a él ese título. Una situación más para aprovechar de su regreso a Italia, pensaba, mientras caminaba rumbo a la casa del notario, un tanto asombrado.

Cuando llegó a la casona del escribano, golpeó la puerta con el llamador de bronce. Un hombre pequeño, de bigotes, lo atendió. Benito se presentó por su apellido y de inmediato recibió un trato deferente.

Una hora después, el incrédulo actuario Marcelo Moncatti, quien todavía no caía en sí por la aparición del joven, le reveló que su padre, y antes, su abuelo, atendían los asuntos legales de la noble familia Berni. La suya, compuesta de notarios, siempre había estado al servicio de los condes de Ciccolo. Él administraba las propiedades de Florencia, mientras que su hermano Giuliano, las de Roma.

—Es un milagro que usted esté vivo, joven Berni. Pensamos que las únicas que se habían salvado eran sus hermanas Lucrecia y Lucila. La beba falleció en la misma semana que se la quitaron a sus padres.

—¿Está usted seguro? —preguntó, a pesar de que era lo que siempre había sospechado.

—Sí, la señora Campoli nos relató pormenorizadamente lo ocurrido aquel día. Mi hermano y yo, se lo aseguro, lamentamos mucho las muertes de sus padres.

—¿Qué sabe de la mujer de Campoli? —preguntó y la imagen de la esposa del jardinero vino a su mente con nitidez.

—Ella vive en la misma casa donde siempre lo hizo, dentro de la propiedad del castillo. La señora Campoli realiza tareas de manutención del inmueble. Como le expliqué, sus servicios son solventados con el dinero de la renta que generan las tierras de su padre. Las mellizas, claro, también reciben su beneficio.

Benito escuchaba y se sorprendía gratamente. La señora Campoli era una buena mujer y él la recordaba con cariño. Pero le costaba entender todos los hechos sucedidos en su ausencia.

—¿Mis hermanas fueron adoptadas por una familia en Bologna?

—Sí, por sugerencia de su tío. Para solventar su manutención, ellas reciben una renta mensual. Así lo decidimos con el notario de Piacenza. ¿Quiere que le haga una cita con las niñas? ¿Está preparado para un encuentro con ellas?

—No todavía; yo le avisaré. Además, aún no iré a Bologna. No quiero hacer de mi caso un circo y tener a todos detrás de mí pidiéndome explicaciones de qué fue lo que sucedió en mi vida.

—Sí, lo entiendo, no se preocupe. Pero le digo que ahora que sabemos que usted vive, también recibirá la parte que le toca de esa renta.

—¿Renta para mí?

—Así es.

—¿De qué monto?

—La suma no lo hará millonario, pero le permitirá vivir holgadamente, salvo que usted decida vender el castillo o alguna propiedad. En ese caso, tendrá que respetar, como bien lo supondrá, la proporción de sus hermanas.

—No estoy pensando en venderlo; tampoco en instalarme aquí. He decidió probar suerte en Roma. Quiero poner en esa ciudad un negocio de antigüedades.

—¡Excelente idea, joven Berni! Pero como sea, es una alegría saber que usted está vivo. Aquí me tiene a su disposición, como lo estuve para su padre. No dude en pedirme ayuda para lo que considere necesario.

Pensó que era una buena oportunidad para conseguir la información que buscaba:

—Hay algunas personas que conocía y me gustaría saber qué ha sido de ellas... parientes, amigos, profesores... —dijo la última palabra con aprehensión.

—Anóteme los nombres y esta misma semana le averiguaré los paraderos e información útil para rastrearlos —sugirió extendiéndole un papel. Y agregó—: Italia comienza a ponerse de pie después de la guerra y es muy importante que la gente pueda recuperar sus propiedades y reencontrarse con sus seres queridos.

Al despedir al muchacho con un apretón de manos, observó la lámina que Benito portaba en un rollo.

—Veo que le gustan los dibujos —dijo el notario.

—Sí, lo acabo de comprar. Es el puente Vecchio —contestó Benito.

—Lugar bello y querido para los florentinos.

—Sí, sobre todo porque es el único puente que los alemanes dejaron en pie antes de irse —señaló Benito con rabia, sin poder contenerse.

—Así es. Y es bueno recordarlo con pinturas y centrarse en lo que quedó, no en lo que ya no está. Es difícil vivir con odio.

—¿No cree que a veces el odio es necesario para subsistir?

El comentario del muchacho le dio pena; era demasiado joven para pensar así. Moncatti le respondió:

—El odio es el reflector que muestra los tristes sucesos de nuestra vida, esos que deberían ser confinados a la oscuridad del olvido.

Benito se quedó pensando, pero no le respondió. No opinaba igual; si él no tuviera sed de venganza, no tendría deseos de vivir. Si los tristes sucesos iban a parar al olvido, él no tendría ni una sola razón para vivir.

En pocos minutos, Benito caminaba por la calle nuevamente. Estaba conforme con la reunión; había salido mejor de lo que esperaba. Sus hermanas estaban vivas y bien cuidadas por una familia adoptiva, el castillo aún estaba en pie y custodiado por la señora Campoli. Él comenzaría a recibir una renta de las propiedades y le averiguarían qué había sido de Rodolfo Pieri. Porque no se olvidaba de la promesa que se había hecho a sí mismo; ese maldito hombre pagaría por lo que había hecho. Pieri había destruido su mundo y el de su familia; era el culpable de la muerte de sus padres. Había llevado a los asesinos a su casa y se había robado los objetos queridos que por años habían sido de los Berni... las copas de plata, la colección etrusca, los cuadros *La pastora* y *El maestro Fiore* y el retrato de Boldini... Se sorprendía cómo la mera evocación de Pieri le hacía aflorar a la superficie datos y detalles de esa época que por momentos creía olvidados. Entonces, también le vino a la memoria la frase del notario: «El odio es la luz que ilumina los tristes sucesos de nuestra vida que deberían ser confinados a la oscuridad del olvido». Pero él no quería olvidar, quería vengarse. Aunque no imaginó cuán caro sería el precio.

Capítulo 6

Florencia. 2008

Hacía casi una semana que, una vez que *Buon Giorno* abría las puertas al mediodía, Emilia llegaba a los pocos minutos. El trato con Fedele era el siguiente: por la noche, ella podía serle infiel con comida de cualquier otro restaurante, pero el plato fuerte del día, lo haría allí; porque en los otros lugares sólo probaría los diferentes menús. Al mediodía, Fedele la atendía personalmente; a veces, se acercaba a su mesa y comía con ella; otras, sólo tomaba el café y charlaba unos minutos. Por la noche, esas deferencias hubieran sido imposibles porque *Buon Giorno* siempre trabajaba a lleno total. A Emilia, el acuerdo le había venido de maravillas porque conversar con él le resultaba muy agradable y había descubierto que, almorzando allí, en ese ambiente distendido, se sentía como en su casa. Además, con cenas frugales, las náuseas de la mañana mermaban. Porque era inocultable que su embarazo continuaba. La llamada de Manuel la había dejado malherida y el recuerdo de la charla la mantenía en un estado de ensimismamiento. ¿Sería Manuel quien volvería a hablarle o tendría que hacerlo ella? ¿Cómo se seguía después de semejante conversación?

—¡Hola, *bambina*! Mi bella dama de día... —la saludó Fedele, contento de verla, haciendo alusión a que jamás la veía de noche sino sólo en los almuerzos. Esa mañana lucía esplendida con su vestido claro de flores.

Emilia respondió el saludo con una sonrisa.

—*Piccola*, ya llega la ensalada caprese. Me dijeron las chicas de la cocina que querías algo liviano. Yo también comeré una, y aquí, con vos, si me lo permitís. Tengo un ratito y quiero almorzar tranquilo.

90

Emilia le hizo señas para que se acomodase junto a ella en la mesa, la misma que era casi de su uso personal, ya que venía sentándose allí durante los últimos días, donde siempre la esperaban una botella de agua mineral, hielo y pan recién horneado.

—¿Qué sucede? ¿Hoy no tenés un buen día? ¿O es que anoche alguna comida mal hecha por la competencia te cayó pesada? —dijo astuto y divertido.

—Tengo algunas decisiones pendientes y mi cabeza está en eso.

—Bueno, escuchame, Emilia. Mañana me gustaría invitarte a pasear por Padua. Es una bonita ciudad y tiene un lindo restaurante que te servirá para tus investigaciones. ¿Qué te parece?

—Puede ser —dijo ella aún absorta en sus elucubraciones. Desde que se conocieron, la confianza entre ellos iba en aumento y un rato de silencio no los incomodaba.

Él la miró con cariño.

—Emi, no estés tan preocupada —y poniendo su mano sobre el brazo desnudo de ella, insistió—: ¿Puedo ayudarte en algo? Lo que sea.

Había un atisbo de tristeza que no la dejaba disfrutar de la vida a pleno, que la perturbaba. Emilia tenía una zona impenetrable; él se daba cuenta. Él mismo tenía sus reveses, pero había aprendido a lidiar con ellos. Por eso deseaba enseñarle lo que a fuerza de dolor había terminado aprendiendo.

Ella lo escuchó, levantó la vista y, al verle el rostro afligido, se enterneció. Él sí que se preocupaba por ella, hasta le decía abiertamente que podía contar con él. Fedele, un italiano que hacía una semana no conocía, se ocupaba de que en cada almuerzo su alimento fuera bueno, se convertía en su compañía para comer y charlar y, como si con eso no bastara, ahora se ofrecía para lo que ella necesitara. La vida tenía sorpresas. A ella, que necesitaba a Manuel, al Manuel que estaba ausente y que no daba ni señales de vida, se le aparecía este hombre dispuesto a ayudarla. ¡Vaya si la vida no ofrecía sorpresas!

—¡Ay, Fedele! Gracias… —los ojos se le llenaron de lágrimas. Se sintió tonta; estaba más sensible que nunca.

—Lo que sea, *bambina*…, ya sabés.

Fueron unos instantes de electricidad, de intimidad, hasta que el mozo se acercó con las ensaladas y volvió la normalidad. Pero ambos sabían que acababan de regresar de otra dimensión.

—¿Sabés que la receta de esta ensalada se encuentra en la carta desde que se inició el restaurante, en el año 1900? Desde que mi tía abuela la incorporó al menú, nunca la dejamos de hacer.

—Pensé que el restaurante había sido de tu madre.

—Sí, pero antes fue de mi tía abuela.

—O sea que *Buon Giorno* tiene una larga historia. Me la deberías haber contado para que la pusiera en mi artículo.

—Es que ese relato hubiera merecido una nota en sí mismo. ¡Imaginate que ya mi tía abuela, doña Rosa Pieri, lo compró por el 1900! Pero durante muchos años se llamó *La Mamma*. Era el lugar más visitado por los bohemios y artistas florentinos.

Emilia abrió los ojos. *La Mamma*, el nombre Rosa... los datos se unían en su cabeza.

—¡No te puedo creer! Yo llegué a *Buon Giorno* buscando el restaurante *La Mamma*. Pero como no lo encontraba y tenía hambre, terminé entrando aquí, sin saber que era el mismo. ¡Con razón coincidían las direcciones!

—¿Y por qué lo buscabas? ¿Ya te habían hablado bien de él?

—No. Bueno, sí. En realidad, venía buscando los datos de unos cuadros. Casi puedo jurar que mi padre nombró a Rosa.

—¿Buscabas datos de cuadros en *La Mamma*, o sea, en *Buon Giorno*? —preguntó sin entender.

—Sí, son los datos de unas pinturas que pertenecieron a mi familia.

Emilia le relató la historia de los dos cuadros y la de sus abuelos Abril y Juan Bautista Fernán.

Fedele, que escuchaba atentamente, no podía dejar de asombrarse porque, según el relato, los abuelos de Emilia habían conocido a su tía Rosa, esa era la conclusión a la que arribaban. Emilia no se acordaba de si su padre le había dicho el apellido Pieri, pero el nombre era Rosa, seguro; y el del restaurante, *La Mamma*.

Mientras Emilia le daba los últimos detalles, Fedele observaba cómo movía sus manos pequeñas y cómo le brillaban los ojos verdes. Sintió, también, cómo se conmocionaba en su interior y pensó que esa mujer tan triste, como bonita y dulce, no podía haber llegado allí por pura casualidad. Para nada. A ella la había traído el destino, ese al que le gustaba hacer juegos ininteligibles con los seres humanos. Muchas veces salían mal; pero cuando salían bien, eran maravillosos y hacían que todas las penas... valieran la pena. Esperaba que este fuera uno de esos juegos sublimes que salían bien.

Durante su relato, Emilia no podía dejar de asombrarse cómo ese cuadro la había llevado hasta Fedele.

—Dame unos días y te averiguo con mi madre si sabe algo de la pintura —dijo pensativo.

—Sería estupendo conseguir algo de información. Encontrar ese cuadro es realmente una cuenta pendiente para mi familia. Creo que si no lo recupera mi generación, ya no lo recuperaremos más.

Él asintió con la cabeza y de inmediato insistió:

—¿Y...? ¿Vamos a Padua mañana? ¿Te paso a buscar temprano? —le dijo mirándola a los ojos.

Y ella, que quería decirle que tenía muchas cosas que hacer, que no creía que fuera buena idea, terminó respondiendo:

—Sí, vamos.

Había demasiadas cosas uniéndolos como para rechazar un paseo por Padua juntos. Comieron por primera vez en total silencio, pero no hubo incomodidad, sino lo contrario. Dos o tres miradas profundas fueron la conexión mientras numerosas preguntas vagaban por el aire sin respuesta.

Las de Emilia: «¿Qué diría este hombre si supiera que estoy embarazada? ¿Seguiría sentado aquí, comiendo a mi lado e invitándome a Padua? ¿Acaso está naciendo algo entre nosotros? ¿Y Manuel? ¿Dónde diablos está Manuel, que no está acá, a mi lado?»

Las de él: «¿Esta mujer ha venido a traer la parte de felicidad que le falta a mi existencia? ¿Qué diría si le contara mi historia personal? ¿Es Emilia la clase de mujer por la que vale la pena animarse a poner en palabras los sucesos que marcaron mi vida?»

Si alguien hubiera alejado la lupa de la imagen de ellos, si alguien hubiera ido apartando, retrayendo el zoom de la cámara hasta observarlos desde lo alto, muy alto, hasta alcanzar un radio que llegara a la punta noroeste de Italia, más precisamente a Piacenza, lo hubiera visto todo: los hilos invisibles entre ellos dos, los de ellos con esa ciudad y los de todos con el hombre mayor de nombre Benito Berni que, renegado de la vida, refunfuñaba allí desde la mañana sin imaginar los cambios que se avecinaban.

* * *

El día era auspicioso. Cuando Fedele pasó a buscar a Emilia por el departamento, la jornada se presentaba primaveral. Previamente, había organizado su trabajo y dejado órdenes estrictas. Ella se había despertado temprano, temerosa de las náuseas; pero así como habían venido, ya se habían ido. El té negro con azúcar que había desbancado al té verde siempre le caía bien. Le costó elegir el atuendo hasta que se decidió por una *short* rojo, una remera blanca apretada y sus sandalias tostadas de taco bajo. Cargó una mochila con un abrigo, un agua mineral y salió a la calle con el pelo todavía húmedo. Comenzaba a acostumbrarse a llevarlo suelto, se sentía cómoda sin atárselo. El cambio la obligaba a maquillarse más y empezaba a disfrutar de hacerlo. Ver cómo sus ojos claros se profundizaban con el rímel y el delineador negro era algo nuevo para ella.

Cuando Emilia apareció en la puerta, la imagen de Fedele la sorprendió: ¡tenía puesto lo mismo! Bermuda roja y remera blanca. Se miraron y se rieron antes de saludarse. También la tomó por sorpresa el vehículo de Fedele, un *Alfa Romeo* descapotable de color rojo; muy propio de él, pensó. ¿Qué otro auto podía tener alguien como Fedele Pessi? Se acercó y miró la máquina con interés; jamás había paseado en nada parecido. Se lo dijo:

—¿Ah, no? Vení, acomodate, pero te advierto que después de probarlo no vas a querer subirte a ningún otro auto.

Ella se subió y se marcharon con rapidez. En minutos la sensación de ir serpenteando la ruta, con el aire y el sol en el rostro, sumado al verde del entorno, la había sobrecogido. En verdad era indescriptible, muy parecida a la libertad de andar en moto, pero mucho más apacible.

—¿*Cosa ne pensi, cara* Emilia?

—Me encanta, no pensé que fuera así.

Emilia comenzaba a entender cuando él decía algunas frases en italiano. Los días pasados en Florencia empezaban a mejorar su dominio del idioma. Mientras manejaba, Fedele bajaba la velocidad y charlaban; luego, la subía y disfrutaban del aire fresco sobre la cara.

A mitad de camino, cuando llevaban una hora de andar por la autopista del Sole apreciando el paisaje, Fedele tomó un desvío, siguió un kilómetro por una calle de asfalto y luego condujo por un sendero de tierra. En pocos minutos, estacionó su *Alfa Romeo* frente a una villa italiana. El parque tenía arbustos de toda clase y plantas muy verdes. La casona era antigua y se hallaba completamente cubierta por enredaderas y hiedras y rodeada de canteros repletos de flores. Al reparo de una galería que la circundaba, había cuatro o cinco mesitas con sus silloncitos esperando a los despreocupados visitantes que quisieran disfrutar del lugar esa mañana.

—Ven, tomaremos un café o un jugo.

Emilia jamás hubiera pensado que en ese lugar perdido en el verde, habría un bar, o casa de té, o lo que fuera que fuese esa casona porque no se parecía a nada que ella conociera. Se bajaron y se ubicaron en una de la mesas; no había ninguna otra ocupada. Un hombre mayor de pantalón con tiradores y camisa a cuadros azules salió a atenderlos. En cuanto reconoció a Fedele, lo saludó efusivamente con un abrazo y le preguntó por su madre. Fedele le contó dos o tres novedades y luego le presentó a Emilia.

—*Giovane e bella. ¿È la tua ragazza?* —le preguntó divertido.

—¡Eh, Santino, tú siempre buscándome novia! —le respondió en español tratando de que Emilia entendiera.

Intercambiaron algunas frases más y el hombre se fue para regresar con dos pocillos del *espresso* más aromático que Emilia hubiera probado en su vida. Lo tomaron mientras charlaban sobre las flores que los rodeaban. Emilia las comparó con las de Argentina y le contó cuáles eran comunes allá y cuáles, no. Las rojas del fondo, las había tenido en su balcón; pero a las amarillas jamás las había visto en Argentina.

Saludaron al viejo amigo de Fedele y continuaron el camino. Antes del mediodía estarían en Padua. Durante el viaje, la proximidad hacía inevitable que se observaran los detalles de uno y otro. Con el recato de una mirada de soslayo, y la ayuda de las gafas de sol que cada uno llevaba puestas, a Fedele no le pasaban desapercibidas las blancas y delgadas piernas de Emilia con sus pies pequeños de uñas pintadas a la francesa, mientras que ella no dejaba de reparar en las piernas bronceadas y velludas de Fedele, ni en sus pulcras sandalias *Columbia*, ni en su brazo fuerte, el que en dos oportunidades se había depositado sobre el hombro de ella y allí se había quedado como si hubiera llegado para permanecer para siempre. Sus perfumes, también, se mezclaban en el aire y cada cual trataba de adivinar la nota que no le pertenecía: jazmín para ella, sándalo para él. Fedele era pura fuerza y vitalidad, lo que se hacía evidente en cada uno de sus movimientos. Estaba claro que amaba la vida y más, aún, si era al aire libre. A ella, delicada e intelectual, naturista hasta la médula, le gustaban los productos orgánicos, el té chino y recurría a la acupuntura para relajarse. Estas pequeñas cosas que habían servido para descubrirse y reconocerse, ahora estaban claras como el agua y, por opuestas, funcionaban como atracción. Porque Emilia sentía que todo lo controlada que era ella, a quien no le gustaba dejar nada librado al azar, cedía ante la relajada vida de Fedele. Y eso la hacía sentir bien. Por su propia forma de ser, Fedele ni siquiera se planteaba si ella lo influía para bien o mal, sino que simplemente disfrutaba de la delicada compañía.

Iban por el camino de pura observación y sensaciones cuando llegaron a Padua antes de lo planeado. Durante las repetidas conversaciones de sobremesa que habían tenido en *Buon Giorno*, Emilia le había contado que le gustaba pintar, que su familia tenía una añosa inclinación por el arte. «La mía, también», había dicho Fedele feliz de encontrar otra hermosa coincidencia. Por eso, lo primero que hizo fue llevarla hasta la capilla de los Scrovegni para admirar los magníficos frescos de Giotto. Disfrutaron de la apacible belleza de los jardines de la Arena, y luego, a pesar del bullicio de la hora, recorrieron muy tranquilamente la plaza de los Frutos y se internaron en el palacio de la Ragione. Luego, fueron a la basílica de San Antonio, donde ella, impresionada, estuvo a punto de hacer una arcada al ver la lengua del santo metida en un frasco. No le entraba en la cabeza que esta fuera algo así como «la» reliquia de la basílica. Fedele, que la había visto en muchas oportunidades, no se inmutó, sino que el asco de Emilia le causó gracia, aunque reconoció que de niño esa lengua cortada y puesta en formol le daba miedo, como si fuera algo vivo que podía ir tras él si se portaba mal. Entonces, la que se rio fue ella. Y mientras se contaban estos recuerdos, desembocaron en la plaza Prato della Valle. Con la despreocupación del día, dieron una larga vuelta y contemplaron todas las estatuas, luego se internaron en la isla central rodeada por el canal de agua.

De allí, fueron a almorzar. Fedele eligió un lugarcito frente a la plaza, que a ella le encantó; tanto, que sacó su libreta y, bajo la categoría «comida de madre», anotó todos los datos de forma puntillosa.

—¡Acabo de comer los mejores canelones de mi vida! —confesó, alegre, mientras tomaba su té.

—¡Mirá, Emilia, que me voy a poner celoso! Los mejores son los de *Buon Giorno*.

—¡Pero si fuiste vos el que me trajo acá!

—Sí, y ya me estoy arrepintiendo —dijo Fedele en broma y mirando la hora le propuso–: Estamos con tiempo para llegar hasta Venecia. Son sólo cuarenta kilómetros más. ¿Te animás?

Y Emilia, que ese día se había olvidado de que era una mujer embarazada y descorazonada sobre la que pesaba una gran crisis y a la que esperaban duras decisiones, dijo, como si fuera la más libre y despreocupada chica de Italia:

–Sí, claro, por qué no. El día es nuestro y está para que lo disfrutemos y nos divirtamos.

Al escucharla, Fedele sonrió. Al fin su discípula iba aprendiendo.

Era la tarde cuando ambos se hallaban en un *vaporetto* adentrándose por los canales de Venecia. Habían caminado por las callecitas y se habían perdido en ellas; habían reído y hasta corrido por la rambla junto a los restaurantes persiguiendo con la vista un barco. Y ahora, mirar el agua apoyados en la baranda los tenía sedados. El sol estaba cayendo y la tarde se cubría de rojo y oro. Había mucha gente a su alrededor, pero ellos iban en su mundo disfrutando del momento. Emilia había estado en Venecia una vez, pero visitarla con un italiano era muy diferente. Fedele le había contado detalles que jamás le habían dicho los guías. Al pasar por el puente de los Suspiros, por ejemplo, le señaló la casa pintada de azul. «Allí, despechada por amor, vivió encerrada una mujer por más de treinta años.» Y al llegar a la plaza San Marco, le contó que, cuando todos los pájaros se posaban en la cúpula de la iglesia, venía tormenta por más sol que hubiera. Mientras avanzaban por la ciudad, Fedele le ofrecía datos extraños e insólitos que hacían más interesante el paseo. Aunque Emilia no se olvidaba de que en dos oportunidades él la había tomado de la mano y que, así, habían caminado un par de minutos.

–¡Qué belleza! –dijo ella al fin, mientras, relajada, con su peso sobre la baranda del *vaporetto*, miraba el sol sobre el agua–. ¡Me encanta Italia!

–Es un país hermoso, deberías quedarte a vivir aquí –le respondió Fedele.

Mientras lo hacía, apoyó su pecho sobre la espalda de Emilia, le cruzó los dos brazos alrededor del cuello y su cabeza quedó pegada a la de ella. Emilia no se movió, ni dijo nada, y así se quedaron mirando el agua, sintiéndose los aromas, descubriéndose las pieles durante los minutos que duró la puesta de sol. Fedele, por momentos, apretaba un mechón de pelo de ella entre sus labios y emitía un ruidito gracioso. Lo hacía como al descuido, pero a Emilia la marcaba a fuego. A nadie parecía importarle el abrazo de esta joven pareja, sólo a ellos, que sabían lo que significaba. Y se impresionaban; él, porque sabía lo mucho que había pasado desde que había abrazado así a una mujer –exactamente, cuatro años y dos meses–; Emilia, porque estaba consciente de que en ese abrazo había tres, y no sólo dos, como parecía. ¿Acaso una mujer embarazada podía enamorarse? ¿Acaso una mujer embarazada de un hombre que no la amaba podía soñar con que alguien la quisiera en su estado? ¿Había un hombre dispuesto a esto? Sobre todo, cuando el que debía quererla no estaba dispuesto a hacerlo. ¿Podía Fedele ser alguien importante en su vida? ¿O sólo era cuestión de tiempo y Manuel estaría de nuevo con ella? Porque tres años juntos era mucho; y un hijo en común, para toda la vida.

* * *

El *Alfa Romeo* portaba su techo; volvían bien entrada la noche. Durante el viaje de regreso, Fedele le contó que en Argentina había aprendido a manejar por horas y a no temerle a las distancias. Por las calles de Florencia y al aproximarse al departamento de Emilia, el silencio era total. ¿Qué decir? El día había sido maravilloso y ambos lo sabían. Pasara lo que pasase con ellos, había sido una jornada para recordar toda la vida.

Frente a la casa de Emilia, Fedele estacionó y ella se dio vuelta para buscar su mochila. Cuando la tuvo consigo, él, de improviso, la abrazó e intentó besarla. Pero ella no se dejó y corrió la cara.

–¿Qué pasa? –preguntó confundido.

–Nada.

–¿No querés que te bese? ¿No tenés ganas de un beso mío?

–No… Sí.

Estaba estupefacto. ¿Por qué no quería? Si era lo que merecía el día que acababan de pasar. Un beso… un beso en la boca bien dado. Un sello de que se gustaban, de que estaban bien juntos, de que ese día fue especial.

–Mejor me bajo, no arruinemos nada –dijo nerviosa.

–¿Qué pasa? ¿Hice algo mal?

A Emilia se le partió el corazón, él había hecho todo muy bien. Pero no estaba dispuesta a hablar de su situación; no ahora; no cansada

98

como estaba. Temía arruinar el día. De todas maneras, calculó, cuando se lo dijera –hoy, mañana o pasado–, todo se arruinaría.

–No, soy yo –dijo y abrió la puerta para bajarse. Ya en la calle, metió la cabeza por la ventanilla y le dio un beso en la mejilla.

–Gracias, Fedele, ha sido un día maravilloso como pocos.

–Nos vemos mañana –repuso.

–No creo que llegue a tiempo para ir a *Buon Giorno*. Recordá que mañana debo ir a Roma, tengo pendiente visitar varios restaurantes. Y volveré tarde.

–Andá en tren y regresá a tiempo para la cena.

–Sí, iré en tren –dijo sin aclarar qué haría con la cena.

Dos *ciao*, unas miradas y ella desapareció por la antigua puerta grande de madera.

Fedele estaba desconcertado. ¿Se había enojado? ¿O estaba relacionado con la eterna tristeza de ella? ¿Qué era lo que Emilia tenía adentro y no contaba? ¿Y si era una mujer casada? No le había visto el anillo, pero todo podía ser, pensó. Y mientras continuaba su marcha, decidió preguntárselo al día siguiente. Lo que no sabía era que eso no sería posible, como tampoco sería posible al otro día, ni al otro.

El hombre joven

El hombre joven se mueve en la cama, habla en voz alta, está atrapado en su propio sueño. Los fantasmas han venido por él esta noche y ahora está en Madrid y de nuevo es 11 de marzo. Se encuentra allí, en ese lugar donde no estuvo, donde muchas veces ha deseado con toda el alma haber estado para partir junto a los suyos. Y ahora, de nuevo, es la mañana y la estación Atocha bulle con el frenesí del comienzo de un jueves laborable. Ve caminar a Patricia y a Carlo de su mano, van apurados por el andén, el niño se queja, tiene sueño. Pero el plan de ese día exige que tiene que ir con su abuela, así lo han determinado. Suben al tren. Los ve... quiere gritarles:

–¡No! ¡No lo hagan!

Les grita pero ellos no lo escuchan. Y la película de terror y tragedia avanza sin pausa, porque los gritos del hombre joven son mudos, no tienen sonido. El reloj marca el compás de la tragedia:

99

7.37 horas... la primera explosión...

7.38 horas... dos explosiones más en el mismo tren... coche cinco... coche cuatro... Gritos, ruido y humo en el andén. Caos, desconcierto, desesperación por las escaleras mecánicas.

Las explosiones siguen en otras estaciones de ferrocarril pero estas son las que paran las agujas del reloj en la vida del hombre joven que sueña y llora al mismo tiempo en la soledad de su cama.

La película continúa y él sigue atrapado en ella. Las imágenes lo envuelven: muerte, cenizas, dolor... Tragedia. ¡PATRICIA! ¡CARLO! Los busca, no los encuentra. Se desespera. Y entonces, como si lo hubiesen transportado con alas, aparece de pronto en su casa, en esa de España, que tiene dos ventanas de postigos de madera, que dan a un barrio tranquilo de Madrid.

Y ahora está en la cocina frente a la tevé, atónito, mórbido de locura durante minutos; se entera, se da cuenta. La estación de Atocha, la explosión, el atentado... muertos. Se levanta, y como un autómata, sale a la calle y corre, corre, corre.

Corre por el asfalto con desesperación. ¡PATRICIA! ¡CARLO!

Va hacia ellos, pero no llega. No puede, está todo cortado. La ciudad entera es un caos de sirenas, miedo, gritos y confusión. El metro no funciona.

Como puede, se acerca a Atocha. Hay heridos en las aceras. Él busca los suyos. ¡PATRICIA! ¡CARLO!

No están, no están. ¡PATRICIA! ¡CARLO!

Le explican, le dicen, le avisan: debe ir al pabellón seis de Ifema. Allí están llevando los cuerpos. Corre, pregunta, escucha, no escucha, sigue, grita. ¡PATRICIAAA! ¡CARLOOO!

El grito le sale del corazón y la garganta al mismo tiempo. Y es tan fuerte, que lo despierta. Se sienta en la cama, confundido. Aún escucha las sirenas, pero está en su cuarto, en su cama, solo, como se repite desde hace cuatro años.

Oh, oh, oh... llora en la oscuridad. Esta es una de las noches en que los fantasmas han atacado. Hacía mucho que no lo hacían de una manera tan feroz. Se levanta, prende la luz. Va a la heladera, se sirve un vaso de agua helada; sabe que esto ayuda a despertarlo y a comprender que la tragedia no está sucediendo, porque ya sucedió. No pueden morir, porque ya murieron; pero, lo más importante: no pueden sufrir, porque ya sufrieron.

100

Mira la hora. El reloj de la pared de la cocina de su casa en Florencia marca las cinco de la mañana. Agradece que ya sea madrugada. Sólo una hora más y podrá vestirse para empezar el día. Desea hacerlo, es su forma de rendirles homenaje a las dos personas que más ha amado en su vida. Se pregunta: ¿se puede volver a amar así? Mueve la cabeza. No tiene la respuesta.

Capítulo 7

Piacenza, 2008

Día 3

En el castillo del viejo conde Berni, el sol de la mañana entraba por las ventanas. Temprano, los pesados cortinados rojos de terciopelo habían sido corridos por las empleadas, las que ahora iban y venían limpiando las dependencias. La más joven del grupo se encargaba de lustrar los objetos de la vitrina de la sala principal. Sus manos femeninas acompañaban el paño de limpieza, pero sus pensamientos estaban lejos de allí; su cabeza repasaba la pelea que había tenido con su novio durante la noche anterior; un instante de distracción, sumado a un movimiento poco certero y con el codo hacía caer al piso la colección completa de las copas de plata. Estas rebotaban y repiqueteaban estrepitosamente unas contra otras.

Ante el estruendo, la muchacha dejó las manos suspendidas en el aire, apretó los ojos y frunció la cara. Sabía que la reprimenda no se haría esperar. Y no se equivocó. Desde el despacho pegado a la sala, la voz de Benito Berni se escuchó con fuerza:

—*¡Puttana madre!* ¿Es que no saben limpiar, *porca miseria*? ¡Eso es lo que son! ¿No pueden hacer su tarea en silencio y dejarme tranquilo?

La chica observó el piso. Por suerte, no eran de vidrio y nada se había roto. Apurada, intentó recoger lo que se había caído. Pero Berni, que se había levantado rumbo a la sala, ya estaba allí.

—¡Retírese! —le ordenó.

—Las recogeré inm...

—¡No! ¡Yo lo haré!

La muchacha no insistió y se retiró.

¡Es que no podían dejarlo vivir tranquilo! ¡Estos días eran los últimos de su vida y quería serenidad! Y agachándose con dificultad por culpa de su rodilla, buscó entre las copas aquella que era especial, la que tenía la marca... Tomó una, no era... Tomó otra, tampoco. Desesperado, pensando que se la habían robado o que se había extraviado, dio vuelta una a una hasta que, por fin, en la última, vio la marca que buscaba. Observó en la base la letra «B» grabada por él tantos años atrás. Sonrió satisfecho... recordaba con claridad el día en que lo había hecho...

Piacenza, 1954

Los ojos claros del joven Benito Berni miraron su imagen en el espejo de la pensión donde se hallaba hospedado y le dieron el visto bueno. El traje nuevo marrón le sentaba bien y lo mostraba como un muchacho italiano, común y corriente, que era lo que ese día quería parecer. Su cabello rubio metido en la gorra le daba el toque sencillo. El notario Moncatti le había dado los datos de todas las personas que él le había pedido. Gracias a su diligencia, ahora sabía con certeza que su tío, el hermano de su madre, había muerto y que sus descendientes vivían en Verona. Los Gonzaga, amigos de su padre, se habían mudado por diferentes zonas de Italia y algunos habían muerto en la guerra. Sus profesores de equitación, Angeletti, y de pintura, Rodolfo Pieri, estaban vivos y residían en Florencia. La señora Campoli, avisada por el notario de que Benito, el hijo de Mario y Aurelia, estaba con vida, después de llorar por la noticia, había mandado a decir que esperaba ansiosamente que él visitara el castillo. Pero Benito todavía no se sentía preparado para hacerlo; salvo, para lo que estaba por hacer esa mañana. Por eso estrenaba el traje. Iría a la dirección donde, según había averiguado el notario, vivía su antiguo profesor de pintura, Rodolfo Pieri.

Benito cruzó frente al palacio de Pitti; luego, caminó unas calles más y antes de llegar a la plaza de la Calza, encontró la casa que le habían indicado y, junto a la vivienda, la academia de arte que, le habían dicho, era de Pieri. Desde la vereda de enfrente, Benito se paró a observarla durante un largo rato. Era una casona muy antigua que, buscando usarla de vivienda y de academia, había sido dividida en dos. La fachada había sido mutilada, mitad para cada uso, y provista de dos puertas: una, blanca, para la academia; y otra, marrón, para la casa. En la búsqueda de optimizar el espacio no terminaba de ser ni una cosa, ni la otra. La escrutó con la mirada hasta que se decidió a cruzar e ingresar a la academia. Abrió la puerta de madera y dio con una pequeña recepción donde una muchacha lo saludó sonriente. Se sorprendió: era la misma chica a la que el día anterior le había comprado la lámina del puente Vecchio. Se lo dijo.

—Claro, me acuerdo de usted —dijo la muchacha—. Acá todos somos artistas e intentamos vivir de nuestro arte. Cuénteme qué necesita.

Era evidente que por la forma en que lo trataba, la joven creía que él era más grande. En realidad, sólo había unos pocos años de diferencia, porque la chica debía tener unos catorce. Pero era rápida e inteligente.

—Necesito información sobre las clases que se dictan aquí.

—Tenemos colectivas e individuales y los precios varían según su preferencia.

—Infórmeme de las colectivas...

—Puede tomarlas con cualquiera de los profesores de la academia o con el profesor Pieri, que es el director. Estas, son las más caras.

—Anóteme todos los precios, ya decidiré —dijo Benito.

Cuando la muchacha lo ponía al tanto sobre las diferentes técnicas que usaban en los cursos, Benito sintió el impacto de una de las frases que pronunció:

—Mi padre dice que los artistas necesitan espacio; por eso no pone más que cinco estudiantes por sala.

—¿Su padre?

—Sí, soy la hija del profesor Pieri —contestó la chica.

El descubrimiento lo impresionó. No había esperado el parentesco, un monstruo como Pieri no podía tener una hija; y menos, alguien así. Ella era de dulces ojos marrones, largas pestañas, nariz respingada y voz cálida y amable.

Hablaron sobre las clases y también de los planes de la academia, como el de agregar más aulas para que los estudiantes tuvieran el espacio necesario para desplegar su genio. Luego, y tras la primera aproximación, Benito se marchó satisfecho.

Al salir, se cruzó de vereda y otra vez se ubicó bajo los árboles, junto a la columna de la misma casa desde donde había permanecido expectante antes de entrar. Sólo que esta vez decidió quedarse allí hasta ver lo que deseaba: Rodolfo Pieri. Paciencia no le faltaba; como partisano, había aprendido a esperar horas el momento propicio para acometer una emboscada; a veces, de pie, a la vera del camino y cubierto de nieve. Horas donde el sueño lo vencía, o el hambre lo torturaba. En una calle de Florencia, el acecho apenas era un juego de niños, no era nada; podía estar allí el día entero y sería una fiesta para él. Pero Benito no había reparado que esa espera era para acechar a Pieri, a quien no veía desde la fatídica mañana. No era lo mismo que esperar a un enemigo desconocido. Llevaba una hora de recuerdos tortuosos cuando, al fin, la esperada figura apareció: era un hombre un poco más gordo y más calvo que lo que él recordaba. Cuando Rodolfo Pieri salió, Benito se transportó en el tiempo, aunque había temido peores sensaciones.

Permaneció tranquilo, sosegado, como si la figura de su viejo profesor no le hubiera hecho mella. Hasta que escuchó la voz del hombre que despedía al alumno. Ese breve saludo le llegó nítido y al reconocerla, su cuerpo entero comenzó a temblar y a transformarse en el niño pequeño que había sido aquel día que, en el cuarto de su madre, escuchó decir a Pieri: «Piensa, Rodolfo, piensa con claridad lo que conviene llevar».

Pasados unos minutos, Pieri despedía a su alumno e ingresaba a la casa. Benito partía apurado a su cuarto de la pensión. Y tras encerrarse en el baño, vomitaba.

*   *   *

El día recién comenzaba en la academia de arte de la calle de la plaza de la Calza y su director, Rodolfo Pieri, ya daba vueltas, nervioso. Había algunos horarios en que se sentía sobrepasado por tanto trabajo. Por suerte, tenía a su hija mayor para ayudarlo; las otras dos eran demasiado pequeñas. Pero no podía quejarse: cada año que se alejaban de la guerra, la vida se encauzaba hacia la normalidad. Y que la gente volviera a interesarse en el arte era un síntoma de ello. Sin la opresión de la ocupación, sin la presión de la resistencia, sin el agobio de la sobrevivencia, las personas elegían leer, pintar, tocar música y se inclinaban por toda clase de actividad artística. Y él lo veía reflejado positivamente en su negocio. Atrás habían quedado las épocas negras, la falta de comida, el trato con los alemanes. Atrás, también, quedaba la oscura condena que le hacían sus vecinos al señalarlo como colaboracionista del régimen nazi. Aunque tenía que reconocer que esto último se había solucionado mudándose definitivamente a Florencia. Sólo una pérdida valía la pena lamentar: había quedado distanciado de su prima Rosa; ella, en una oportunidad en la que visitó su casa, vio el cuadro del maestro Fiore que tanto le había insistido que le buscara e, imaginándose el resto, no había vuelto a ser con él la misma de antes.

Como sea, empezar de nuevo con la academia en Florencia había sido un acierto. En el lugar no cabía otro alumno por más que quisiera, aunque las ganancias nunca fueran las esperadas. O por lo menos, no las que sus íntimas ambiciones deseaban. Se hallaba sumergido en estos pensamientos cuando, justamente, ingresó un nuevo alumno. Lo saludó con un leve movimiento de cabeza, el muchacho hizo lo mismo quitándose la gorra y mostrando su rubio cabello. Ni siquiera sabía el nombre del estudiante, pero Adela, en breve, se lo diría.

Benito, que a primera hora del día había ido nuevamente a la academia, se cruzó con Rodolfo Pieri apenas ingresó. Pero esta vez, le resultó diferente; su peor reencuentro había sido el día anterior. Benito no tenía miedo de que lo reconociera. Además, estaba seguro de que no podría hacerlo porque él era otra persona muy diferente al niño que había conocido. Ahora era un hombre. Y si bien tenía el tamaño y los colores de su padre, los rasgos eran los de su madre; más precisamente, los del hermano de ella, su tío.

Esa mañana, había llegado y se había presentado en el horario de clases pidiendo conocer las aulas y la hija de Pieri lo llevó por las salas. En algunas, alumnos de todas las edades ya estaban pintando. Por el camino se cruzaron con otro profesor, pero no vio a Pieri.

—¿Ve lo que le decía sobre el espacio? Tratamos de que cada uno tenga privacidad para concentrarse, aunque algún día tendremos más lugar —le señalaba la chica suspirando. Era evidente que le gustaba su trabajo y que soñaba con más.

—Sí, comprendo. Me quedo —dijo Benito de repente. Él necesitaba conseguir más información, quería saber todo de Pieri, quería saber cómo funcionaba la academia, cómo era la vida de ese hombre, a qué hora se levantaba, qué planes tenía, qué le quitaba el sueño. Y qué amaba.

—¿Se queda ahora? —preguntó sorprendida.

—Sí, y comienzo las clases hoy. Tomaré las lecciones generales con cualquier profesor.

—Como guste. Ya mismo le digo dónde ubicarse. —Y quiso saber—: ¿Ha tomado antes clases?

—Sí, cuando era un niño... con profesores particulares.

—Entonces, le será sencillo. —Tomó un cuaderno y un lápiz y le preguntó—: ¿Me dice su nombre, por favor? Así lo anoto ya mismo.

Tartamudeando, respondió:

—Benito...

No se había preparado para que le pidieran esa información. ¡No podía decirle su apellido!

—Benito, ¿qué?

Y entonces se le ocurrió:

—Paolo Benito —dijo saliendo del paso e imaginando que ella se había dado cuenta de su mentira. Pero, por los siguientes comentarios, supuso que tal cosa no había sucedido.

—Perfecto, Paolo, lo dejo para que mire los materiales con los que trabajará. Ahora, discúlpeme un momento —dijo ella señalándole una mesa en el salón y desapareció por una puerta que daba a este.

Benito casi podía jurar que esa abertura comunicaba con la casa particular de la familia Pieri. Dejó los materiales de lado y se acercó un poco. Logró escuchar las voces y, cuando comenzaba a entender algunas palabras de la conversación, la muchacha apareció nuevamente.

—Tenía que darle un mensaje a mi padre.

Asintió con la cabeza y pensó: «Sí, es la casa y se comunica con la academia. Sí, necesitan más espacio. Mejor... Mejor no podía ser».

* * *

Hacía tres días que Benito asistía a la academia de Pieri. Durante las clases, sólo había dado ridículas pinceladas. Frente al lienzo se dio cuenta de que no podría permanecer mucho más tiempo sin que se notara que la pintura no le interesaba.

Esa mañana, tras saludarlo, la hija de Pieri entró muy apurada a su casa. Benito la vio pasar a través de la puerta que comunicaba con la academia y notó que, en su apremio, la dejó abierta de par en par. Los pies de Benito lo llevaron hasta el umbral antes de que él tuviera tiempo de pensar. Era la oportunidad que estaba esperando. Se acercó sin siquiera pensar que podía ser mal visto que estuviera husmeando. Sin importarle nada, apoyó la mano en el marco de la puerta e, inclinando su cabeza hacia adentro, espió. Necesitaba saber qué había allí. Entonces, sus ojos vieron la sala de la familia Pieri en toda su magnitud: una mesa grande y elegante, sillas de terciopelo azul, una vitrina con una colección de copas de plata, una serie de estatuillas etruscas, y un antiguo tapiz. En una de las paredes, entre varios cuadros, distinguió dos pinturas enormes y conocidas... *El maestro Fiore* y *La pastora*... Y ya no pudo mirar más, porque el observar esos únicos objetos lo desestabilizaron por completo y un temblor se apoderó de su cuerpo. Ahí estaba. Era verdad. Era la prueba de que él no se había imaginado todo. Se apoyó contra la pared temiendo caerse, así estuvo por algunos minutos hasta que recobró fuerzas, y dejó la paleta y el delantal en el suelo. Entonces se retiró del lugar sin avisarle a nadie.

* * *

Al día siguiente, Berni regresó a la academia completamente compuesto para continuar con sus clases. Se esmeró por controlar sus sentimientos y conversó de manera desenvuelta con la hija de Pieri de asuntos mundanos. La joven, que para ese momento de la charla, ya era Adela, era abierta, muy locuaz y nada le permitía sospechar que el nuevo alumno cumplía a la perfección el papel de muchacho interesado por las bellas artes.

—Sabe, Adela..., usted ayer pasó a su casa desde la academia y dejó la puerta abierta... No pude evitar mirar cuando pasé por allí...

La chica lo miró sorprendida. Él continuó:

—Adela, yo trabajo para un anticuario de Roma que hace mucho tiempo busca una copa de plata como la que usted tiene como parte de una colección. Mi jefe, el anticuario, se conformaría con sólo una copa de esas y estoy seguro de que pagaría muy buen dinero por ella. ¿Podría preguntarle a su padre si no le vendería una a este hombre? A mí me serviría para quedar bien con mi jefe.

Repuesta de la insólita propuesta, la chica contestó:

—Claro, le preguntaré a mi padre —el muchacho era extraño, pero algo en él le daba pena. Se lo veía un tanto sufrido. Si consiguiendo la copa lo ayudaba con su jefe, entonces, ella vería de convencer a su padre. Era una tontería. Probablemente, no le importaría tener una copa menos de ese juego que nadie usaba y que estaba allí desde hacía años. Además, si la pagaban bien, su padre no dudaría en venderla. Estaba segura.

* * *

Dos días después, sentado en el borde de la cama, Benito miraba hipnotizado su trofeo: la copa de plata estaba allí. Era el primer objeto que recuperaba de su casa, el primero de todos esos que habían significado felicidad para él y para toda su familia. Porque, más allá de lo que pensaba hacerle a ese hombre, su plan era recobrar todos los objetos queridos, ya sea que los tuviera Pieri o quien fuese. «Si mis padres vieran la copa, estarían contentos», pensó. Tal vez, desde algún lugar, lo estuvieran haciendo. Y ya no quiso pensar más en ellos; temía emocionarse demasiado. Además, ese era un día para festejar. Buscó el cortaplumas y tomando la copa entre las manos, le grabó la letra «B» de Berni en la base. Cuando hubo terminado, miró su obra satisfecho. Había invertido en la copa hasta el último centavo del dinero que tenía destinado para vivir en Florencia. No le importó; había valido la pena. Además, Moncatti, el notario, le había dicho que en poco tiempo comenzaría a cobrar su renta. Planeó reencontrarse con sus hermanas y visitar el castillo. Y con esta idea en mente, abrazado a la copa, se durmió plácidamente.

Cuando se despertó, lúcido, concibió el plan que llevaría adelante durante los próximos años. Apurado, se vistió y fue a la casa de Moncatti. En su estudio, el notario escuchó atentamente el pedido del joven Berni, quien le manifestó su deseo de vender alguna de las propiedades que daban renta.

—No habrá problema, siempre que respete los derechos de sus hermanas. Creo tener un comprador —respondió el hombre.

—Entonces, por favor, hágalo cuanto antes.

Tras despedirse y mientras se dirigía a la pensión, Benito pensó que escribiría una carta. Y así lo hizo cuando llegó al cuarto.

Estimado señor Rodolfo Pieri:

Mi nombre es Giuseppe Conti y soy un anticuario romano. Usted no me conoce, pero me ha vendido una copa que buscaba desde hacía mucho tiempo, algo por lo que estoy sumamente agradecido.

Como he visto su buena voluntad, me atrevo a pedirle que me venda la colección completa; pero, más allá de eso, quiero decirle que le ofrezco mi ayuda para ampliar su academia. Por mi discípulo Paolo Benito, sé que usted realiza una gran tarea por el arte y que, para seguir llevándola adelante, necesita más espacio. Por ese motivo, me permito hacerle la siguiente propuesta: si me vende esa colección, le ofrezco prestarle una gran suma de dinero para que usted haga realidad la construcción de uno de los recintos de estudio más importantes de Italia. Mi único incentivo, tenga por seguro, es hacer una obra de mecenazgo, auxiliar a un artista que ayuda a muchos otros. Piénselo y hágame saber su respuesta con el muchacho que porta esta carta.

Le envío mis saludos atentos. Muchas gracias.

Giuseppe Conti

Dobló el papel en dos y lo metió en el sobre que había comprado para tal efecto. Al día siguiente, a primera hora, se lo entregaría a Adela para que se lo diera a su padre. Con suerte, Pieri le diría que sí, y debiéndole a él una fuerte suma, se encargaría de que quedara en sus manos para hacerlo caer.

Capítulo 8

Florencia. 2008

Al regresar de Roma, Emilia pasó veinticuatro horas encerrada en su departamento. El viaje había sido bueno, pero la comida romana le había resultado muy pesada. El malestar, sumado a la indecisión por no saber si contarle o no su situación a Fedele, la habían terminado de descomponer y debió pasar el día a té y tostadas. Desde que estaba embarazada, con muy poco se sentía revuelta. Le había escrito a Sofía y ella le había insistido para que fuera a un médico. Claro que ella seguía sin saber de su embarazo. Por eso, su amiga se preocupaba por sus supuestos «malestares estomacales». Durante esos dos días, no había tenido noticias de Fedele y lo extrañaba. Estar sin él, después de verse todos los días, se le hacía insoportable. Y mucho más cuando recordaba cada detalle de todos los momentos que habían compartido en Padua y Venecia, las horas pasadas juntos en el auto, las caminatas por las callecitas de Venecia tomados de la mano, la puesta de sol en el *vaporetto* mientras él le rodeaba el cuello con sus brazos.

A pesar de que eran las dos de la tarde, Emilia todavía andaba descalza y en pijama por el departamento. Cuando se servía el tercer té, sonó el portero eléctrico. Le llamó la atención porque nadie la conocía en el lugar, ni nadie la visitaba allí. Respondió y del otro lado escuchó una voz de hombre:

—¿*Signorina* Emilia Fernán? —dijo llamándola por su nombre. Ante el rápido asentimiento, le explicó, en un español enrevesado con italiano, que le traía algo de *Buon Giorno*. Si ella había entendido bien, necesitaba salir a recibirlo. Se puso el *short* rojo, una remera y salió descalza a la calle.

Cuando abrió la puerta, vio el rostro de un hombre mayor que le resultó familiar. Era Salvatore, uno de los mozos de *Buon Giorno*, vestido con ropa de calle. En sus manos portaba dos paquetes. Mientras se los extendía, hizo un esfuerzo para darle una explicación en español:

—Se lo envía el *signore* Pessi. *Ele tu preocupato*. Quiere que coma.

Emilia sonrió. No creía que Fedele lo hubiera autorizado para que hiciera esa aclaración, aunque era evidente que tampoco se lo había prohibido. Como siempre, los italianos eran directos y sinceros para decir las cosas sin adornos. Emilia tomó los dos paquetes; los sintió tibios. ¿Acaso contenían lo que ella pensaba? Le agradeció varias veces y Salvatore se fue contento. Su patrón también lo estaría. Era evidente que la *ragazza* argentina lo tenía completamente *enamorato*.

Emilia regresó a su cocina y abrió ansiosa los envoltorios. Dentro de ellos encontró toda clase de delicias preparadas en pequeñas porciones: *bruschetta* y *piatina* hasta *calzoni* y *zucchini* crocantes. Se fijó en el otro paquete y encontró los mismos tamaños, sólo que las pequeñas porciones eran de postres. ¡Había al menos siete diferentes!

Lo acompañaba una nota. La leyó:

Si la montaña no viene a Mahoma, Mahoma va a la montaña.
Mi dama de día... se te extraña.

Fedele Pessi

El papel iba firmado con nombre y apellido, como si hubiera otro Fedele que pudiera haber mandado todo eso, pensó divertida. Y..., sí..., se habían visto durante todos los almuerzos de la última semana. Por eso se extrañaban. De repente, la felicidad de tener noticias suyas y de saberlo preocupado por su bienestar, eligiendo estas pequeñas delicias, le subieron el ánimo y se tentó de saborear la comida.

Buscó un tenedor, se sentó a la mesa y comenzó a degustar directamente de los recipientes descartables. Probó y probó y se deleitó con cada sabor. Y sin pensarlo, terminó dándose un atracón como hacía mucho no se daba. Hallándose completamente satisfecha, a punto de comer el último pedacito de un *canoli*, recapacitó y se pegó en la frente con la palma de la mano: «¡Por Dios! ¿Qué me pasa? ¡No parezco yo!». ¿Sería el embarazo? ¿Sería Italia? ¿Era Fedele? Como sea, ella ya no era la Emilia de antes y se asustó. Pero después de la comida, sintiéndose con fuerzas, decidió relajarse. Su vida se había salido de control y ya nada podía volverse atrás. Lo mejor que podía hacer era ponerse a trabajar. Buscó su computadora. Necesitaba comenzar a escribir sobre sus experiencias en Roma. Sólo un par de días más y debería partir al sur de Italia. La esperaba un largo viaje y tenía que planearlo bien. La idea era recorrer la costa amalfitana y escribir sobre sus paisajes, restaurantes y comidas.

Antes de comenzar a redactar el artículo sobre sus experiencias gastronómicas en la capital italiana, guardó lo que quedó de comida. Lo comería más tarde, cuando volviera a tentarse. Pero no supuso que esa misma noche el mozo tocaría nuevamente su portero, al igual que al día siguiente.

* * *

Ese mediodía, en *Buon Giorno* la vida continuaba como si nada hubiera cambiado. Sin embargo, la existencia de Fedele Pessi sí lo había hecho y mucho. Desde la llegada de Emilia a su restaurante, había un antes y un después. Los últimos dos días los había pasado mirando la puerta de la entrada de *Buon Giorno*, ansioso por ver a la chica argentina que venía a comer. Pero vencida la hora prudencial para hacerlo, mandó a hacer los paquetes y se los envió con Salvatore, su mozo de confianza. Si bien Emilia no estaba viniendo, sabía por el hombre que había recibido gustosa el almuerzo y la cena que le había enviado. Ella había entrado en su vida casi sin que él se diera cuenta, y ahora que no la veía, la extrañaba demasiado. No podía ser que ella no sintiera lo mismo que él. Su interior le daba la certeza de que el sentimiento era mutuo, que los dos la pasaban bien juntos. Fuera lo que fuera lo que a ella le sucediera, él estaba decidido a ayudarla para que se sintiera mejor. Lo pensó y decidió que le enviaría el almuerzo una vez más, pero la cena se la llevaría personalmente.

Ese mediodía, Emilia había entrado en un estado de ansiedad ante la indecisión de ir o no a *Buon Giorno*. Pero cuando sonó el timbre, una vez más, recibió el paquete y se quedó tranquila. Eso significaba que Fedele no la había olvidado y que seguía pensando en ella.

«¡Qué cobarde que sos, Emilia!», reconoció para sus adentros.

Pero sabía que si seguía frecuentándolo, tarde o temprano, tendría que contarle que estaba embarazada. Y no quería. Fantaseaba con la idea de que podía dejar todo así como estaba, en una nebulosa, porque en breve visitaría el sur de Italia y luego partiría hacia Madrid. Pero esta idea también la lastimaba. Prefería pensar que aún le faltaba mucho por hacer antes de tener que volver a la Argentina, ya que aquí, en Italia, vivía una especie de vacaciones, donde lo más grave era Fedele, que al mismo tiempo era lo mejor de todo. Avanzó en el tema y las ideas se le complicaron y, como siempre, no llegó a ninguna conclusión.

* * *

Por la noche, en el departamento, Emilia respiró contenta. Había podido terminar su artículo y acababa de enviarlo por *mail* a la editorial. Este pequeño punto final no era poca cosa; sobre todo, si pensaba en el embrollo personal en el que estaba metida. Se había dado un baño y puesto su pijama blanco con dibujos de naranjitas cuando sonó el timbre del portero eléctrico. Miró la hora. El reloj marcaba las nueve en punto. «Es Salvatore con la comida», pensó. No contestó y se apuró a bajar. Abrió la puerta y, en lugar del mozo, se encontró con Fedele, que la miraba sonriendo, de remera blanca, con una mano metida en el bolsillo de su pantalón de *jean*. En la otra, claro, sostenía un paquete. El cabello, castaño y lacio, le caía brillante sobre la frente.

—Fedele...

—Si la montaña no viene a Mahoma...

Emilia se rio, pero de nervios. Y los ojos verdes se le pusieron claros.

—Te traje comida... ¿Me vas a dejar pasar o te la dejo y me voy? —preguntó mostrando el paquete.

Emilia lo miró. Y a su lado, descalza, se sintió pequeña; lo vio más alto y fuerte que nunca, enorme, imparable, lleno de energía y vitalidad. Y esa sonrisa perfecta... Jamás podría detenerlo.

—Sí, pasá, claro... estoy de pijama... —dijo en tono de disculpa mirándose la remera.

—Ya me di cuenta. Te queda precioso —dijo, mientras apreciaba el *short* con voladitos color naranja y los pies desnudos.

No sólo era imposible ponerle una barrera a Fedele, sino que ella... no quería ponérsela.

Fedele no sabía si dejar el paquete sobre la mesa, al lado de la computadora, o sobre la diminuta mesada. Así que con el paquete en la mano, trató de aclararle sus propósitos:

—Pensé que podríamos cenar juntos, salvo que no aceptes. En tal caso, me iré.

Emilia le hizo señas con la cabeza de que estaba loco. Algo tensa, guardó la *notebook* y comenzó a poner la mesa para dos al tiempo que una ráfaga de preguntas le taladraban el cerebro. «¿Le digo que estoy embarazada? ¿Se lo digo? ¿Cómo le digo?» Mientras tanto, con las manos en el bolsillo de su pantalón, Fedele se dedicó a mirar qué se veía desde la ventana.

—El departamento es pequeño pero cómodo —afirmó y apreció la distribución y los detalles interiores. Era la primera vez que estaba en él.

—Sí, a mí también me gusta —le respondió Emilia, atrapada en el dilema «¿Le digo o no le digo?».

Fedele sirvió dos rollitos de pollo a la parmesana para cada uno; luego, miró los platos y agregó uno más.

Emilia lo observaba servir pero ella no veía, sino que... «¿Le digo o no le digo?»

—Mirá, Emilia, no sé qué te atormenta, ni tampoco quiero hacerte hablar de eso ahora, sólo he venido a cenar con vos, a pasar un buen momento. La verdad... —hizo un silencio muy breve y remató—: ...es que te he extrañado.

—¡Yo también! —dijo ella sin poder evitarlo. Había frases que salían sin permiso, que no tenían padre ni madre y hacían lo que se les daba la gana. Esta era una de ellas.

Cada uno hizo una pequeña pausa, un silencio, tratando de digerir la confesión y comenzaron a cenar.

Fedele comía con ganas y, entusiasmado, le contaba las novedades: que para tener más tiempo libre había tomado una empleada nueva para que lo ayudara en *Buon Giorno* y que había hablado su madre pidiendo que la visitara. Pero la noticia más divertida fue que Salvatore, con tantas idas y venidas, llevando y trayendo paquetes, había conocido una mujer.

—La primera vez, cuando lo mandé con las porciones para vos, se equivocó de departamento y terminó hablando con una señora del edificio de al lado. Y cada vez que vino, se cruzaron, charlaron un poco y... bueno, parece que la invitó a cenar. Y esta noche comen juntos.

115

—¡Nooo, me estás cargandooo...!

—Totalmente cierto... —aseveró e imitó la voz de Salvatore contándole la noticia.

Emilia se reía con ganas. No podía creer que gracias a un error hubiese nacido un romance para Salvatore, que ya era bastante mayor.

Fedele era divertidísimo relatando historias, un verdadero *showman* y lograba captar la atención de Emilia, que lo escuchaba y se relajaba. Le contaba que se había reunido con sus amigos Víctor y Adriano, a quienes quería mucho; solía juntarse a tomar un café o a almorzar con ellos por lo menos una vez a la semana. Emilia le contó de Sofi y sus locuras y lo puso al tanto de su pequeño logro diario: había terminado y enviado la nota. Y contado el final, pasó a describirle su experiencia en Roma y le narró parte de lo que había escrito. Conversaban, iban terminando la comida, el ambiente se había distendido por completo, los «¿Le digo?» habían desaparecido de escena. Y, como siempre que estaban juntos, la estaban pasando muy bien. Algunas carcajadas lo confirmaban. La comida de *Buon Giorno*, para variar, había estado deliciosa.

—Pongo la pava y hago un té de jengibre. ¿Querés? —preguntó Emilia.

—Sí, perfecto —respondió él. Y entre los dos recogieron las cosas de la mesa.

Mientras ella buscaba las tazas, Fedele se sentó en el sofá. Desde allí, la miró a su gusto. Ella, concentrada en lo que hacía, ni se percató de esa mirada que la comía.

La miró, la miró, la miró, la estudió, se llenó los ojos de ella.

Porque Emilia, de espaldas, servía el agua en las tazas y él podía adivinar los movimientos de sus manos hábiles; veía su espalda y sus piernas metidas dentro de la remera y el *short* con volados, sus pies descalzos con las uñas a la francesa, se apoyaban uno sobre otro buscando escapar del frío del piso. La observó pasarse la mano por el pelo con suavidad, como era su costumbre, y entonces se dio cuenta de que la imagen que veía le penetraba la retina con dulzura y placer. Le gustaba lo que veía, le resultaba familiar, la sentía propia, de su pertenencia. Era un sentimiento, y como tal, difícil de ponerlo en palabras. Pero podía resumirlo... Emilia era de él.

Sentía que ella había estudiado periodismo y que había viajado a Italia sólo para eso, para estar esa noche allí. Sin pensarlo, se puso de pie y fue hasta ella. La tomó por la espalda y la abrazó. Al hacerlo, una de sus manos tocó un poco de la piel que había entre la remera de naranjitas y el *short* y para Fedele fue una fiesta. Ella se dejó. Cómo no dejarlo, si sentía que había venido a Italia sólo para eso, para que esa noche Fedele la abrazara de esa forma. Para sentirse cerca el uno del otro.

Un abrazo de Fedele lleno de su fuerza y su perfume, y ella quería quedarse en ese cobijo para siempre. Pero él, después de tomarla por detrás durante varios minutos, con maestría le dio la media vuelta, y teniéndola enfrente, mientras la miraba a los ojos, le besó la boca con suavidad.

Intimidad, saliva, un suspiro, la vida puesta en los labios. Y lo que Emilia había tratado de evitar, no se había podido detener.

Fedele la besaba sin tregua apretándola contra él con sus brazos fuertes. No era una, sino dos, las manos que tocaban piel suave y tibia entre la remera y el *short*, que acariciaban la cintura exigiendo más, que trepaban bajo la blusa buscando sus pechos desnudos que, expectantes, se erguían bajo el pijama... Hasta que ella, cayendo en la cuenta de lo que pasaba, y de lo que pasaría, se separó.

—Fedele... ¡Basta!

Él se detuvo con esfuerzo y suspiró fuerte.

—¿Qué sucede, Emilia?

—No estoy preparada...

—¿Querés contarme qué pasa?

—No por ahora.

—Somos grandes, somos libres. Si queremos, podemos estar juntos. O... ¿sos casada?

—¡Nooo! —se escuchó diciendo y se sintió mal, porque ella no estaba casada con Manuel, pero esperaba un hijo suyo. Le debía un cierto respeto... ¿Realmente se lo debía? Si él no quería estar con ella, ¿le debía respeto? Al llegar a ese punto, los pensamientos otra vez se le complicaron.

—Emilia, ¿querés contarme algo? —la pregunta era profunda, iba más allá de la relación entre ellos dos; tal vez, pensó, ella había sido abusada; tal vez, tenía miedo al sexo.

—Mejor lo hablamos otro día, hoy es tarde.

La miró y la vio tan turbada que le dio pena. Estaba seguro de que ella había disfrutado que la besara, aunque algo, no sabía qué, se hubiera interpuesto entre los dos. Decidió darle una oportunidad.

—Iremos despacio, si querés...

—Me parece bien —dijo ella pensando que, por más despacio que fueran, su panza seguiría creciendo.

—Emilia, tomemos tranquilos el té, que aquí no ha pasado nada... O mejor dicho: ha pasado mucho, porque besarte me gustó —dijo Fedele recobrando su buen humor.

Se sentaron en el sofá con la taza en la mano y, con la calma restablecida, charlaron un rato. Sintiéndose en confianza, Emilia reclinó la espalda en uno de los apoyabrazos y extendió las piernas. Sus pies descalzos quedaron sobre la falda de Fedele, que estaba en la otra punta.

Sumergido en esta escena de intimidad y normalidad, Fedele no terminaba de entender qué era lo que le sucedía a Emilia, cómo podía pasar de un estado al otro. No tenía las respuestas a su alcance y aunque no supiera el motivo de su cambiante comportamiento, no estaba dispuesto a renunciar a ella. En su vida ya había tenido demasiadas pérdidas.

Luego del té, ya en la puerta, Emilia aceptó la propuesta de Fedele de volver a cenar juntos la noche siguiente, y se despidieron con un beso corto en la boca. Él se marchó y ella, al contemplarse sola en el departamento, sintió un terrible vacío. Fedele comenzaba a hacerse un lugar importante en su vida.

* * *

A las ocho de la noche del día siguiente, Emilia se preparaba para cenar de nuevo con Fedele. Habían quedado que vendría a la misma hora y que traería la comida. «Cenaremos tranquilos —pensó ella— y luego le diré toda la verdad.» Para eso quería estar lo más linda posible. Ridiculeces de mujeres porque inmediatamente se preguntó si cambiaría en algo que ella se esmerara con su apariencia. No, no lo creía. Pero al menos se sentiría más segura. Eligió un vestido rojo y se calzó las únicas sandalias altas que había traído, se maquilló con esmero utilizando toda la batería de frascos y frasquitos que había aprendido a usar ahora que llevaba el pelo suelto. Delineador líquido, rímel, labial y rubor ahora eran sus buenos amigos. Se colocó los únicos aros grandes que habían viajado con ella, unos colgantes de plata que había comprado en un viaje a Perú y, ante el espejo, encontrándose sugestiva, exclamó: «¡Lista para matar!». Pero le dio risa escucharse decir la frase y se corrigió: «¡Lista para contar que en siete meses voy a tener un hijo!». Mejor tomárselo con humor.

A las nueve en punto sonó el timbre. Cuando Emilia abrió, sintió que la escena pertenecía a una película que ya había visto: allí estaba Fedele, que la miraba sonriente, de *sweater* azul, con una mano en el bolsillo de su *jean*. En la otra, como en el *film* que proyectaron ayer, tenía un paquete. Sólo algunas cosas habían cambiado: esta vez, además, él traía dos jazmines y ella no estaba de pijama, sino despampanante.

—¡*Madonna Santa*, qué cambio! ¿Quién es esta mujer? ¿Es la hermana de la chica del pijama con naranjitas?

—Tonto —dijo tomando las flores y agradeciéndoselas.

—Estás preciosa. Me encanta la mujer arreglada. Y si es linda e inteligente como vos, más.

Fedele era un seductor nato; no tenía dudas. Y a ella le encantaba. A estas alturas se daba cuenta de que se estaba enamorando más de lo que creía.

Entraron y cuando él vio la mesa, exclamó:

—¡Guau...! ¡Con velas y todo!

—Sí, ¿viste? Me esmeré.

Cenaron, tomaron el consabido té y charlaron sentados en el sofá. En un rincón, Emilia había abandonado sus sandalias altas y, apoyada en una de las puntas del sillón, con las piernas extendidas, dejaba que él le hiciera masajes en los pies y que, poco a poco, le abriera su corazón. Ella, absorta, lo escuchaba con atención porque, por primera vez, él le contaba cosas serias: que era hijo único, que su madre era viuda, que había sufrido mucho de niño por no tener padre, que por poco tiempo hubo un hombre en su casa, lo cual había sido triste para él.

Emilia, que sentía que este tema la tocaba de cerca, pensaba en su propia situación y se emocionaba al escucharlo. Pero al mismo tiempo, estaba conmovida porque Fedele le mostraba otra faceta, una sensible y vulnerable, distinta de la vital y enérgica que ella le conocía. Esta vez, era ella quien se acercaba a él y, casi sobre su falda, lo abrazaba tiernamente. Un niñote, pensaba. Una intimidad emocional nacía entre ellos y daba paso a otras... Se besaron otra vez. En el sofá morado, los labios se saciaban, los sentimientos se desbordaban y las manos de Fedele la buscaban, le recorrían el pelo, la nuca, los hombros, las piernas y trepaban entre ellas, subían... y se metían por debajo del vestido rojo. Sus oídos de hombre habían escuchado un gemido de

Emilia, una sola nota, y ahora quería oírle todo el concierto. Y Emilia, ante esas manos que escalaban su piel, se aterró otra vez... Ella esperaba un hijo de otro hombre. No podían tocarla, no de esa manera.

Se paró de imprevisto y Fedele no tardó en explotar:

—¡Emilia! ¡Me podés decir qué *cazzo* te pasa esta vez!

Ella, muda, temblando, sentía que no le salían las palabras. Se sentía incapaz de pronunciarlas. No quería perder lo que tenía con Fedele, pero si hablaba, lo perdería. Estaba segura. Se consoló pensando que, tal vez, su lugar estaba junto a Manuel. Emilia aún no decidía en dónde y con quién tenía que estar cuando, repentina e inesperadamente, toda la humanidad de Fedele se levantó con violencia del sofá y exclamó:

—¿Sabés qué, Emilia? Me voy. Hasta acá he llegado yo. Si vos no me contás qué pasa, yo no puedo hacer nada. Una pena... Porque me gustás y casi te diría que ya te quiero. Pero esto... ¡Esto es enfermo!

Para la simplicidad con que Fedele se tomaba la vida, la situación era demasiado. Las cosas eran blancas o negras y punto. O se quería a alguien y aceptabas todo con esa persona, o no se quería. O se deseaba ser feliz con toda el alma, o te quedabas en el camino de la vida. Las medias tintas no iban con él; y menos, si ella no quería hablar.

Fedele estaba enojado y Emilia seguía muda. La miró. Y al no ver respuesta, se dirigió apurado a la puerta.

—No te molestaré más enviándote comidas. Si querés buscarme para hablar y contarme qué mierda te pasa, ya sabés dónde encontrarme: siempre estoy en *Buon Giorno*, esa es mi vida —suspiró fuerte, abrió la puerta y agregó—: Y he estado a punto de cambiarla por vos, que no sos capaz de decirme qué es lo que pasa por tu cabezota.

Aun en medio de su propia crisis, Emilia quedó impresionada por esta nueva faceta de Fedele. Nunca había pensado que pudiera explotar así. Estaba realmente enojado. No sólo lo demostraba con palabras, sino hasta en la forma en que se movía. El portazo con el que dijo adiós retumbó en las paredes.

En el comedor, descalza, observó a su alrededor: sobre la mesada, los platos de una cena para dos; en la mesita, las tazas del té recién tomado; sobre el mueble, los jazmines y el abrigo que Fedele había traído y que, en su enojo, se había olvidado. Se podía palpar a Fedele por todas partes. Al ver todas las huellas de su compañía, Emilia se sintió más sola que nunca. La presencia de Fedele era inmensa; y cuando se iba, todo quedaba vacío y triste. Él era la alegría, las voces, la risa. Eran las anécdotas, las comidas que había aprendido a disfrutar y la habían hecho abandonar sus eternas ensaladas. Él era la felicidad... No podía dejarlo ir por ser una cobarde. Si hablaba, todavía tenía una oportunidad. Apurada, se dirigió al *hall*, pero él ya no estaba. Y descalza, salió a la calle. Desde la acera, alcanzó a ver su figura, que doblaba la esquina rumbo al puente Vecchio. Se apuró, corrió, lo llamó a los gritos:

—¡Fedele! ¡Fedele!

Se vio a sí misma y se dijo: «¿Qué hago corriendo descalza, embarazada, por las calles de Florencia, a las doce de la noche, llamando a un italiano?». No encontró respuesta; tampoco le importó porque Fedele la había escuchado y se había detenido sobre el puente Vecchio. Eso era lo único importante.

Él la esperó en la penumbra.

En instantes, ella estaba junto a Fedele, lo abrazaba y se besaban en el puente Vecchio, bajo la luz de la luna. Algunos turistas pasaron a su lado, pero ni él, ni ella, los registraron. En el mundo de Emilia y Fedele, esa noche no había lugar para más nada que no fueran ellos dos.

—Te quiero —dijo Emilia, mientras sentía cómo los ojos se le aclaraban.

—Yo también te quiero, bonita.

Se abrazaron con fuerza, mientras Fedele la besaba una y otra vez.

—Quiero que estemos juntos, quiero todo con vos, Emilia...

—Sí, yo también, pero hay algo que tenés que saber...

Mientras ella hablaba, Fedele le daba pequeños, húmedos y sonoros besos en el cuello. Ella, sin tacos, estaba bastante más baja a su lado y lo obligaba a inclinarse.

—Decime, Emilia..., estoy para ayudarte, para apoyarte... —alcanzó a decir en medio del estremecimiento que le causaba a su cuerpo de hombre la intimidad con ella.

¿Acaso esta dulce mujer podía tener algún terrible pasado? No, claro que no. La siguió besando en el escote y la voz de Emilia sonó despacio pero clara y en la oscuridad de la noche, en medio del puente Vecchio, la verdad se hizo presente:

—Fedele... yo... estoy embarazada...

No hacía falta que le aclarara «...de otro hombre». Ellos nunca habían estado juntos.

121

Fedele, que había seguido besándola, a medida que las palabras penetraron en su cerebro, fue extinguiendo los besos uno a uno, espaciándolos hasta que se quedó metido en el cuello de ella, como si no quisiera salir de ese lugar de cobijo, porque afuera lo esperaba una tormenta. Unos segundos eternos hasta que por fin salió.

—¿Embarazada? —preguntó en un hilo de voz separándose de ella.

—Sí, embarazada casi de dos meses —dijo al borde del llanto porque, en ese momento, quería llorar por todo, porque esperaba un hijo sola, porque Manuel ni le había vuelto a hablar, pero, sobre todo, porque justo ahora conocía a Fedele. Deseó con todas sus fuerzas haberlo conocido antes y que todo fuera distinto. Pero era tarde para esos deseos. «La suerte ya está echada», pensó, mientras sentía cómo Fedele se separaba por completo de ella.

El hombre joven

La noche cubre la ciudad de Florencia desde hace muchas horas, pero el hombre joven aún no puede dormir. Inquieto, camina descalzo por la vivienda, se acuesta en el sofá del *living*, mira por la ventana, toma agua, gaseosa y hasta un *whisky*, que lo sumerge en una realidad neblinosa, pero nada más, porque el sueño profundo ha huido. No hay paz para él. El trabajo, los fantasmas, la vida, las decisiones, lo molestan y le quitan el sosiego. Busca los escapes posibles, los que él conoce. ¿Y si hace un viaje…? ¿Si se va a la playa? No, a la playa, no. ¿Y si toma un avión lejos, muy lejos? ¿China? ¿India? No, tampoco. Cuando regrese, todo estará igual. Esta es su vida y debe lidiar con ella.

«¿Cuántos fantasmas puede uno acumular a lo largo de su vida? ¡¿Cuántos?!», se pregunta quebrado. Y harto, se responde: «Muchos». «Unos vienen solos, y otros, nosotros mismos los llamamos», piensa. Y para evitar estos espectros cree que nada mejor que las buenas decisiones, las mejores acciones, vivir la vida con la frente en alto, con la espada en la mano y la palabra serena en la boca. Mira por la ventana y las luces de la ciudad de Florencia parecen llamarlo. Necesita salir, sentir el aire fresco sobre el rostro, acunarse en el movimiento de la metrópoli. Se calza los zapatos y sale a la calle; respira, se llena de oxígeno; los oídos atentos escuchan murmullos conocidos. Allí están los grillos, los autos, las voces.

Uno, dos, tres, cien pasos, todos caminados con apuro… Quiere llegar al puente Vecchio… quiere ver el agua.

Cuando al fin lo consigue, se queda frente al río, hipnotizado, apaciguado con esa dulce quietud donde la luna se refleja. A su lado, la gente deambula, habla. Una pareja se besa, pero él no ve nada. Comienza a caminar, lo hace junto al puente, casi de la mano con él. Tiene una decisión tomada: este es su lugar y aquí se quedará. Dará batalla a lo que se le ponga enfrente. Ya es tiempo de hacerlo.

Capítulo 9

Piacenza, 2008

Día 4

En la cocina del castillo Berni las empleadas chismeaban sobre el conde. Lo hacían en voz baja mientras tomaban un café durante la hora de descanso. Pero al nombrarlo, sus expresiones tenían un tono diferente del que habitualmente utilizaban. Lo que estaba aconteciendo las había tomado por sorpresa y las mantenía en vilo. A Saira, la muchacha africana que trabajaba en la casa desde hacía dos años, le habían informado que sus padres habían sido detenidos por el régimen del dictador de turno de su país. La carta recibida decía que los padres habían sido apresados un par de semanas atrás y que, si bien eran considerados como desaparecidos, lo más probable fuera que hubieran muerto sin ninguna explicación oficial. Saira estaba preocupada no sólo por el paradero de sus padres, sino por sus cuatro hermanos, adolescentes y niños, que, desde entonces, sobrevivirían a duras penas. Ella, como hija mayor, se hallaba desesperada por volver, pero el pasaje era caro y los trámites para hacerlo, muchos; su residencia italiana aún no estaba lista. La suerte y el destino del matrimonio tenía a todos los empleados alborotados y uno de los más consternados había terminado comentándole algo a Berni esa mañana. El conde había mandado a llamar a Saira, y ahora, en la cocina, desde el chofer a la cocinera, todos hacían sus apuestas sobre qué haría el patrón. ¿La retaría y le

124

advertiría que, si se iba, era mejor que no volviera? ¿O la ayudaría? ¿Acaso alguien como Berni podía ser presa de un rapto de bondad? ¿Podía ser que, en el fondo, él también fuera humano? Las apuestas negativas superaban a las optimistas.

En el despacho, y a pedido de Berni, la chica relató la situación para su patrón. Deshecha en lágrimas, culminó:

—Yo estoy muy lejos… Y si ellos quedan huérfanos, sólo me tienen a mí.

La palabra «huérfano» a Berni lo golpeó. «Maldita palabra», pensó. Esa que, alguna vez, le había cabido a él y a sus hermanas.

Decidió hablar sin preámbulos; no eran tiempos para meterse en problemas ajenos. Además, sumergido en la vorágine de su propia vida, no le sobraban las horas para hacerlo. El círculo que durante años había tratado de completar, al fin, se cerraba. Pero esta conversación sólo le llevaría cinco minutos. La voz potente de Berni se escuchó en la oficina:

—Señorita, cuente con el dinero del pasaje. Respecto al trámite, mi abogado la ayudará. Y hará lo mismo si se decide por traer a sus hermanos a este país.

La chica tardó largos segundos en entender las palabras. No las esperaba. Pero cuando alcanzó a comprender la dimensión del mensaje del señor, sólo atinó a decir:

—Gracias…, gracias…, gracias —repitió entre hipos y sollozos.

—Espere, espere, cállese un poco —imploró Berni y tomó el teléfono. En dos palabras, su abogado estuvo al corriente de los acontecimientos. Luego, cortó y le dijo—: Vaya a verlo hoy mismo; él la espera.

—Gracias…, gracias.

—¡Ya no me agradezca más y parta de una vez! —ordenó Berni con cara de hartazgo.

Pero ella volvió a agradecer y se retiró llorando.

Berni la vio partir y sintió un hilillo de satisfacción. Compenetrado con lo que acababa de hacer, miró el calendario que tenía sobre su escritorio. Era miércoles. Con certeza, la chica viajaría esa misma semana; pero, también, con certeza… cuando volviera, él ya no estaría aquí. Abrió el cajón del escritorio que tenía bajo llave y miró la vieja pistola *Beretta* que lo había acompañado durante tantos años. Con ella planeaba llevar adelante su desenlace. Para hacerlo, tendría que cerciorarse de que funcionara correctamente. Aunque no lo dudaba;

era buena, provenía de la fábrica fundada en 1526 que había aprovisionado a los italianos durante la guerra hasta 1943, cuando los alemanes tomaron el taller. Un último envío de armas, hecho por los alemanes, había partido desde Venecia rumbo a Japón justo antes de que Hitler se rindiera. Se sintió extraño pensando en estas normalidades de la vida, justamente él, que planeaba dejarla en once días; él, que ya no quería vivir. ¿O acaso estaba más apegado a su existencia de lo que creía? ¿Seguía dispuesto a llevar adelante su plan? Se respondió a sí mismo en forma afirmativa y centró su mirada en el gatillo de la *Beretta*.

Cuando lo hizo, fue transportado a otra época... a otra ciudad...

Florencia, 1954

El joven Berni guardó la pistola *Beretta* que fuera de su padre en la valija, la cerró con fuerza y partió apurado porque, en breve, debía estar en la estación del ferrocarril. Atrás dejaba la pensión florentina donde se había instalado los últimos meses y también, una serie de importantes acontecimientos vividos.

En minutos se hallaba parado en el andén. El tren de Florencia con destino a Roma estaba a punto de partir. Benito no sabía si sentirse triste o contento por su marcha porque todo venía saliendo de maravillas y conforme al plan trazado, pero él nunca terminaba de ser completamente feliz. En su pequeña maleta llevaba algunas pocas ropas, el traje nuevo y la pistola, uno de los objetos que él había querido recuperar, y que, sin esfuerzo y casi sin pensarlo, había llegado a sus manos.

En ese mes, recordó mientras aguardaba la partida de su tren, había visitado el castillo y su paso por el lugar le había dejado un sabor agridulce. Haber visto la que fue su casa y reencontrarse con la señora Campoli lo había hecho sentir exultante, pero la alegría, siempre esquiva e incompleta, se había ensombrecido con los tristes recuerdos de la última vez que había estado allí, cuando sus padres murieron. Había recorrido la propiedad bajo un halo de tristeza y turbación junto a la mujer, quien, en un acto bañado de cierta solemnidad, le entregó la pistola *Beretta* que fuera de su padre. La señora Campoli, contó con pesadumbre, la había recibido del hombre que le había dado sepultura a Mario Berni.

Tras una jornada intensa y emotiva, la casera recibió entre lágrimas la copa recuperada. Antes de marcharse, Benito le advirtió que en los próximos meses, y quizá, durante los próximos años, estaría mandando más objetos porque —le contó su plan— se había propuesto encontrar los piezas que habían sido robados del castillo. Esa afirmación significaba, literalmente, que pretendía recuperar todo, porque, después de que él huyera a las montañas, la casa había sido saqueada. Durante la jornada, Benito sintió con qué poder había sido abarrotado por las tristezas, pero no había llorado. No lo hacía desde aquella vez que lloró bajo el árbol cuando, asustado, huyó de su casa. Algo dentro de él se había endurecido para siempre, como si en esos dos terribles días hubiera llorado todas las lágrimas y ya no le quedara ninguna.

Las conversaciones ruidosas de los viajeros inundaban la estación, pero a Benito Berni nada lograba sacarlo de su ensimismamiento, los recuerdos se le agolpaban en el interior y veía con claridad el rostro de sus hermanas.

Porque por insistencia de la señora Campoli, ese mes, también, al fin, las había visitado. Las había visto bien, sanas, grandes. Pero no había podido ocultar que aflorara el mismo sentimiento que lo aquejó durante su paso por el castillo. Volver a verlas había sido muy bueno; pero debía aceptar la dura realidad: las chicas ya no lo recordaban. Tantos años en la vida de dos niñas, que ya eran unas señoritas, era demasiado tiempo. Al principio, había tenido expectativas, pero el encuentro le había mostrado que, si bien estaban perfectamente adaptadas a sus nuevos padres, y eran niñas felices, esto significaba que las había perdido para siempre como verdaderas hermanas. Porque las chicas podían entender que ellos eran de la misma sangre, pero jamás podrían recrear la vida que hubieran tenido si los tres se hubieran criado juntos, con Aurelia y Mario como sus padres. El lugar donde vivían las niñas era una casa agradable; y el hombre y la mujer que las criaban, buenas personas. Luego de la tragedia, y momentáneamente, el matrimonio se había hecho cargo de las pequeñas con la intención de ayudarlas en medio del caos vivido durante la invasión alemana. Pero, encariñados mutuamente, y no habiendo impedimentos, habían terminado adoptándolas. El hermano de Aurelia lo había consentido. Benito no estaba en posición de reclamar ni de recriminar nada a nadie. Y tenía que agradecer que sus hermanas crecieran en un ambiente familiar. Durante aquella visita, el nuevo padre de las niñas le había contado sobre su fábrica de telas y del ambiente de agitación obrera que se vivía en Bologna a raíz de la influencia de las ideas comunistas. «Es muy difícil manejar a los trabajadores», confesó. Benito, que conocía bien la doctrina, le relató su experiencia vivida en la Unión Soviética. Y esa tarde, en lugar de hablar del verdadero motivo de su visita, el hombre lo entretuvo durante horas preguntándole más del tema.

De pie en la estación de ferrocarril de Florencia, cuando aún reflexionaba sobre las experiencias vividas en Piacenza y Bologna, Benito sintió el pitido del tren que llamaba a abordar a los últimos pasajeros. Se acercó al vagón y se sintió solo. A su alrededor, las despedidas eran efusivas, con besos, abrazos, promesas... Pero a él, nadie lo despedía; tampoco nadie lo esperaría en Roma. Con un pie en el estribo del vagón, un grito lo sacó de sus cavilaciones:

—¡Paolo! ¡Paolo!

Pero no se dio vuelta. No se dio por aludido. La voz chilló con más insistencia aún y le llegó como un sonido familiar. Entonces, recordó que él se llamaba Paolo. En la academia de pintura lo conocían por ese nombre. Se dio vuelta y vio a Adela Pieri, que caminaba a paso vivo hacia él con un sobre en la mano. Cuando por fin lo alcanzó, se lo extendió.

—Es para usted, de parte de mi padre. Es la repuesta a la propuesta del anticuario romano. Mi padre le dice que sí —dijo sonriendo.

La miró sorprendido. No había esperado este encuentro, en este lugar. Era evidente que la avidez de Pieri lo había hecho aceptar. Por eso enviaba a su hija.

—Que tenga buen viaje, cuídese —le dijo amablemente.

Benito se dio cuenta de que escuchar la frase dicha por la voz femenina había hecho que algo en su interior se alegrara, aunque no sabía si era por oír la noticia que el padre aceptaba la propuesta o porque le decía que se cuidara. La llegada de la joven lo hizo sentir menos solo en medio de un andén atiborrado de personas que se iban y que eran despedidas con la calidez de un abrazo, de un «Hasta pronto».

Con el sobre en la mano, Benito se despidió de la muchacha con un beso en cada mejilla; luego, subió al tren, que ya empezaba su suave traqueteo. Ella se quedó sonriendo en el andén, mientras él la miraba por la ventanilla. Fueron unos minutos extraños y mágicos.

* * *

Benito llegó a Roma para comenzar una nueva vida. Alquiló un departamento próximo a la fontana de Trevi y se dedicó a buscar un local donde instalar su negocio de antigüedades; quería ponerlo en la misma zona. Después de la guerra, la gente vendía toda clase de cosas con las que había convivido. En su mayoría, eran objetos de los que, en otro momento, jamás se hubiera desprendido. Sin embargo, después de tanta destrucción vivida, les sabían inútiles. Esto, sumado a que los americanos descubrían el gusto por las antigüedades, abría un nuevo horizonte para los mercantes del rubro.

* * *

Pasado el primer mes en Roma, Benito cerró trato por un local con la ubicación y las características deseadas. En ese lapso, además, había recibido en su departamento la colección completa de las copas de plata, y claro, llegaba a un banco de Florencia el dinero para Pieri obtenido de la transacción que hiciera el notario Moncatti. Pieri había aceptado gustoso una buena cantidad para comprar una casa ubicada frente a la suya y levantar allí una gran academia.

Durante ese año, pensaba Benito, pondría en marcha su siniestro plan: llevar a Pieri a la bancarrota. Recuperaría, así, los bienes robados y el castillo volvería a irradiar el fulgor de antaño. Al mismo tiempo, se deleitaba con la idea de la venganza.

No podría concretarla de un día para el otro, sino que le llevaría meses, quizás años. Por eso, no perdió ni un minuto hasta dar con el abogado más inescrupuloso de Roma, quien, buscando cubrir a su cliente, escribió en letra chica un documento lleno de cláusulas exigentes y condiciones leoninas.

Dispuesto a restablecer el orden lo más rápido posible, ese mismo mes, Benito envió al castillo una caja con la colección completa de copas de plata. Cuando la señora Campoli las recibió, las sacó del envoltorio y, finalmente, las ordenó en el mueble vacío de la sala, supo que muy pronto el joven Berni le estaría enviando más piezas. Y así fue. Pero no en los tiempos prometidos, sino que demoraría mucho más de lo imaginado, casi toda una vida. Y a un gran costo, porque, además, tendría que pagar mucho más que dinero.

Capítulo 10

Todo lo que uno resiste, persiste.

Florencia. 2008

Esa mañana, Fedele se hallaba desde temprano en *Buon Giorno* y en la cocina se movía como león enjaulado. Se había peleado con los proveedores del mercado echándoles en cara que no le traían las provisiones frescas como él las quería; se había enojado con los mozos porque llegaron unos minutos tarde; y, lo peor: caminando apurado y con violencia había tirado al piso una olla llena de salsa. Enojado consigo mismo, había partido al salón. Despierto desde la cinco de la mañana, y a punto de volverse loco en su casa, decidió ir al restaurante. La noticia que Emilia le había dado la noche anterior lo había alterado, le había trastocado el sueño y hasta la vida misma. Porque lo que en un principio parecía sencillo —interesarse por una mujer y proponerle una relación—, ahora no lo era tanto. Pero la chica en cuestión era Emilia, quien le interesaba de verdad, lo cual ponía más difícil aún la situación.

En el puente Vecchio, ella le contó sobre su estado y sus pesares y detalles de la realidad que la aquejaba. Juntos, en completo silencio, volvieron sobre sus pasos, hasta el departamento de Emilia. En el portal, antes de despedirse, Fedele le dijo que no se hiciera problema, que todo saldría bien. Sin embargo, no había mencionado nada acerca de qué sucedería con ellos. Semejante noticia merecía ser bien pensada antes de hablar. Ella había captado el mensaje de su silencio y no le preguntó nada más.

Había una verdad: a estas alturas, Emilia se había vuelto demasiado importante en su vida como para seguir adelante como si nada, como si no la hubiera conocido. Pero un hijo era un hijo y continuar con la

130

relación significaba, también, incorporar a ese niño en su vida. Mientras meditaba sobre la situación y sus consecuencias futuras, con un golpe de vista comprobó que los comensales estaban a gusto. Con el salón en orden, quiso regresar a la cocina para ayudar. Con su brazo, empujó la puerta vaivén que comunicaba el salón con la cocina. Pero al dar un paso enérgico hacia delante, chocó estruendosamente con Salvatore, quien traía dos platos de pasta. Ante la colisión, los fideos y los canelones volaron por los aires y aterrizaron en el suelo.

–¡Salvatore! ¡Salvatore! ¡Ten más cuidado! –exclamó enojado buscando un culpable.

El hombre no le hizo caso; simplemente le respondió:

–*Signore* Pieri, vaya su a casa a descansar un rato y regrese luego.

Salvatore se animó a pronunciar las palabras que todos pensaban esa mañana y nadie se atrevía. Al escucharlo, Fedele pensó que el hombre tenía razón. Se limpió la salsa de la camisa y se fue a su casa.

Sentado en su *living*, controlando los mensajes de su celular, la paz tampoco llegaba. *¡Merda!* Emilia, embarazada. Su Emilia, embarazada. Porque ella era de él; y al verse pensando de esta manera, se impresionó. Nunca había tenido ese sentido de pertenencia con una mujer, salvo con Patricia. Y de eso, hacía mucho... mucho tiempo. Dijo el nombre femenino en voz alta y volvió a impresionarse. Había podido decir «Patricia» sin dolor. Eso ya era mucho. Y se lo debía a Emilia. El descubrimiento le dio una nueva perspectiva sobre lo que estaba viviendo.

Se preparó un aperitivo e intentó tomarlo tranquilo. Se sentó en su sillón preferido y a través de la ventana contempló su patio.

La bebida, el momento calmo y la revelación de que Emilia había logrado que el recuerdo de Patricia ya no lo lastimara, fue la punta del pensamiento que iluminó el oscuro laberinto donde se hallaba. De pronto, las ideas aparecieron claras: desde que había sufrido la pérdida más terrible, él había cambiado su forma de ver la vida, animándose a una transformación profunda. ¿Por qué ahora quería actuar de otra manera? ¿Por qué volverse un cobarde? ¿Por qué abandonar la idea de que lo mejor era que la vida transcurriera sin intentar torcer lo que ella ofrecía? «Todo lo que uno resiste, persiste», se dijo. Resistirse al dolor era asegurarse de que persistiría. Por eso, había aprendido que, en vez de resistirse a lo que a uno le tocaba vivir, lo mejor era aceptarlo; había aprendido a soltar todas las expectativas que en al-

131

gún momento había tenido con la vida, se había desprendido de los exigentes requisitos que se había autoimpuesto para ser feliz. Y una vez libre de ellos, era más sencillo ser feliz; sin tantas expectativas, se aceptaba más fácilmente lo que la vida daba cuando abría la mano y nos entregaba lo que a ella se le ocurría. Desde hacía unos años, su filosofía consistía en aceptar más y pretender cambiar menos; es decir, seleccionar sólo aquellos aspectos que podía modificar y dejar el resto tal como llegaba a su vida, porque, al final, todo lo que uno resiste, persiste. Su nuevo enfoque le había venido muy bien; ahora enfrentaba el dolor con una actitud diferente porque, ante el sufrimiento, él ponía esperanza; y ante la pena, la resignación inteligente de quien sabe que el impulso de la vida es más fuerte que todo.

Con la idea principal ordenada, las demás encontraron su lugar en la cabeza de Fedele. Y la claridad y la paz comenzaron a gobernar nuevamente su interior; entonces, tomó la decisión: iría a ver a Emilia y le haría una propuesta. Como una exhalación salió de su casa rumbo al departamento de la joven que había cambiado su vida. Había que ver si ella la aceptaba porque, para alguien como Emilia, podía sonarle a locura.

* * *

A diferencia de Fedele, que recién encontraba la calma, Emilia tenía paz desde la noche anterior, más precisamente desde que había contado su secreto. «Ya está», pensó. Lo había hecho: le había dicho que estaba embarazada. Y al hacerlo, se había sacado un gran peso de encima; ya no se sentía una embaucadora. Pero, ¿qué pasaría con ellos dos? No lo sabía. Al menos, estaba tranquila y comenzaba a pensar que, tal vez, lo mejor era dejar todo así, que cada uno siguiera su camino. No estaba dispuesta a perder la calma que recién conseguía. Ni tampoco estaba segura de que estuviese bien que ellos dos siguieran juntos. Ella esperaba un hijo de Manuel. Amén de que no se olvidaba de la mirada de los ojos oscuros de Fedele cuando le dijo que estaba embarazada, ni de su mutismo durante las calles que recorrieron juntos desde el puente Vecchio hasta su departamento.

Esa mañana, Emilia desayunó tranquila y se vistió. La esperaban en la editorial, entre otras cosas, para entregarle los pasajes. En breve partiría a la costa amalfitana. Salió del departamento, tranquila, cami-

132

nando despacio, quería disfrutar de la mañana. Los días se mostraban más soleados y calurosos. «El verano europeo se acerca», pensó y se tocó la panza. Su hijo, también; aunque todavía no lo había sentido moverse ni una vez. Se le ocurrió que debería sacar un turno con un médico italiano antes de su viaje a España.

La figura de Emilia, vestida de *jean* y camisa floreada, desaparecía lentamente dando vuelta la esquina, y por la otra, llegaba la de Fedele. A pesar de su apuro y de sus pasos largos, no se cruzaron, ni se vieron.

Tocó el timbre del departamento y no obtuvo respuesta. Lo hizo nuevamente, pero entendió que Emilia había salido. ¿Dónde estaba? ¿Cómo hallarla? Renegó. No podía llamarla. Ella no tenía un móvil italiano. Buscó una lapicera y en un papelito de una compra hecha con tarjeta de crédito, escribió:

> *Emilia: necesito hablar con vos. Es importante.*
> *O vengo de nuevo, o venís vos.*
> *Te espero en casa.*
>
> *Fedele Pessi*

Lo metió por debajo de la puerta. Esperaba que lo viera. Era demasiado pequeño, pero fue el único que encontró. Más tranquilo, se marchó listo para seguir rompiendo platos, retando empleados y tirando ollas. Pero sólo cuando hablara con ella, lo estaría completamente. Su tortura no acabaría hasta ese momento. Esperaba poder hacerlo pronto.

* * *

Varias horas más tarde, Emilia regresaba de la editorial. En su cartera portaba el pasaje para su viaje al sur. Salía pasado mañana. Abrió la puerta del departamento y se agachó, atraída por un papelito pequeño. Descubrió la nota, la leyó. Tenía nombre y apellido, como siempre, como si otro italiano pudiera haberle dejado esa nota. De su boca salió una sonrisa.

Se tentó de ir a buscarlo en ese momento, pero le pareció que hacerlo delataría su desesperación por tener noticias de Fedele. Y, en verdad, no lo estaba. Además, temió que un nuevo encuentro con Fedele desbaratara su reciente paz. Pero si no iba, sería descortés. Y tras un largo debate interior, entre las dos opciones, ganaron sus ganas de verlo. Se maquilló, se perfumó y partió a la casa de Fedele. Eran las seis de la tarde.

Llegó. A cada lado de la entrada, había macetas con malvones en flor. Golpeó la puerta, que se abrió de inmediato. Allí estaba Fedele, contento de verla. Él lo manifestó sinceramente y ella se relajó. Después de la confesión de la noche anterior, Emilia no sabía bien qué esperar de él.

Fedele la invitó a pasar. Ella nunca había estado en el interior de la casa, aunque conocía el patio que la vivienda compartía con *Buon Giorno*. Cómo no recordarlo, si allí habían cenado la noche en que le hizo la entrevista.

—Me gustan las flores de la entrada —le dijo Emilia.

—Te aviso que, debajo de una de esas macetas, está la llave de la casa… por si algún día venís, no estoy y necesitás pasar.

—Fedele, no voy a hacer eso —dijo en tono de queja, aunque la satisfacción le pintó el rostro. Lo que le acababa de decir sólo podía significar algo bueno.

—Emi, uno nunca sabe.

Pasaron por la sala y se instalaron en la cocina.

El lugar era una propiedad antiquísima; lo mostraban los muros gruesos, los techos altos y las puertas anchas de madera maciza. Había sido remodelada y *aggiornada* con buen gusto, mezclando, en la proporción justa, lo moderno con lo antiguo, logrando un efecto luminoso e informal en la sala y la cocina, que eran los ambientes que ella alcanzó a ver.

Fedele hizo un té verde para los dos.

—Para que veas que yo también tengo mi lado naturista —dijo con una sonrisa cómplice para distender el ambiente.

Sentados a la mesa de la cocina, él fue directo al grano. No tenía paciencia para otra cosa.

—Emilia…

Ella, nerviosa, lo interrumpió:

—Antes de que digas nada, quiero aclararte que no es necesario que me des explicaciones… no tenés obligaciones conmigo.

—Yo nunca te diría nada por obligación —dijo simple y sincero.

—Sé que nuestra situación es extraña —repuso Emilia. Y luego, como si hablara para ella misma, agregó con la mirada perdida—: Yo misma no estoy segura de qué es lo que quiero.

134

—Yo sí sé lo que quiero —sentenció Fedele con firmeza.

—Tenés suerte. Para mí ni siquiera está claro qué está bien y qué está mal.

Molesto, Fedele frunció la cara. Y ella, dándose cuenta, cambió de tema. Le preguntó:

—¿Y qué es lo que estás tan seguro de querer?

—Quiero estar con vos. Quiero una relación con vos.

Emilia abrió los ojos. Ya sabía ella que iba a perder la paz en esta conversación. Más decisiones por tomar caían sobre ella.

—No sé si estamos preparados...

—Escuchame, Emilia... Si yo me pongo a pensar en que estás esperando un hijo... y en que si sigo con vos, él también será parte de mi vida y hasta de mis responsabilidades... No puedo enfrentarlo y quiero huir. Y más lejos aún si pienso en que en unos meses te veré con una panza gigante...

—¿Y entonces...? —preguntó ofendida. Primero le decía que quería una relación con ella y después, que le desagradaba la idea de verla embarazada, siendo que ella ya lo estaba.

Él prosiguió:

—Pero hay una realidad más fuerte que todo... y es que si pienso en que mañana no te voy a ver, me vuelvo loco, me desespero. Y me lleva a decirte que no estoy listo para no verte más... ¡Porque quiero verte esta noche y todos los días!

—¿Y entonces...? —insistió ella, sarcástica, que no alcanzaba a entender a dónde quería llegar.

—Nada, que vivamos el día a día, que tomemos lo que la vida nos da hoy. Porque para lo que vendrá en tres meses, falta.

Para la estricta mente de Emilia y para su disciplinada forma de ser, la propuesta le pareció casi infantil.

—No sé, Fedele, para vos es fácil vivir con esa filosofía... —no encontraba las palabras— de andar por la vida de fiesta. Yo, en este momento, tengo por delante un problema que enfrentar.

—Tu embarazo no es un problema, sino algo lindo... Que tendrás que enfrentar, sí, pero lindo al fin. Y te aclaro: ¡yo no ando por la vida de fiesta! —protestó.

—Fedele, vos no tenés problemas, sos feliz por naturaleza. Nunca te he visto cabizbajo, ni abatido.

—No es así.

—Fedele, sos un hombre. Y no cualquier hombre es capaz de mantener una relación con una mujer embarazada de otro. No quiero que cuando yo esté enamoradísima de vos y comprometida con lo nuestro, te arrepientas...

—¡*Merda*, Emilia! ¡Acaba de una vez con tus negativismos y escuchame con atención!

Otra vez lo había hecho enojar. Decidió callarse y le hizo una seña para que dijera lo que quería decir.

—Sí, mejor será que no me interrumpas... —reconoció. Y mirándola de frente, agregó en tono más calmo—: Emilia, yo también tengo una historia sobre mi espalda... Y te corrijo: mi vida no ha sido feliz y sin problemas. Aunque es cierto: elijo vivir con felicidad más allá de las circunstancias, que es muy diferente.

—¿Y se puede saber cuáles son tus grandes problemas...?

La miró con contrariedad durante un rato largo, con una mirada que hubiera derrumbado una montaña. Y ella, al ver en el interior de esos ojos negros, lo sospechó.

Fedele, al fin, tomando una bocanada de aire y soltando un suspiro fuerte, comenzó a hablar. Le respondió con una palabra, con dos, con tres... las que, unidas, formaron las frases que dieron paso a la historia más triste, el desconsuelo más grande, la pérdida más terrible. Los vocablos se esparcían por el aire de la cocina, que se espesaba de negra tristeza: Atocha, 11 de marzo, los trenes, Patricia, su hijo, la felicidad, el atentado, la muerte, el dolor de la ausencia... Y más, y más: su vida en España, su cambio de planes, su postura frente al dolor. Lo que se resiste, persiste. Aprender a soltar, aceptar lo que viene. Vivir el día a día. Reinventarse.

Emilia no podía creer lo que escuchaba. Él mismo, mientras lo contaba, no parecía el Fedele que ella conocía. Llegó a la última frase exhausto. Hacía más de media hora que sólo hablaba él y cada vocablo había salido con esfuerzo. Se puso de pie y fue hacia la ventana.

—Fedele, no tengo palabras... Jamás pensé... —Emilia se puso de pie y fue tras el hombre que le acababa de contar su pasado más triste.

Él se dio vuelta y dijo una última frase:

—Por eso, cuando pienso que venís desde tan lejos y me hacés soñar con cosas nuevas, siento que sos un milagro. Y tu embarazo no es un impedimento para elegir estar a tu lado.

Se abrazaron durante un largo rato. Luego, él le tomó la mano y le dijo:

—Vení..., seguime.

Ella se dejó llevar hasta su cuarto. Tenía una cama grande de acolchado color azul, un espejo. Sobre una cómoda descansaban dos portarretratos. Fedele los tomó con cariño, como si fueran una joya, y se los entregó a Emilia. Primero, el del niño; luego, el de la mujer. Ella los miró con atención: los dos eran rubios, risueños, parecidos... felices. Se impresionó al pensar que estaban muertos y habían sido la familia de Fedele. Esto sí que no lo hubiera esperado de él, siempre tan optimista y vital. Los estuvo mirando largo rato mientras Fedele la observaba a ella. Luego, con respeto, los dejó sobre el mueble y abrazó nuevamente a Fedele. Él acababa de abrirle su mundo más privado, su universo más íntimo. ¿Cómo ella no iba decirle que sí a su propuesta de vivir el día a día? ¿Cómo negarse a vivir el día a día con alguien que tenía semejante historia, que la hacía entrar en su casa y se la compartía? Tampoco Fedele le pedía nada tan terrible, por el contrario. Se lo dijo en ese momento:

—Sí, quiero..., quiero vivir el día a día con vos.

—Me alegra que aceptes, aunque te digo que no hubiera consentido una negativa —le dijo muy seguro.

Fedele la abrazó con ternura. Y con fuerza, la apretó contra él. Se besaron con ternura, como sellando el pacto que acababan de hacer. Ella se sintió tranquila en esos brazos fuertes, velludos y tostados por el sol; y confiada en esa boca de sonrisa constante que la quería toda para sí. Porque Fedele la besaba en la boca, en el cuello, en el escote y bajaba sediento, pidiendo más. Emilia sentía la respiración masculina entrecortada, y esta la llenaba de deseo, la hacía olvidar de todas sus cavilaciones. Fedele le desprendió lentamente la camisa de flores y se la sacó. Al hacerlo, quedó a la vista el *soutien* de *broderié* color blanco en el que se asomaban los pechos de Emilia. Fedele los miró y le pasó el dedo índice por el borde de piel junto al *broderié*. Ella se estremeció. Luego, levantó la mirada hacia el rostro de Emilia y le dijo:

—Eres bella, Emilia.

Y a punto de desprender el corpiño, no lo hizo, sino que la fue empujando suavemente hasta hacerla llegar a la cama y allí la recostó. Cuando logró sacarle los pantalones, vio que ella quedaba tendida en la cama con una *sexy* bombacha cola *less* de *broderié* blanco y sonrió con deseo. Puso su mano sobre el pubis de Emilia e internó sus dedos buscando piel húmeda.

Ella adivinó el recorrido de esos dedos y se sintió confiada, segura con ese hombre de historia triste y de manos grandes que buscaban su piel más íntima. Sí, hacía bien en darle una oportunidad, decía su razón, pero su inconsciente puso una objeción... Y el fogonazo de un recuerdo la señaló cual dedo acusador de dictador: la última vez que había hecho esto fue con Manuel... el hombre que sería el padre de su hijo. Se puso tensa, se quedó petrificada.

Fedele se percató al instante.

—¿Qué pasa?

—Ya sabés... Me cuesta —le dijo sincera.

Él le acarició el cabello y el rostro.

—Paso a paso... Si querés, esperamos... Ya te dije, estoy preparado para esperar; pero no para perderte.

—Me pasa lo mismo. Yo no puedo, ni quiero dejar de verte. La sola idea me hace mal.

—Iremos despacio. Bien vale la pena el intento, ¿no creés?

—Sí...

Él podía entenderla. Si una mujer embarazada tenía algunos miedos físicos frente al sexo, cuántos más tendría ella, que esperaba un hijo de otro hombre y que nunca todavía había estado con él. Y al pensarlo, los celos lo carcomieron. Era la primera vez que los sentía. Ese hombre ya la había tenido; y él, no. Le dio rabia.

—¿Querés continuar? —preguntó Emilia.

Él dudó. La magia se había extinguido...

—No, ya habrá mejores momentos.

Y aunque no consumaron, se sintieron cercanos, íntimos, unidos. Tendidos en la cama, conversaron uno al lado del otro. Fedele quiso saber de Manuel y ella le contó abiertamente cuánto hacía que llevaban juntos, dónde se habían conocido, que era profesor de historia, que trabajaba en la Universidad de Buenos Aires y que ahora se hallaba instalado en la Arizona State University. Fedele la escuchó y concluyó que ese hombre le caía muy mal. «Un perfecto idiota», pensó. Su amor propio herido agregó otro pensamiento: lo que necesitaba era tenerla a Emilia sólo para él durante unos días Ya vería ella si no terminaba entregándosele. «Ya verá Emilia lo que puedo lograr en ella».

Mientras hablaba tendida en la cama, Emilia miraba cada tanto la foto de la sonriente mujer rubia de cabellos revueltos al hombro. Vestida con un trajecito muy acorde a la actividad que realizaba —organizaba eventos sociales, así se habían conocido—, la halló muy atractiva; y algo parecido a una contrariedad la envolvió. Pero su corazón no le permitía fastidiarse de veras.

Emilia pronto tendría que marcharse al sur. Ese viaje, justo ahora, que estaban hablando de estar juntos, boicotearía lo que venían planeando. «Ojalá que Fedele pueda acompañarme», deseó ella.

Por su parte, en su afán de organizar la semana con Emilia, Fedele recordó que ella pronto tendría que partir. Y se apenó... justo ahora.

Sin imaginar que ambos pensaban lo mismo, decidieron tocar el tema. Y al unísono, pronunciaron una frase idéntica:

—El viaje al sur...

Al descubrir la coincidencia, se rieron.

—Estaba pensando en que me tengo que ir de viaje. Hoy me dieron el pasaje. Salgo pasado mañana. Una lástima...

—Pensaba lo mismo... pero se me ocurre una idea.

—¿Cuál? —preguntó deseando que fuera lo que ella venía tramando.

—¿Y si me tomo unos días y te acompaño?

—Me encanta, pero ¿podés? ¿Y tu trabajo?

—Para eso soy el dueño —dijo sonriendo—. Además, si tomé una chica nueva fue para tener más tiempo libre para estar con vos. ¿Sabías?

—Nooo —dijo Emilia, sorprendida. Jamás lo hubiera imaginado. Recordaba vagamente que le había mencionado algo al respecto, pero nunca pensó que esa era la verdadera razón.

—Me encanta estar en *Buon Giorno*, pero si tengo que elegir, prefiero irme de paseo con vos. ¿Qué opinás? ¿Nos vamos juntos al sur?

—Me gusta la idea.

—Pasame el número de vuelo y el horario y veo si consigo pasaje en el mismo avión.

Emilia se levantó de la cama y fue hasta su cartera; él buscó su celular y marcó el número de su agencia de viajes.

* * *

Media hora más tarde, Emilia se marchaba a su departamento, y él se iba al restaurante a dirigir su ejército. Debía alistar el salón para recibir a los comensales de esa noche.

Acordaron verse al día siguiente durante el almuerzo para ultimar algunos detalles del viaje. Pero lo más importante estaba listo: Fedele había conseguido asiento junto a ella en el mismo avión rumbo a Nápoles. De allí, alquilarían un auto e irían recorriendo los pueblitos sobre la playa mientras Emilia probaría la comida de los restaurantes seleccionados para la nota.

«Un viaje soñado», pensó, mientras le hacía unas líneas a Manuel pidiéndole que no le escribiera porque estaría sin Internet durante seis días. «Una pequeña venganza, pequeña, pero mentirosa», pensó, porque no era cierto. Pero en el *campus* de la Arizona State University del país del norte, ese correo desataría interés, recuerdos y decisiones.

El hombre joven

El hombre joven se levanta de la cama, abre la ventana y mira su ciudad amada. Florencia muestra todo su esplendor de día de verano. Es una mañana apacible y llena de esperanzas. Durante los últimos días, los fantasmas parecen haberse olvidado de él, como si no se atrevieran a molestar a quien se envuelve de valentía.

Se acerca al mueble donde están las dos fotos queridas, las toma y le da un beso largo a cada una. Uno deja empañado el vidrio del portarretrato. Luego, pasa el dedo índice sobre los dos rostros. Por último, mirando a la mujer y al niño, sonríe. Es la primera vez que lo hace después de cumplir con su ritual matinal. Es la primera vez que los recuerdos buenos que tiene de ellos le ganan a la tristeza de saber que no volverán más junto a él. Hoy se siente agradecido de que ellos hayan sido parte de su vida. Y eso, le basta.

Por un brevísimo momento, mirando el cabello rubio e idéntico de ambos, Atocha quiere volver con su negrura, pero es desplazada por el hoy, que espera llamando urgente desde el sur de Italia, desde la costa amalfitana.

El hombre joven se viste... elige con cuidado su ropa. «¿Está bien tener esta esperanza... este deseo?», se pregunta sintiéndose casi culpable por anhelar la felicidad y creer, por primera vez, que es posible alcanzarla en toda su dimensión. No lo sabe. El futuro le dará la respuesta, le dirá si ha apostado bien sus fichas al nombre de mujer que debía.

Capítulo 11

*Los objetos son los amigos que ni el
tiempo, ni la muerte, ni la belleza,
ni la fidelidad consiguen alterar.*

Françoise Sagan

Piacenza, 2008

Día 5

Sentado en el salón dorado, José Mesina miró un tanto harto el reloj de la pared. Hacía media hora que esperaba que el dueño de casa lo
atendiera. Pero no se podía quejar: él mismo, al venir sin cita, se había
metido en esto. Aunque, ¿qué otra cosa podía hacer si Benito Berni
no atendía el teléfono y ni siquiera tenía celular? Estos hombres de la
vieja nobleza italiana parecían ser todos iguales, llenos de caprichos
y excentricidades. Él, por su trabajo en el museo, ya se había topado
con otros de su estirpe. Y en esta oportunidad, no esperaba otra cosa.
«Quien tiene un Tiziano en su casa es realmente una persona especial
que puede darse el lujo de hacer cualquier cosa», pensó al recordar el
cuadro que era el motivo de su visita y trató de armarse de paciencia.
La institución para la que trabajaba, uno de los museos españoles más
importantes, quería el cuadro de Tiziano. Y en su nombre, él estaba
allí para hacerle una oferta de compra. Le seguía la pista a Berni hacía
más de tres años, pero con el conde no funcionaba nada, ni contactos,
ni favores. Por eso, en un último acto de impaciencia, se presentó en el
castillo sin cita previa. La obra en cuestión bien valía cualquier método.
Mientras miraba los cuadros y los objetos de la sala, reconoció que se
hallaba en un lugar exquisito. Cada obra era más valiosa que la otra;
un objeto, más hermoso y caro que el de al lado. Había allí años de

historia de la humanidad, desde el arte etrusco a los escultores del siglo XVIII. En un extremo, un Giovanni Boldini lo había impresionado. Todo en esa sala era maravilloso y él, como hombre especializado en las bellas artes, lo disfrutaba. Ensimismado como estaba, no oyó el ingreso de Berni, quien, con su vozarrón, lo hizo saltar en la silla.

—¿Quién es usted? Mi empleada me dijo que su apellido es Mesina, pero me parece que no nos conocemos.

—Mucho gusto, señor Berni. Sí, soy José Mesina y es verdad que no me conoce. Pero, como no he logrado dar con usted de otra manera, he venido personalmente.

—¿Y qué quiere de mí?

—Vengo de parte del Museo del Prado. Sírvase, le doy mi tarjeta —dijo y le entregó una.

Berni la tomó y leyó el nombre de la institución. La conocía bien.

—No me diga nada. Ya sé: usted viene por los cuadros.

—Sí, por uno en particular… el de Tiziano. El museo quiere comprárselo.

—¡¿Pero hasta cuándo insistirán?! ¡Yo no voy a venderles nada! ¡Todo esto ha sido y será de mi familia! —dijo haciendo volar por los aires la tarjeta, que fue a parar al suelo cerca de la entrada.

—Pero, señor Berni, aún no ha escuchado el monto que tengo para ofrecerle.

—Ni me lo diga… No me interesa… Y ya se puede ir retirando. Usted y yo no tenemos más nada de qué hablar —dijo acercándose a la puerta y abriéndola.

Mesina, sin más remedio, fue detrás de él.

—No se olvide, Berni, de que los objetos no lo son todo. Puede llegar el día en que ninguno de ellos lo contente y necesite de las personas. Si eso acontece —dijo agachándose hasta alzar la tarjeta—, este es mi teléfono. Búsqueme, yo no tendré rencor por lo que aquí ha sucedido hoy.

—No creo que eso pase. Hace muchos años que las personas no son buena compañía para mí. Y las que la eran ya no están. Además, no menosprecie los objetos; algunos son la única manera de evocar, aunque sea en una ínfima parte, a esa persona que ya no está con nosotros y cuya porción necesitamos recibir cada día para seguir viviendo.

—¿Realmente cree eso? —dijo Mesina ya fuera de la casa.

Y Berni, apoyado contra el marco, le respondió:

—No tengo duda de que dentro de algunos objetos vive esa pequeña cuota de la persona amada, esa que nos hace apreciarlos, casi, como si fueran seres vivos.

Dicho esto, dio por terminado el espadeo de vocablos y cerrando la puerta con ánimo destemplado, pensó: «¡Malditos compradores! Cuando se tiene algo de valor son peores que los vendedores». Vaya si lo sabía él, después de tantos años de tener un Tiziano.

Y la pintura querida se le apareció clara, como si la tuviera enfrente...

Piacenza, 1957

Al volante de su *Mercedes Benz*, Benito Berni puso primera y emprendió la última subida por la callejuela que llevaba a su castillo. El viento que entraba por la ventanilla le daba de pleno en la cara y le volaba su rubio cabello haciéndole sentir la más maravillosa sensación de libertad. Hacía pocas semanas que se había comprado el vehículo y el primer viaje largo que realizaba tenía por finalidad visitar su propiedad de Piacenza. Recién llegaba de pasar una estadía en Francia, donde había conocido a mucha gente del *jet set* parisino, incluida a Édith Piaf, con quien mantenía una relación epistolar; poco a poco, comenzaba a tener una vida en verdad de adulto.

Había aprendido a manejar en un par de días y sin mucho esfuerzo; le enseñaron en la casa donde le vendieron el auto; él no tenía padre ni amigos que le impartieran lecciones. Podía parecer extraño y exagerado, pero para Benito aprender a conducir había sido una experiencia que le permitió madurar algo en su interior, al punto de haberlo influenciado para realizar una actividad que siempre le había dado miedo y que ahora, en Piacenza, pensaba concretarla.

Una vez que llegó a su propiedad, pasó por la casa de la señora Campoli, quien le sirvió un café en su sencillo comedor mientras lo ponía al tanto de las noticias: los pinos de enfrente se habían secado y había hecho plantar otros; el techo del ala izquierda del castillo se llovía y Moncatti había enviado a una cuadrilla de operarios para repararlo; sus hermanas, junto a sus padres adoptivos, habían visitado el castillo y ella las había acompañado durante el recorrido. Compenetrada con la labor de recuperar los objetos que Benito llevaba adelante, la mujer le contó que había confeccionado una lista con un viejo inventario encontrado entre antiguos papeles. Meticulosamente, ella tachaba las piezas que él le iba enviando. La mujer pensó que sería útil que el joven Berni tuviera una copia y le entregó la que le había preparado. Lo que él no imaginó fue que lo acompañaría por muchos años.

Luego de dos horas de agradable charla, Benito se dispuso a cumplir con la razón de su visita y, decidido a no esperar más, subió las escaleras.

Caminando en el *hall* de la planta alta, se detuvo en la puerta del cuarto que fuera de sus padres y, apoyando la mano en el marco lleno de trazas que mostraban la altura que él y sus hermanas alguna vez habían tenido, observó la enorme habitación de pisos de madera: la cama grande y su dosel, las mesas de luz con tapa de mármol, la araña de cristal, los cortinados vaporosos y el gran hogar que se prendía en invierno. Durante unos minutos, se quedó mirando los detalles que le eran familiares; luego, avanzó directo al lecho y lo corrió con ímpetu. Mientras lo hacía, recordó aquel día en que lo había empujado junto a su madre. Al fin, cuando logró mover la cama de lugar, una pequeña alfombra marrón quedó ante su vista. La sacó; allí estaba: era la tapa del escondite secreto; ese donde había pasado dos días encerrado, ese donde el terror lo apabulló hasta creer que moriría de miedo al saberse solo en la vida, ese sitio donde tanto había llorado, donde se había rasguñado la cara de desesperación y donde, paralizado de angustia, se había hecho hasta sus necesidades encima. Al recordarlo, casi pudo sentir la angustia de aquel día; pero aun así, puso su mano en la tapa. Para eso había venido: para enfrentar este monstruo. Tomó la madera con fuerza y la abrió por completo: un hueco negro apareció ante sus ojos y el viejo pavor volvió para asfixiarlo; pero, él, venciéndolo, se metió adentro.

Ya en el interior, necesitó salir dos veces; buscaba una bocanada de aire, temía asfixiarse no porque no hubiera oxígeno, sino porque lo ahogaba la sensación del recuerdo, porque, por momentos, allí abajo, en ese escondite, dejaba de ser el hombretón que era y se trasformaba en el niñito asustado que fue. Al fin, ya más calmo y con los ojos acostumbrados a la oscuridad, la poca luz que entraba por la abertura le permitió ver a su alrededor. El pequeño cubículo estaba igual que como lo recordaba; en el piso se hallaban los botones de su camisa, esos que se había arrancado de puro miedo y locura. Se agachó para alzarlos, y cuando lo hizo, su mano tocó algo tallado; la deslizó hacia arriba, siguiendo el dibujo, y después de avanzar unos centímetros, se dio cuenta de que era el marco de un cuadro y recién allí lo confirmó: lo era, era la pintura de Tiziano, esa valiosísima obra que mostraba a la madre de su tatarabuela. Benito se acordó de la existencia del cuadro recién al verlo, porque el trauma vivido en ese cuchitril había sido tan grande, que había borrado de su mente la existencia.

Lo levantó con esfuerzo y, como pudo, lo apoyó en el borde del escondite, hizo palanca y el cuadro quedó afuera. Él también subió y, sentado en el piso con la pintura al frente y la espalda apoyada contra la cama, se dio cuenta de dos verdades. La primera: al fin había logrado vencer el miedo que lo había acechado durante años porque la sola idea de meterse dentro de ese escondite lo había aterrorizado desde su encierro. Y la segunda: él era millonario. Como persona dedicada al arte, tenía la certeza de que era poseedor de un cuadro que en el futuro muchos querrían y por el que estarían dispuestos a pagar cifras cada vez más millonarias. Había escuchado que por un cuadro así se habían pagado varios millones de dólares.

Se puso de pie y comenzó a empujarlo. Era pesado, pero no se detendría. Una meta lo guiaba: quería colgarlo ya mismo donde siempre había estado: en el sitio de honor de la pinacoteca de la planta superior. Ninguna otra cosa le importaba más.

Capítulo 12

Nápoles. 2008

Emilia tomó un trago de su botella de agua mineral. Tenía sed, hacía calor, pero estaba más que contenta. Una cosa era visitar Italia como turista y otra, muy distinta, ir de la mano de un italiano, porque así la llevaba Fedele por toda la ciudad de Nápoles. Ella disfrutaba no sólo porque le enseñaba lugares imposibles de descubrir si hubiera viajado sola, sino porque, además, se sentía cuidada por él. Los pasos largos de Fedele parecían saber siempre a dónde iban, su figura manifestaba que nada podía detenerlo y su mirada, atenta a todo lo que pasaba a su alrededor, la hacían sentir de esa manera; amén de que él ponía su brazo protector sobre sus hombros, le ofrecía agua, caramelos y hasta descanso. Entonces, Emilia sentía que nada podía pasarle.

Durante el vuelo a Nápoles, Fedele le había advertido que no se hospedarían en el hotel céntrico que la editorial le cubría, sino que las dos noches que permanecerían en Nápoles dormirían en un lugar que era digno de conocerse: un castillo antiguo que funcionaba como hotel *boutique*. Temprano, ni bien arribaron al aeropuerto, un taxi los llevó al lugar que estaba a las afueras, camino a Pompeya.

El castillo medieval había sido construido en piedra gris y estaba lleno de arcos de estilo románico. Sus enormes dependencias –la recepción, el *lobby* y las salas– irradiaban un aire teatral con sus cortinados de terciopelo negro y muebles antiguos semejantes a los tronos de reyes. A Emilia le parecía estar dentro de una película de época.

Mientras Fedele llenaba los formularios de ingreso, sucedió algo insólito. Ella, que miraba a su alrededor con interés, sintiendo que esta sería una experiencia diferente, no pudo creer la firme y absurda respuesta que escuchó cuando el recepcionista le preguntó al *signore* Pessi qué cuarto tomarían:

—Tomaremos dos habitaciones.

Emilia quedó desconcertada. La respuesta la hizo pasar por diferentes estados de ánimo porque, en un primer momento, le llamó la atención; después, le pareció acertado, ya que todavía tenían más lugares por visitar y de seguro en alguno de los otros hoteles terminarían durmiendo juntos y haciendo el amor; pero con el correr de las horas, ella había comenzado a pensar que, tal vez, él debería haberle consultado eso de tomar dos cuartos en vez de uno. Fedele le gustaba, y aunque todavía no sabía bien cuándo se acostaría con él, estaba segura de que eso sucedería en este viaje y no le agradaba que todas las decisiones estuvieran en sus manos. ¿Por qué pedir dos cuartos sin siquiera discutirlo con ella?

Emilia, algo molesta, se quejó haciéndole algunas insinuaciones; y él, malicioso, con media sonrisa en la boca, le respondió en italiano una frase que a ella le sonó como «¿Quién entiende a las mujeres?».

Esa mañana, ocuparon los dos cuartos y se instalaron rápidamente, dejaron las valijas cada uno en el suyo con el deseo de partir a una excursión al volcán Vesubio que debía tomarse temprano. Pero estando casi listos Emilia tuvo náuseas, y por más que quiso disimularlas, no pudo. Fedele, un tanto preocupado y ante las directivas de ella, le hizo preparar un té con azúcar. A pesar de que consiguió el efecto reparador, él insistió en posponer la visita al Vesubio y se dedicaron a recorrer la ciudad de Nápoles tomados de la mano.

En varias oportunidades, Fedele la besó largo y suave en la boca y, en chiste, le dijo:

—Te estoy preparando... Ya verás esta noche... me pedirás por favor...

Emilia sólo había sonreído. El futuro de ellos era incierto, aun en este aspecto.

✳ ✳ ✳

Ese día, durante las horas en que pasearon por Nápoles, se dedicaron a visitar varios lugares; entre ellos, el barrio Spaccanapoli, el más antiguo de la ciudad. Fedele quería mostrárselo porque allí las costumbres napolitanas se respiraban a cada paso. Sus calles eran estrechas, había ropa tendida en los balcones y se oían los gritos de quienes se hablaban desde aceras encontradas, de ventana a ventana. Emilia disfrutaba de la experiencia.

Por los rincones de los edificios ubicados en las zonas más populosas había un negocito al lado del otro para vender desde alimentos hasta las chucherías más insólitas, desde enormes quesos hasta perlas para vestidos de novias.

Caminaban y a cada paso que daban se topaban con un tráfico caótico. Sólo los conductores avezados podían transitar por esas calles tan angostas como un auto y de sentido único que pedían para salir de ellas, peligrosas marchas atrás, casi imposible de hacer y donde cualquier maniobra era objeto de exaltadas reprimendas.

Cuando Fedele creyó atravesar una zona peligrosa del barrio, apretó la mano de Emilia para que caminara segura, pegada junto a él. Y aunque quiso resguardarla de las miradas indiscretas, cubriéndola entre la pared y su humanidad, no pudo evitar que un grupo de hombres apreciara las piernas de Emilia, que vestía su *short* rojo.

Finalmente, cuando se cansaron del Nápoles pintoresco y regresaron a «la parte civilizada de la ciudad» —como la llamó Fedele—, comieron *pizza* en la *Pizzeria Brandi*, fundada en 1780, uno de los lugares que Emilia tenía apuntado para visitar. Sentados al aire libre, en una mesita ubicada sobre la vía Chiaia, Fedele le contó que allí fue donde se inventó la *pizza* margarita. «Según cuenta la historia —explicó—, cuando la reina Margarita probó la *pizza* que habían creado en su honor, quedó encantada. Y desde entonces, la encargó aquí durante años.» Emilia lo escuchaba y comía entusiasmada mientras anotaba en su libreta los datos e impresiones.

Luego, caminaron por la vía Toledo y, deteniéndose en la sofisticada *Galleria Umberto I*, tomaron un *caffè del cardinale* mientras disfrutaban del impresionante techo de vidrio y hierro de cincuenta y siete metros de altura y saboreaban una *sfogliatella*, un dulce que Emilia aceptó probar por sugerencia de Fedele, quien estaba convencido de que a ella le encantarían esas capas de masa enrolladas formando un delicioso hojaldre relleno con pasta de almendras. Lo que así sucedió para sorpresa de la propia Emilia, que ya no estaba segura de qué era lo que sí le gustaba y lo que no; sus gustos venían cambiando y los italianos tenían la culpa, pensaba dejándose llevar por esta montaña rusa que estaba viviendo. Italia venía transformándola y ella se sentía bien, casi feliz.

Habían disfrutado del día hasta que, finalmente, por la tarde, agotados, decidieron regresar al castillo. Conscientes de que cada uno tenía un cuarto distinto, se despidieron risueños por la situación. Se bañarían y se cambiarían para la cena; una velada romántica los esperaba.

Relajados y bien vestidos, a las nueve se encontraron en el *petit* restaurante del hotel. De las mesas —sólo cuatro— la única ocupada era la de ellos; era evidente que los demás huéspedes habían salido a cenar a la ruidosa Nápoles. Emilia se alegró; allí estaban más que tranquilos; era muy bueno cenar solos a luz de las velas después del día agitado que habían tenido. Emilia pensó que si la comida le gustaba, también nombraría ese lugar en la nota.

Habían recorrido la ciudad, la jornada había sido maravillosa y ahora culminaba con ella mirando a Fedele sentado delante suyo, algo que la llenaba de alegría. La preocupación de estar embarazada parecía haberse esfumado y mucho tenía que ver la actitud de él, que comenzaba a contagiársele a ella. Los dos pidieron pescado con verduras; él tomó vino; ella, no. Al fin ya no necesitaba poner excusas para negarse a beber alcohol. Y al pensarlo, se sintió liviana y feliz de haberle dicho la verdad.

Esa noche charlaban de las impresiones que les dejaba Nápoles y su gente, de los lugares que habían visitado: la catedral de San Gennaro, el monasterio Santa Chiara, el palacio Reale Napoli y el castillo Nuovo y sus frescos de los siglos XIV y XV. Este era un gusto que ambos compartían; se daban cuenta de que aunque los dos pintaban y dibujaban, ninguno aún había visto algo hecho por el otro. Fedele le prometió que, a la vuelta, le mostraría sus dibujos.

Un tema llevó al otro y terminaron hablando de cuál sería el nombre que escogería Emilia para su hijo, él le contaba cómo había elegido el de su hijo Carlo. Por momentos, se hacía extraño mezclar el pasado —la familia que había tenido Fedele— con el presente —allí estaban ellos dos, comiendo juntos, de manera casi mágica— y el futuro —ese hijo que crecía en el seno de Emilia, aunque todavía no se hacía notar de ninguna forma, salvo por alguna que otra náusea, estaba allí, desarrollándose.

—Emilia, quiero que sepas que estoy feliz de estar acá, con vos. Qué pasará mañana, no lo sabemos, pero el hoy nos llama a ser felices.

—Yo también lo estoy, Fedele —dijo Emilia, aunque, a veces, esta nueva manera de enfrentar la vida le hacía sentir un gran vértigo.

—Odio preocuparte, pero creo que deberías ir al médico cuando regresemos a Florencia. Necesitás controlarte. Podrías ir a la clínica en la que me curan los catarros en el invierno.

—Esto es algo más que un resfrío —respondió ella sonriendo.

Emilia comenzaba a tomar con naturalidad el tema; descubría en Fedele a un hombre tierno y cariñoso y, por más que la primera mirada lo podía mostrar acelerado e impulsivo, en estos momentos lo hallaba tranquilo, relajado y protector. ¿Realmente lo conocería? ¿En verdad él era así? Ya casi terminaban de comer cuando Fedele dijo de improvisto:

—¡Ay, Emilia! ¿Cómo es que podía vivir sin vos antes de conocerte?

La frase hizo que algo dentro de ella se quebrara y comenzara a bajar la guardia. Ella unía todas las palabras y los trozos de las conversaciones y llegaba a la conclusión de que conocer a Fedele había sido algo muy bueno en su vida; esperaba que todo siguiese su buen cauce.

La velada llegaba a su fin y era extraño que, después de haber pasado todo un día juntos, cada uno fuese a descansar a su cuarto como lo más normal del mundo. Pero así lo había decidido él y ella resolvió no decir nada, aunque algo en su amor propio no la dejaba tranquila. Había pensado que él tendría tantas ganas de estar con ella que le insinuaría que durmieran juntos.

Subieron un piso por la ancha y teatral escalera de baranda de hierro y frente a la puerta de sus dos cuartos se despidieron con un beso largo en la boca, el que fue interrumpido por Fedele.

En su habitación, Emilia miraba la puerta interna que comunicaba por dentro ambos cuartos; y al verla cerrada, pensó: «Esto es ridículo».

Fedele, en el suyo, meditaba al mismo tiempo: «Vamos bien».

Emilia se puso su pijama de naranjitas y se tendió en la enorme cama de dos plazas. Estaba exhausta, pero, a pesar de ello, sus pensamientos no la dejaban tranquila: «Estoy aquí, con Fedele, y cada uno está en su cuarto. Absurdo». Acostada, boca arriba, miraba el techo y pensaba en esto cuando un suave golpeteo en su vientre la tomó por sorpresa. Justo entre su ombligo y el pubis sintió que un pececito daba un brinco, tal como si hubiera una pecera dentro de ella y un pez pequeño se moviera en el líquido. Puso toda su atención y volvió a sentirlo. Colocó su mano en la panza y allí estaba de nuevo; se emocionó, era su hijo, estaba segura. Era la primera vez que lo sentía, la primera vez que él se comunicaba y le decía: «Aquí estoy». Se movía, nadaba dentro de ella...

Ella, que estaba en Italia, tan lejos de todo lo conocido; ella, que estaba embarazada y que casi nadie lo sabía; ella, a quien Manuel casi ni le hablaba. Le dieron ganas de llorar por la situación, pero también por la emoción que le provocaba pensar: «¡Aquí está mi hijo y crece dentro de mí!».

Pensó en Fedele que, instalado a unos metros, ni se imaginaba lo que en ese momento estaba viviendo. Entonces, vino a su mente el día precioso que habían pasado juntos, el recuerdo de las horas de compañía que él le había proporcionado en Florencia, la comida que siempre se había preocupado que ella tuviera, el té que le había alcanzado esa mañana cuando estuvo descompuesta y hasta su comentario sugiriéndole que fuera al médico. En verdad, él se preocupaba por ella, la cuidaba, hasta había insistido en pagar ese hotel carísimo en el que estaban y donde ni siquiera dormían juntos: él le estaba dando el espacio que necesitaba... Fedele, Fedele, Fedele, siempre él y de la mejor manera.

Entonces, segura por todas esas razones, pensó que nadie más que él merecía que le compartiera esto. Lo que acababa de suceder era demasiado emocionante e importante como para no hacerlo. Se puso de pie y se acercó a la puerta que comunicaba los dos cuartos; del otro lado se escuchaba el noticiero en italiano, algo que Fedele nunca se perdía. Ella, poco a poco, iba conociéndole los gustos.

Emilia apoyó la mano en el picaporte, destrabó la llave de su lado e intentó abrir la puerta. Pero no pudo; faltaba que hicieran lo mismo del otro lado. Golpeó. Y en un segundo, apareció Fedele, vistiendo sólo un *boxer* de algodón blanco. Ella se dio cuenta de que nunca no lo había visto así, sin ropa. Su piel era tostada, no blanca; el vello del pecho le bajaba hasta el abdomen; era musculoso.

—Emilia..., ¿estás bien?

Su voz la sacó de sus observaciones y recordó por qué había intentado abrir la puerta:

—¡No sabés...! ¡El bebé se movió!

Fedele se quedó mirándola... ¿Qué decir? Por un momento, su mente de hombre había creído que ella venía a proponerle hacer el amor.

—Vení —dijo ella. Y tomándolo de la mano, lo hizo cruzar el umbral y lo llevó hasta su lecho.

151

Emilia se tendió en la cama antigua con respaldar de bronce y apoyó la cabeza sobre la almohada mientras Fedele se sentaba a su lado. Ella se bajó un poco el *short* y tomándole la mano se la puso sobre su panza.

Y así, esperando a que el bebé volviera a moverse, se quedaron unos instantes mientras se miraban a los ojos y sólo se oía el ruido de sus respiraciones. Las miradas casi hablaban... acá estamos, juntos, compartiendo esto, tal como si nos conociéramos de toda la vida, tal como si ambos fuéramos los padres.

Llevaban unos segundos aguardando cuando el movimiento se repitió y el pececito volvió a dar un brinco en el interior de Emilia.

—¡Ahí está! ¿Lo sentiste? —preguntó ella con el rostro iluminado, sin imaginar que era imposible que otra persona que no fuera ella sintiera el movimiento aún.

—Creo que sí —dijo él no tan seguro.

Otra vez el brinco...

—¿Sentís? ¿Sentís?

—Sí, no sé... —dijo él en un hilo de voz, como temiendo asustar al que nadaba, justo cuando le parecía que lo había sentido.

Dos golpeteos más y el pececito se negaba a hacer otro movimiento. Por ese día ya había hecho suficiente aparición.

Pero ellos se quedaron mirándose hasta que Fedele, que todavía estaba sentado, se acostó al lado de Emilia, y cruzando sus brazos por atrás del cuello, se quedó pensativo, con la vista clavada en el techo.

—Qué emocionante... una vida... —dijo él y luego agregó lo inevitable—: Me hizo acordar a cuando sentí a mi hijo por primera vez.

«Y sí —pensó Emilia—, era irremediable que se lo recordara.» Era parte de la vida misma. Intentó volverlo a esta realidad. Esa noche lo quería allí, con ella, no atado a recuerdos; no ahora.

—Te llamé porque quise compartirlo con vos.

—Gracias —dijo él dándose la vuelta y poniéndose de perfil para poder ver a Emilia. Ella hizo lo mismo: giró y, tendidos de costado con la cabeza en la misma almohada blanca, volvieron a mirarse con profundidad.

—En verdad: fue emocionante. Gracias —insistió él, que aunque no estaba tan seguro de haber sentido algo, lo conmovió que ella lo hubiera buscado para compartírselo.

Y ella, al escucharlo mientras le miraba los ojos oscuros, se sintió unida a Fedele de forma insondable, se sintió una con él; entonces, se le acercó más y metió su cabeza en el cuello de él. Cuando lo hizo, el aroma de su perfume de hombre la embriagó, le gusto, la enardeció, quiso más. Buscó pegarse al cuerpo de Fedele, y al hacerlo, él la abrazó entera. Los dedos de sus pies se tocaron; también su pecho contra el de él, y hasta sus abdómenes. Emilia pudo sentir el deseo de Fedele creciendo contra sus piernas, contagiándole las ganas.

Respiraban, se olían, se sentían y se reconocían; así se quedaron unos minutos. Ella, sintiéndose frágil junto a ese cuerpo grande de hombre que la deseaba; él, aguantando, esperando una señal, un permiso, un sí, para avanzar. Hasta que Emilia, al fin, partida por el deseo de saberse en brazos de ese hombre que se moría por ella, se lo dio. Y hablándole al oído con voz muy suave, le dijo:

—Fedele...

—Hum...

—Quiero que me ames...

—¿Ahora?

—Sí, ahora.

Temían moverse por miedo a quebrar el hechizo.

Pero transcurridos unos segundos, él se incorporó un poco, le miró el rostro y la besó en la boca, largo, jugando con su lengua una y otra vez hasta que ella gimió; era lo que buscaba. Luego, con cuidado, le quitó la remera del pijama de naranjitas y la desnudez de los pechos blancos lo arrebataron. Al fin los veía tal como los había adivinado a través de sus blusas durante algunas miradas furtivas... ni grandes, ni pequeños, blancos, de pezones rosados. Se desesperó por probarlos, por tenerlos... se adueñó de ellos con las manos y los volvió suyos con la boca; los besó uno a uno con suavidad. Emilia gimió. Y como si este sonido fuera un nuevo permiso para avanzar más, él se animó y succionó con fuerza, sin contemplaciones, una vez, dos... y entonces ella gimió de nuevo; esta vez, largo, sin pausa; su voz encendida se escuchó en el aire de ese cuarto medieval, retumbó en las sábanas blancas de esa cama de bronce y le asió el deseo a Fedele en cada centímetro de su cuerpo que, desesperado, pedía más. Él para no desbocarse, le quitó el *short* con suavidad y lentitud. Esta vez, una cola *less* de algodón negro hizo su aparición y un golpe de deseo le pegó a Fedele en todo el cuerpo, conmocionándolo:

—¡Por Dios, Emilia, qué hermosa sos!

Se incorporó más aún y la miró durante un rato. Allí estaban: él, con su historia triste a cuestas; ella, con su embarazo y la suya propia; pero juntos, listos para entregarse el uno al otro, listos para redoblar la apuesta de abandonar sus soledades.

Dándole pequeños besos sobre el ombligo, Fedele le sacó toda la ropa mientras la seguía mirando, ahora, completamente desnuda. Emilia se tapaba los ojos con las dos manos y fruncía la cara sonriendo; le daba vergüenza y se reía de ello. Sin abrir los ojos, se quejó:

—Ah, claro, yo aquí completamente desnuda y vos todavía con tu ropa interior puesta.

—Eso se soluciona fácil —dijo Fedele y de un solo movimiento se quitó el *boxer* con la mano. De inmediato y jadeante, se acostó boca arriba y le pidió:

—Vení vos, Emilia..., dirigí esto... Será lo mejor.

La deseaba con todas sus fuerzas pero no olvidaba ni por un instante que ella estaba embarazada. Esa noche todo tenía que salir bien; era determinante.

—No, vení vos... quiero que vengas —dijo segura. Ella no era de cristal y quería a Fedele ya mismo dentro suyo. Todo su cuerpo se lo pedía.

Lo miró a los ojos y le dijo en un quejido:

—Fedele, vení...

Y él, que ya no soportaba más el deseo, no volvió a insistir, sino que se trepó arriba de ella, y allí, sobre el cuerpo de Emilia, se olvidó de todo, del embarazo, de los miedos y hasta de que todo debía salir bien. Sólo lo guió su instinto de hombre y el cariño que le tenía a esa mujer.

Fedele, urgido, la sentía toda. Sus bocas se encontraron y sus cuerpos se buscaron. El de él pedía refugio y el de ella se lo daba. Con la mano, Fedele terminó de acomodarse dentro de ella... un instante eterno... y sus pieles, resbalando una contra la otra, se unieron por primera vez.

Piel con piel. Suspiro con suspiro. Movimiento con movimiento, un encastre perfecto, cadencioso, suave. Minutos de ondulaciones, de idas y venidas, de temblores, de estremecimientos, y la pasión de Fedele se derramaba urgente y líquida dentro del interior de Emilia, que la recibía gustoso y saciado.

Ella sujetaba con sus brazos esa espalda grande. Fedele, todavía con el respirar agitado, le acariciaba el cabello largo y querido, y sentía que había tres en ese abrazo, pero esto no le desagradaba.

154

Media hora después, ambos se dormían abrazados, envueltos en un idéntico sentimiento: qué mágica era la vida. Un mes atrás, ellos no se conocían y su situación era completamente diferente. Hoy, estaban juntos.

Por la mañana, se despertaron tarde, y más tarde aún, se levantaron, porque abrir los ojos y encontrarse allí, sin ropa, en una cama, recordando los momentos vividos, los hizo comenzar de nuevo lo que habían probado en la noche. En el lecho de bronce se perdía la vergüenza, se aumentaba la confianza y crecían la armonía y el disfrute. Y al fin, cuando miraron el reloj y se dieron cuenta de que habían perdido el desayuno, intensificaron la ternura. Sin prisas, Fedele le recorría la espalda con besos interminables; luego, ella le pasaba las manos por el pelo mientras él dormitaba. Así, Emilia descubrió que esto lo sedaba. El amor en todas sus dimensiones se abría paso en el castillo medieval.

* * *

Cuando al fin se levantaron, Fedele se puso sus sandalias *Columbia* y meditó que todo había salido mucho mejor de lo que esperaba; sonriendo, pensaba que su idea de tomar cuartos separados había sido un acierto. Nápoles los esperaba y a él nada lo preocupaba, vivía el día a día según su filosofía. ¿Cómo se presentaría el futuro? Ya verían. Por ahora, paso a paso.

* * *

Por la tarde, vestidos de gala, partieron del castillo rumbo a la *Pastisseria Capriccio di Salvatore Caparelli*, en la vía del Tribunali. Emilia necesitaba conocerla para escribir sobre las delicias que allí elaboraban. Cenarían temprano; sólo habían tomado un *espresso* con una *sfogliatella*, la masita dulce que Emilia comenzaba a considerar su preferida.

Esa noche querían comer temprano porque tenían planeado asistir al teatro de San Carlo para disfrutar de la ópera *Otello*. Era una sorpresa que Fedele había preparado desde Florencia sacando las entradas por Internet; quería que ella conociera ese bellísimo recinto fundado en 1737 y que era considerado el teatro de ópera activo más antiguo del mundo.

* * *

Esa noche, después de visitar la *pastisseria* y anotar en su libreta todo lo que había visto y probado, Emilia se hallaba ubicada en la butaca roja del teatro y se sentía la mujer más dichosa del planeta: estaba junto a Fedele, en un lugar de ensueño, pasando los días más maravillosos de su vida, le tomaba la mano y cientos de cosquilleos la recorrían entera desde sus dedos hasta los lugares más íntimos. Jamás había pensado que algo así podía sucederle. Era feliz por completo; sólo algunas veces, cuando pensaba en el hijo que llevaba adentro, volvía a la realidad de que tendría que regresar a Argentina; pero esa noche, cuando algún pensamiento preocupante quería penetrar en su cabeza burbujeante de felicidad, ella se lo impedía; era una velada demasiado mágica; la última que tendrían en Nápoles, esa ciudad donde Fedele y ella se habían amado por primera vez. Al día siguiente, partirían a los pueblos de la costa amalfitana.

La voz del cantante que personificaba a Otelo resonó con potencia en el recinto del teatro de San Carlo y ella se compenetró por completo en la obra. Dos actos y Otelo, celoso, inquiría con violencia a su esposa Desdémona. Al escuchar el parlamento, Emilia pensaba qué duros eran los celos, y qué destructivos podían llegar a ser. Por suerte, ella casi no los sufría, meditaba, creyendo que estaba fuera del peligro, sin imaginar que Fedele y Manuel la ponían muy cerca de este fuego y sus desgracias.

Terminado el último acto de la obra, Fedele y Emilia se retiraron tomados de la mano, caminaron tranquilos por las calles de Nápoles hasta que se subieron al taxi que los llevó de regreso al hotel. Y allí, en la penumbra del asiento del vehículo, al abrigo de la noche, entre besos y caricias, Fedele, aún impresionado por la ópera, le confesó al oído que, como buen italiano, era celoso en extremo. Emilia sonreía y lo tranquilizaba recordándole que su situación no era para que él tuviera celos ni mucho menos. Y al mismo tiempo en que se lo decía, sobre la mesita del cuarto medieval, su *notebook* emitía un suave pitido avisando que un correo acababa de ingresar a su bandeja de entrada. Era de Manuel; le pedía noticias. En Arizona, él se preguntaba cómo podía ser que Emilia estuviera en un lugar de Italia sin Internet por tantos días. Era raro. Dentro de su vientre, ella llevaba un hijo suyo. No podía desaparecerse así como así. Ellos necesitaban tener más contacto. Se lo decía en el *mail*.

156

Capítulo 13

*El destino es el que baraja las cartas,
pero nosotros somos los que jugamos.*

WILLIAM SHAKESPEARE

Piacenza. 2008

Día 6

El conde Berni se movió inquieto en la cama. Durante la madrugada, él dormía, soñaba... Y en esos sueños se mezclaban verdad y mentira, muertos y vivos, bondad y maldad, como siempre que tenía pesadillas, como cada vez que aparecía Rodolfo Pieri. A pesar de los muchos años que habían pasado, este personaje no desaparecía de la lista de actores principales de sus malos sueños; tampoco, sus viejos zapatos marrones y sus manos delicadas como de mujer. En su cama, esta vez, la ensoñación comenzaba suave, delicada y se iba tornando alegre, como la música de Vivaldi que a él tanto le gustaba. Pero el conde Berni conocía el final de este sueño y no quería verlo; deseaba irse, ansiaba huir, pero no se le permitía hacerlo. Sus ojos cerrados estaban anclados en esa imagen. Esta vez, veía a su madre, a sus hermanas todavía niñas, estaban en París, en la galería de arte frente al Sena. Aurelia hablaba con el encargado del lugar mientras le acariciaba el pelo rubio a Benito. El niño, que tenía pegada su espalda a la falda de su madre, miraba hacia arriba y encontraba a una mujer hermosa, risueña, sofisticada. Ella estaba entusiasmada con las esculturas que vendían allí, preguntaba el precio, regateaba con el vendedor; las niñas corrían alrededor. En un minuto, apareció Mario Berni y cerró el trato. Dos esculturas con forma ángel, bellísimas, antiguas, de piedra, eran las elegidas e iban a parar a una caja para ser embaladas.

En la galería, se respiraba felicidad y armonía. Pero el conde Berni, que veía todo con los ojos cerrados y la cabeza sobre la almohada, se movía incómodo en su cama; sabía qué era lo que sucedería a continuación; en cada sueño era lo mismo... Al extenderle la caja con los ángeles, el vendedor entrelazaba sus manos con las de Aurelia y no se las soltaba, el embalaje caía al suelo y los ángeles se hacían añicos. Aurelia no lloraba por los ángeles rotos, sino porque el hombre no la soltaba. Benito le miraba la cara al *marchand*, pero el rostro parisino de la galería se había desvanecido y en su lugar aparecía Rodolfo Pieri, quien, aferrando a su madre por los brazos, le hundía las uñas largas hasta hacerla sangrar. Mario Berni quería liberar a su mujer, pero él también quedaba atrapado en las poderosas manos de Pieri, cuyos brazos adquirían un tamaño descomunal y se extendían hasta Benito y sus hermanas. El niño lograba escapar, pero, a poco de zafarse, llegaban los alemanes con sus gritos y metrallas... Mientras las uñas afiladas de Pieri desangraban a su madre, a su padre... Mientras el líquido rojo que caía por doquier cubría el piso... Mientras los alemanes gritaban su jerigonza gutural... Benito se escapó aturdido y muerto de miedo. Desde la puerta, descubrió que su huida había desatado la furia de los soldados alemanes, quienes, enojados, disparaban... Un disparo, dos, diez, cien... Y la cabeza del conde Berni, que descansaba en la almohada, pareció estallar... Ese tambor lo despertó. Y él, sentado en la cama, como cada noche de tormento, prendía la luz y tomaba agua del vaso que antes de acostarse había llevado a la mesita de luz. Tantos años de suplicio le habían enseñado algunos tristes remedios y antes de irse a la cama los preparaba resignado.

El líquido del vaso desaparecía en tres tragos y, al mirar por la ventana, el conde comprobaba aliviado que las primeras claridades estaban allí. Entonces, tras ponerse la bata de seda y calzarse las pantuflas *Dior*, bajaba al escritorio, quería comprobar que las estatuas de los ángeles estuvieran sanas. Para las pesadillas siempre era un golpe de *knock-out* comprobar con un objeto que ellas sólo eran sueño y no la realidad. Cada vez que una lo acechaba, buscaba constatar que cada objeto estuviera en su sitio, como si la sola visión de que las piezas permanecían en su lugar, funcionara para desmoronarlas, para espantarlas, para asegurarse de que ellas sólo habitaban sus sueños y no la realidad.

Prendió la luz de su oficina y allí los vio: los dos ángeles con sus cabellos enrulados y sus ridículas alitas de pájaro se tendían los brazos uno al otro como si nunca fueran a separarse.

El conde extendió la mano hacia ellos y los acarició con cariño. El tiempo no pasaba para ellos, estaban iguales. No así sus manos; las recordó jóvenes sobre los ángeles.

Roma, 1967

Un camión estacionó en la entrada del local de antigüedades que Benito Berni tenía en Roma y la puerta principal del lugar se abrió de par en par; el cargamento esperado llegaba en ese automotor. Dos hombres se dedicaron a bajar e ingresar con esfuerzo las estatuas grandes y pequeñas, los muebles de caoba y mármol, las arañas de cristal y los enormes cuadros. La empleada del local, una muchacha vestida con un apretado trajecito blanco a lunares negros, controló todos los objetos de forma meticulosa con la lista en la mano. Cuando estaba a punto de concluir, vio que su joven patrón se acercaba: Berni, con su figura imponente, el cabello claro y la seriedad pintada en el rostro, se aproximó y le pidió la lista; ella se la entregó con una breve explicación. Su jefe estaba recién llegado de Francia, había ido a buscar una pieza pedida por un americano millonario y la había conseguido; el hombre llegaría en cualquier momento a buscarla. Berni le dio una mirada rápida al papel e hizo pasar a su oficina al chofer del vehículo que traía dos cajas en sus manos.

Benito, vestido de impecable traje color crema, sentado en su sillón, abrió frente al hombre una de las cajas y, sobre el escritorio, inspeccionó su contenido. Dada su trascendencia, lo hizo en la privacidad de su oficina.

Lo primero que extrajo fueron varias estatuillas pequeñas de bronce. Al verlas, el corazón le dio un vuelco: era la colección etrusca que tanto había esperado. Las miró una por una con detenimiento; eran cinco y estaban intactas, tal cual las recodaba.

—¿Están impecables, verdad? —preguntó el hombre.

Pero Berni no le respondió, sino que se dedicó a mirar el contenido de la otra caja. Con cuidado, tomó del interior una pequeña escultura antigua con forma de ángel. El descontento se pintó en su rostro y exclamó:

—Pero... ¿y el otro? ¡Acordamos que enviaban dos!

—Todavía están tratando de conseguirlo.

Berni masculló una maldición entre dientes; lograr que Pieri vendiera la colección etrusca sin sospechar que era para él, no había sido fácil; habían necesitado montar todo un teatro, pero dar con quien tenía los ángeles en el sur de Italia había requerido una tremenda investigación y pesquisa. Por eso le daba rabia que, finalmente, no llegaran las dos figuras.

Malhumorado, sólo agregó:

—El pago ya se depositó en el banco. Este es el comprobante —dijo extendiéndole un sobre y, poniéndose de pie, lo despidió sin dilación.

El hombre se dirigió a la puerta y mientras caminaba pensó que en verdad Benito Berni era un viejo que vivía dentro de un cuerpo joven porque, si bien apenas debía tener unos treinta, era un amargado cascarrabias, tal como si una vida de cien años le hubiera pasado por arriba. Lo había tratado en un par de oportunidades y siempre era lo mismo: pocas palabras y mala cara.

Cuando el hombre se retiró, Benito se quedó mirando los objetos. «Dos cosas más para enviar al castillo», pensó. Y al hacerlo, se acordó de que le habían avisado que la señora Campoli no estaba bien de salud, se había pescado una gripe y no lograba recuperarse. Se preocupó. A esa edad, un simple catarro podía ser fatal. Ella era el único ser querido que tenía. Además, cumplía con un papel fundamental en su propiedad. Tal vez, debería llevar personalmente las estatuillas y el ángel para cerciorarse de que todo estaba bien. Ya lo había hecho algunas pocas veces; le gustaba ver cómo la casa iba recuperando su esplendor con cada mueble, con cada objeto que enviaba. Poco a poco, la casa iba pareciéndose cada vez más a la que había sido.

Llamó a la muchacha que trabajaba con él, quien se presentó de inmediato arreglándose el cabello pelirrojo que llevaba con el corte al hombro, como dictaba la moda. Berni le solicitó que le sacara pasajes en tren para viajar a Piacenza.

—Señor Berni, recuerde que hoy es el día en que el abogado pasa por aquí.

—¡*Merda!* ¡Me había olvidado!

—¿Quiere que le traiga las carpetas de los asuntos que verá con él?

—Sí, Bianca. Y por favor, controle que los empleados ubiquen las cosas que llegaron según las instrucciones que di.

—Sí, señor —asintió la muchacha. Pero a punto de retirarse, se volvió. De uno de los estantes, tomó un sobre ya abierto y se lo entregó—: Es la carta de los hermanos Onetto de Florencia. Hay que responderles.

—Está bien. Le daré una última mirada antes de hacerlo —dijo y suspiró fuerte.

Los Onetto le pedían dinero prestado para llevar adelante un proyecto artístico. Estaba harto de que todos hicieran lo mismo. ¿Qué se creían? ¿Que porque se dedicaba al arte, él era un mecenas? ¡No, no lo era!

—Si quiere, les respondo yo —le propuso la chica que notó su contrariedad.

—Si lo necesito, le digo… —respondió él dándole una lectura rápida a la misiva.

—Avíseme —pidió Bianca y se retiró caminando provocativamente buscando llamar la atención.

Unos meses atrás, Berni la había invitado a cenar y habían terminado juntos en la cama. Pero al día siguiente, él la trató como si nada hubiese ocurrido. Tampoco volvió a invitarla y jamás dejó de tratarla de «usted». Ella se había amoldado a esta situación, pero, en verdad, Berni le gustaba; tenía su misma edad, era atractivo y, para más, estaba forrado en plata. Porque el negocio que tenía movía cifras de varios ceros y cada vez andaba mejor. Se decía que Berni poseía un castillo y un título de nobleza, lo cual, no estaba segura de que fuera cierto, aunque, sí, ella había comprobado que su jefe tenía un hermoso departamento en pleno centro de Roma en el que habían pasado la noche juntos. Benito Berni sólo tenía un defecto: su mal humor. Había días en que parecía perturbado por el mismo diablo, y cuando era así, lo mejor era no acercársele. Ella no descartaba que tuviera alguna vieja tristeza resultado de la guerra, aunque lo encontraba demasiado joven para ello. Como fuera, seguiría asistiendo al trabajo con ropa apretada y caminando de forma provocativa. Tal vez, en algún momento, él volviera a posar los ojos sobre ella y la invitara de nuevo. Por eso, bien valía la pena estar atenta.

La chica buscó las carpetas y se las entregó, ordenó un par de papeles y volvió a salir contorneándose de manera sensual. Pero Berni ni la vio; sus ojos azules acababan de encontrar lo que buscaba: el contrato firmado varios años atrás con Rodolfo Pieri. Siempre que el abogado venía, lo controlaban juntos, a la espera del momento adecuado para ejecutarlo. Sin embargo, parecía que ese momento tan preciado no llegaría nunca. La idea lo fastidió y, al mismo tiempo, le dio luz porque en su cabeza se unicron el acuerdo y la carta de los hermanos Onetto y mentó una jugada que apuraría los tiempos. Luego de su estadía en Piacenza, pasaría tres días en Florencia.

Florencia, 1967

Esa misma semana, por la mañana, Benito abría los ojos y lo primero que veía por la ventana era la cúpula de la catedral de Santa Maria dei Fiore. Estaba en Florencia, había pasado la noche en un hotel de esa ciudad. Durante esa jornada, tendría dos citas importantes: una, con Rodolfo Pieri, y otra, con los hermanos Onetto, quienes lo ayudarían con su propósito de acelerar la caída de Rodolfo Pieri.

Se vistió de traje oscuro. Eso lo ayudaba a parecer mayor, que era lo que siempre buscaba cuando hacía negocios. Bajó a la recepción del hotel donde se alojaba; allí tendría su reunión; luego, partiría a la academia de Pieri.

Benito tomó un café cargado y pidió un *canoli*; a poco de terminarlo, llegaron los dos florentinos que esperaba.

Un saludo, dos o tres palabras de cortesía, y mientras tomaban café, Benito fue al grano, como era su costumbre. Eligió hablarle al mayor de los dos hermanos; el canoso dirigía la charla.

—Mire, señor Onetto, le resumo: el inversor me ha dicho que él está dispuesto a prestarles el dinero para poner la academia siempre y cuando la instalen en la calle de la Calza…

El hombre frunció el ceño y señaló:

—Lo entiendo. Sucede que allí ya funciona otra bastante grande.

—¿Y cuál es el problema?

—Que sería una tontería hacernos competencia mutuamente habiendo tantos otros lugares de Florencia para instalarla.

Benito le retrucó rápidamente:

—No lo mire así. La idea es que la gente busque esa zona como un distrito relacionado con el arte. Ya hay casas de venta de cuadros, está la academia que mencionó y una segunda vendría muy bien para consolidar el circuito.

—Pero la *Academia Pieri* es grande y hace bastante tiempo que está allí.

—Mejor aún: ustedes se beneficiarán poniéndola en esa calle. Siempre y cuando ofrezcan algo mejor, los alumnos de esa academia irán a la suya. ¿Creen que pueden hacerlo?

—Sí, claro. Hace años que nosotros nos dedicamos a esto. Tenemos experiencia, además de nuestros propios seguidores, que nos buscarían.

—¡Entonces, no lo piense más! ¡Esta es una gran oportunidad para ustedes! Además, los intereses del préstamo son bajísimos.

—Lo sé. Entiendo que su mandante, el señor Conti, es una persona interesada en apoyar el arte.

—Sí, es algo así como un mecenas del arte. ¿Y...? ¿Se decide?

El hombre miró a su hermano y el más joven de los Onetto le hizo una seña afirmativa con la cabeza. Entonces, habló decidido:

—El tema de estar tan cerca de la otra academia no nos gusta mucho, pero si la condición es que esté ubicada en esa zona, no podemos negarnos. Y la verdad es que nos tenemos confianza; creemos que nos irá bien donde sea.

—Perfecto, mañana mismo tendré los papeles para que los firmemos. Así ustedes podrán comenzar cuanto antes.

—Nos parece bien.

Los tres hombres se dieron la mano cerrando el trato. Al hacerlo, el interior de Benito se alegró; pero cuando los Onetto se retiraron, el sentimiento de bienestar ya no estaba. Había durado poco; el sabor de la venganza era demasiado amargo y no permitía más que unos pocos segundos de beneplácito. Berni comenzaba a descubrir una gran verdad: la única manera de envenenar a alguien era envenenarse antes uno mismo con una poción del mismo veneno que se quería dar. Era la única manera de poder transmitir una dosis letal.

* * *

Ese día, cuando anocheció, Benito salió del hotel rumbo a la casa de Pieri; allí ya lo esperaban. Así lo habían planeado por teléfono. Desde que logró que Rodolfo Pieri recibiera su dinero, sólo había vuelto a verlo en una oportunidad y recién ahora lo hacía de nuevo. En la ocasión de la visita anterior, hacía aproximadamente tres años, había pasado por la academia para pedirle que tratara de mantener los pagos al día; si bien no iban tan mal, tampoco iban tan bien. Le había dicho a Pieri que lo enviaba Conti y habían tenido una conversación fría y rápida. Pero ahora, con el nuevo plan, creía que lo mejor era entablar otro tipo de relación, una más cordial. No quería que lo identificara con nada malo. Quería que le abriera las puertas de su casa.

Llevaba algunos minutos caminando cuando dobló la esquina y vio el gran cartel: ACADEMIA DE ARTE RODOLFO PIERI. Leer ese nombre le causó repulsión; ese apellido nunca dejaría de hacerlo porque para él era sinónimo de dolor, de pérdida, de ultraje... de odio.

Allí estaba la academia en la nueva propiedad comprada con el dinero prestado por el supuesto Giuseppe Conti y, enfrente, la casa de los Pieri.

Golpeó la puerta y apareció Pieri, quien le estrechó la mano y lo hizo pasar. Benito no pudo evitar cierta molestia al sentir que sus pieles se rozaban. Pero poniéndose su coraza, siguió adelante. La noche sería larga y necesitaba estar entero para cumplir sus metas.

Instalados en la coqueta sala de sillas terciopelo azul, otra vez debía volverse fuerte porque en ella veía varias de las piezas que fueran de su familia y que aún le faltaba recuperar. ¡Qué tupé tener eso allí a la vista de todos como si nada! Pero —aceptó—, era mejor que Pieri no se hubiera deshecho de los bienes familiares porque para él hubiera sido más difícil intentar recuperarlos.

La mujer de Pieri se presentó para saludarlo. Era alta y corpulenta, llevaba el cabello claro recogido en un rodete, usaba ropa oscura. A Benito le llamó la atención que fuera rubia y no castaña, como sus tres hijas. De inmediato, las muchachas también fueron a saludarlo; las dos menores, que ahora eran jovencitas; y Adela, la mayor, a quien recordaba perfectamente. Ella seguía siendo dulce, agradable y continuaba interesada en el arte ayudando a su padre en la escuela; sus comentarios lo denotaban; llevaba un delicado vestido blanco con florcitas rojas. Mientras tomaban un aperitivo y comían una *bruschetta* hasta que la cena estuviera lista, la charla entre los dos hombres y Adela giró sobre la academia, su buen funcionamiento y la necesidad de salir del atraso en los pagos. Pieri reconoció que no estaba cumpliendo con las exigencias del contrato, tal como Benito lo había planeado al sacar las cuentas y poner en letra chica las cláusulas rigurosas del contrato.

Porque, por más exitoso que fuera el emprendimiento, jamás podría pagar la deuda. Esa había sido su idea. Sin embargo, parecía que los Pieri no entendían la gravedad del asunto y sólo se centraban en la gran cantidad de alumnos que tenían. «Tendré que hablar con ellos seriamente», concluyó Benito mientras tomaba su bebida y los escuchaba con atención. Porque, al resto de las deducciones que arribó, ni siquiera tenía el valor para enfrentarlas; era difícil reconocer que hallaba bonita a Adela y que, cuando ella hablaba, no podía quitarle la vista de encima. Sus cabellos castaños, largos hasta la cintura –contrarios a los cortos de moda–, la hacían irresistiblemente inocente; al igual que sus ojos marrones de largas pestañas y su dulce sonrisa. Su voz con un timbre especial suavemente afónico lo tenía cautivado.

Cuando pasaron al comedor y sirvieron los tallarines que María, la mujer de Pieri, había amasado, Benito, que comenzaba a preocuparse por la distracción que Adela ejercía sobre él, decidió que era el momento oportuno de sacar el tema que le había traído al lugar; dejó de lado su plato y dijo:

—Mire, Pieri, no le andaré con rodeos: he sido enviado por mi jefe Conti porque quiere asegurarse de que usted entienda la gravedad de su situación al no tener los pagos al día.

—Sí, lo entiendo.

—Necesito llevarle una propuesta en concreto.

—Como le dije, estamos atrasados. Pero con la academia llena de alumnos como está, creo que pronto podremos salir del paso. Este mes podré pagar una buena parte de los intereses.

—Pero las cuotas netas casi no se han pagado.

—Pídale tiempo, por favor.

—Veré lo que puedo hacer.

—¿Usted cree que yo podría hablar con él personalmente? Me gustaría hacerlo para explicarle mi situación. Tal vez, así, lograría que se ablande un poco.

Benito salió del paso señalando:

—Imposible, él no atiende estos asuntos personalmente. Además, está casi siempre en el extranjero. Vive más en Francia, que en Italia. Yo sólo lo veo una o dos veces al año.

—Imaginé algo así. Por esa razón, le he escrito una carta. Le pido que usted se la entregue cuando lo vea. Cuando terminemos de cenar, se la daré.

—Como guste. Pero le advierto que él es un hombre severo, capaz de ir hasta las últimas consecuencias si usted continúa moroso.

María Pieri habló por primera vez desde que se habían sentado:

—Confiemos en que todo saldrá bien. Ahora, disfrutemos de la comida y hablemos de algo más agradable, si no, nos caerá mal —ella parecía no estar muy al tanto de la situación, ni entender demasiado lo que ocurría. Su marido siempre se había ocupado de la economía y la verdad es que tenían la academia de pintura más grande de Florencia. Dijera lo que dijera el joven Paolo Benito, esto era así y nadie podía decir lo contrario; todo lo demás, de una manera u otra, se resolvería. Su marido, aun en las peores épocas, como había sido la guerra, se las había arreglado para que no les faltara nada.

Mientras terminaban los profiteroles de crema y chocolate hablaron de algunas otras menudencias: Benito contó cómo era la vida en Roma y del gran negocio que eran por estos tiempos las antigüedades. Los Pieri estaban convencidos de que el local romano donde Benito trabajaba era también de Giuseppe Conti. Así lo explicaba Berni, que siempre reconocía que recibía la ayuda de este hombre para los negocios. No era fácil ser joven y que lo respetaran, por lo que había aprendido a escudarse como mandante de Conti. En general, esto le daba resultado.

Tomaron el café sentados en los sillones de la sala. Y mientras sus padres se hallaban distraídos con sus hermanas, Adela se levantó de su asiento y, acercándose a Benito, le dijo en voz baja:

—Yo no he visto los papeles porque mi padre cree que eso es cosa de hombres. Pero, ¿es verdad que estamos muy comprometidos financieramente?

—Bastante —dijo Benito identificando el perfume a rosas de la chica.

—¿Usted cree que realmente debemos preocuparnos?

—Sí, Adela —le dijo seguro.

El rostro de ella se consternó y Benito, al observarla, no sintió placer alguno en haberle dado esa respuesta, sino por el contrario. La nueva y extraña sensación de culpa le molestó; pero bastó desviar la mirada del rostro de la chica y posarla sobre el cuadro del maestro Fiore para volver a hallar placer en lo que esa noche estaba haciendo. Miró el retrato del maestro Giovanni Boldini que había sido la delicia y el orgullo de su madre y se sintió seguro de que hacía lo correcto.

Una hora después, cuando se marchaba, Benito saludó a todos con cortesía, pero evitó mirar el rostro dulce de Adela, que lo perturbaba demasiado, le provocaba una sensación de inestabilidad. Sin embargo, no pudo escapar de su perfume porque, al darle un beso de despedida, lo atrapó. La fragancia a rosas lo dejó marcado.

Salió a la calle bien entrada la noche. Al caminar por las veredas de Florencia, sintió el rigor del viento helado que le volaba el cabello y buscando abrigarse se subió el cuello de su traje. Pero respiró aliviado: al fin se alejaba de esa maldita casa. De camino a su hotel, pasó frente al palacio de Pitti y, ya más tranquilo, sabiéndose cerca, comenzó a silbar y se metió las manos en el bolsillo del abrigo. En uno de ellos, sus dedos encontraron la carta que Pieri le había dado para el imaginario Conti. Benito la sacó y, sin siquiera dudarlo, la rompió y lanzó los pedazos al aire, que danzaron al compás de la ventisca, llevándose lejos la esperanza de Pieri de no perderlo todo.

Al día siguiente, Benito en el cuarto del hotel, se dedicó a ordenar su ropa en la valija que estaba sobre su cama; lo hizo con cuidado, allí dentro se hallaban las estatuillas etruscas y la estatua del ángel que días atrás le había conseguido uno de sus proveedores. En breve, partiría hacia Piacenza.

No veía las horas de llegar y acomodarlas con sus propias manos en el sitio correspondiente: la colección, en el mueble de la sala principal; y la estatua del ángel, en el flanco derecho del escritorio que fuera de su padre. Miró los objetos, y con la cordura que le quedaba, tuvo que reconocer que día a día su obsesión crecía. Pero no le importó; ella le daba una razón para vivir; y en estos momentos, era la única que tenía.

Piacenza, 1967

Cuando Benito llegó al castillo, lo primero que hizo fue pasar por la casa de la señora Campoli, quien seguía enferma y en cama. Entre los años y su salud debilitada, la mujer ya no podía realizar las tareas como antes. Ante esta situación, Moncatti había contratado a una nueva mucama que tenía el castillo en condiciones inmejorables, tal como si viviera una noble familia. Berni, al verlo reluciente y con los adornos que había recuperado, se sintió feliz, cómodo, pleno y, por primera vez, se decidió a dormir en él. Se instaló en la que fuera su habitación de niño y allí pasó una plácida noche. Por la mañana, cuando se despertó, sintió un regocijo inexplicable. Estaba en su casa, ese sol que entraba por la ventana era el mismo que entibiaba su cuarto cuando era pequeño y Aurelia, tiernamente, le hablaba para que se despertase. Durante el desayuno, el aroma del café impregnó el salón dorado; era el mismo olor que invadía la casa cuando él era una criatura. Los sentimientos placenteros que lo inundaron ese día lo llevaron a decidir que, con los años y cuando él pudiera desprenderse de su trabajo, volvería a vivir en el castillo. Lejos de sentirse torturado por tristes remembranzas, allí, rodeado de las cosas queridas, venían a su mente recuerdos de los buenos tiempos. «Sólo es cuestión de conseguir los objetos que faltaban para, al fin, comenzar una nueva vida», pensaba de manera inocente. El optimismo que le producía que sus manos acomodaran el ángel en el escritorio, lo llevaba a creer esa idea equivocada y a subestimar las obsesiones producidas por los dolores sufridos en su niñez.

Capítulo 14

Costa amalfitana, 2008

El descapotable de color plateado serpenteaba la ruta y Fedele se quejaba por segunda vez de que el motor no respondía tan bien en las subidas como su propio *Alfa Romeo*. Un vehículo alquilado, aunque fuera de la misma marca y casi el mismo modelo, nunca se podía comparar con el propio, concluía en voz alta, mientras le apoyaba la mano en la pierna a Emilia. El bello paisaje y la cercanía de la piel de ella volvían maravilloso el momento.

A Emilia las palabras le llegaban lejanas, y casi no le prestaba atención, no podía, estaba demasiado absorta en el bellísimo paisaje que mostraba la ruta y en la tibieza de esa mano que la tocaba con cariño y pasión.

Se hallaban recorriendo la costa amalfitana y la estrecha carretera al borde del mar con sinuosas curvas le mostraba las vistas más hermosas que ella jamás había contemplado. El paisaje combinaba centenares de coloridas casitas escarpadas en los cerros, un mar profundamente azul y la vera del camino llena de perfumados olivos, naranjos y viñas.

Habían pasado un día y su noche en Positano, uno de los pueblitos apoyados en la ladera del acantilado; a Emilia el lugar le había parecido mágico; la había deleitado su arquitectura de casas coloridas en tonos pasteles, su paisaje de flores y limoneros, junto a sus calles colmadas de escaleras y una playa de límpido mar cerrada al paso de autos para evitar el tráfico contaminante, un lugar ecológico que a Emilia le había encantado. En Positano, Fedele había entrado a una de sus sofisticadas *boutiques* y le había comprado unas sandalias altísimas de color bordó combinadas con rojo. Al principio, al ver que costaban un alto monto en euros, ella se había negado a llevarlas por más hermosas que le quedaran. Alegaba que con ese dinero podían cenar varias veces; pero él había insistido, y cuando Fedele quería algo... era imposible detenerlo.

Esa mañana, después de haber disfrutado de dos días bellísimos en Positano, finalmente, se marcharon temprano. Pasaron por Praianao, y en Nocello almorzaron en una *trattoria* con mesas al aire libre, sobre el límite de la montaña con una vista única. Emilia, mientras almorzaba, había anotado puntillosamente los datos en su libreta; ahora se dirigían a Amalfi, el pueblo más importante y donde pasarían dos días. Por último, irían a Salerno, y desde allí, emprenderían el regreso a Florencia.

Desde que habían salido, Manuel le había mandado dos correos. En uno, le había pedido noticias de ella; en otro, le decía que deseaba hacer un *Skype*. Ella le respondió que recién cuando regresara a su departamento y estuviera tranquila, podrían hablar. No estaba en sus planes mantener una conversación con él delante de Fedele. Por momentos, sintió ansiedad y estuvo tentada de hacerlo, ya que el tenor de los correos de Manuel comenzaban a ser diferentes, más sensibles y cariñosos; pero la verdad era que, estando en este lugar de ensueño, no quería ponerse a pensar qué podía significar eso. Trataba de aprender a vivir el día a día del que tanto hablaba Fedele.

Porque Emilia, mientras lo veía manejando el descapotable como si no hubiera un auto más normal, meditaba que no había nadie mejor que un italiano para disfrutar de la vida. Lo veía moverse plácidamente por todos estos lugares bellos como si fuera impensado no venir a disfrutarlos y más se convencía de ello; al igual que cuando lo observaba caminar por la playa descalzo y con el pantalón arremangado, o comer un *brochette* de pescado asado sentado en una piedra o reír tocándole la panza como si el hijo que ella esperaba fuera de él. Al mirarlo, sentía que lo quería y que ella deseaba lo que él tenía, deseaba esa actitud frente a la vida. Fedele, en medio de sus desgracias, se las había arreglado para no perder las ganas de vivir.

Ensimismada entre los pensamientos y la visión de Fedele, a quien esa tarde encontraba escandalosamente atractivo con su remera y *short* azul, Emilia no reparó en que el vehículo se había detenido.

—Mi dama de día, ¿no piensas bajar?... —dijo Fedele al verla inmóvil. Y agregó—: Aunque de dama de día ya no te queda nada porque

170

ahora eres mía también durante las noches —señaló haciendo alusión a las jornadas no tan lejanas en que ella sólo iba a *Buon Giorno* para almorzar. ¡Qué lejos estaban esos tiempos! Sin embargo, no hacía tanto de eso.

—¿Ya llegamos, Fede? —preguntó ella mirando la casona de color naranja pastel que sería su hospedaje.

—Sí, amor mío.

Emilia descendió. Cuando abrió los ojos al paisaje, se encontró con una vista sublime. Amalfi estaba situado en la boca de un profundo desfiladero y desde la hostería, ubicada en lo alto de la colina, podía apreciar el perfil de la catedral de influencia morisca y un poco más allá, el mar.

Instalados en la cómoda habitación, Fedele no quiso perder ni un minuto:

—Si nos apuramos, llegaremos a tiempo para ir un rato a la playa —dijo sacando su traje de baño del bolso.

—Me encanta la idea —Emilia abrió su valija buscando la bikini negra.

* * *

Media hora después, se hallaban en un trocito de playa, tendidos al sol, frente al turquesa mar Tirreno. Para llegar a la arena habían tenido que bajar cerca de trescientos escalones, pero ahora el premio estaba a la vista: ese pedacito de ensueño sólo para ellos dos. Adelante, el agua azul que hería los ojos por luminosa; a los costados, las enormes montañas sobre las que crecía toda clase de vegetación tupida, que escondía el sendero de escalinatas por donde habían bajado; arriba, un cielo celeste y un sol dorado. Un aire fresco y límpido completaba el cuadro.

Emilia, dejando la comodidad de la toalla, se puso de pie; quería meterse en el agua aunque no tenía tanto calor como para sumergirse entera; ella era friolenta, pero quería probar ese mar con los pies. Fedele se incorporó y la vio alejarse.

Sabiéndose solo, se permitió dar rienda suelta a sus pensamientos. Años atrás, él había estado en Amalfi con Patricia. Por eso, pensó que jamás volvería, que no lo soportaría. Sin embargo, aquí estaba, disfrutando del lugar como si fuera otro pueblo diferente, como si no lo hubiera conocido antes, porque Emilia hacía todo nuevo para él. De lejos, la vio juguetear con el agua y sonrió. Ella ya no era tan delgada como cuando llegó a Italia; ahora tenía caderas y hasta una pequeña pancita. Le gustaba más así, era más real y apasionada.

La vio hacerse un improvisado rodete con las manos, y luego, mirar el cielo buscando captar el sol en el rostro con los ojos cerrados; la vio cruzar los brazos por detrás de la nuca buscando adorar los rayos dorados, mientras los pechos se le unían y se erguían. Con el embarazo, sus senos estaban cada vez más grandes y eso la volvía aún más *sexy*. Toda Emilia le gustaba; en realidad, siempre le había gustado desde que la había conocido, desde que la vio sentada en *Buon Giorno* por primera vez, cuando todavía usaba el pelo oscuro; pero ahora que había compartido noches y mañanas de sexo con ella, que había conocido sus grititos apasionados y probado su boca dulce en todo su cuerpo de hombre, él se excitaba de sólo tenerla cerca, de sólo sentirle el aroma del perfume a jazmines que usaba. Ya estaba listo para ella. Aunque a esta realidad la acompañaba otra más profunda: Emilia no sólo le gustaba, sino que él empezaba a quererla con el corazón.

Pero ella no era italiana; era argentina y eso significaba que en algún momento debería volver a su país. Pensar en esta idea lo desestabilizaba por completo; él no podía vivir sin ella, él la necesitaba para vivir. El embarazo, al lado de lo que sentía por Emilia, era una menudencia. Pero había una situación ineludible: ese hijo no era de él y la idea le dio miedo. Podía perderlo todo: a ella, a las ilusiones que se hacía, aun a las que tímidamente aparecían en su cabeza, como la de imaginar que muy pronto la ayudaría a criar ese niño. Y al pensar en esto, por primera vez en mucho tiempo, su manera de vivir el día a día no le alcanzó. Él no quería un solo día con Emilia; quería cien, quería mil… quería un futuro. Ante el descubrimiento, sintió que su interior se le quebraba en mil pedazos.

Emilia, que había dado por terminada su sesión de mar, sin percatarse de la crisis interior de Fedele, se acercó y se sentó a su lado.

Fedele le pasó su brazo por los hombros, y sin dejar de mirar el agua, le dijo:

—Emilia…, Emilia…, si supieras cuán importante sos para mí.

La frase la tomó por sorpresa.

—Fedele…

Sin dejar de abrazarla, se le acercó y la besó en la boca. Y mientras lo hacía, se lo dijo; se sintió seguro para expresarlo:

—Te quiero, Emilia...

—Yo también te quiero, Fedele.

—Te quiero con toda el alma —dijo él.

Lo pronunció quebrado, todavía envuelto en los pensamientos que lo habían agobiado, y la siguió besando sin tregua, como temiendo que ella se le escapara. Y entonces, el mar se hizo más azul y el cielo, más luminoso; estar juntos era maravilloso, besarse era maravilloso, tenerse era maravilloso. El mundo se detuvo.

Emilia, en brazos de Fedele, sentía que se diluía. Fedele, se subió sobre ella, ya no tenía miedo de hacerlo; las últimas noches y mañanas apasionadas se lo habían quitado.

—No deberíamos... nos van a ver —protestó ella.

—¿Quién nos va ver...? Para llegar, tienen que bajar trescientos escalones —dijo Fedele sonriendo, mientras miraba a su alrededor completamente desierto.

Y Emilia, a punto de decir algo más, no lo dijo, porque él volvió a besarla. Ella no podría parar a Fedele; tampoco quería hacerlo. Esa boca que la devoraba era su dueña; y esas manos grandes que le inquirían sus lugares más secretos, también. Jamás podría decirle que no a ellas.

Dos movimientos certeros y la penetró como él sabía, como a ella le gustaba: suave, profundo, sin pausa. Con la boca, le corrió la parte de arriba de la bikini negra para poder besarla como a ella le gustaba. Unos minutos después y el gemido de Emilia, que él había aprendido a identificar, se perdía entre el ruido de una ola; el suspiro largo y ruidoso de Fedele, también; los dos acababan juntos.

Para Emilia era su primera vez en la playa, al aire libre. Para él, no; pero ni se acordó. Con ella todo era nuevo.

* * *

Mientras subían las escaleras buscando regresar, y el sol caía sobre la pequeña bahía, él le decía que estaba más linda que nunca, así, con tantas curvas; y ella le respondía preocupada:

—¿Te parece que engordé demasiado?

Fedele se rio. Emilia todavía tenía margen para varias *lasagnas* más. A Italia había llegado demasiado delgada.

173

—No, Emilia, estás bien. ¿Pero cuál es el problema? Uno puede tener unos kilos de más. Y... si alguna vez te parece que engordaste, empezás a comer menos... ¡y listo!

Emilia lo miró; tenía razón. Él, siempre tan simple, había dado en la tecla.

* * *

Cuando llegaron a la hostería, Emilia, extenuada, se tendió en la cama. Trescientos escalones eran muchos; y ella, desde que habían llegado a Italia, había abandonado su rutina de *gym*. Pero se sentía mejor que nunca. ¡También, como para no estarlo, si Fedele la tenía caminando por toda Italia! Se miró la panza. Fedele salía de darse una ducha.

—¡Mirá! —dijo ella y señaló su abdomen, justo entre el ombligo y el pubis. Así, acostada, se veía un pequeña elevación, un pequeñísimo montículo que se encumbraba; parada no se le notaba nada; pero acostada, sí.

Fedele se acercó y le tocó la panza con cariño.

—¿Se mueve?

—No, hoy está quieto.

—Mejor que duerma... no quiero que se entere de las cosas que hoy le hice a su mamá y de las que le voy a hacer esta noche.

Emilia se rio.

—¿Sabés? —dijo Fedele apoyándole suavemente el dedo índice en la panza —lo quiero... porque te quiero a vos.

Ella lo miró enternecida y a punto de decirle una frase importante, no pudo hacerlo: el sonido de su computadora le anunció que llegaba un *mail*, se distrajo y no se lo permitió. Pensó que, por la hora, era Manuel; estaba segura. Las seis. La misma hora en la que le habían entrado los otros dos que le había escrito esos días.

Fedele le propuso ir al balcón para ver desde allí el atardecer. Él tomaría un *lemonchello* mientras aguardaban la hora de la cena.

—Vamos —respondió diciéndose a sí misma: «Día a día, Emilia».

Ambos se hallaban sentados en los silloncitos del balcón, mirando cómo terminaba la tarde sobre el Tirreno. Fedele disfrutaba el momento; pero ella, a su lado, se enmarañaba en los pensamientos: Fedele era un hombre divino, pero Manuel era el padre de su hijo. Fedele

174

venía avanzando cada vez en sus proposiciones, pero Manuel... había que escucharlo.

La voz de Fedele la sacó de sus cavilaciones.

—Creo que podríamos fabricar unos así en *Buon Giorno*. Ofreceríamos un producto de altísima calidad y hasta lo podríamos vender en el restaurante.

—Buena idea.

—Probalo, Emi —dijo extendiéndole la copa.

—No puedo... tiene alcohol.

—Medio trago, no pasará nada. No podés perdértelo, es delicioso.

Ella le hizo caso y el sabor azucarado y ácido inundó su boca.

El gusto dulce, la mano de Fedele que tomaba la de ella mientras el sol se ponía, y los comentarios sobre la bebida, le hicieron olvidar sus preocupaciones. Estar con Fedele era así, el *relax*, la alegría de disfrutar de las pequeñas cosas.

Capítulo 15

A menudo, encontramos nuestro destino por los caminos que tomamos para evitarlos.

JEAN DE LA FONTAINE

Piacenza, 2008

Día 7

Benito Berni, sentado en el asiento trasero de su *Jaguar* último modelo, aprovechaba que Massimo, su chofer, conducía con aplomo y seguridad y se dedicaba a pensar. La serenidad del vehículo, más el verde y tranquilo paisaje que veía por la ventanilla durante su camino a la ciudad de Piacenza, creaban el clima justo para meditar. Se daba cuenta de que sus ideas, en ese momento, eran excentricidades propias de un loco, pero poco le importaba. Tener dinero y organizar su propia muerte eran dos realidades que le permitían llevar adelante lo que se le diera en gana; incluso, extravagantes rituales. Y para cumplir uno de ellos, esa mañana había hecho el sacrificio de salir del castillo. Mientras su auto se dirigía directo a la joyería de Piacenza, él, en su regazo, llevaba un pequeño lingote de oro. Uno de esos que, en otros años –desconfiado de las economías–, había considerado la mejor inversión.

El oro era especial en muchos sentidos. Una onza –poco más de treinta gramos de ese metal– podía ser estirada en un alambre de cien kilómetros y ser martillado tan fino que una copa podía ser aplastada sobre un campo entero de fútbol. También servía para revestir los contactos eléctricos de los sistemas de *air bag* de autos lujosos como los suyos y hasta para fabricar los reflectores antimisiles del avión del presidente de Estados Unidos. Él lo sabía con la mente enciclopédica adquirida en los muchos años de soledad y lectura que había pasado. «Mente laboriosa» había llamado a su cabeza Dalida, su amiga, la cantante que ya no estaba en este mundo, un día en que él le comentaba curiosidades sobre los metales.

Aun su médico le había recetado una inyección con sales de oro para la artritis de su rodilla. Pero en esta oportunidad, él usaría el metal de su lingote para algo más extraño y relacionado con su muerte, esa que llegaría en aproximadamente una semana, cuando arribara el jarrón a su casa.

El *Jaguar* se deslizaba silenciosamente por las calles de Piacenza cuando Massimo estacionó frente a la joyería.

Muy pronto, un empleado lo recibió con deferencia en el escritorio privado, reservado para atender a los clientes importantes y donde se cerraban las grandes operaciones. Claro que esta vez la operación no era grande; aunque para Berni era importante.

En pocas palabras le explicó al hombre lo que quería: que, con su lingote, fabricaran una ramita y cuatro monedas; le expuso el tamaño y el grosor que buscaba y, ya que estaba en plan de excentricidades, le pidió que a cada una le grabaran la letra «B». Su pedido tenía carácter de urgente. Cuando el dependiente entendió las indicaciones, Berni firmó los papeles necesarios y entregó la barra de oro. Cerrada la operación, se retiró satisfecho.

En menos de diez minutos, Berni ya estaba arriba de su auto y mientras Massimo conducía en silencio, él elegía quién se convertiría en la persona encargada de colocárselas dentro del ataúd. No porque fuera supersticioso, sino porque desde el día en que conoció el mito, siempre supo que lo pondría en práctica cuando muriese. A él los rituales le agradaban. Cada persona tiene los suyos; algunos, dan fuerza y otros, las quitan, pero a él este le otorgaba satisfacción y un paso más en dirección a la idea que había abrazado: que su vida se acababa.

En la Grecia antigua, todos los muertos llevaban en sus mortajas monedas para el barquero Caronte, quien era el encargado de pasar las almas al inframundo, ubicado al otro lado del río.

Y su idea era llevarlas, al igual que una ramita, por si tenía que llegar a alguna tratativa semejante a la que debió realizar Sibila. Sonrió de sus propias locuras. Y al pensar en esto, se entretuvo recordando el resto de la historia hasta que llegó a su casa. Todo era una buena excusa para ayudar a que el tiempo transcurriera. No era fácil estar ocioso cuando se sabía que en pocos días se moría.

La voz de Massimo lo sacó de sus cavilaciones:

—¿A casa, señor?

—Sí, a casa. Y por Dios, encienda la radio —le pidió.

El hombre presionó el botón y en segundos el vehículo fue inundado por Los Beatles. En el aparato sonaba «Help!» y él se sentía aliviado de poder ocupar su mente en algo que no fuera la muerte. Se concentró en la música y la canción, con su permiso, lo transportó a una noche lejana en que la había escuchado por primera vez...

Roma, 1967

La música de Los Beatles sonaba en inglés dentro del lujoso departamento de Roma. En sus fiestas, los norteamericanos no aceptaban bailar o escuchar otra cosa que no fueran discos en su idioma. Aun la decoración mostraba que no era la casa de un italiano, sino de un estadounidense. Benito Berni bostezó; se sentía harto de ellos, se arrepentía de haber aceptado venir a la reunión. En realidad, sólo lo había hecho porque estaba a punto de venderle una costosa colección de pinturas al dueño de casa. Un tanto malhumorado y con una copa de *champagne* en la mano, se dirigió rumbo al balcón en busca de un poco de soledad. En su camino, pasó junto a un grupo de mujeres; algunas de ellas se dieron vuelta para mirarlo e hicieron comentarios en voz baja. En el último año, Benito se había convertido en un hombre más que atractivo y en un soltero codiciado. El espejo de la sala le devolvió la imagen de un elegantísimo señor vestido con *smoking* blanco y moño negro; su cabello claro lucía más rubio que nunca en contraste con su piel tostada por el sol de los últimos días pasados en Sicilia. Alto y de buen porte, como lo había sido su padre, semejaba un actor de Hollywood. Y esto no pasaba desapercibido para las mujeres. Pero él, hosco y antisocial, no prestaba atención al efecto que producía.

Ubicado en el balcón, se dijo a sí mismo que no volvería a aceptar invitaciones de esta naturaleza. Las reuniones ruidosas y extravagantes no eran para él. Prefería quedarse en su casa a leer, o a pensar en sus negocios. Con ellos ya tenía bastante en qué ocupar su tiempo: desde terminar la remodelación de su nuevo salón de venta, hasta organizar un viaje a Francia. O buscar una nueva secretaria, porque la actual ya no estaba a tono con su crecimiento; a la chica le faltaba capacidad.

Cuando se hallaba sumergido otra vez en las decisiones relativas a sus negocios, una voz femenina llamó su atención.

−¿Le molesta si le hago compañía? Allí dentro la reunión se ha tornado demasiado ruidosa para mi gusto −dijo en italiano la atractiva morocha de vestido rojo escotado.

Benito la miró sorprendido. No esperaba que nadie viniera a sacarlo de sus cavilaciones. Le agradó que le hablara en su idioma. Ella le recordaba a alguien, llevaba el pelo largo de color castaño recogido en un rodete y con flequillo sobre la frente, tal como era el último grito de la moda.

−No me molesta…

−Parece que de repente los americanos se han vuelto expertos en arte. Y no hay otro tema que les interese −señaló la muchacha.

−Sí, lo sufro todos los días… −dijo él, recordando la lata que esa misma tarde había tenido que escuchar de la boca de Mr. Blend durante una hora.

−¡Yo, también! Imagine que trabajo todo el día en la galería Cerezo −dijo haciendo alusión al lugar que regularmente era invadido por los *yankees* en búsqueda de obras de artistas que aún no eran consagrados pero sí nuevas promesas de que algún día lo serían. Querían comprar barato a los desconocidos apostando a que en un futuro no muy lejano se volvieran famosos. Para muchos, era una ruleta tan emocionante como la del casino.

−¡Qué interesante debe ser su trabajo! −señaló Benito, a quien le apasionaba el tema. La conjunción de arte y dinero era por demás estimulante para él.

−Sí, pero cansador. Estoy buscando algo más tranquilo, así que si sabe de algo… −dijo la muchacha aprovechando la oportunidad.

Y Berni, que en la cabeza unió la necesidad que tenía de una secretaria nueva con lo atractiva que encontraba a la chica, terminó diciendo:

−¿Quiere que nos sentemos y charlemos más tranquilos?

179

—No creo que adentro podamos hacerlo; hay demasiado ruido. Pero si quiere, salimos a la calle. Dudo de que alguien nos extrañe.

—Ni siquiera se darán cuenta. Vamos… —propuso Benito tomándola de la mano.

Unos minutos más tarde, charlaban sentados en la entrada del edificio. Al cabo de una hora, tomaban un helado frente a la fontana de Trevi. Y en dos, tenía a la chica en su departamento. Su nombre era Marina. Unas palabras seductoras, ni siquiera tantas, y la chica se sacaba la ropa y se soltaba el pelo. Desnuda, con la melena castaña llegándole casi a la cintura… le traía a la memoria a alguien; le hacía acordar a… era el pelo de Adela Pieri.

Marina era parecida a ella. Y así, desnuda, era como él se la había imaginado a la hija de Pieri la noche en que regresó de la cena de su casa, la última vez que se vieron.

Mientras se sacaba los pantalones para empezar lo que la chica le pedía con gemidos, Berni se decidió: despediría a Bianca y tomaría a Marina como secretaria. Ese cabello castaño y esa nariz respingada le gustaban demasiado; tanto, como para probarla en el puesto. Lástima la voz, Marina chillaba demasiado, sobre todo, cuando hacían el amor.

* * *

Hacía dos semanas que Marina era la nueva secretaria de Berni, y en la oficina las cosas marchaban mucho mejor. La chica nueva era notoriamente más eficiente que la anterior. Claro, que lo del romance iba llegando a su fin. A Benito no le gustaba tanta intimidad, estar con alguien generaba el compromiso de tener que compartir demasiado y hasta de contar su vida interior. Y eso, él no lo hacía con nadie. Consideraba que no había nacido para amar a nadie. Por suerte, la chica, contenta con su nuevo trabajo, lo entendía y no tomaba a mal el desaire que le había hecho a las invitaciones.

Como en cada jornada, el trabajo era prioritario en la oficina y en el local. Esa mañana, desde temprano, Marina hacía un inventario en el negocio; y Berni, en su escritorio, preparaba apurado los contratos de una venta; deseaba terminarlos antes de que llegara Onetto de Florencia, quien, de un momento a otro, lo visitaría para hacerle un pago. Berni, además, se hallaba ansioso por saber cómo le iba a los hermanos con la academia. Si tenían éxito, su propio plan de recuperar los objetos de la casa de Pieri se lograría antes. Y la verdad sea dicha: también deseaba ver a Rodolfo Pieri desesperado porque la competencia de los Onetto desestabilizaban el negocio.

Firmaba los contratos cuando escuchó que golpeaban a la puerta de su oficina.

Era Marina.

—Acaba de llegar el señor Onetto. ¿Lo hago pasar o le pido que espere?

—Que pase. Y envíe todo esto por correo, por favor —dijo extendiéndole los papeles a la chica.

Ella los tomó e hizo pasar al hombre.

Se saludaron, charlaron dos palabras de nimiedades del viaje y Onetto, con un cheque que sacó del bolsillo, concretó su pago.

—Acá está todo lo pactado. Entrégueselo al señor Giuseppe Conti.

Berni lo guardó en el cajón del escritorio y le dijo:

—Así lo haré. Pero, ahora, ¡cuénteme, que estoy ansioso por saber noticias!

—¿Qué le puedo decir…? ¡Excelente! Nos ha ido excelente.

—Me alegro —dijo entusiasmado Benito—. ¡Pero cuénteme más!

—Las instalaciones y un plan de estudios moderno ayudaron mucho, pero la gran diferencia se logró cuando conseguimos apoyo del gobierno. Que el título sea oficial… ¡lo cambió todo!

—¿Qué le dije yo? Sabía que les iría bien. ¡Y tanto miedo que le tenían ustedes a la *Academia Pieri*! ¿Cómo fue con eso? —dijo ya sin poder contenerse. Era lo que en verdad le interesaba.

—Fue sencillo. Muchos de sus jóvenes alumnos, que quieren graduarse con nuestro título, se cambiaron; no así la gente mayor. Por lo pronto, la *Academia Pieri* sigue, pero ya no con tanto éxito. El primer puesto es nuestro.

—¡Los felicito! ¡A usted y a su hermano!

—Gracias, se lo diré.

Enfervorizado con lo sucedido, Onetto le contó más detalles. Algunos, a Berni se le grabaron más que otros. Por ejemplo, que una vez que se lo habían cruzado en la calle, Rodolfo Pieri les había hecho mala cara; que las aulas de la academia de Pieri se veían vacías desde la ventana.

Charlaron un rato de este tema y de algunos más y para cuando Onetto se fue, Berni tenía la certeza de que su momento de viajar a

Florencia había llegado: iría esa misma semana. Marina estaba más que preparada para hacerse cargo de todo mientras él no estuviera.

La llamó para pedirle que le sacara el pasaje en tren. Cuando la joven entró y le respondió que así lo haría, él la encontró más parecida que nunca a Adela Pieri, era su pelo, su rostro... ¿Sería porque hablar de su padre se la había recordado?

Capítulo 16

Salerno, 2008

Emilia y Fedele se hallaban en Salerno y habían aprovechado el último día antes de regresar a Florencia para visitar por la mañana el Jardín de Minerva situado en el centro histórico de la ciudad. Era un bello jardín botánico que en la Edad Media había sido utilizado como lugar de cultivo de hierbas medicinales y tenía más de 250 especies. Emilia le había sacado varias fotografías a Fedele junto a la fuente de la diosa. Lo había tenido posando mientras él se quejaba, y al final, cuando terminó, él se vengó diciéndole:

—Ahora te toca a vos.

Y ella, como nunca lo hubiera hecho antes, había posado haciéndose la graciosa en actitud de modelo, risueña, con su remera y *short* blancos, poniéndose y sacándose los anteojos de sol. Habían terminado riéndose a las carcajadas, mientras se abrazaban.

Al verlos fotografiarse uno al otro, una pareja mayor les ofreció sacarles una juntos. La foto resultó preciosa; se los veía abrazados, sonriendo; él, de *jean* y remera azul; ella, toda de blanco, con la fuente de Minerva de fondo. Al mirarla en la cámara, Fedele dijo:

—Esta va directo a un portarretrato.

Emilia había sonreído mientras pensaba qué sucedería realmente con esa foto y hasta con ellos mismos. Porque tenía claro que estos días eran mágicos, días para recordar toda la vida. Pero el futuro aún se vislumbraba complicado.

* * *

183

Ese mediodía habían almorzado en uno de los locales que Emilia pensaba nombrar en la próxima entrega de su nota, uno de la zona pintoresca, en la de restaurantes típicos.

Pero ahora, siendo la tarde, ya mejor vestidos, partían a visitar una librería ubicada en la vía Porta Elina, que también tenía un café, donde pensaban tomar algo. A Fedele se la habían recomendado en el hotel.

Ni bien entraron, el lugar les encantó. Era un salón grande y antiguo con gruesas columnas entre las estanterías; tenía piso de madera y una hermosa escalera que llevaba a un subsuelo. Había muchísimos libros de toda clase. Hicieron un trecho juntos y luego cada uno se perdió entre los libros que más les interesaban. Emilia se fascinó al encontrar una mesa con volúmenes en español y de allí casi ni se movió, salvo para ir a una mesa de CD de música.

Miraron los que les gustaba durante largo rato, hasta que, transcurrida casi una hora, con sus recientes adquisiciones literarias colgadas del brazo en una bolsa, los dos se sentaron en una de las mesitas del lugar para tomar un cafecito.

—Estos los compré para mí —dijo Fedele mostrando dos libros, una novela y otro sobre alimentos—. Y estos, para vos —agregó, extendiéndole un libro con fotos de Italia y otro de Borges en italiano.

—Gracias… —dijo ella tomándolos entre las manos.

—Uno es para que disfrutes mirando las fotos de la bella Italia. Y el otro, para que practiques tu italiano.

Emilia miró los dos regalos con cariño y se los agradeció con un beso corto en la boca. Luego le dijo:

—Y yo te compré este CD de música para vos.

Era *Quelqu'un m'a dit*, el disco que Carla Bruni grabó en francés. A ella le encantaba.

Él le dijo «Gracias» e, inclinándose mientras seguía sentado, le dio muchos besos ruidosos en la cara. Ella se reía porque le hacía coquillas, y entre las risas, se quejaba:

—Fedele…, Fedele… ¡Basta! Estamos en la librería.

A él no le importaba, y tampoco a ninguno de los italianos que cerca de ellos seguían ensimismados mirando los libros de los estantes. Estaban en Italia y cada cual podía hacer lo que se le diera en gana si se trataba de demostrar los sentimientos: se podía llorar, gritar o besarse en la calle. A nadie le llamaría la atención.

Terminada la sesión de besos, Emilia miró con detenimiento la tapa del libro de Borges... era extraño ver la escritura de un compatriota en ese idioma.

—Me viene estupendo, porque tengo este mismo libro en español, así que podré ir leyendo y comparando cuando no entienda.

—Perfecto. ¿Ya lo has leído? ¿Lo tenés hace mucho?

—Sí, lo leí hace muchísimo; me lo regalaron cuando era muy jovencita.

—¿Quién eligió el mismo libro que yo? —preguntó Fedele imaginando que, tal vez, lo había hecho el padre de Emilia.

Emilia dudó; no sabía si debía responderle con la verdad; pero al fin lo hizo. ¿Qué podía impresionarle a Fedele? Él la había conocido ya embarazada.

—Un noviecito que tenía en esa época, un chico que estudiaba literatura, por eso el libro...

Fedele le miró el rostro. Emilia tenía un pasado y esto era imposible de eludir. La idea le molestó, pero no por celos, sino porque él no había podido estar allí con ella, creciendo juntos, regalándole libros, o llevándola a bailar, o... teniendo un hijo juntos, como el que ahora crecía dentro de ella. Y al pensarlo, tuvo que espantar los pensamientos, porque la idea de que ese hijo podría ser de ellos dos y no de otro hombre era tan bella, tan encantadoramente sublime, que parecía opacar a todas las demás. Decidió centrarse en lo que tenían: estaban juntos, disfrutándose y un niño siempre era una bendición. Él lo sabía bien, había tenido y perdido uno; él no tendría problema de aceptar como propio al de Emilia. Decidió hacérselo saber.

—Emilia... hablás de ese novio, te miro embarazada y es inevitable pensar que has tenido un pasado. Pero quiero que sepas que podés contar conmigo en este presente que vivimos.

—Gracias... Yo...

—Esperá... hay algo más, también para el futuro. Yo no tendría problema en criar a ese bebé que llevás adentro como mío.

—Fedele... —alcanzó a decir Emilia. No le salían más palabras, tenía un nudo en la garganta.

Él continuó:

—He sufrido demasiado en esta vida para no darme cuenta de que un hijo es una bendición. Yo mismo he perdido uno. Entiendo que no hay nada más importante que una vida, que la vida misma... la tuya, la mía.

Emilia le tomó una mano entre las suyas, jugueteó con ella mientras lo miraba a los ojos. Después de unos segundos al fin pudo hablar:

–Gracias, Fedele. Lo que me acabás de decir es maravilloso. Me alegro de haberte conocido; sos un gran hombre.

Ella tenía los ojos llenos de lágrimas.

Se vio a sí misma renegando en sus pensamientos. ¿Por qué no lo había conocido antes? Le hubiera gustado que este hijo fuera de él, le hubiera gustado que Fedele no hubiera tenido antes un hijo con otra mujer. Porque Fedele tenía que competir con la sombra de Manuel; pero ella, con la de una mujer y un niño que ya no estaban, que siempre serían perfectos y mejores que nadie. Ese pasado era peor contrincante que cualquier otro. Invadida por este sentimiento egoísta se sintió culpable. Y se dio cuenta de qué forma empezaba a amar a Fedele.

Quedaron mirándose profundamente. En sus ojos había amor; pero, también, un mismo pensamiento los aguijoneaba: ¿por qué no se habían conocido antes?

Había cosas que, para bien o para mal, no se podían cambiar; eran las cartas que tocaban a diario en la mano que repartía el destino. Y estas eran perennes, no prescribían; por eso, lo importante era ver qué se hacía con estas. Emilia pensó que ya no quería volver a equivocarse.

Minutos después, salieron del local tomados de la mano. Mientras caminaban por la plaza Portanova, hablaban acerca de dónde cenarían. Era una velada importante, la última de este viaje porque al día siguiente partían de regreso a Florencia. La idea de la vuelta turbaba a Emilia, porque este regreso la acercaba al suyo a la Argentina. Fedele le prometía el mundo entero; pero él vivía en Italia y ella, en Sudamérica. ¿Qué sucedería cuando ella tuviera que regresar? ¿Cómo se hacía para volver realidad todas las palabras bonitas dichas en la mesa del bar de la librería?

Capítulo 17

No hay nada en mí que pueda ponerla en guardia,
despertar ni siquiera un poco su desconfianza.
Ni un indicio, ni el más ligero estremecimiento...

NATHALIE SARRAUTE, *El señor Martereau*

Piacenza, 2008

Día 8

Benito Berni se puso su traje color tostado. Era nuevo; se lo acababan de enviar de la firma *Salvatore Ferragamo*, al igual que los zapatos haciendo juego; cada vez que salía la nueva colección de la temporada invierno o verano, le enviaban tres o cuatro prendas de los principales modelos de ese año. Luego, en la misma semana, una de sus secretarias pasaba por la firma con el cheque para abonarlos. No sabía cómo hacían pero siempre se las arreglaban para mandarlos exactamente de su talle; era parte del *marketing. Salvatore Ferragamo* no era la única marca que hacía esto, *Christian Dior* también le mandaba conjuntos al comienzo de la temporada. Claro que él ya hacía un par de años que no llegaba a usar más que uno o dos modelos; atrás habían quedado las épocas en que su vida era fiesta, mujeres y *champagne*. Los trajes ya no captaban su atención en lo más mínimo, pero él, por no tener que soportar al teléfono la lata de un encargado que no quería perder un cliente, seguía recibiendo el servicio regularmente. De todas maneras, ya poco importaba: este sería el último invierno de su vida; tal vez, hasta era la última semana. Y si hoy había decidido estrenar un traje, era, justamente, por eso. Había resuelto salir de su casa por última vez y lo haría vestido de estreno y de color tostado. Le había dicho a Massimo, su chofer, que no iba a necesitarlo; pensaba manejar su propio *Rolls-Royce* hasta el centro de Piacenza y una vez allí se instalaría en el café ubicado frente a la plaza, pediría un *espresso* y se fumaría un cigarrillo, dos, tres, todos los que se le dieran la gana. Hacía años que había dejado de fumar porque su médico se lo había pedido, pero ahora, que en sólo días acabaría con su vida, no tenía sentido atender ninguna prescripción médica. Massimo se los había conseguido y descansaban en su bolsillo.

A punto de salir, se miró en el espejo; abajo, los zapatos nuevos brillaban; arriba, el cabello entrecano y sus ojos celestes mostraban que alguna vez había sido rubio, y su nariz recta, que había sido bello; el porte elegante lucía la ropa fina y cara, pero las arrugas y la mirada triste opacaban el conjunto y revelaban que una vida mal vivida le había pasado por encima. Pero a él ya no le importaba cómo lucía. Su existencia quedaba confinada a esperar la llegada del jarrón, la pieza que aguardaba. Buscó la billetera, se la puso en el bolsillo y partió.

Pasó por la sala frente a la cocina y la chusma de las empleadas lo observó. Salió a la puerta principal; frente al castillo, su *Rolls-Royce* negro estaba listo, esperándolo, con su peculiar apertura de puertas; las traseras se abrían en sentido contrario a las delanteras para subir cómodo cuando iba sentado atrás, pero esta vez, él iría al volante. Se subió al auto y las cerró a todas de forma automática, pulsando un botón.

Una vez adentro, la pequeña ilusión depositada en la bucólica aventura que lo esperaba le quitó la amargura por un rato.

Encendió el motor y escuchó apenas un murmullo, un susurro de mujer enamorada que se entrega; le gustaba su auto y sus ruidos silenciosos. Hizo el zigzag necesario para salir de su propiedad mientras el parque verde se reflejaba en los vidrios de las cuatro ventanillas. Afuera, en la ruta, apretó el acelerador y puso el motor a más de doscientos kilómetros. Si se estrellaba contra un árbol, mala suerte. La velocidad siempre le había gustado, aunque ya no sentía la misma locura por ella que antes. Recordó claramente una de las veces en que, de joven, había manejado alocada y más temerariamente que nunca durante el trayecto de Roma a Florencia...

Era una mañana luminosa y Benito Berni, muy temprano, se subió a su auto. Le esperaba un largo viaje porque no iría desde Roma a Florencia en tren, sino en su vehículo; así lo había decidido. Quería tener movilidad propia porque permanecería varios días en la ciudad. No sería fácil cerrar todos los vericuetos legales con Pieri; tenía que lograr que él entendiera que por el revés económico perdería el edifico donde funcionaba la academia. Y después, redactar todos los papeles para dar la estocada. Y lo más importante: lograr que él, sintiéndose acorralado, se decidiera a venderle las pertenencias que tenía en su vivienda y que él quería recuperar. Para conseguir estos fines debería ir con cautela porque, si el hombre se enojaba, no se las vendería o, por lo menos, no a él, porque su situación económica era delicada y hasta podía llegar a perder la casa donde vivía. Él, al fin, lo tenía en sus manos. Tendría que pasar tiempo con Pieri para que no lo viera como enemigo y, así, poder convencerlo de sus propósitos. Si no lo lograba, el meticuloso trabajo de años habría sido en vano. Pensar que este paso decisivo podía salir mal, ponía su estabilidad emocional al borde del abismo y lo llevaba a estar dispuesto a sacar a relucir su costado más encantador aunque le produjera un gran desgaste. Sabía que esta era la única manera de llevar adelante su plan; para ello se había preparado por años.

En el asiento del acompañante acomodó el regalo para la familia Pieri, una caja de chocolates; y en el de atrás, una valija voluminosa en la que había cargado varios trajes y muchos papeles. Eran los contratos que servirían para deshacer la relación, quedarse con la academia, hipotecar la casa y generar la venta de los objetos que anhelaba. Todo había sido calculado fríamente por él estando en Roma.

* * *

Era la tarde cuando Benito se puso una camisa blanca impecable y su traje oscuro, se dio un toque de colonia y partió a la *Academia Pieri*. Había llegado el día anterior y se había instalado en el mismo hotel próximo a la academia en el que ya se había hospedado en sus anteriores visitas. Durante la mañana había pasado por el lugar y había acordado con Pieri que hablarían tranquilos cuando él terminara de dar clases, a última hora del día.

Cuando llegó, vio que él aún estaba dentro de un aula; miró su reloj y al confirmar que todavía le faltaban unos minutos para que se desocupara, decidió dar una vuelta por el inmueble. Durante el recorrido, descubrió un patio que la propiedad tenía al fondo; el lugar era bonito y era evidente que los alumnos casi no lo usaban; tenía un almendro silvestre, un hermoso árbol con flores y, contra los muros, hiedras verdes. Mientras la tarde caía y teñía todo de rojo, Benito se sentó en un banquito bajo una pérgola; desde allí, observó cada rincón y se impresionó al pensar que todo eso sería suyo. Absorto con la visión, escuchó la voz femenina que lo saludó y lo sacó de su ensimismamiento, ese cálido timbre era inconfundible, era Adela Pieri. Ella, siempre dulce y simpática, se acercó y le preguntó si había tenido buen viaje.

—Muy bueno, gracias. Llegué ayer. Quedamos con tu padre en que hablaríamos ahora.

—Lo sé. Él se desocupará en un momento. ¿Quiere una taza de café caliente? Se la traigo de la cocina.

—La acepto.

Ella desapareció y en pocos minutos regresó con dos tazas humeantes; se sentó junto a él bajo la pérgola y charlaron un rato. Debía reconocer que Adela tenía el don de lograr que él se relajara; pero quién no lo haría, meditaba Benito al oír la voz suave y melodiosa de la chica que le contaba menudencias de la academia. Con la joven allí, bajo la pérgola, en medio de ese patio verde, Benito se olvidó de que estaba en ese lugar para verse con Pieri, ese ser despreciable que había traído la desgracia a su familia.

Mientras Benito le contaba acerca de sus experiencias con los norteamericanos y sus fanfarrias en el arte y ella ahogaba una risita cómplice, llegó Pieri. Y su presencia lo volvió a la realidad. Adela se marchó a cerrar la academia; el día de clases había terminado. El hombre hizo pasar a Berni a su oficina y la difícil charla planeada comenzó:

—Lamento decirle, Pieri, que no soy portador de buenas noticias.

—Lo sé, esa maldita *Academia Onetto* que se abrió terminó de desestabilizar mi economía.

—¿Academia? —preguntó desfachatadamente.

—Ahora no importa. Después hablaremos de eso. Dígame lo que vino a decirme. Estoy preparado. Explíqueme qué pasará ahora.

—Mire, Pieri, no hay manera de que se quede con la academia... —decidió decírselo antes que nada. Era innegociable.

El hombre apoyó los codos en su escritorio y se tomó la cabeza con las dos manos. En su interior, a Benito los sentimientos se le encontraron, porque, por un lado, disfrutó de verlo quebrado y deshecho; y por otro, una extraña punzada lo recorrió entero.

—Veremos de hacerlo de la mejor manera —dijo Berni.

—¿Y la casa? ¿Qué sucederá con ella?

—Creo que puedo negociar que se quede con ella pagando una hipoteca al banco.

—Bueno, es mejor que nada, porque allí podríamos volver a empezar, se podrían dictar clases... —el hombre hablaba con la mirada perdida.

Benito lo volvió a la realidad:

—Pero como le dije, hay que hacer todo muy bien para que no haya complicaciones.

—Sí, sí...

—Mire, Pieri, estaré en Florencia varios días. He venido para ayudar y redactaremos todos los papeles con tranquilidad.

—¿Cuánto tiempo tengo para desocupar la academia?

—No se preocupe; yo me encargaré de que sean un par de meses.

—Gracias... En verdad, gracias...

—No me agradezca —dijo otra vez con la lucha en su interior. Por un momento, la batalla la ganaba su ángel; por otros, su demonio. Pero cuando prevalecía la bondad, Berni le quitaba la ventaja pensando: ¿qué era perder un edificio cuando él, por culpa de Pieri, había perdido mucho más...? Su familia... sus cosas queridas... su vida misma... Porque ese día fatídico, él había perdido el futuro que lo esperaba... porque si todo hubiese sido diferente, él no estaría allí tratando de vengarse de nadie, intentando recuperar los objetos, sino que estaría viviendo una existencia muy distinta, feliz y plena. Con seguridad, ni siquiera se dedicaría a las antigüedades.

Charlaban sobre algunos detalles de los contratos cuando Adela regresó a buscar a su padre. Rodolfo Pieri invitó a Benito a cenar en su casa; quería que compartiera la mesa con su esposa y sus tres hijas.

Él aceptó de buena gana; había mucha buena letra por hacer si quería asegurarse de que Pieri le vendiera los objetos.

Minutos después, los tres cruzaban la calle conversando. Durante la charla, el nombre del imaginario Giuseppe Conti se repetía. En esta película ese hombre era el villano malvado.

* * *

Sentado en la mesa de mantel a cuadros azules de la casa de la familia Pieri, Benito hablaba con Adela. Ella, ingenuamente, lo creía el salvador de su padre en la desgracia de perder todo en las manos de un miserable prestamista como Conti. Benito se preguntó qué diría ella si se enterara de la verdad y la respuesta que obtuvo no le gustó. Pero no era difícil ahuyentarla, los ojos de Adela lo tenían hipnotizado; su voz, cautivado, y los cabellos largos y castaños, seducido. Distraído como estaba, los interrogantes y las culpas se le borraban, como también se le pasaban las horas porque, mientras tomaba el café en la sala, miró el reloj y comprobó que casi era la medianoche. Saludó a todos despidiéndose hasta el día siguiente y acercándose a Adela aspiró con fuerza. Había pasado toda la noche adivinando su perfume en el aire, quiso una bocanada de él antes de irse. El aroma a rosas lo envolvía cuando Pieri le recordó que después de que él terminara de dar clases se reunirían en su oficina para elaborar el primero de los contratos.

* * *

Esa tarde, Berni llegó perfumado y muy temprano a la academia. Un deseo inconsciente de encontrar a Adela lo había hecho vestirse anticipadamente y con su mejor traje. Pero ni bien llegó al lugar se desilusionó: ella no estaba por ninguna parte. Decidió pasar por la cocina y servirse un café para esperar en el patio; era un lugar solitario y le gustaba la tranquilidad de la pérgola y la vista del almendro en flor; el día anterior había disfrutado mucho de estar allí. Cuando salió, vio a Adela instalada en el banquito; en sus manos también tenía una taza de café.

—Veo que le gusta este lugar —dijo Berni.

—Sí, y parece que a usted también —le respondió ella.

Benito sonrió, y Adela pensó que ese hombre rubio cuando sonreía, en verdad, era lindo; el rostro se le iluminaba y se volvía encantador.

192

—Decidí esperar aquí a su padre. Necesitamos trabajar en unos contratos.

—Me lo dijo, me explicó que tienen que organizar la parte legal. Mi madre ha mandado a decir que, aunque terminen tarde, los espera a cenar.

—Será un gusto —respondió Benito.

Adela lo miró profundo a los ojos; él le devolvió una mirada igual de penetrante.

«¡Qué bueno que me hayan invitado», pensó él.

«¡Qué bueno que haya aceptado!», pensó ella.

Charlaron media hora olvidándose del resto del mundo. Adela le contaba cosas de sus hermanas, de su vida, de su gusto por la pintura; él la escuchaba atentamente. Por momentos, ella lograba lo imposible: Benito sonreía; no sabía que ella buscaba ese efecto. Ya iban por el segundo café cuando apareció Pieri, listo para realizar la tarea convenida. Adela se marchó y Berni se apenó. ¿Cómo podía alguien tan desagradable como Pieri tener una hija como Adela?

Capítulo 18

Florencia. 2008

Emilia, en su departamento de Florencia, se hallaba sentada en una silla de la cocina con las piernas extendidas y los pies apoyados en otra; estaba de pijama. Para ella, era lo más cómodo; el resto de sus prendas comenzaba a apretarle un poco en la panza, fuera de que en Italia el calor del verano comenzaba a hacer sentir su rigor.

Extrañaba la playa y a Fedele. Los días de las *petit* vacaciones habían terminado; habían regresado la noche anterior y la vida volvía a la normalidad; por lo menos, a la regularidad precaria que ella vivía en Florencia.

Esa mañana, cuando terminó de escribir un *mail* para Sofi, el cursor todavía parpadeaba en la pantalla de la computadora a la espera de que apretara «Enviar». Sentía que había llegado el momento de contarle todo lo que estaba viviendo. Lo releyó antes de enviarlo:

Sofi querida, como verás, no te he escrito mucho en estas últimas semanas. Quizá lo hayas atribuido al trabajo y a los viajes que he tenido que hacer por el sur de Italia; pero esa no es la razón. Te escribo recién ahora porque antes no me sentí preparada para contarte ni a vos ni a nadie lo que estoy viviendo. Sentate... porque te podés caer... Sofi, estoy embarazada. De Manuel, claro está.

Él ya lo sabe, se lo conté, y ya te imaginarás. Cuando se lo dije, por poco le da un ataque, pero a medida que han pasado los días, él lo ha tomado mejor. Me hice un test apenas llegué. Y cuando me enteré de que estaba embarazada estuve a punto de

194

volverme a Argentina. ¿Pero de qué iba a servir? De nada, así que me quedé haciendo el trabajo. Dicho sea de paso, ya te habrás enterado de que las notas han sido un verdadero éxito, tanto en la revista italiana como en la de allá. Pero eso, a pesar de lo bueno que es, pasó a segundo plano a causa de lo que estoy viviendo. Con Manuel, finalmente, esta tarde haremos Skype y hablaremos.

Y aquí viene lo más impresionante de lo que me ha pasado en Italia: durante este tiempo, ha parecido en mi vida un italiano y creo que se ha enamorado de mí; y casi te diría que yo de él. (Es el dueño del restaurante que mi abuela había pedido que visitemos para tener datos del cuadro que siempre buscó, ¿te acordás?) Sí, como lo estás leyendo: esto sucedió estando yo embarazada. Ya sé que a estas alturas te parecerá una locura, pero así es. (Claro que no se me notaba la panza. Bueno, tampoco ahora. O casi.) La verdad es que no sé qué pasará conmigo y con mi vida. No intento tener todas las respuestas, si no, me volveré loca. Aún me falta viajar a Madrid para hacer la última parte de la nota. Me voy en dos días. Luego, vuelvo a Florencia una semana más y tendré que emprender el regreso a Argentina. ¡Qué vértigo esta situación! Pero así estoy. Amiga, lo que daría por tomar un té con vos y charlar de todo esto. ¡Ah, me olvidaba! A mi padre todavía no le dije nada. Pienso hacerlo después de visitar al médico. Esta tarde tengo turno.

Me imagino que querés saber cómo es el italiano. Qué decirte... es lindo... lindo por fuera y por dentro. Ya ves, parece que estoy enamorada. Hablando en serio: es buena persona, es viudo y, lo más importante, sabe vivir la vida, es alegre y me cuida.

No creas que, por todo lo que siento por él, he descartado completamente una relación con Manuel. No me olvido de que él es el padre del bebé que llevo adentro mío y con quien he pasado ¡¡tres años!! Ya veremos.

Sofi, teneme al tanto de cómo va todo allá. No te aloques cuando leas este mail y empieces a mandarme mil correos. Podemos hacer Skype cuando quieras,

Te mando un abrazote,

Emilia

195

Lo terminó de leer y apretó «Enviar». Al hacerlo, se sintió conforme; ya era momento de que la noticia saliera al exterior y este tiempo le había servido para hacerse a la idea. Pudo imaginarse a su amiga dando exclamaciones mientras lo leía.

Era jueves; un día muy importante por varias razones. Temprano, el jefe de redacción de la editorial italiana le había enviado un *mail* para felicitarla. Poletti le pedía que, en cuanto estuviera lista la parte de su artículo referido a los restaurantes de España, se la enviara. Debía seguir adelante con el plan de edición y no quería cortar la continuidad de las notas. El correo de lectores se había llenado de comentarios y hasta se había formado un grupo en *Facebook* de personas que viajarían juntas para recorrer los mismos lugares y restaurantes que ella nombraba.

Pero el día no sólo era determinante por eso, sino también porque iría al médico. Había acordado con Fedele que la acompañaría, sobre todo, para salvarla con el idioma. Además, así lo quería él; y ella –tenía que reconocerlo–, también.

A la tarde hablaría con Manuel. Pensó en él y le pareció que había pasado una eternidad desde la última vez que habían conversado. Tal vez, lo sentía así porque en este tiempo ella había cambiado y ya no era la misma. Los días en Florencia, Nápoles y la costa amalfitana la habían transformado y, lo peor de todo –o lo mejor–, le parecía que su transformación todavía no se había detenido, sino que ella seguía en pleno cambio. Lo veía en su parte externa: su corte de pelo, en cómo se arreglaba y se vestía. También, en lo interior: tenía una nueva manera de ver la vida que se notaba hasta en la forma en que comía.

Decidió darse un baño. Aún le duraba el cansancio del viaje. En un rato, Fedele pasaría a buscarla para ir a la clínica. Pensó en él y se puso contenta; pensó en que Manuel la llamaría a la tarde y se tensionó.

Emilia no imaginaba que a muchos kilómetros de allí, más precisamente en Arizona, un argentino se ponía ansioso por la misma razón que ella. Casi un mes sin noticias era mucho tiempo y eso, a Manuel, lo tenía a mal traer. Nunca habían dicho que cortaban la relación para siempre, no. No entendía por qué Emilia le había hecho semejante vacío en los últimos días; pensaba que al principio se habían distanciado hasta acomodarse con los horarios y actividades, pero ahora... no había razón. Además, estaba el tema del embarazo, que lo cambiaba todo. Un hijo era algo demasiado importante y quería hablar con ella al respecto. Tal vez, en breve, hasta tuvieran que verse. La situación lo ameritaba.

* * *

Emilia miró toda la ropa de su *placard* y eligió lo mejor. Decidió que al médico iría linda; no pensaba ir a dar pena... Una embarazada argentina, con el padre del chico completamente borrado, viviendo en Estados Unidos... Su situación no era precisamente la mejor carta de presentación. El médico, seguramente, preguntaría y ella algo tendría que explicar. Pero no quería dar lástima.

Buscando ir bien arreglada se había decidido por un vestidito negro pegado al cuerpo, sin breteles; aún mantenía las buenas formas y sólo se le notaba una pancita muy pequeña. Los días de sol en Positano y Amalfi le habían dado color a su piel; estaba muy bronceada.

Pensó en la playa y extrañó todo; en especial, pasar más tiempo con Fedele, comer con él, dormir juntos en la misma cama; hacía dos noches que ella dormía en su departamento; y él, en su casa.

Se vistió y se maquilló los ojos como le gustaba a Fedele: una línea larga con delineador líquido en el párpado superior y mucho rímel. Se puso las sandalias altas y carísimas que Fedele le había regalado en Positano; y al no encontrar cartera que le hiciera juego, usó una negra, pequeña. Cuando se miró en el espejo, le gustó lo que vio; lástima no daría; estaba segura. Tenía que aprovechar el tiempo que todavía podía verse así de atractiva, porque la panza grande llegaría sí o sí y la onda *sexy* se acabaría.

Un rato después, Fedele la pasó a buscar. Venía apurado; recién volvía de compartir un café con Víctor y Adriano, sus amigos. Les había contado de Emilia y ellos lo habían aceptado bastante bien; estaba contento. Dejó el auto casi en la puerta del departamento y entró para tomar una Coca y dejarle unos *canoli* que le había comprado a Emilia por el camino. Pero al verla arreglada como a él le gustaba, se desesperó por besarla; y cuando lo logró, quiso amarla. Ella se lo negó; ya estaba lista para su cita. Pero él insistió y algo consiguió, aunque no todo. Luego, partían hacia la clínica. Los días, a pesar de todo, eran dichosos. La felicidad empezaba a sonreírles.

197

Esa mañana, los dos se hallaban sentados en el moderno consultorio de la calle Sansovino y enfrente suyo, el médico obstetra, un hombre mayor, les sonreía y les hablaba muy rápido en italiano. A Emilia, la escena se le antojaba una comedia italiana porque entre que se perdía la mitad de las explicaciones que el facultativo daba debido al idioma, y entre que los hombres, si mal no entendía, habían pasado del tema medicina al de autos, no sabía qué pensar, ni qué bocadillo meter; Fedele y el médico, ante el descubrimiento que tenían vehículos idénticos, se sentían hermanados, y ahora comentaban de motores, ignorándola por completo.

Tampoco estaba segura de qué le había dicho Fedele sobre su situación al hombre, pero, por cómo los trataba, el doctor parecía creer que el padre del bebé era Fedele Pessi. Llevaban media hora de conversación de locos y a Emilia sólo una cosa le quedaba clara: ella y el bebé se encontraban bien, porque la había revisado y la sonrisa en la cara del médico lo había confirmado.

Pensaba en cuál frase decir con las pocas palabras en italiano que sabía referidas al tema embarazo, hasta que al fin se decidió y armó una oración:

—¿Y cuál debe ser mi alimentación? —este era un tema que le preocupaba. Ella, que siempre había comido puras ensaladas, ahora se dedicaba a la pasta con pasión.

Y la respuesta del doctor no se hizo esperar:

—*Variegato, un po' di tutto.*

El hombre le había respondido sin mucho detalle y con este último consejo se puso de pie y dio por terminada la consulta. Los datos de Emilia ya habían sido cargados en la computadora y ahora, despidiéndolos, felicitaba a ambos. Con este gesto, Emilia tuvo una certeza: para el médico, Fedele era el padre.

Salieron de allí y se dirigieron a un cafecito que quedaba en la esquina del hospital; ya en la mesa, mientras esperaban los *espresso*, comentaban:

—¿Te gustó el doctor? A mí, me cayó muy bien —señaló él.

—Ya me di cuenta... se la pasaron hablando de autos —dijo divertida, pero con un dejo de recriminación.

—¡Sólo fue un comentario! ¡Es que tenemos el mismo auto!

—¿Vos le dijiste que eras el padre del bebé?

—Yo..., no.

—Pero si nos felicitó.

—Yo no le dije nada, él se lo creyó. Pero mejor, así no te hizo preguntas incómodas.

Ella movió la cabeza; él tenía razón.

Fedele la miraba, la encontraba hermosa, ese vestido con los hombros al descubierto, y bronceada como estaba, le quedaba espectacular.

—Estás tan linda... mucho más que cuando te conocí.

—Epa... ¿qué, antes estaba fea?

—No es eso, sino que ahora estás en tu punto justo de florecimiento, como si fueras un durazno que ahora está realmente maduro.

Emilia sonrió. A pesar de la situación que estaba viviendo, el comentario le resultó atinado: era verdad. Lo percibía, lo veía en el éxito de las notas en la revista, en la energía que sentía, hasta en cómo se atrevía a vestir.

—Sabés, Fedele... Vos tenés mucho que ver con eso.

—Me alegra, porque yo quiero tener que ver con todo lo tuyo —dijo. Y sintiendo que era el momento, se atrevió a completar la idea—: Emilia, creo que Italia te sienta de maravillas y que deberías quedarte a vivir aquí.

—Ya lo hemos hablado...

—Consideralo.

—Fedele..., en Argentina tengo familia, amigos, un trabajo, una casa. Acá no tengo nada...

—¡Me tenés a mí! Yo puedo ser todo eso y más.

Decididamente, él era un divino total, porque... decirle eso... Pero ella tenía una situación delicada. Todavía tenía que contarle a su padre del embarazo, debía hablar con Manuel... Lo pensó y el estómago fue un nudo de nervios.

—Tranquila, Emilia... No es para que te preocupes, sólo quería que lo supieras —dijo tomándola de la mano y dándole un beso ruidoso en la cara.

—Fedele..., has alegrado mi vida... Sólo que yo todavía tengo mucho por acomodar.

—Lo sé... Y como todavía no te puedo convencer de que te quedes para siempre en Italia, espero convencerte de que esta noche vengas a casa y cenemos juntos.

–¿Y el restaurante? ¿No lo estás dejando demasiado?

–No, *Buon Giorno* está bajo control. ¿Te acordás de que tomé una muchacha nueva para que me ayude?

–Sí, me acuerdo y creo que fue muy bueno.

–Emi, pasá a buscarme a las nueve por *Buon Giorno* y de ahí nos cruzamos a casa y cenamos tranquilos.

–Me gusta el plan.

Fedele la besó largo en la boca y el mozo que se acercaba con los cafés tosió para anunciarse. Mientras depositaba las tazas sobre la mesa los miró de reojo, eran una hermosa pareja de enamorados, y ella, aunque parecía embarazada, era una mujer realmente muy *sexy*.

* * *

Cuando Emilia regresó a su departamento, lo primero que hizo fue sacarse las sandalias altas; ya no las aguantaba más. Lo segundo, fue prender la computadora. Luego, inició *Skype* y vio que Sofi estaba en línea. De inmediato, ella la invitó a hacer una videollamada. Se puso contenta; tenía ganas de hablar con su amiga. Le dio el *okey* y en segundos estaban comunicadas. La primera frase se escuchó clara y contundente:

–¡Emilia! ¿Qué te hiciste en el pelo? ¡Me encanta! ¡Parecés otra!

–¡¡Sofi!! ¡¡Hola!!

Y a partir de allí, la charla de media hora fue de puras confidencias. Emilia, al fin, se sentía preparada para hablar con Sofi de su embarazo, pero los minutos de confesiones no les alcanzaban; había mucho para ponerse al día y Manuel hablaría en breve. Acordaron continuar la conversación al día siguiente.

No se había alcanzado a levantar de la silla, cuando la señal indicaba que Manuel ya estaba conectado se marcó en el monitor. En apenas un parpadeo, la imagen y la voz de él aparecían en la *notebook* y ella, al verlo y escucharlo, se desarmaba. El pelo rubio y los ojos claros se le metían en su interior por cada poro...

–Manuel... al fin.

–Emilia... te cortaste el pelo, te cambiaste el color.

A ella le parecía que hacía tanto que había estado en el *salone*, que no dejó de sorprenderse con el comentario. Sofi le había dicho lo mismo.

–Síí.

–Estás distinta... Tenés algo...

200

«Y sí, estoy embarazada», pensó, pero no se lo dijo.

—Vos también estás diferente...—observó. Manuel vestía una camisa nueva y llevaba barba rubia de varios días.

—¿Cómo estás...? Digo... del embarazo... de todo.

—Bien. ¿Vos?

—Estudiando mucho, pero como no hablabas ni dabas señales de vida, me había preocupado.

—Tuve que viajar y vos me habías dicho que no querías mucha comunicación.

—No dije eso, no así...

—¡Pero es cierto!

—Bueno, no discutamos. Ahora ya estoy más asentado y la verdad es que... quería tener noticias tuyas...

—Estoy bien, trabajando mucho.

—Pensaba que... que... deberíamos vernos... ¿Cuándo volvés a la Argentina?

La frase la tomó de imprevisto; no la esperaba. Se hizo silencio.

—En quince días, más o menos.

—Tal vez yo también debería viajar a Buenos Aires para vernos allá. ¿Fuiste al médico?

—Sí, fui.

Sobre lo de viajar, no tenía respuesta; y sobre lo del médico, cómo decirle que había ido hacía sólo un par de horas y que Fedele la había acompañado. Sentía que en Italia ella había construido toda una vida y él ni siquiera lo imaginaba. Pero ese que veía en la pantalla de la *notebook* era Manuel, su Manuel de siempre.

—¿Y qué dijo?

—Me revisó y comprobó que todo está bien.

—¡Qué bueno! Mirá, Lía, si te parece, cuando vayas a Buenos Aires, programamos y yo también viajo.

—Puede ser... —y un tanto nerviosa por la proposición cambió de tema, preguntó—: ¿Cómo va tu curso allá?

Y al hacerlo, la charla se metió por carriles más tranquilos. Él la puso al día con su nueva vida y el tema derivó en el trabajo de Emilia, pero ella no quiso contarle detalles porque sería inevitable hablar de Fedele. Tenía que ver si se lo contaba y cómo; pero antes quería escuchar qué más tenía Manuel para decir.

Hablaron otro rato y antes de despedirse, él le pidió:

—Emilia, quiero verte la panza, por favor.

Ella tomó la computadora con una mano y apuntó la cámara hacia su abdomen. El vestido negro pegado al cuerpo la mostró en toda su dimensión.

Del otro lado, Manuel no dijo nada; pero, por el silencio, ella supo que estaba conmovido. El tono de voz de lo que dijo a continuación, se lo confirmó:

—Me parece que algo se te nota...

—Y sí, el tiempo pasa...

—Emilia, cuando sepas bien la fecha de tu regreso, avisame, así yo me organizo para viajar a Argentina y nos vemos —insistió.

Dos frases más, se saludaron y cortaron. Ella, sentada en la silla, quedó estupefacta; y luego, sumergida en recuerdos. Por momentos, hasta se llenaba de esperanza. Pero no podía confiarse en Manuel; él era así: a veces, estaba bien; a veces, mal; a veces, iba en una dirección; en otras, se arrepentía y se volvía atrás.

Se puso de pie y fue al cuarto; se tiró en la cama y, vestida como estaba, se quedó dormida. Las emociones del día habían sido demasiadas.

Cuando abrió los ojos, se dio cuenta de que eran las nueve, la hora en que Fedele la esperaba en *Buon Giorno*. Se apuró.

* * *

Todavía ataviada con su vestido negro, Emilia entró al salón de *Buon Giorno*. Se sintió aturdida; el movimiento allí era infernal y las voces y carcajadas se escuchaban por todo el recinto. Los mozos iban y venían con bandejas y platos en las manos; la *maître*, al verla, la saludó con la cabeza; la chica acomodaba unos comensales recién llegados.

Emilia buscó a Fedele con los ojos y no lo halló. Se dirigió rumbo a la cocina; seguramente, estaría allí. Cuando apenas le faltaban unos metros para llegar, la puerta se abrió y apareció Fedele, impecable; llevaba un pantalón claro de vestir y una camisa azul y el cabello castaño le brillaba. Mientras charlaba con una muchacha rubia, le ofrecía esa sonrisa pareja y blanca que a ella tanto le gustaba y la joven reía; ambos reían. Emilia vio que cuando él le extendió la hielera y la botella de *champagne* que llevaba en las manos, las de la chica se tocaron con las de él y se quedaron juntas unos instantes mientras los dos seguían sonriendo y conversando en un italiano muy rápido, un fiorentino, que Emilia no entendía a pesar de haberlos alcanzado y ya estar a su lado.

—Emilia, ella es Ana, de quien te hablé —dijo él en español.

Las mujeres se saludaron y se observaron. La chica era la persona contratada para ayudar.

En minutos, Emilia y Fedele cruzaron el patio de *Buon Giorno* rumbo a la casa. Mientras lo hacían, ella pensó que tenía que decidirse: o se quedaba con Fedele o seguía tras el vacilante Manuel. Porque no iba a soportar ver a Fedele con otras mujeres. No creía que la chica rubia supiese que ellos dos eran... Y entonces se dio cuenta: ¿qué eran ellos dos? No sabía. Su extraño vínculo no encajaba bajo ningún nombre normal como «noviazgo» o algo semejante.

Pensó que el viaje a España le vendría bien para aclarar sus pensamientos.

* * *

Emilia y Fedele cenaron en la mesa de la cocina. Durante la comida, él le relató anécdotas de su niñez y ella se olvidó de sus problemas. Fedele hablaba y ella sucumbía. Él tenía esa virtud. Emilia entraba en el mundo de Fedele Pessi y era feliz.

En medio de los relatos de viejas historias sobre sus correrías en el patio de *Buon Giorno*, Fedele recordó:

—Hablé por teléfono con mi madre y le he preguntado sobre el cuadro que me comentaste. Me dijo que vayamos cuando quieras, que cree que puede tener algunos datos para darnos.

—Si te parece, podríamos visitarla luego de mi regreso de España.

—Perfecto. Me está reclamando que la visite y la verdad es que, desde que usted, *signorina* Fernán, llegó a Florencia, a la pobre la tengo olvidada.

Con el ajetreo que sufría su vida personal, a Emilia se le había borrado por completo de la memoria el tema del cuadro. Pero ahora que él lo traía a colación, pensaba que sería bueno averiguar algo sobre la obra que tanto habían anhelado sus abuelos Abril y Juan Bautista. Y más, si eso servía para conocer a la madre de Fedele. A estas alturas, ya deseaba conocerla. Claro que en su estado sería todo un tema. Tal vez, hasta tendrían que explicar que estaba embarazada.

«Paso a paso, Emilia», se decía buscando tranquilizarse, tal como había aprendido de su italiano.

Un rato después, los dos veían el noticiero tendidos en la cama de Fedele; a él no le gustaba perderse ni el de la mañana ni el de la noche. Llevaban diez minutos escuchando cómo iba el paro de trenes, cuando una pequeña caricia, una o dos palabras, bastaron para que comenzaran a besarse con ganas y terminaran haciendo el amor, como siempre que estaban juntos. Emilia no recordaba haber vivido esta clase de locura con Manuel; la habían pasado bien, sí; pero esto era otra cosa. Fedele se le acercaba y ella ya estaba lista. Su aroma, la forma de tocarla con sus manos grandes, esa boca que la perdía y la forma en que se movía dentro de ella, sin prisa, sin pausa, la volvían loca.

Fedele, por su parte, se asustaba del sentimiento inmenso que crecía dentro de él hacia esa chica argentina que, apenas un mes y medio atrás, no conocía.

Y esa noche, abrazados en la penumbra del cuarto iluminado sólo por las luces de la televisión que canturreaba noticias que ellos no escuchaban, Fedele pensó que le pediría que se quedara a dormir; la cama sin ella era grande, la extrañaba demasiado. Y entremezclado con una voz masculina que anunciaba que el paro tranviario seguiría, ambos se preguntaban: ¿se puede seguir viviendo como si nada después de haber conocido esto?, ¿podían separarse y no verse más después de compartir tanto?

Capítulo 19

¿Por qué mi conducta os parece tan fea? ¿Por qué es un crimen? ¿Y qué significa la palabra «crimen»? Mi conciencia se halla tranquila.

FIODOR DOSTOIEVSKI, *Crimen y castigo*

Piacenza, 2008

Día 9

En el castillo de Berni, las empleadas, encerradas en la cocina, comentaban que algo extraño estaba sucediendo en la casa. Las últimas semanas su patrón había permitido que los horarios establecidos en la mansión se trastocaran; Berni ya no almorzaba ni desayunaba a la hora señalada ni en los lugares de siempre; tampoco comía lo que solía estipular el variado menú del castillo; a lo sumo, consumía un pedazo de queso mientras estaba en el escritorio, una copa de vino sentado en el parque, o unas aceitunas mientras miraba los objetos de la sala. Por estos días, el cocinero se pasaba la jornada sin mucho que hacer, salvo una comida en la cena, la que, muchas veces, aunque se servía en el salón dorado atendiendo el protocolo, quedaba sin tocar. ¿Qué estaba pasando? ¿Qué era tan grave como para abandonar lo que todo ser humano debe hacer obligatoriamente cada día?

Berni, que esa mañana casi desde la madrugada, buscaba un libro en la biblioteca y al fin lo había encontrado, les respondería: «Es la libertad», aunque ellas nunca se atreverían a preguntar. La independencia de saber que, si la vida de uno se acaba en breve, no hay ya más necesidad de seguir las reglas de nada, ni de nadie. Se vuelve moneda corriente comer cuando se quiere, no atender los teléfonos, no salir de la casa, escuchar Vivaldi a las tres de la mañana, no ponerse zapatos por dos días, acostarse a dormir a la hora del almuerzo porque uno se pasó la noche leyendo. En síntesis, que la vida y sus convenciones se vayan lisa y llanamente al carajo».

Claro que, cuando alguien decide salirse del circuito preestablecido en el cual nos hemos puesto de acuerdo todos los seres humanos, los que lo rodean comienzan a ponerse nerviosos, no tanto porque teman por esa persona, sino por envidiosos, ya que es lo que todos siempre quisieron hacer y no se animaron. Pensó Berni al terminar de leer la página 210 de *Crimen y castigo*, mientras se identificaba con Rodión Raskólnikov, que decía: «¿Por qué mi conducta os parece tan fea? ¿Por qué es un crimen? ¿Y qué significa la palabra "crimen"? Mi conciencia se halla tranquila.»

Porque lo que no saben los que nos rodean, por ser el reverso del bordado del tapiz, es que esta libertad es extraña y casi ficticia, esta emancipación se gana por ser esclavo de la idea que la vida se va. Complicado pero real.

Aún con el volumen de Dostoievski en las manos, Berni fue hasta la puerta y le dio la orden a una de las mucamas que le trajera una copa de *ortrubo* y un plato con almendras; ese sería hoy su desayuno.

En minutos, la mujer entró a la sala con lo solicitado y lo dejó en la mesita ubicada junto a Berni, quien, leyendo absorto, ni la miró. Ella, mientras se retiraba, pensó: «¿No decía yo? Acá está pasando algo raro, vino y almendras a las ocho de la mañana... Hum...».

Berni, sin abandonar la lectura, tomó un sorbo de la copa y su paladar dijo: «Rico, potente». Luego, tomó una almendra y su boca señaló: «Dulce, mantecosa».

A continuación, engulló dos, tres, pero a la cuarta, se la sacó de la boca. Estaba amarga, tomó otra... también, amarga.

—¡Carajo! ¡Es que estas empleadas me quieren envenenar!

Y al decirlo, se sintió ridículo; él, que pensaba en quitarse la vida en esa semana, ahí estaba preocupándose por la amigdalina que contenía la almendra y que, al mezclarse con la saliva, se hacía azúcar, benzaldehído y cianuro de hidrógeno, ese potente veneno. Porque veinte almendras amargas bastaban para matar a un adulto y diez, a un niño. Por eso es que había que escupirlas sin dudar. Pero a él, ¿qué podía importarle? ¿Qué miedo podía tenerle a esas almendras silvestres y peligrosas que se habían colado entre las buenas porque el injerto en la planta no salió bien?

Mientras miraba la almendra que tenía en la mano, pensó: «¿Desde cuándo él sabía esa información?». Y entonces, lo recordó: desde que una chica de cabellos castaños se lo había contado muchos años atrás, bajo la pérgola, con el árbol de almendras amargas al frente. Lo recordó como si fuera ayer...

Florencia, 1967

El patio de la *Academia Pieri* se había convertido en el sitio más trascendental de la propiedad; aunque no para todos, sino sólo para dos personas. Como suele suceder con algunos lugares en la historia de una pareja, el patio se había vuelto tan importante que parecía haber estado allí aguardando durante años a que ellos llegaran. El árbol de almendras amargas era fiel testigo de las charlas y las miradas que Adela Pieri y Benito Berni se prodigaban.

Hacía una semana que ellos dos, antes de que Benito se reuniese con Pieri en su oficina, se juntaban allí; daba la sensación de que siempre se encontraban de pura casualidad, pero lo cierto era que Berni iba al lugar una hora antes y que ella ya estaba esperándolo bajo la pérgola quién sabe desde cuándo; el encuentro se producía como si hubiera un pacto tácito. La soledad del lugar les permitía entrar en un pequeño mundo propio; tanto, que difícilmente en otro sitio que no fuera este patio Benito se hubiera olvidado de que el apellido de Adela era Pieri. Era uno de esos encantamientos que, para bien o para mal, logran ciertos lugares mágicos en complicidad con el amor.

Esa tarde de sol, el patio parecía más luminoso que nunca cuando ella le dijo:

—Es una pena que usted viva en Roma.

—¿Por qué?

—Porque si viviera en Florencia, podría seguir viniendo aquí siempre. Imagino que en unos días usted regresará a su casa.

—Todavía me quedan un par de semanas más aquí. Destiné este mes para estar en su ciudad.

—De todas maneras... usted se irá.

—¿Y eso le da pena?

—Sí, claro —contestó ella sin dudar.

Adela era demasiado sincera e inocente para responder otra cosa. Ella no jugaba a los mismos juegos que las otras mujeres. Benito, hombre experimentado en ellas, se daba cuenta; eso era lo que le gustaba de Adela; ella no era como las demás que él había frecuentado, las que desde su época en Rusia hasta ahora habían sido muchas, porque parecía que estas siempre iban tras él. Adela no seguía las reglas de ese juego, sino que a ella la guiaba la naturalidad y la franqueza.

Benito se las vio claramente en los ojos cuando ella le respondió con ese «Sí».

—Sabe... Yo también la voy a extrañar —dijo él. Y acercándose a Adela, hizo lo que siempre hacía cuando tenía una mujer cerca y a su merced: besarla. Él no sabía relacionarse con ellas de otra forma que no fuera la física. Los acercamientos emocionales para él eran desconocidos.

Pero esta vez, al sentir esos labios, y ese perfume a rosas, le supo diferente, como si en su interior algo más profundo también respondiera, algo que no sólo era su cuerpo de hombre. Se besaron durante unos instantes, pero bastaron para cambiarlo todo; ese beso ponía patas arriba todo su mundo: el presente, que se enredaba sin remedio para ambos; el pasado, que clamaba venganza, y ahora, por ese beso, no sabía si se quedaría sin su desquite, y hasta el complicado futuro, que, timorato, no se atrevía a cobijarlos juntos.

Después del beso, Benito le tomó las manos, y así, en silencio, se quedaron un largo rato, disfrutando de la tarde y la cercanía, hasta que, al escuchar los pasos de Pieri, que venía por Berni para seguir trabajando, la soltó.

Durante la semana siguiente, el patio acrecentó su encanto y se transformó para siempre en ese lugar importante que tienen las parejas enamoradas, que, aunque pase el tiempo o ya no estén juntos, siempre recordarán como su nido, porque allí aprendieron a quererse...

En ese lugar idílico, entre Adela y Benito había nacido un fuerte sentimiento, sólo que él luchaba contra este, lo ahuyentaba, lo corría y únicamente lo dejaba volar en libertad durante esa hora que pasaban en el patio; porque cuando estaba en la casa de la familia

Pieri, la sola vista de todos los objetos que le habían robado bastaba para que él pusiera todas las cosas en orden, en donde debían estar. Pieri era el apellido maldito.

* * *

Benito llevaba casi dos semanas reuniéndose con Pieri en la academia y frecuentando su casa durante la cena; vestirse para estas ocasiones le llevaba su tiempo, así como peinarse su cabello claro y perfumarse con loción francesa; lo mismo para Adela, aunque su arreglo era sencillo y su colonia, agua de rosas.

Durante las veladas, la señora Pieri, como buena italiana, se la pasaba hablando de comidas; las dos hermanas menores, Rosella y Lorella, riéndose y conversando entre ellas; mientras que Pieri metía uno que otro bocadillo sobre el trabajo, Benito y Adela no paraban de mirarse. Distintas eran las sobremesas, en las que los hombres sentados cómodamente en la sala hablaban de lo que debían resolver. Esa noche, hallándose solos después de la comida, mientras esperaban que María Pieri les trajera un café, volvieron al tema que los mantenía en vilo:

—Creo que mañana podremos firmar los contratos —señaló Benito pasándose la mano por el cabello claro intentando echarlo hacia atrás. Se hallaba molesto; hacía varios día que redactaba sus cláusulas con sumo cuidado; lo hacía sin apuro, en su afán de pasar tiempo con Pieri y así aunar lazos con él para que le dijera que sí a su propuesta de comprarle los objetos. Pero comenzaba a hartarse de ponerle buena cara a alguien que despreciaba tanto; por momentos, creía que perdería la paciencia, se levantaría del sillón de la sala y le diría a Pieri lo que siempre había pensado de él. Sólo lo mantenía firme en su actuación el saber que estas eran las reglas del juego para conseguir lo que se había propuesto.

—¿Y a partir de la firma, cuánto tiempo tengo para desocupar la academia? —dijo nervioso, pasándose la mano por la calva.

—Dos meses —le respondió Benito mirándolo imperturbable con sus ojos azules.

—Es tiempo suficiente para ponerla en funcionamiento aquí, en mi casa, aunque aún no sé si también perderé la vivienda. Además, no tengo el dinero para hacer la remodelación que se necesitaría.

–Podrá usar su casa con una hipoteca que deberá pagar en el banco mensualmente. Y respecto al dinero para la remodelación... no se preocupe, ya aparecerá –dijo Benito pensando que, tal vez, esa noche, al fin tendría la oportunidad de hacerle la propuesta que venía pergeñando.

–No crea que será tan fácil conseguir el dinero –especuló Pieri.

Benito decidió arriesgarse e hizo el teatro que correspondía. Se levantó de su sillón y, como al descuido, con las manos en el bolsillo de su pantalón oscuro, se acercó a los cuadros de Fiore y de Manguardi y comentó:

–¿Y por qué no vende estas pinturas? Le darían buen dinero.

–No sé si vale la pena. Alcanzaría para poco.

–También están los de la punta –dijo señalando las otras pinturas que, sabía, bien valían mucho.

Pieri se alzó de hombros y perdió su mirada en algún recuerdo lúgubre sobre el origen de los cuadros. Benito Berni, metido en su actuación, se animó a más:

–Hasta podría vender el tapiz antiguo, la escultura de las dos niñas, la de Neptuno... son buenas obras... yo, como anticuario, lo sé.

–Pero tampoco alcanzaría.

–Venda todas las antigüedades que tiene en la sala –dijo quitando una basurita del puño de su impecable camisa, como si hacer esto fuera más importante para él que lo que proponía.

–¿Le parece? –preguntó incrédulo Rodolfo mientras abría los ojos, extrañado.

Al verlo dubitativo, Berni se preguntó a sí mismo: «¿Acaso se me está yendo la mano?». Y se respondió que no. Entonces, se animó a redoblar el riesgo:

–Yo podría encargarme de buscarle un comprador.

Pieri lo miró profundo y, terminante, respondió:

–Tendría que pensarlo. Lo que sí quiero mañana es leer tranquilo el contrato que voy a firmar. ¿Me pasaría una copia temprano, por favor?

A Benito la frase le dio rabia. Esas cosas que estaban en la sala eran de él; las quería; llevaba años esperando hacerse de ellas, tramando el momento de recuperarlas.

–Y bueno, Pieri, usted sabrá. Tal vez sea tiempo de cerrar su academia y de no volver a abrirla más –dijo maligno. El tacto se le estaba acabando.

A Pieri la idea lo lastimó, amaba lo que hacía. Además, era el medio de sustento de él y su familia.

—Eso es imposible... Déjeme pensar lo de la venta de las cosas.

—Como quiera —dijo Benito molesto al ver que la conversación llegaba a su fin porque la señora Pieri, siempre de impecable rodete, se acercaba con café para todos. Adela, a su lado, traía un plato con *sfogliatella*; pero ni las veía; sus ojos eran sólo para Berni que, en esa velada, ella lo hallaba más lindo que nunca con su traje oscuro y su camisa de color celeste haciéndole juego con los ojos.

Esa noche, Benito Berni se disculpaba, no probaba el café, ni los dulces y se retiraba apurado. Pieri, cabizbajo, dejaba que su hija Adela lo despidiera acompañándolo hasta la puerta. Él todavía no le había contado a su esposa la gravedad del asunto y ya iba siendo hora de ponerla al tanto; tal vez, con una taza de algo caliente y una *sfogliatella* podría explicarle que muchas cosas iban a cambiar para mal en su casa.

Berni se iba furioso. Pieri no le había dado el sí a la forzada venta que pretendía. Hacía quince días que estaba detrás de él, tratándolo con deferencia, dándole charla. Y hoy, al hacerle la propuesta, le decía muy campante que lo pensaría. «¡Maldito hombre!», se dijo a sí mismo, mientras caminaba rumbo a la salida.

En la puerta, de vestido rosa e inocente a su enojo, Adela se le acercó para darle un beso en la mejilla como lo hacía todas las noches al despedirlo; jamás se besaban de otra forma, salvo en la romántica soledad del patio de la academia, bajo la pérgola frente al almendro.

Pero Berni, furioso, casi fuera de sus cabales, aprovechando que la noche era oscura y que por la puerta de calle no pasaba nadie, tomó a Adela entre sus brazos y la besó sin contemplación, como nunca lo había hecho. Casi con violencia la puso contra la pared y pegó todo su cuerpo de hombre contra el de ella. En su interior, se le confundían los sentimientos: la rabia por la negativa de Berni, el deseo por ella, las ganas de herir a Pieri como fuera y las de saciarse como hombre. La besó enardecidamente, más y más, y ella se lo permitió. En medio de esa boca, Adela perdía la claridad de los límites que debía poner. Mientras la besaba, Berni bajó sus manos por la cintura y deslizándolas le tocó las nalgas; ella se estremeció. Una buena chica no podía permitir estas cosas, pero Benito era su debilidad. «Tenemos una relación especial», pensó, y lo dejó avanzar todo lo que él quiso. Por eso, Benito no halló obstáculos para introducir sus dedos bajo la falda de Adela buscando más; el gemido de ella le dio la certeza de que lo había encontrado. Él conocía muy bien el cuerpo de una mujer; sabía cómo lograr lo que quería. Y con Adela lo había logrado.

Llevaban minutos de besos salvajes en la puerta, cuando Berni, respirando agitado, a punto de abrirse el pantalón, se dio cuenta de que debía parar. Si no lo hacía de inmediato, terminaría tomándola allí mismo contra el muro porque ella se lo permitiría.

Unos instantes de silencio, una tentativa de sosiego y, ya más calmos, se despedían; ella, sintiéndose otra, ya no sería nunca más la misma, su cuerpo había sido tocado por un hombre por primera vez; él, enojado, por no haber logrado ninguno de sus cometidos: ni Pieri había aceptado su propuesta, ni sus instintos sexuales habían sido satisfechos. Y una pregunta aumentó su confusión: ¿qué sentía él por Adela? Porque, en verdad, se sentía mal por lo que había hecho; jamás le había pasado nada parecido con ninguna chica con las que había estado; ni con las buenas, ni con las malas.

Una cosa era cierta: esa noche habían cruzado una barrera. Pero la culpa de lo sucedido no era suya, sino de Pieri, se justificaba Benito, quien, buscando herirlo, lastimaba a Adela; y a través de ella, a él mismo.

* * *

Dos días después, el ansiado contrato era firmado por Pieri. Así, la academia, inexorablemente, se perdía; y sobre la casa pesaba una deuda con el banco, según lo estipulado por el abogado de Berni.

Esa mañana, desesperado, sentado en su oficina, todavía con la lapicera en la mano, Pieri pronunciaba las palabras que Benito había esperado por años:

—Escúcheme, Berni, busque un comprador para mis cosas. Voy a vender todas las obras de arte que tengo en mi casa.

Berni se puso su máscara y le respondió:

—Perfecto, Pieri, me pondré en campaña.

Sólo la voz algo quebrada lo delataba. Tosía y se excusaba con que estaba algo resfriado. Luego, pidió permiso, se retiró al *toilette* y allí, frente al pequeño espejo del lavatorio, su rostro atractivo de hombre, lloró con lágrimas de niño. Fueron las primeras desde aquellos dos fatídicos días que pasó encerrado; fueron las primeras desde que lloró bajo el árbol cuando escapó, fueron las primeras desde que tenía diez años.

Luego, se lavó la cara y, algo repuesto, se puso nuevamente su máscara de seguridad, se presentó en el escritorio de Pieri quejándose de que un catarro lo tenía a mal traer y le explicó sucintamente cómo concretarían la operación.

Él se haría cargo de manera personal de esta negociación. Además, explicó que, gracias a la relación de extrema confianza que mantenía con Giuseppe Conti, podría extenderle un cheque por el monto total. Y con la rapidez que merecía el estiletazo final, Benito indicó que las piezas deberían ser trasladadas a Roma esa misma semana. Para hacerlo, él contaba con gente de confianza que se encargaría de transportarlas en las mejores condiciones. Por último, cuando los objetos llegaran a la capital, él, personalmente, se encargaría de encontrarles un comprador.

La maquinación del plan era perfecta.

Sin embargo, Benito tuvo un escollo insalvable para dar por terminado el negocio. Pieri quería quedarse con el retrato realizado por Giovanni Boldini y se negaba a venderlo. Para sostener su obstinación, argumentó que ese cuadro le gustaba demasiado, que admiraba al pintor desde joven, que tenía la pintura desde hacía mucho tiempo... Al oírlo, Benito sintió cómo le hervía la sangre. «¡Maldito hombre!», dijo otra vez. ¿Querer explicarle a él desde cuándo tenía el cuadro? ¿Querer mostrarle su faceta de hombre sensible por el arte, cuando aquella vez, en el castillo, la vida humana no le importó nada?

Berni, apostado en su frío papel, disimulaba y trataba de convencerlo de los beneficios de la venta; pero no podía.

El pequeño traspié extendía para todos una semana más las tratativas. Berni llenaba esos días de intentos para persuadir a Pieri. Las propuestas tentadoras no debían parecerlo tanto, ni tampoco el maestro debía notar su desesperación.

Adela agradecía la postura endurecida de su padre y colmaba sus horas con la compañía de ese hombre que había ganado su corazón.

María y Rodolfo Pieri veían algo positivo en lo que estaba pasando; creían que no había mal que por bien no viniera porque esta pérdida económica parecía traer una ganancia: Adela, su hija mayor, quien a los veinticuatro años todavía no se le había conocido novio, y quien tenía bordado por ella misma desde hacía bastante su ajuar de sábanas y toallas blancas con rosas rococó, al fin, le interesaba este hombre romano de negocios. Evidentemente, ella había conquistado a Benito, quien, para más, era muy atractivo. A la mujer no le pasaba desapercibido cómo el joven miraba a su hija. Por eso, ella misma facilitaba que Adela lo despidiera en la puerta, ya que esa era la oportunidad para que estuvieran solos. «Porque… ¿qué cosa tan grave podía pasar en la puerta que daba a la calle?», se preguntaba ingenuamente María Pieri esa noche, mientras Adela estaba en el zaguán a punto de salir y ella, frente al espejo de su cuarto, se soltaba el cabello claro del rodete.

Capítulo 20

Florencia, 2008

En el aeropuerto de Florencia, frente a la puerta de embarque, todo era adrenalina. Los que no se verían por un tiempo, se despedían a los abrazos, deseándose a viva voz los buenos deseos; los que viajaban juntos, charlaban fuerte, haciéndose bromas; los que caminaban apesadumbrados, iban nerviosos y ensimismados en sus pasaportes y trámites. Pero entre tanta gente había una pareja que se miraba de forma entrañable; ella lloraba, él estaba a punto de hacerlo. Emilia y Fedele se despedían; ella se iba a España. Era la primera vez que se separaban desde que se habían conocido; les parecía mentira que alguna vez no hubieran estado uno en la vida del otro.

Emilia, con el vestidito blanco de flores y las sandalias bordó de Positano; él, de *jean* y camisa celeste. Con esa ropa, a ella todavía no se le notaba ni un poco el embarazo. A la vista de todos los pasajeros, componían una simple pareja de novios. Pero rodeándolos como un manto invisible, había una historia de amor singular que los volvía diferentes y que los hacía sentir distintos en todo momento. Él no dejaba de mirarla a los ojos; ella, en ocasiones, desviaba la mirada hacia insignificancias: su reloj, el broche de su cartera, el monitor de los vuelos que tenía a unos metros. Temía que, si sólo se concentraba en los ojos oscuros y profundos de Fedele que esa mañana se metían dentro de ella, terminaría llorando y no podría parar más de hacerlo.

—Emi, ya sabés: usá la *BlackBerry* que te di para hablarme. Podés hacerlo a cualquier hora.

Él le había comprado ese aparato porque entre los países europeos había buenos paquetes para comunicarse. Además, podrían mantenerse en contacto permanente con los mensajes. Fedele, incluso, le prometió que le hablaría del teléfono de su casa al del hotel. Ese era el plan; y a él lo tranquilizaba.

—Haceme una llamada apenas llegues y me avisás que está todo bien —le pidió Fedele.

—Sí —respondió Emilia. Era la tercera vez que se lo decía en la última hora. Pero a ella no le molestaba el pedido; por el contrario, la hacía sentir querida.

Que ella se fuera de su lado, a Fedele lo llenaba de tristeza y melancolía. Pero que se marchara a España, más precisamente a Madrid, lo angustiaba, lo llenaba de tensión porque en alguna parte de su cerebro se unía esta historia con la de la pérdida sufrida. No podía evitar pensar en esa ciudad y revivir todo lo que él había sufrido allí. Hubiera preferido que Emilia se fuera a cualquier otro lado porque Madrid le daba miedo. Sabía que era idiota pensar así; se daba cuenta de que era imposible que algo similar volviera a ocurrir justo en el momento en que Emilia viajaba, pero no podía dejar de tener miedo. Viejos temores se apoderaban de él, antiguas heridas parecían abrirse. Temía que Emilia, por alguna razón, se le desapareciera de su vida como ya le había pasado con Patricia.

No quería que Emilia se fuera a España...

No quería que Emilia se fuera...

No quería que Emilia...

No quería...

La deseaba sólo a su lado y soñaba con que todas las demás posibilidades desaparecieran. Pero respetuoso, sólo repetía de forma coherente:

—Emilia, cuidate, comé.

Él sabía que ella era propensa a no hacerlo; ella misma se lo había contado.

—Fedele, yo ya no soy la misma; ahora me gusta la comida.

—Me alegro; eso es lo normal.

—Vos hiciste que me guste.

Él sonrió y con su dedo índice le hizo un cariño sobre los labios.

—¿Me vas a esperar...? —preguntó Emilia. Ella también tenía sus miedos; se había enamorado de un hombre estando embarazada. ¿Y si a Fedele se le cruzaba otra mujer? Pensó en la chica rubia que lo ayudaba en el restaurante y no le gustó. Hubiera deseado poder pedirle que se subieran al auto de nuevo, cancelar el viaje a España y que la

216

llevara al departamento. Pero era imposible; ella estaba allí por trabajo; y ahora, más que nunca, debía cuidarlo. Pero esa chica rubia...

—Claro, tonti —le dijo él justo a tiempo para que ella no se volviera loca.

Emilia miró el pasaje que tenía en la mano. Decía que debía embarcar a las once horas. Controló su reloj; faltaban dos minutos. Los altoparlantes que anunciaron el vuelo, le confirmaron que debía hacerlo. Se miraron de nuevo; la puerta de embarque la esperaba, algunas personas a su alrededor comenzaban a entrar.

—Te quiero, Emilia. Volvé pronto.

—Yo también te quiero... —los ojos de Emilia se aclararon más que nunca...

Se besaron en la boca y al cabo de unos minutos, ella desapareció por la puerta cuatro. Las máquinas que escaneaban los bolsos de mano la esperaban. España y una semana de vida solitaria, también.

* * *

Emilia llevaba tres días instalada en un hotel madrileño de la Gran Vía, y sentía que ese tiempo era toda una eternidad. No le bastaban las llamadas que se hacían con Fedele; lo quería con ella, a su lado.

Había visitado algunos restaurantes, y aunque la comida era deliciosa, ella apenas si la probaba; extrañaba y se le hacía un nudo en el estómago cada vez que tenía el plato sobre la mesa. No podía evitar identificar la comida con Fedele. Y él no estaba. Ni siquiera disfrutaba de caminar por la Gran Vía, ese paseo que en otros viajes había sido uno de sus preferidos; ahora, los negocios no le atraían. ¿Qué comprar? ¿Ropa de embarazada? No. Había terminado comprando una camisa de color negro para Fedele y un collar para ella, pero ninguna otra cosa más.

Pensaba en su nota, en ideas para hacerla interesante, en la elección de los restaurantes. Las visitas a los lugares seleccionados no la alegraban, ni la distraían lo suficiente y su cabeza volaba a Florencia. Un pedazo de alma se le había quedado allá.

Porque ni el pulpo a la gallega, ni las tortillas de papa, ni las paellas, ni ningún pincho sofisticado lograba despertarle el apetito y había vuelto a las viejas andanzas: «Otra vez me peleé con la comida», se decía a sí misma. Con Manuel había hablado una vez pero tuvieron que cortar porque los horarios no les combinaban y él estaba apurado. Como siempre, Manuel a veces estaba bien; otras, mal; seguía inestable, aunque más interesado y cariñoso.

Contaba los días con la mano: restaban cuatro para regresar a Florencia, pero todavía le faltaba recorrer la zona gastronómica de Barcelona. Había visitado Segovia y en un mesón había pedido el típico cochinillo asado en horno de barro. Pero al probar un bocado, sólo uno, se quiso ir del lugar porque... ¡le había dado lástima el cerdo! Estaba más sensible que nunca. Esperaba que la nota saliera bien porque ella no estaba tan inspirada como en la anterior.

Sólo un momento esperaba con ansias y era la larga llamada que se hacían con Fedele durante la noche, al final de la jornada. Conversaban casi dos horas de todo, de cómo había sido el día de ambos, de cómo le iba a Emilia con las experiencias culinarias que coleccionaba para su artículo, del movimiento que ese día había tenido *Buon Giorno*... Pero también de mil cosas más que a veces no tenían que ver con el presente. La noche anterior habían terminado hablando de cuando ella era chica y su abuelo Juan Bautista la mimaba. Y Fedele, por su parte, no pudo dejar de lamentar que no había conocido a su abuelo paterno y que con el materno había tenido poca relación. Al escucharlo, a Emilia le dio pena porque ella había disfrutado mucho de sus abuelos. Pensaba que Fedele era un hombre realmente especial, un sobreviviente, porque en su vida había tenido muchas carencias y dolores; sin embargo, allí estaba, siempre optimista y de buen humor, llevando adelante un gran resturante, haciendo negocios para extenderse. Sólo alguien con una forma de ser y una historia como la suya podría haberse enamorado de ella, en su estado. Se sentía muy agradecida de haberlo conocido.

Estando al teléfono les gustaba conversar de todo, porque, a veces, en medio de los temas más dramáticos, como que la madre de Fedele lo había criado con mucho sacrificio, la conversación luego giraba a cuestiones más banales como cuáles eran sus gustos preferidos de helado –frutilla para ella, chocolate para él– o cuáles habían sido las mejores vacaciones –Punta del Este para ella, las playas de Lido, en el mar Adriático, para él– o hasta cuáles eran sus perfumes preferidos.

La mañana en que Emilia llegó a Barcelona, dejó las cosas en el hotel y de inmediato salió a caminar. El verano se hacía sentir; por eso, quería hacerlo antes de que apretara más el calor. Cuando paseaba por la parte antigua de la ciudad, en medio de las callejuelas góticas y angostas, una casa de ropa para niños y bebés captó su interés. Era la primera vez que le pasaba. Entró. Era un lugar con prendas muy lindas y exclusivas, muy a lo europeo, con estilo *chic*. La vendedora estaba entretenida con otra clienta que buscaba un regalo. Emilia se dedicó a recorrer con detenimiento el local, mirando cada ropita primorosa que tenían allí. Prendas impensadas para ella hasta ese momento. Jamás había pensado que hubiera tantas y tan lindas. Y mientas observaba los percheros, una, en especial, llamó su atención. Era un enterito de terciopelo, blanco en el tronco y negro en las piernitas y brazos, la capucha tenía orejas aterciopeladas y ojos también oscuros... ¡Semejaba a un osito panda! Esos, que a ella tanto le gustaban. Casi creyó ver a un osito de verdad. Le parecía muy tierno; pero al mirarlo con detenimiento, pudo imaginarse a un bebé muy chiquito metido dentro de esa ropa y se enterneció más aún. Por último, se dio cuenta de que ese bebé que estaba imaginando era su hijo, el que llevaba dentro de ella y pudo figurarse su carita, sus manitas... Y entonces, por primera vez, su hijo se le hizo real. Tocándose la panza, lo pensó durmiendo boca abajo dentro de ese enterito y con la capucha puesta. Muerta de ternura, de emoción y de amor, todo al mismo tiempo, lo primero que vino a su mente fue que le hubiera gustado compartir este momento con Manuel, que era el padre. Sin embargo, él estaba lejano en este asunto y de inmediato vino a su cabeza Fedele. Buscó en el bolso el teléfono móvil, le sacó una foto a la ropita de oso panda y enseguida se la envió a Fedele. Habían pasado tres minutos y el celular sonaba. Era Fedele.

—¿Estás de compras? —dijo divertido.

—No, es que entré a una casa de ropa de bebé y este osito me enterneció.

—Compralo, me encanta.

—No sé, es muy caro. No sabés lo divina que es la casa —dijo ella mirando a su alrededor, deseando que Fedele pudiera verla.

—Compralo, yo se lo regalo.

—No.

—Sí. ¿Sabés por qué? Un día todo esto habrá pasado, las grandes decisiones se habrán tomado, y vos y tu hijo estarán bien, él lo tendrá puesto y te acordarás de este momento. Esa ropita será el recordatorio de que todo salió bien.

Hubo un silencio del otro lado.

—Me lo vendiste, lo voy comprar —dijo Emilia sonriendo. Pero con la reciente imagen que se había formado de su hijo y con lo que acababa de decirle Fedele, tenía muchísimas ganas de llorar. Hacía un mes que estaba en constante emoción. Pero se contuvo y hablaron dos palabras sobre cómo marchaba el día. Luego, se despidieron hasta la noche.

Media hora después, ella salía con una bolsita de color lila en la mano. Adentro llevaba un osito panda. Según Fedele, este sería el recordatorio de que toda su historia había salido bien.

Pero al repasar su situación, se dio cuenta de que estaba a muchos kilómetros de su casa, en un país extraño y que con el padre del niño apenas si había hablado tres veces desde que supo que estaba embarazada. Pensó que a Fedele sólo la unía ese teléfono que llevaba en su bolsillo; si lo perdía, estaba en las manos de él si quería llamarla al fijo del hotel. Su vida estaba en la cuerda floja; apretó fuerte su bolsita lila. Allí estaba el recordatorio de que todo saldría bien. Lo hizo sin sospechar cuántas veces necesitaría un osito panda al que aferrarse en los meses siguientes.

* * *

Haber entrado a esa casa de ropa de bebés, para Emilia había sido mucho más importante de lo que en un primer momento le había parecido; imaginarse a su hijo, ponerle un rostro y una forma a sus manitas, para ella había sido volverlo real. Y eso le daba la convicción para ser fuerte y llevar adelante lo que estaba por hacer. Iba a contarle la noticia a su padre, necesitaba hacerlo.

Esa noche, vestida ya con su pijama de naranjitas, tendida en la cama del hotel, el momento elegido había llegado. Le hablaría a Fernán con la verdad. Él necesitaba saber que su hija estaba embarazada. Tenía una hora para hacerlo antes de que Fedele la llamara como cada noche.

Marcó toda la tracalada de números necesarios para comunicarse con Argentina y, satisfecha, escuchó que sonaba una y otra vez hasta que del otro lado de la línea oyó la voz querida diciéndole «Hola».

—¿Papá?

—Sí... ¡Emilia!

—¡Papi! ¿Cómo estás?

220

—Bien, hija, bien. Me llegó tu *mail* diciendo que te ibas a Barcelona. ¿Ya estás en esa ciudad?

—Sí...

—¿Y... qué tal? ¿Todo bien?

—Sí.

Decidió insistir; era raro que su hija hablara así porque sí. Cuando Emilia viajaba, ellos se comunicaban por *mail*; muy pocas veces lo hacían telefónicamente.

—¿Pasa algo, Emi?

—Es que tengo algo para contarte y ya no puedo seguir sin hacerlo.

—¿Algo para contarme? Hablá, hija, no me hagas preocupar.

—Bueno, primero, para que no te alarmes, te digo que estoy bien, muy bien, sanita y trabajando mucho.

Había que prepararlo, si no, creería que estaba enferma, o que la habían asaltado —como le había sucedido ya una vez en París—, o quién sabe qué otra cosa peor.

—¿Y entonces, hija?

—¡Ay, papá, preparate...! ¡Es un notición...! Algo que lo cambia todo.

Se hizo un denso silencio. Emilia siguió:

—Yo, papá...

—¿Estás embarazada?

—¿Cómo adivinaste?

No podía creer que él lo supiese.

—Soy tu papá... así que estás... —ahora que era real, le costó decir de nuevo la palabra. Pero al fin la dijo—: ¿Embarazada?

—Sí, de tres meses y medio... creo.

—Pero... ¿Cómo te pasó semejante cosa?

—¡Papá..., es de Manuel!

—¿Y qué dice él?

—Nada...

—¡Cómo nada! ¡Algo tiene que decir! ¡Es el padre! —dijo indignado.

—Es que... ¿viste? Justo estábamos mal.

—Emilia, ¿no deberías adelantar tu regreso y volverte?

—No, papá, cuando termine mi trabajo, me vuelvo. Antes no tiene sentido. Y además, como te dije, me siento bien.

—Pero allá estás sola.

—No tanto... me he hecho amigos —dijo, por no decir «un amigo».

—¿Amigos?

—Sí, gente buena.

—¿Cuánto falta para que vuelvas?

—Un poco menos de un mes.

—Mirá, Emilia, si no vas a volver pronto, hablame más seguido… O dame un número y te hablo yo.

—Te paso el de acá, pero en tres días regreso a Florencia.

—¿Otra vez a Florencia?

—Sí, es que allá está la sede de la editorial de la revista para la que escribo.

—¡Cierto! Eso es bueno. Por favor, dales mi teléfono por cualquier cosa, por si necesitan…

—Claro, papá. Pero quedate tranquilo, que estoy bien. Hasta tuve unos días de descanso en la costa amalfitana.

—Sí, leí tu nota, quedó muy linda. La sacaron con una fotito tuya; estabas sentada comiendo en una terraza con una vista hermosa.

—Pasé unos días espectaculares.

—Ay, Emilia, aunque me digas que estás bien, me preocupás… ¡Embarazada! ¡No lo puedo creer! ¿Le aviso a tu hermano y a los demás?

—Sí, avisale a Matías, pero no a todo el mundo. Esperá un poquito que vuelva, no me resulta fácil enfrentar esto.

—Sí, hija, me imagino… Contá conmigo para lo que sea.

—Gracias, papá —se le hizo un nudo en la garganta.

—También con Vilma. Vos sabés que ella es una buena mujer y quiere lo mejor para ustedes.

Lo sabía. La esposa de su padre era buena, ¡pero cómo le hubiera gustado que su madre estuviera viva!

—¿Necesitás algo ahora? ¿Querés que te mande plata?

—Nooo, papá.

—¿Querés que hable con Manuel?

—Nooo, papá. Acordate de que tengo treinta y tres años.

—Sí, pero para mí es como si todavía tuvieras doce.

La respuesta la enterneció; pudo sentir su preocupación y entonces le dijo algunas frases para calmarlo y se vio a sí misma conteniendo a su padre. Él era un divino, cariñoso, pero ya estaba grande y esto lo tendría que enfrentar sola.

Hablaron unos minutos más de trivialidades. Él quería saber si el departamento de Florencia era cómodo, si le pagarían bien los artículos, si se volvía en avión a Florencia, pero cuando su padre otra vez sacó el tema de su embarazo y de cuán preocupado estaba por ella, Emilia decidió que era momento de cortar. Además, en minutos hablaría Fedele. A su papá no le había dicho nada de él, pero, paso a paso. «Es una situación difícil de explicar; ya habrá tiempo de hacerlo», pensó, sin imaginar cuándo y bajo qué circunstancia tendría que contarle que había un Fedele en su vida.

Capítulo 21

Piacenza, 2008

Día 10

En el castillo de Benito Berni había días malos; otros, terribles; algunos, regulares; pero, jamás, buenos.

Ese día invernal era uno de los peores. Como era feriado, sólo había una mucama; todos los demás empleados se habían marchado y la casa estaba más lúgubre que nunca; no había movimiento ni se escuchaba el auto con Massimo, el chofer, saliendo en procura de alimentos o a pagar una cuenta; ni al jardinero podando una planta o enterrando plantines; tampoco a las mucamas cotorreando en la cocina.

Benito Berni había pasado gran parte de la jornada encerrado en la sala. Bruna, la muchacha que trabajaba los días festivos, le había preguntado en dos oportunidades si quería que le corriera las cortinas o que le prendiera las luces, pero él le había dicho que no. A veces, para algunos estados de ánimo era mejor la penumbra. Berni, enclaustrado entre sus objetos queridos, había ido y venido observándolos, retorciéndose entre recuerdos y realidades, culpas y excusas, remordimientos y rectificaciones. Llevaba allí desde las ocho de la mañana; pero, ahora, siendo las tres de la tarde, creía que era momento de salir; temía que, si se quedaba más tiempo, terminara adelantando la fecha que había puesto para quitarse la vida. Y él no quería eso; aún

224

le faltaba recuperar una pieza. Los dolores, la tristeza y la desazón, a veces, eran insoportables.

Decidido, Berni se levantó del sillón y fue rumbo a la puerta trasera para salir al parque de su propiedad; ese que, en los últimos tiempos, pocas veces disfrutaba; cuando salió al exterior, el sol de la siesta le dio de lleno en el rostro y sus ojos azules casi quedaron ciegos con tanta claridad después de la larga sesión de oscuridad vivida en la sala. De inmediato, la sensación de la que había estado huyendo todo el día lo atrapó y, lejos de importunarlo, le agradó, la disfrutó. El sol lo abrazó, y la tibieza y la luminosidad lo envolvieron. Pensó que él conocía muchos soles, pero ninguno como el de su amada Italia. No había visto uno así en los safaris por África, ni en las caminatas por los picos de América, mucho menos en los paisajes asiáticos, ninguno con el brillo del de su país. Recordó que, en Japón, cuando la chica asiática con la que había estado durmiendo, lo llevó a un parque de Tokio para disfrutar de los cerezos en flor y el sol de primavera durante el día del Hanami, lo hizo diciéndole que era el espectáculo más bello y el sol más hermoso... Los cerezos lo eran, pero el sol...

Berni, de pie en medio de su parque, abrazado por la tibieza de la luz, meditaba en lo que decían los japoneses el día del Hanami cuando, en los parques repletos de cerezos en flor, se reunían a reflexionar sobre la mortalidad: la vida era corta y efímera; el sol permanecía; los seres humanos, no.

Y entonces, venían a su mente los diferentes momentos en que él había podido disfrutar del sol de Italia: los días pasados en Sicilia, en las playas de Cinque Terre y tantos otros en donde el astro había brillado más que nunca. Y mientras evocaba aquellos paisajes, su mente voló a un día y a un lugar que durante toda la mañana él había tratado de evitar que fuera... Y sus pensamientos, con el permiso del sol —y no con el suyo—, lo trasladaron a Florencia... y a su juventud...

Florencia, 1967

Esa mañana, Benito Berni, en su cama, abrió los ojos y sintió que el sol que entraba por la ventana de su cuarto del hotel florentino era más luminoso que nunca. ¿Sería verdad o acaso él veía todo diferente porque había tenido una noche exitosa? Durante la cena, Pieri finalmente había aceptado desprenderse del retrato de Giovanni Boldini por un precio razonable. Los tiras y aflojes, al fin, habían terminado, pero se daba cuenta de que el tiempo también había pasado; llevaba casi dos meses instalado en Florencia. Por suerte, Marina, por carta y teléfono, lo mantenía al tanto de que el local marchaba muy bien. Pero aun así, ahora, con todo prácticamente resuelto, iba siendo tiempo de regresar a su departamento de Roma. Ya había conseguido lo que quería: comprar las obras de arte que pronto se llevaría y dejar a Pieri sin su amada academia. En una semana llegaría el camión que transportaría el lote completo y él ya no tendría más nada que hacer allí. Pensar en la partida le dio pena porque dejaría de ver a Adela; con ella —casi podía decirse— tenían una relación. Cada día, se pasaban una hora charlando bajo la pérgola; luego, durante la cena, se observaban mutuamente en la mesa; y más tarde, en el zaguán, alargaban la despedida con besos apasionados. Claro, siempre que a esos pudieran llamarse besos, porque lo que ocurría en la oscuridad de la puerta, cada vez era más osado. Como fuera, esa relación era un imposible. La chica ni siquiera sabía que su verdadero nombre era Benito Berni. Tampoco tenía que saberlo.

Se vistió pensando que debería tener cuidado. Pieri no podía enterarse de que el camión de transporte partiría con los objetos recuperados directamente a Piacenza y no a Roma, como los Pieri creían. Tenía una semana para organizar estos trámites y, también, el mismo tiempo para hablar con Adela avisándole que se iría. Se daba cuenta de que la chica estaba entusiasmada con formalizar un noviazgo, pero lo cierto era que él nunca le había prometido nada. «Este es el fin del vínculo. Esto se acababa aquí sin más», meditó decidido. Y al hacerlo, algo dentro de él lo punzó hasta hacerle doler. Espantó el aguijón pensando que no permitiría que nada le arruinara la mañana. Ese era el día de la victoria que tanto había esperado. Era una jornada de éxito no sólo para él, sino para el apellido Berni; y, sobre todo, para los Berni que ya no estaban en este mundo. Decidió levantarse para ir al centro y comprar una máquina de fotos. Había pensado en plasmar con ella el momento en que se llevara las cosas. Ya vería qué excusa pondría. Pero él quería un testimonio de ese instante memorable.

* * *

Por la tarde, Benito ya tenía organizado el transporte de los objetos. Pero el saber que ya no veía a Adela, por más que trataba, no lo dejaba disfrutar a pleno. ¡Maldición! ¿En qué momento había nacido este sentimiento? ¿Cómo lo había permitido? Aún sin decidirlo, sus pies lo llevaron a paso rápido rumbo a la academia; quería ver a Adela una vez más. Como siempre, iba perfumado con loción francesa.

Pero una vez allí, teniéndola a su lado, sentada en el patio, él no abrió la boca, sino que dejó que ella hablara. Mientras lo hacía, ella aguardaba y aguardaba. Berni tenía que pedirle que sean novios. Lo haría, seguramente, en cualquier momento. Ella no podía haberse equivocado en la clase de persona que había creído que era ese hombre rubio, a quien encontraba algo triste y desprotegido; no, después de todo lo que ella venía dándole en sus furtivos encuentros del zaguán.

* * *

Esa noche, en la casa de la familia Pieri, la cena fue diferente. Por primera vez, los ánimos realmente estaban caídos; con la pérdida de la academia y de las obras de arte que los habían acompañado durante años, la familia no pasaba su mejor momento. En cambio, Benito parecía exultante aunque trataba de disimularlo. Por momentos, sentía que no necesitaba hacerlo, ya que a él también lo atacaba una extraña melancolía.

Durante esa velada, los canelones en la mesa de mantel a cuadros fueron comidos casi en silencio, y todos, hasta las dos hermanas adolescentes siempre charlatanas, esta vez hablaron poco. Sólo Benito fue un poco más locuaz porque debió explicarle a Pieri cómo procederían el día en que el transporte viniera a buscar los objetos. Organizaba y comentaba los detalles. Por ejemplo, hacía hincapié en cómo debían ser embaladas las piezas para que viajaran protegidas. En una semana, el próximo viernes, muy temprano, todo tendría que salir bien.

El postre fue rápido; la sobremesa, corta y sin chocolates; y en pocos minutos, Benito saludó a los Pieri y se dirigió a la puerta acompañado de Adela.

—Así que pronto te irás… volverás a Roma —dijo al fin ella.

—Sí…

—¿Cuántos días nos quedan…? —preguntó dándole el pie necesario para que hablaran de ellos dos. Pero Benito, queriendo aclarar las cosas, ignoró el «nos quedan», y respondió:

—En una semana me voy.

Al decir la frase, sus ojos azules parecieron de hielo.

La contestación hirió a Adela, al igual que el silencio de Berni. Ese era el momento de pedirle un noviazgo y él lo ignoraba.

Por lo que, cuando llegaron a la puerta, a modo de despedida, ella le dio sólo un beso corto en la boca y por primera vez no permaneció allí con él, sino que entró y, diciéndole «Adiós», cerró la puerta.

En el portal, Benito se quedó enojado con un rictus de contrariedad en el rostro. Pero luego, la rabia dio paso a la resignación: esto era lo que tarde o temprano tenía que pasar. Se fue caminando despacio por las calles de la nocturna Florencia, envuelto en una nube de tristeza y estoicismo, con las manos metidas en el bolsillo de su pantalón.

Había pensado que, tal vez, Adela y él podían continuar con sus encendidas despedidas hasta el último día, pero si ella quería alejarse desde ahora, él también lo haría. Aunque por todo el camino y en cada cuadra no hubo una sola vez en que el rostro dulce de ella, su voz cálida y su cuerpo grácil no se le presentaran. La presencia de Adela lo acompañó hasta el hotel, entró con él a su cuarto y se acostó en su cama y, allí, entre las sábanas, y por un buen rato, lo llevó a imaginar las más ardientes fantasías de hombre que lo mantuvieron despierto por largo rato. Porque la chica le gustaba de todas formas y esta era una de las tantas y la única que se permitía sin estorbos de conciencia; porque sólo las físicas eran aceptadas y no las sentimentales. Estuvo así hasta que al fin pudo dormirse; y en sueños repitió lo que no se animaba a pronunciar despierto: «Adela... Adela... Adela».

Al día siguiente, Benito desde temprano se atiborró de trámites, desde ir a los bancos y darle múltiples instrucciones a Marina para su regreso, hasta visitar un mecánico para que controlara su vehículo a fin de emprender el viaje de regreso a Roma. No quería pensar en lo que estaba sucediendo, deseaba aturdirse, nunca le había pasado algo como lo que estaba viviendo y no sabía cómo lidiar con ello. Volvió al hotel recién por la tarde y allí, tendido en la cama boca arriba, mirando el techo con los brazos cruzados por detrás de la cabeza, decidió por primera vez desde que había llegado a Florencia, que no iría esa tarde a la academia.

Adela, vestida de trajecito blanco, mientras lo aguardaba sentada bajo la pérgola, tomó esta ausencia como una clara señal de que la relación iba mal y lloró en la soledad del patio. Cuando regresó a su hogar, los minutos hasta la cena se le hicieron eternos. ¿Él vendría a la casa? ¿Le pediría a ella hablar?

Cuando el llamador de bronce retumbó en la puerta de la casa de la familia Pieri a las ocho de la noche, la pequeña Rosella Pieri fue a abrir y Adela tuvo la certeza de que era él y una oleada de optimismo la inundó. Pero esta se fue perdiendo a medida que la velada avanzó, porque Benito, por más que le trajo, como siempre, una caja de chocolates, desde que entró no le prodigó ni una mirada, ni le dirigió una palabra, sino que se dedicó a charlar con sus hermanas.

Benito les preguntaba a las dos muchachas:

—¿Ustedes también pintan?

—Sí, claro, las tres pintamos desde chicas —respondió Rosella, que era la más entusiasmada con esta tarea, y agregó—: Si quiere, le muestro algunos de nuestros trabajos.

—Me encantaría verlos.

Rosella marchó y enseguida regresó con cuatro lienzos; se los mostró.

—Son los de Isabella y los míos.

—Muy bonitos —dijo Berni con sinceridad mirando los paisajes de la Toscana.

—Si estos le parecen lindos, espere a ver uno de Adela; son los mejores —dijo Rosella llena de admiración por su hermana mayor—. Ya mismo traigo uno.

—No es necesario.

—Pero no me cuesta nada traerlo.

—Gracias, pero sólo me interesa ver los de ustedes dos —dijo sabiendo que a pocos metros estaba Adela escuchándolo.

Rosella, sin terminar de entender la negativa de Benito, añadió:

—Es una pena que no los vea. De todas maneras, ya está la cena.

María Pieri, con la fuente en las manos, llamaba a la mesa, ella había escuchado la charla y había quedado preocupada.

La comida se sirvió, y mientras la degustaban, la charla giró por diversos temas y ninguno de los presentes parecía darse cuenta del alejamiento de ellos dos; las hermanas de Adela secreteaban sobre sus cosas; Pieri sólo tenía en la cabeza lograr sacarle a Berni alguna última ventaja antes de que partiera a Roma; en concreto, le pidió que intercediera ante Giuseppe Conti para que le permitiera quedarse con los muebles de la academia. Sólo para María Pieri el distanciamiento era claro. ¿Qué había pasado entre el joven rubio y su hija? Parecían haber cortado relaciones justo ahora que era el momento de reforzarlas. Terminado el postre, sin paciencia para el café, la misma María se encargó de empujar a Adela para que lo despidiera en la puerta. Su marido seguía ensimismado en sus asuntos; una y otra vez hacía las ecuaciones económicas, pero nunca le cerraban.

Adela, tiesa, junto a Benito, sin saber si comenzar un diálogo o no, caminó hasta la puerta, la abrió, y a punto de hablar con la verdad, él le ganó de mano:

—Adela, avísale a tu padre que mañana no vendré a cenar; tampoco creo que lo haga en los próximos días.

La frase la tomó por sorpresa... «¿Cómo que no vendrá más? ¡¿Por qué?!»

Pero sólo alcanzó a decir:

—Pero si...

—Tengo mucho por hacer —señaló cortante. Y dándole un beso rápido en la mejilla, se marchó sin darle tiempo a reaccionar. Ella se quedó con la puerta abierta y sus ojos fijos en el cartel que justo enfrente rezaba *ACADEMIA DE ARTE RODOLFO PIERI*. Algo estaba sucediendo y ella no alcanzaba a entenderlo. ¿Qué podía tener que hacer Paolo Benito en el horario de la cena? ¡Si él no venía era porque no quería verla! ¿Pero cuál era la razón? Nada tenía sentido, pensaba ella con acierto, porque las ideas coherentes no podían asirse en la mente de Benito para lograr peso en sus decisiones.

Cuando Adela volvió al comedor, María Pieri, ansiosa, se alisó la falda de su vestido floreado y mientras la miraba le preguntó:

—¿Qué pasó? ¿Está enojado?

—No sé, mamá. Pero lo averiguaré —dijo decidida. Porque en el trayecto de la puerta a la sala había resuelto que al día siguiente, después de sus obligaciones en la academia, iría a buscarlo al hotel y él tendría que explicarle qué era lo que estaba pasando. Se lo exigiría.

Benito, ya en la calle, en la oscuridad de la noche sin luna, mientras caminaba rumbo a su hotel, se daba cuenta de que durante esa velada él no había mirado ni siquiera una sola vez las obras de arte que al fin había conseguido y recuperado, aquellas que fueran el motivo de su venida a esta ciudad. Su mundo estaba patas para arriba y eso no le gustaba en absoluto; lo alteraba, lo preocupaba... lo atemorizaba. Caminó más rápido, deseaba llegar al hotel para, allí, poder ser Benito Berni y no Paolo Benito. Reponer su verdadera identidad lo volvía fuerte y frío como necesitaba estar.

* * *

Esa mañana, Adela se despertó nerviosa y estuvo así todo el día. Hizo su trabajo en la academia como siempre, pero a las cinco en punto se cruzó a su casa, se bañó, se perfumó con su colonia de rosas; luego, se puso su mejor vestido, uno rosa lleno de botoncitos; se dejó suelto el largo cabello castaño con dos hebillas a cada lado; y partió. A cada paso que daba por las calles de Florencia se decía... «No me puedo haber equivocado... No me puedo haber equivocado; no, de esta manera.»

Benito, por su parte, dedicó el día a hacer llamadas y a tomar decisiones relativas a su negocio en Roma; Marina, su eficaz secretaria, durante este tiempo había sido su brazo derecho; la chica había ejecutado muy bien su labor, pero había decisiones que ya requerían su atención. Iba siendo tiempo de regresar; él ya había cumplido su cometido en Florencia.

Cuando la tarde comenzaba a caer, regresó al hotel. En el café ubicado frente a la plaza de la Signoria había tomado un *espresso*. El lugar le gustaba, le daba paz, la que él necesitaba más que nunca, porque, en ese horario, su mente y su cuerpo le exigían ir a la academia como lo había hecho cada tarde de los días que había pasado en la ciudad. Una cruel prohibición impuesta por él mismo no le permitía hacerlo. Terminó su taza y se quedó largo rato. Ya sin pretexto, regresó al hotel.

Berni, en el cuarto, sin zapatos, y en pantalón con tiradores y camisa blanca, sentado al borde de la cama, intentaba clasificar los papeles que debía llevarse cuando se fuera, lo que ocurriría en apenas unos días, cuando lograra meter lo recuperado en el transporte. Pero mirando los escritos no terminaba de decidir cuál iba con cuál; le costaba concentrarse, no lograba sacarse el rostro de Adela de sus pensamientos, ni sus besos del cuerpo. Su interior la reclamaba... y el dolor de la ausencia y de la pérdida por momentos se le mezclaba con otros más antiguos, pero parecidos, otros que se remontaban a su niñez. El sentimiento lo asustaba, lo llevaba al límite del desquicio, ese que él una vez ya había conocido; las emociones lo descontrolaban. Y se odiaba por eso.

* * *

Adela caminaba apurada por la calle cuando al fin divisó el hotel, y cruzó de acera. Desde la esquina, levantó la vista y miró la ventana de la punta ubicada en el primer piso. Allí se alojaba Paolo. Deseaba que no hubiera salido, que estuviera. Le pareció ver la cortina corrida. ¿Y si estaba en el cuarto y se negaba a atenderla? Podía ser, esa posibilidad existía; él, después de todo lo que habían compartido, la trataba como a una extraña. Se sintió deshecha ante la idea.

Cuando Adela ingresó al *lobby* y vio que el recepcionista atendía a una persona y otras tres aguardaban su turno, los pensamientos pesimistas tomaron control de ella. Estos se le unieron a la impaciencia y al miedo de que Berni no la acogiera y la llevaron a tomar una decisión osada: fue directo a la escalera y comenzó a subirla. En la recepción, nadie se percató de su presencia. Caminó unos pasos por el pasillo y quedó frente a la puerta que, estaba casi segura, era la de la ventana de la punta. Golpeó y esperó. Un minuto después, apareció Berni. En medias, con el cabello rubio revuelto, la miraba sorprendido. ¡Qué hacía ella en el hotel! ¿Acaso su corazón desbocado la había llamado? O tal vez Adela no estaba allí y él sólo la imaginaba con el vestido rosa puesto y el cabello castaño suelto. A veces, le había pasado con la imagen de sus padres: de tanto soñarlos, terminaba creyendo que los veía.

—¿Puedo pasar…? Vine a verte…

Benito, al oír su voz melodiosa, casi convencido de que era real, la tomó del brazo… Sí, era… El aroma a rosas que se esparcía por todas partes le otorgaba la certeza.

La rodeó con sus brazos y la abrazó fuerte. Adela, Adela, Adela.

—Quiero hablar… —dijo ella sin soltarse.

Él no deseaba hablar, sólo quería saber que Adela estaba allí para abrazarlo, para borrar dolores. Sin soltarla, comenzó a besarla mientras iban metiéndose al cuarto; con el pie, cerró la puerta.

El beso se extendió, se hizo largo, sin fin, y sólo fue interrumpido por ella que, en medio de suspiros y en el regazo de él, insistió:

—Tenemos que hablar...

Benito, sin pensarlo mucho, dijo lo que su corazón le pedía:

—Te quiero.

Y ella, al oír esa música, se olvidó de todas las palabras que había ensayado para decir y de cada uno de los temas que había pensado que tenían que conversar.

Se besaron como lo hacían siempre en el zaguán, pero con todas las ganas contenidas de los dos días que no lo hacían. Se besaban con pasión, con amor y sabiéndose solos como nunca antes habían estado.

Llevaban quince minutos de enardecimiento y a ella casi no le quedaban ropas puestas. El vestido rosa estaba en el suelo; la enagua blanca la tenía arrollada en la cintura; sus pechos al descubierto trastornaban a Benito, que la empujaba suavemente hacia la cama, mientras, urgido, con la camisa blanca abierta, se quitaba los pantalones. Ella, tendida sobre el acolchado rojo, en un rapto de lucidez, al ver lo que Benito estaba haciendo, dijo:

—No sé... tal vez deberíamos esperar...

Y él, ya sin pantalones, sentado en el borde de la cama mirándola a los ojos, volvió a repetir la misma música...

—Te quiero...

Adela, llena de esa melodía, ya no quiso esperar, y fue ella misma quien avanzó, lo atrajo contra sí y lo apretó contra su cuerpo desnudo de mujer. Sobre ella, Benito cerró los ojos y se quedó inmóvil por un instante; la emoción lo embargaba, estaba por pasar lo que hacía años se había imaginado. Adela, abrazándole la espalda con sus piernas delgadas, le otorgó el último permiso que faltaba para lo que él quería.

Cinco arremetidas de Benito y la sábana blanca confirmaba que él conseguía algo que nunca antes había obtenido. A pesar de las muchas mujeres que habían pasado por su cuerpo, esto era nuevo para él. Una pequeñísima gota roja sobre la tela blanca marcaba la diferencia.

Ella emitía un quejido de dolor y él repetía:

—Te quiero...

A ella se le calmaban todos los dolores y se le iban todos los miedos. Esas palabras sólo podían significar una cosa, pensaba con su mente inocente. No podía siquiera imaginar que las heridas de un niño podían dejar cicatrices tan profundas que, en su adultez, lo confundieran todo, hasta el amor, el odio, y el miedo... Esos viejos y resistentes dolores, llegaban a enmarañar la posibilidad de un futuro; antiguas promesas de lealtad hechas en el pasado a una familia que ya no estaba, le negaban la autorización para quitarle la categoría de maldito al apellido Pieri, lo llenaban de temor a ser infiel a sus seres queridos desaparecidos... le quitaban para siempre la posibilidad de ser feliz.

Capítulo 22

Florencia, 2008

Ese mediodía, en *Buon Giorno*, los empleados del restaurante deseaban que su dueño, Fedele Pessi, se marchara de una vez por todas a hacer sus cosas como lo había advertido temprano. Desde la mañana, se hallaba yendo y viniendo de manera frenética. En la cocina, sus movimientos bruscos presagiaban algún desastre con ollas o platos. Salvatore, el mozo, que no quería ser parte de otro accidente, caminaba con cuidado cada vez que salía de la cocina cargando las bandejas.

Ese día, Emilia volvía de España y eso a Fedele Pessi lo tenía alterado y feliz al mismo tiempo. Él se admiraba de su estado, estaba desconocido, ¡porque ponerse así de nervioso…! Tenía que reconocer que se había agarrado un enamoramiento padre con Emilia a pesar de que la situación de ella era, en cierta manera, especial. El amor era mágico; lo que sentía no dejaba de asombrarlo.

Fedele le dio las últimas directivas a Ana, su rubia ayudante Ana; y luego, consultando su reloj, consideró que ya era hora de irse. Poco a poco, el ritmo del restaurante mermaba y, por la hora, los comensales comenzarían a marcharse en breve. Seguramente, Emilia ya había llegado y estaba en su departamento. Cruzó el patio y se dirigió a su casa para darse un baño.

Al cabo de unos minutos, perfumado y cambiado, partió rumbo al departamento. Por Emilia estrenaba camisa nueva, por Emilia había tomado sol y por ella se había cortado de nuevo el pelo, a pesar de que lo había hecho hacía muy poco. Él, siempre detallista con su aspecto, ahora lo estaba más que nunca. Se fue caminando con pasos grandes y apurados. Enseguida, tocó el portero. Emilia, recién bañada y de vestido claro, apareció sonriente. Se abrazaron largo, como si hiciera muchísimo que no se veían. Con el alma de italiano a flor de piel, Fedele la levantó en brazos y comenzó a besarla y a decirle cosas lindas a viva voz, ahí, en plena calle. Le repetía que estaba hermosa y que la había extrañado.

—¡Sh... vamos adentro! —le decía Emilia riéndose y poniéndole un dedo en la boca.

Entraron. En el piso del comedorcito estaba la valija abierta y todavía llena de ropa. Emilia sólo había alcanzado a sacar el regalo que le había comprado a Fedele.

Ella le dio la camisa y a él le gustó que fuera de color negro; lo festejó con exclamaciones mitad en italiano, mitad en español, mientras se sacaba la que tenía puesta para probarse la nueva.

—¡Te dejo solo una semana y estás más italiano que nunca! —le dijo Emilia divertida.

—¡Te dejo sola una semana y estás más flaca que nunca! —dijo él al notar cuánto había bajado de peso.

—Bueno, pero ya estoy aquí —dijo ella y observando a Fedele con la camisa abierta que le había regalado, bronceadísimo, no pudo disimular lo que le provocaba.

—Estás lindo —se lo dijo mirándolo embobada.

—Vos también, Emi... —ella se había maquillado para él.

Volvieron a abrazarse y comenzaron a besarse. Pero esta vez la pasión le ganaba a la ternura y Fedele, con premura, le sacaba a Emilia toda la ropa, la deseaba, quería su piel. En minutos, su boca de hombre la recorría entera, cuello, hombros, pezones; le daba la media vuelta y le mordía suavemente la nuca mientras ella se inclinaba y apoyaba sus brazos contra la mesa. Los labios de él le recorrían la espalda y sus manos grandes le tomaban la cintura que aún continuaba siendo pequeña, mientras, con paciencia y suavidad, buscaba penetrarla desde atrás en esa posición. ¡Cuánto la había extrañado! ¡Cuánto la quería! ¡Por fin había vuelto! Esos fueron sus últimos pensamientos coherentes porque un gemido de placer salió de la boca de Emilia cuando él entró en ella y lo hizo perderse en el disfrute del cuerpo de esa mujer que ya no sólo quería, sino que —se daba cuenta— empezaba a amar.

Unos minutos después, ya relajado, pero aún en la misma posición, con sus manos en el abdomen de Emilia, una idea atravesó el cerebro enamorado de Fedele: ya casi no le molestaba que ella estuviera embarazada; a ella la había conocido así y si ahora no lo estuviera se sentiría raro. A Emilia la quería con todas sus cosas, incluida esa vida que crecía dentro de ella.

* * *

Emilia y Fedele, tendidos en la cama, hacía un rato que despuntaban el viejo vicio de él: ver el noticiero. Ella, con los ojos cerrados, escuchaba entre dormida y despierta. Aunque adormilada por el cansancio del viaje, sintió que Fedele apagaba el televisor y se incorporaba.

—Emi, me voy. Te espero a cenar en *Buon Giorno* o en casa, donde prefieras.

—Bueno, amor —dijo sin abrir los ojos.

Él buscó la ropa que había quedado en el piso de la cocina, se cambió y se sirvió gaseosa de la heladera. Ella, en medio del sueño, lo escuchó.

—¿Todo bien, Fedele?

—Sí. Me voy, pero esta noche, cuando nos veamos, quiero hablar con vos de algo importante.

—¿De qué? —inquirió. La palabra «importante» la había despabilado.

—Esta noche lo charlamos —dijo Fedele y Emilia oyó cómo abría la puerta y se marchaba.

Ella se sentó en la cama. ¿Pasaba algo malo? Siempre temía que lo que estaba viviendo fuera un sueño y que Fedele, por alguna razón, se transformara y mostrara una faceta desconocida, mala. A veces, él era demasiado perfecto.

Un rato después, Emilia se preparaba para ir a la editorial; quería ir ese mismo día para comprobar personalmente que todo lo que les había mandado por *mail* desde Barcelona les hubiera llegado bien y les gustara. Sólo faltaba que ella eligiera algunas fotos, que editaran y maquetaran la nota para publicarla en un par de entregas y su trabajo estaría terminado. La relación con los italianos iba llegando a su fin y ella tendría que irse en una semana; como máximo, a los diez días.

La recibió Poletti en su oficina. La última entrega de la nota les había gustado igual que las anteriores. La felicitó por el escrito y porque ella le hablaba en italiano, Emilia comenzaba a manejar el idioma.

Cuando hablaba, como si lo disfrutara, Poletti aún mezclaba el español, el italiano y el inglés. Como siempre, Emilia lo entendía. Sólo al final de la charla, algo incrédula por lo que escuchaba, tuvo que pedirle:

—*What? Can you repeat for me, please?*

Él se lo repitió, esta vez, en su pésimo español y Emilia, entonces, confirmó lo que había escuchado en ese híbrido lingüístico que hablaba Poletti.

Le estaba proponiendo que hiciera un trabajo nuevo. Le preguntaba si le interesaba hacer una nota de varias entregas sobre la memoria del cuerpo. Sobre cómo los genes que llevamos dentro son también algo físico y recuerdan lo que vivieron nuestros padres y abuelos. Era un tema profundo; ya no se trataba de hablar de restaurantes. Incluiría entrevistas y se publicarían en varias partes.

—Me encantaría, pero para eso tendría que quedarme más tiempo —dijo en español pensando en voz alta. La emoción de la propuesta le había hecho olvidar que estaban dialogando en italiano.

Porque aceptar era toda una decisión. Ella no podía seguir quedándose, sino que debía volver a la Argentina. Allá tenía un trabajo; además, estaba embarazada. Pero, aquí, estaba Fedele, y si aceptaba, podrían prolongar el idilio unos días más. Dudas y más dudas… ¿Qué diría Marco, su jefe? ¿Y el director? ¿La esperaría la editorial argentina? ¿Tendría problemas para quedarse unos días más en el departamento?

Emilia le planteó sus incertidumbres laborales. Poletti le simplificó el panorama en una respuesta y, como siempre, lo hizo mezclando los tres idiomas:

—*No problem. Penso che possiamo metterci d'accordo con gli argentini* para que se quede unos *giorni* más. Déjeme que lo hable.

El hombre le dio algunas directivas sobre lo que tendría que escribir y le dijo que tenía tiempo hasta la mañana siguiente para aceptar. Si ella decía que sí, él hablaría con el director de la editorial en Argentina.

Emilia se marchó llena de dudas. Por más que el sentimiento por Fedele cada vez era más fuerte, aún venía a su mente el rostro de Manuel. Por eso, pensó que, antes de tomar una decisión, lo mejor sería intentar hablar con él por *Skype*.

Cuando llegó al departamento, se descalzó, buscó su *notebook* y le escribió un *mail* a Manuel proponiéndole hablar cuanto antes. Sin rodeos, redactó: «Tengo que consultarte algo urgente». Esperaba que él lo leyese pronto. Estuvo largo rato mirando la bandeja de entrada con la ilusión de que le respondiera de inmediato; pero no tuvo suerte. Finalmente, cuando la última luz de la tarde se fue y aparecieron las primeras oscuridades, ella comenzó a vestirse para ir a cenar con Fedele.

Esa noche, Emilia llegó a *Buon Giorno* un tanto intranquila; la propuesta de Poletti la había dejado ansiosa y, además, no se olvidaba de que Fedele le había dicho que durante esa velada tenían que hablar de algo importante. La recibió Salvatore, quien, luego de intercambiar unas palabras con ella, la ubicó en la mesa del rincón, bajo la ventana.

Fedele llegó enseguida; como siempre, lucía impecable. Esta vez, tenía puesto un traje claro sin corbata. Sonriente, se acomodó junto a ella, la saludó con un beso en la boca y le dio un portarretrato con la foto que la pareja mayor les había tomado en la fuente de Minerva, en Salerno. A ella le encantó el regalo; miró la imagen con detenimiento y llegó a la conclusión de que debería haberse parado más derecha, que los dos salían lindos, y que, abrazados, riéndose de verdad, se los veía realmente felices. Terminó de hacer sus comentarios bajo la mirada atenta de Fedele, cuando este dijo:

—Y ahora, señorita Fernán, la comida. Hoy empezamos la dieta de engorde, así que le toca *lasagna*.

—¡Uy! ¡Cómo extrañaba tus pastas!

En minutos, un Salvatore de buen humor y parlanchín, les sirvió los platos, agua mineral y vino tinto para Fedele; luego, distendidos, se entregaron a la comida.

—¿Sabías que Salvatore sigue adelante con su noviazgo con la señora que conoció cuando te llevaba los paquetes de comida?

—Sí, él mismo me lo dijo —dijo Emilia orgullosa de que el hombre confiara en ella para contarle algo así.

—No sabía de esa amistad —dijo Fedele divertido moviendo la cabeza.

—Es que ahora que sabe que entiendo el italiano se anima a hablar conmigo.

—Muy bien, *cara Emilia, parla* para mí en italiano —dijo cargándola.

—¡No te rías! Hoy fui a la editorial y Poletti me felicitó por el progreso que he tenido en el idioma.

—¡¡Guau!! *¡Madonna Santa!* —siguió él molestándola mientras se reía.

—Vos te reís... Pero se ve que tan mal no hablo porque también me propuso hacer una nota más.

Fedele se puso serio.

—¿Para la revista italiana?

—Sí.

—¡Mi chiquita, es una excelente noticia!

—Tendría que quedarme más tiempo... Ese es el problema y, también, la parte buena —dijo mirándolo con picardía.

—Me imagino que la decisión de quedarte está tomada.

—Tengo que responderle mañana. Ellos se encargarían de hablar a Argentina por el tema de mi trabajo allá y del departamento donde estoy instalada. Creen que en mi país no tendrán problema de esperarme; claro, sin cobrar el sueldo. Pero acá me pagarían bien la nota.

—¡Muy bien! ¡Felicitaciones! —dijo Fedele y levantando la copa para brindar, agregó—: ¡Por el éxito de la nota y de mi periodista! Las copas tintinearon. Él estaba orgulloso de Emilia. Hacerse un lugar en este país no era fácil y ella lo estaba logrando.

Iban por la mitad del plato cuando Emilia, ansiosa, viendo que él no sacaba el tema, preguntó:

—Vos dijiste que querías hablar conmigo de algo importante.

—Sí, y es relativo a lo que me contaste hace un rato.

—¿A la nota?

—Sí, a los artículos, a quedarte, al departamento, a todo... Emilia, quiero que te mudes conmigo.

Ella lo miró sorprendida:

—¿A tu casa?

—Sí, quiero que vengas y traigas tus cosas hoy mismo. Quiero que el tiempo que te quedes en Italia lo vivas conmigo, ya sea un día, diez, o un mes.

—Fedele...

—No tiene sentido que cada uno esté en su casa cuando, en realidad, lo que deseamos es estar más tiempo juntos. Me encantaría despertar cada mañana con vos.

—Como en Nápoles... como en Amalfi... —dijo ella con la mirada perdida, como si se hubiera transportado a la felicidad que habían tenido en esos lugares.

—Sí. ¿Qué decís? ¿Querés?

—Puede ser... pero... ¡Uy! ¡Cuántos cambios para decidir en un día! Dejame pensarlo un poquito.

—Pensalo.

Comieron tranquilos, disfrutando del momento y el reencuentro. Era la primera cena juntos después de la semana que ella pasó en España. Esa noche saborearon la *lasagna*, se rieron y se miraron a los ojos mientras se decían «Te quiero».

Era casi la medianoche cuando ella le pidió que la acompañara al departamento. Estaba agotada, todavía le duraba el cansancio del viaje. Había llegado esa mañana y el día había sido pleno de emociones. Había muchos cambios y decisiones pendientes, pero, cansada como estaba, no estaba lúcida para hacer nada. Antes, necesitaba una buena noche de sueño.

Caminaron abrazados las calles que separaban *Buon Giorno* del departamento. Cuando cruzaban el puente Vecchio, Fedele se detuvo a besarla; lo hizo con ganas. Envueltos en ternezas, ambos se preguntaban cómo podía ser que tan sólo dos meses atrás ni siquiera se conocían. En la mano de ella iba el portarretrato, la prueba de los hermosos días que habían marcado para siempre su amor.

En el camino, Fedele pensó que le gustaría subir al departamento y quedarse con ella, pero la vio tan cansada, que ni se lo propuso. Emilia no era cualquier mujer. ¡Era un mujer embarazada! Al pensarlo, se enterneció. A veces, sentía que ese hijo era de él. Detuvo su marcha de improviso y ella, ajena a sus elucubraciones, lo miró sorprendida cuando Fedele le puso su mano en la panza y le dijo, seguro: «Te quiero. Los quiero a los dos. Sabelo».

Y observándolo, Emilia sintió que moría de amor por él. Lo que le acababa de decir no se lo olvidaría jamás en la vida. Se dieron un beso largo hasta que ella decidió entrar al departamento. El día había sido pleno y agotador.

Fedele la vio ingresar por la enorme puerta antigua y se sintió solo de nuevo, como cuando ella estaba en España. Resignado, comenzó a caminar de regreso a *Buon Giorno*. Nada mejor que el trabajo para espantar la soledad; él lo sabía bien. En el restaurante, sus empleados estarían despidiendo a los últimos comensales. Para entretenerse, iría a dar una mirada; supervisaría que todo estuviera en orden y organizaría los pedidos del día siguiente.

En el comedor del departamento, aunque cansada, Emilia se tentó; quería saber si Manuel le había escrito; tal vez, le había respondido. Era determinante tener una conversación con él antes de tomar decisiones drásticas como la de quedarse un mes y medio más, o como la de mudarse con Fedele. Porque si se mudaba con Fedele, era un verdadero final con Manuel.

Abrió su correo. En la bandeja de entrada tenía uno de Manuel. Se apuró a leerlo:

> *Hola, Lía, ¿cómo estás? Te cuento que yo estoy complicado con los tiempos. Hoy y mañana tengo exámenes. Todos estamos estudiando mucho. Imaginate que casi no dormimos. Me decís que querés consultarme algo. Te propongo que lo hagamos mañana o pasado, así estoy más tranquilo. ¿Te parece? Porque, además, estaría bueno que programemos una fecha para vernos en Argentina.*
>
> *Bueno, espero que estén bien vos y el pichoncito que va creciendo en tu panza. Un abrazo,*
>
> *Manuchi*

Emilia leyó la última frase y cerró con energía la computadora. Estaba enojada. ¿Cómo que quería dejar la charla por *Skype* para mañana o pasado? Ella tenía que responderle a Poletti al día siguiente... ¡Por la mañana! ¡En unas horas! Él siempre estaba complicado. ¿Y ella? Nunca pensaba en ella; siempre estaba primero él y parecía que siempre sería así. Y además, lo que tenía en su panza no era un pichoncito: era una vida, un hijo... ¡El hijo de los dos! Todo lo que decía Manuel le caía mal.

De tanta rabia, el sueño se le había ido. Manuel siempre le hacía lo mismo: parecía que estaba mejor, pero lo cierto era que nunca podía contar con él. Ella trataba y trataba, pero no servía de nada. Refunfuñando, se sentó en el silloncito. Desde allí, sobre la mesa, alcanzó a ver el portarretrato con la foto tomada en la fuente de Minerva. Se levantó, la buscó y, sosteniéndola entre sus manos, la observó con detenimiento. Era una pareja feliz; ambos reían. Fedele, que la estrechaba entre sus brazos, parecía querer cubrirla con su enorme figura. ¿Qué hacía ella esperando alegría, cuidado y protección de Manuel? Fedele era real como el pan y Manuel, una figurita en la nebulosa. Fedele le ofrecía todo y ella, como tonta, no estaba segura de aceptarlo. ¿Hasta cuándo iba a elegir mal a los hombres? Manuel podía ser el padre de su hijo; pero si no estaba a su lado, de qué le valía.

Fue al baño, buscó su cepillo de dientes y lo metió en el bolso; también el pijama de naranjitas, el portacosméticos y se dirigió a la puerta. En minutos, estaba en la calle. Era muy tarde, pero ella estaba decidida: se iba a la casa de Fedele.

Apurada, desanduvo los pasos que acababa de hacer en compañía de Fedele. Cuando llegó a *Buon Giorno*, desde afuera alcanzó a ver que él todavía estaba dando vueltas por el salón. Ella entró y, sin decirle nada, como si fuera invisible, cruzó el patio y entró a la casa de Fedele. Apenas abrió la puerta, sintió a Fedele por todas partes; su casa tenía su aroma. Se tiró en el sillón grande y encendió la tevé; lo esperaría allí; en algún momento, él vendría. Vencida por el sueño, llevaba casi una hora durmiendo en el sofá cuando escuchó la puerta y abrió los ojos. Era él.

—Emilia..., ¿qué hacés acá? —estaba asombrado y contento al mismo tiempo.

—Vine hace un rato... Pasé por el restaurante, te vi ocupado y no te quise molestar...

Él la escuchaba anonadado, sin estar muy seguro de lo que eso significaba. Ella le vio la duda en su rostro y se lo aclaró:

—Vine para quedarme... me mudo con vos. En el baño está mi cepillo de dientes —dijo como si esa fuera la prueba fehaciente de que había venido a vivir con él.

—¿Y la ropa?

—La traigo mañana. ¡Ah! Una pregunta: ¿vos no usás vasito para enjuagarte los dientes cuando te los lavás? No vi ninguno en el baño.

—Mire, señorita Fernán, no venga con tantas pretensiones, si no, va a tener que pagarme una renta, ¿eh...?

—Bueno, me encanta pagar. Acá estoy, venga, cóbrese... —dijo extendiéndole los brazos y los dos se echaron a reír.

Una hora después se dormían abrazados. Antes se habían amado y dicho «Te quiero».

* * *

Al día siguiente, por la mañana, Emilia fue a su departamento y lo primero que hizo fue comunicarse por *Skype* con su amiga Sofía, a la que le contó las novedades: que Manuel quedaba descartado de su vida y que se había mudado con Fedele. Ella no podía creer lo que Emilia le contaba, pegaba grititos, le daba consejos, la ponía al día con noticias de la redacción. Nerviosa, hablaba hasta por los codos. Pero entre tantos comentarios, a Emilia se le quedaron grabadas algunas frases: «¿Vas a descartar a Manuel para siempre?», «Hum, no estoy tan segura de que lo hagas», «¡Ay, Emilia, qué loca! ¿Así que jugando a la casita con el italiano?»

Sofi la conocía bien. Por eso decía esas cosas. Pero ella había cambiado mucho en los últimos meses. Nada era igual.

Se vistió con la mente llena de la conversación, las frases resonaban en su cabeza. Luego, se marchó a la editorial para decirle a Poletti que aceptaba su propuesta.

Cuando lo tuvo enfrente, se lo dijo con el aplomo de una decisión meditada a conciencia. Y él, muy animado, le respondió que esa misma tarde le comunicaría si de Argentina le daban el *okey*.

Luego de haber mantenido toda la charla en italiano, ella se marchó orgullosa. Ahora hablaba sin demasiados tropiezos ese idioma, esa lengua que había sido la única de los padres de su abuelo Juan Bautista, de los pintores Gina y Camilo; sólo que el manto del tiempo lo cubría, pero allí estaba todo, anotado en los genes.

* * *

Por la tarde, Emilia caminaba las calles que la separaban de la casa de Fedele. En una mano, llevaba varias carpetas con papeles y la *notebook*; en la otra, su valija roja. Allí, iban sus pertenencias; su único mundo propio en Italia ahora se mudaba a esa casa antigua que compartía el patio con el restaurante. Si pensaba mucho lo que estaba haciendo, la piel de la espalda se le erizaba y un pequeño atisbo de duda recorría su interior. Pero el mismo quedaba completamente descartado al abrir la puerta y encontrar sobre la mesa una nota de Fedele.

Emi, sobre la cama hay unas compritas que hice esta mañana. Como estaba apurado, no tuve tiempo de ponerlas donde iban. Encargate vos, por favor.

Besos en la boca.

Fedele Pessi

PD: es tiempo de cambiar naranjas por limones.

Emilia no entendió la última frase, pero fue hasta la cama y vio tres bolsas de papel. Una, pequeña y coqueta, con un pijama de mujer adentro. Lo extrajo; era exactamente igual al de las naranjitas, pero ¡tenía limones! ¡¿Dónde lo había conseguido?! Siguió con las otras dos bolsas más grandes. Una contenía dos juegos de sábanas blancas bordadas con limoncitos amarillos que hacían juego con el pijama; espió la otra y vio dos toallones con el mismo detalle de los limones. Aparte, había un paquetito; lo abrió y descubrió un vasito amarillo para enjuagarse los dientes.

Fedele, en verdad, estaba en todos los detalles. La idea de que era el hombre perfecto volvió a su cabeza y se dijo a sí misma: «Si Fedele tiene defectos, se los voy a conocer en la convivencia». Nada los podía esconder si se vivía en la misma casa. Sería el mes de la verdad.

Era cierto. Pero lo que Emilia no pensó fue que la revelación se aplicaría tanto para los defectos de él como para los de ella. En ese mes, las verdades de ambos quedarían al descubierto.

Capítulo 23

De pronto
mientras ibas conmigo, te toqué y se detuvo mi vida:
frente a mis ojos estabas, reinándome, y reinas.
Como la hoguera en los bosques, el fuego es tu reino.

PABLO NERUDA, *Cien sonetos de amor*

Día 11

Berni pasó por la cocina, había movimiento y voces; algunas le parecieron desconocidas. Se detuvo, pero no... pero sí... Había una muchacha que él nunca había visto. Miró mejor y vio que era la chica que traía la ropa que mandaban a limpiar en seco cada semana. Era evidente que la joven era quien manejaba el furgón negro que, desde la ventana, había visto estacionado en la entrada. Fue inevitable no reparar en ella; era muy bonita; vestía remera blanca apretada y *jean* aún más ajustado; ambas prendas mostraban las buenas curvas de una italiana; en los pies llevaba zapatillas. Tenía un rostro precioso, nariz respingada, largas pestañas, ojos marrones grandes y aterciopelados que lucían en el óvalo perfecto de su cara, el cabello castaño largo y recto le llegaba a la cintura. La observó unos instantes; no era común que una belleza así entrara a su casa. La chica se reía mientras hablaba con el ama de llaves; pero al reparar en él, que estaba junto al marco de la puerta de la cocina, lo saludó, desinhibida:

—Buen día, señor Berni —dijo con una sonrisa mientras sostenía con los dos brazos una pila de ropa.

—Buen día...

—¿Lindo sol, no? No nos podemos quejar, este invierno está siendo muy benigno con nosotros —dijo mientras intentaba ponerse el abrigo con una mano.

246

—Es verdad... ¿La ayudo?

—No, no, está bien. Puedo con todo. Ya me voy —dijo enfilando hacia la puerta de servicio, y desde allí, lo saludó con la mano y una sonrisa.

Berni le respondió igual. Las mujeres siempre habían sido una debilidad para él. Claro que ellas siempre lo habían perseguido. Pero atrás habían quedado sus años de conquistador. Miró por la ventana de la sala y vio a la muchacha cargar la ropa en el furgón; luego, encender un cigarrillo y fumárselo apoyada con la espalda en el vehículo antes de partir. La observó durante un par de minutos hasta que, tirando el cigarrillo y acomodándose el largo cabello hacia atrás, se subió al auto y se marchó.

Los colores de la chica, su tipo y su espontaneidad le habían hecho acordar de... de alguien de otra época.

Muchas mujeres habían estado en su cama, pero pocas eran memorables y una sola, inolvidable. Porque para que eso sucediera tenía que converger una serie de situaciones que, en este caso, se había dado. Recordó la pasión de algunas noches y le dio ganas de ser joven nuevamente, de enamorase, de poseer una mujer con amor. Se acordó de la nota que había leído en la revista colombiana *Cromos*, donde dos periodistas hablaban a calzón quitado y uno decía: «La liberación sexual nos engañó, mis mejores polvos fueron con amor». Y pensó que tenían razón.

Entonces, para él fue inevitable no recordar las noches de pasión en el hotelito de Florencia, varios años atrás...

Florencia, 1967

Adela y Benito, desde la primera vez que se habían amado en el hotel, venían encontrándose cada tarde en ese cuarto. Habían reemplazado la hora que pasaban en la pérgola por dos de pasión e intimidad en la habitación del acolchado rojo. Pero ella comenzaba a asustarse; a pensar que se había equivocado y que había malinterpretado las palabras de Benito porque faltaba un día para que viniera el camión a llevarse las cosas y el muchacho no le decía qué sería de ellos. No le planteaba ningún futuro. Cada vez que Adela llegaba al hotel, sacaba el tema, pero sentía que en esas charlas no adelantaban nada porque los comentarios de Benito eran pocos y ellos, al fin, terminaban amándose sin haber llegado a ninguna conclusión importante. Allí, entre las sábanas, Benito le repetía que la quería, pero a ella eso ya no le bastaba. Siempre que Adela trataba de hablar seriamente, él se le escapaba por la tangente, le decía que la quería, pero no le prometía nada. En una oportunidad, Adela le exigió que se quedara en Florencia y él le había respondido que sí, que podía ser, pero que lo mejor sería que él primero se marchara a Roma, que luego regresaría; quedarse ahora, en esta instancia, no era bueno, él tenía cosas pendientes. En realidad, no había nada claro; tampoco había puesto fecha para hablar con su padre, como Adela se lo había pedido. Pero ante la petición, con sus ojos azules impasibles, Benito simplemente le respondió:

—Después. Ahora tu padre está entretenido con lo suyo —dijo refiriéndose a la academia.

Faltando un día para que vinieran a buscar las cosas y que él tuviera que marcharse, tampoco a María Pieri la situación le pasaba desapercibida, se daba cuenta de que las cosas no estaban bien; esa mañana mientras preparaba el desayuno para Adela, antes que ella partiera a abrir la academia temprano como le gustaba de pura responsable que era, ya que las clases comenzaban recién cerca de las diez, la mujer comentó con su hija:

—¿Y...? ¿Al fin te ha dicho algo el romano?

—No.

—Ya decía yo que había que cuidarse de la gente de Roma —dijo en alusión a las eternas rivalidades.

—Mamá, no es eso...

—Pero, ¿cómo es posible? ¡Si parecía que Benito estaba *enamorato* contigo!

—Sí, pero no... —Adela se quedaba sin palabras, sin explicaciones. Ella misma no entendía qué estaba pasando.

María imaginaba algo de la relación de la pareja, pero no todo. Sabía que su hija buscaba al joven todos los días por el hotel y luego venían juntos a cenar a la casa. Se daba cuenta de que era demasiado el tiempo que ella se quedaba en el hotel, pero pensaba que Adela era seria y responsable y sabría qué hacer y hasta dónde dar. Aun así, le dio un último consejo:

—Adela, hoy es el último día... mañana se va. ¡Mereces una propuesta seria! Apura las cosas, haz todo lo que tengas que hacer y logra tu cometido —le dijo arreglándose el rodete; con tanto apasionamiento en la conversación se le había aflojado. El tema de su hija la preocupaba.

Adela no se lo dijo a su madre, pero lo pensó: ella ya había hecho todo, todo, todo.

Además, Benito era Benito, y así como él, por momentos se tornaba tierno y hasta encantador, por otros, se volvía impenetrable, hosco y ella no podía saber qué era lo que pasaba por su cabeza cuando su lindo rostro se endurecía, su ceño se fruncía y sus ojos claros parecían de hielo.

—Lo intentaré —dijo Adela sin convencimiento.

—No vayas hoy a buscarlo al hotel, que le dé miedo perderte, que te extrañe. Deja que tenga que venir a cenar a casa solo. Luego, cuando terminemos, si quieres, te vas a hablar a solas con él.

—¿Después de la cena? —preguntó sorprendida. Le llamó la atención la propuesta de su madre; había permisos que no se otorgaban fácilmente y andar por la calle con un hombre después de la cena no era algo permitido. Y menos, si estaba hospedado en un hotel.

—Yo te cubriré con tu padre —le indicó María. Tenía claro que, para ausentarse en ese horario, su hija necesitaría su ayuda. Y ella se la daría. No había más tiempo que perder.

Adela no le respondió; ya vería qué hacer. A ella ya no le quedaban ideas por probar. Hablar con Benito era como intentar dialogar con un loco, pensó, sin imaginar cuán cerca estaba de lo cierto.

* * *

Esa tarde, Adela le hizo caso a su madre y no fue al hotel. Benito, al ver que no llegaba, y sabiendo que era la última vez que estarían juntos, se desesperó. Se vistió y se presentó a cenar en casa de los Pieri cuando todavía había luz. En sus manos apretaba la caja de chocolates que solía llevarles de regalo cada noche. La había comprado por el camino en un acto de normalidad y cordura; temía que en medio de los ajetreos de las últimas horas la sensatez se le escapara para siempre. María lo recibió con cordialidad:

—¡Paolo, qué temprano que nos ha venido a visitar! Me alegra, así todos tenemos tiempo de charlar con usted... Sé que mañana se marcha... Y gracias por los chocolates de siempre –tomó la caja y lo invitó a pasar a la sala.

Sentados en los sillones, la mujer intentó darle el pie necesario para conversar de lo que Adela quería, pero él casi no habló, sino que estuvo taciturno; en la mesa, mientras cenaban, permaneció inexpresivo. Por la cabeza de Benito se arremolinaban las más variadas ideas: para él, lo más importante siempre había sido recuperar la memoria de su familia armando nuevamente la casa tal cual estaba en las épocas felices. Lo primero, había sido vengarlos. Pero ahora Adela se presentaba en su vida transformando todo; sin embargo, ni ella, ni ninguno de los que estaban sentados en el comedor, sabían quién era él en realidad. Tampoco podían imaginarse que él había urdido un plan para despojarlos de la academia, no sólo de esas cosas que los rodeaban, que, en realidad, eran de él y no de ellos, se decía a sí mismo mientras miraba el cuadro del maestro Fiore que su padre había comprado en una subasta. La cabeza le estallaba, las sienes le palpitaban y no le pasaba un bocado de comida por la garganta. Su plato de carne al horno estaba casi sin tocar. Rodolfo Pieri, en medio de sus propias preocupaciones, se había dado cuenta de que algo le pasaba al muchacho y le había preguntado en un par de oportunidades si se hallaba descompuesto o estaba muy cansado. Benito, sin ánimo para responder, sólo negó con la cabeza. Era como si el sentimiento por Adela le hubiera quitado la fuerza para seguir llevando adelante la farsa; sólo un último impulso se lo permitía, pero se daba cuenta de que únicamente podría seguir por unas horas, no más.

Cuando la velada llegaba a su fin, Rodolfo Pieri le dijo:

–Benito, ¿a qué hora lo espero mañana?

–Vendré temprano, a las ocho en punto. Debo estar cuando llegue el transporte para darle instrucciones al personal.

–¿Cuántos hombres vienen para cargar los objetos?

–Dos. Y son de mi entera confianza.

Para Pieri era un momento doloroso, lo revelaban sus ojeras, la barba de dos días que portaba y su caminar apesadumbrado. Recién en el último mes había venido a su mente el recuerdo de que esas cosas habían pertenecido a los Berni y un destello de remordimiento recorrió su conciencia. Pero habían pasado tantos años, que ya las consideraba más propias que de cualquier otro y le daba pena desprenderse de ellas.

Él, que siempre había disfrutado de todas las obras de arte; él, que hubiera podido vivir en un museo; él, que era un artista, un maestro; él, que se sentía a gusto rodeado por ellas... La voz de Benito lo sacó de sus cavilaciones:

—Vendré temprano para ayudar con la carga y a traerle la copia autenticada de todos los contratos que hemos realizado. Después, ya no nos veremos.

—¿A qué hora saldrá? —preguntó sorprendido; había pensado que se quedaría uno o dos días más.

—Emprenderé el regreso en mi auto apenas los hombres completen el cargamento.

Al escuchar las últimas palabras, María le hizo una seña a su hija, recordándole el plan. El tiempo para lograr su cometido se acababa.

Los hombres intercambiaron dos o tres palabras más sobre la organización del día siguiente y mientras Adela se preparaba para acompañar a la puerta a Benito, su madre le dijo al oído:

—Yo te cubro con tu padre. Demórate todo lo que necesites.

Adela y Benito caminaban rumbo a la puerta, él sentía que le faltaba el aire. Estaba ahogado por la situación. Y, dominado por los sentimientos, notaba que perdía el control y se convertía en un muchacho débil y vulnerable.

En la sala, María Pieri le decía a su marido que, para que pudiera dormir más relajado, sus hijas habían calentado agua y le habían preparado la bañera. Agradecido por la bondad de sus niñas, el hombre se retiró a los aposentos, sin siquiera fijarse qué hacía su hija mayor.

Adela, ya en la puerta, sin saber bien qué decir ni qué hacer, propuso:

—Vamos, caminemos, te acompañaré al hotel.

Benito, sorprendido, aceptó gustoso. Tal vez, ella había decidido pasar con él esta última noche... Una última... Una... No, era imposible. Ella debía regresar a su casa cada noche. La idea le hizo doler justo en el centro del pecho.

Caminaron por las calles de una Florencia nocturna alumbrados por una luna enorme y plateada como pocas que parecía querer ayudarlos a iluminar la verdad que esa noche pugnaba por ser conocida. Al fin, Adela habló:

—Paolo, ¿no me quieres? ¿Por qué haces esto? Nos lastimamos los dos...

—Sí, te quiero —le dijo con convicción; él estaba seguro de eso.

—No te entiendo…

—Es que no podemos estar juntos… porque… nos haríamos mal…

—¡Ridículo! No es así.

—Es verdad: nos dañaríamos.

—Entonces, me has engañado.

—¡No, Adela! ¡Basta!

—Sí, me has engañado diciéndome que me quieres, haciendo que duerma todos estos días contigo.

Benito sentía que en su cabeza no entraban las ideas, aunque tampoco podían salir. Estaba atrapado en su propia artimaña.

Durante el camino, no pararon de hablar; incluso, hasta subieron la voz. Pero la charla giraba en un círculo vicioso que no los conducía a nada. Cuando llegaron al hotel, la discusión continuó a media voz frente a la puerta, hasta que ella dijo:

—Puedo entrar y quedarme. No habrá problemas.

En el cuarto, fue inevitable prolongar la disputa. Adela pensaba que la situación era un *puzzle* al que le faltaba una pieza, pero ella no llegaba nunca a descubrir cuál era. Llevaban casi dos horas sin ponerse de acuerdo. Por momentos, se sentaban en el borde de la cama o en la sillita que estaba junto a la mesa, en la punta del cuarto; por otros, caminaban como leones enjaulados. Cansada, Adela exclamó:

—¡Paolo, por Dios, reacciona! Estás engañado por tus propios pensamientos, como si yo fuera algo malo, como si estar juntos fuera imposible… ¡Como si tú no fueras Paolo Benito!

Él, apoyado junto a la ventana, levantó la vista y la miró. Ella había dado en la tecla. Y aunque no lo sabía, había encontrado la pieza que faltaba. Todo lo que había dicho era verdad. No soportó la idea.

—Me harté de esto —gritó él.

Entonces, ella estalló en llanto y dijo:

—Me voy, tú no me quieres. No me verás nunca más.

Adela, apurada y llorosa, empezó a ponerse el saquito de hilo blanco que se había quitado cuando llegó.

Benito, al verla, se desesperó. Era verdad: se iba y ya no la vería más. Ese rostro querido, esa voz, ese pelo largo y sedoso… todo lo perdía en ese instante.

Frente a esta posibilidad, dijo algo que pensó que nunca diría y que en ese momento él lo creyó con todo el corazón:

—Mañana hablaré con tu padre —dijo con firme convicción—. No te vayas, por favor...

Estaba al borde de las lágrimas.

¿Qué le diría a Pieri? No sabía. ¿Cómo arreglaría el tema de los apellidos? Tampoco lo sabía, porque él era Benito Berni y no Paolo Benito. ¿Iba a quedarse en Florencia o Adela viajaría con él a Roma? Eran preguntas sin respuestas. Pero estaba seguro de que hablaría con Pieri y le diría todo porque no quería perder a Adela. Y con esta idea en su cabeza, la besó y la besó.

Ella se dejó. Le había creído. Los ojos claros de él al borde del llanto le daban la seguridad de que hablaba con la verdad. Después de tantas horas de discusión, había logrado que él se hiciera cargo de sus sentimientos. Los dos serían felices juntos, pensó ingenuamente, mientras los besos de Benito se le mezclaban en la boca con sus propias lágrimas de felicidad.

Esa noche, con la enorme luna plateada filtrando su claridad por la ventana, ellos se amaron una y otra vez hasta la madrugada, buscando vencer las incertidumbres. El interior de ambos no los dejaba en paz; allí había algo que no identificaban, pero que les molestaba. Ella estaba llena de preguntas y Benito, teniendo todas las respuestas, no se las daba, sino que se las guardaba sólo para él. Era un sentimiento que no podían poner en palabras, pero allí estaba, durmiéndose con ellos esa madrugada, porque la primera luz de la mañana ya entraba por la ventana. Discutir, reconciliarse, tomar decisiones y amarse hasta el cansancio buscando convencerse de que todo estaba bien y de que eran el uno del otro, les había llevado toda la noche. El descanso sería poco.

Se durmieron abrazados, exhaustos, sin imaginar lo que la salida del sol les depararía.

Capítulo 24

Florencia, 2008

En la casa aledaña al restaurante *Buon Giorno*, las dos últimas semanas habían sido de felicidad y descubrimientos para sus ocupantes enamorados. Para Emilia, porque desde que se había mudado, había descubierto que Fedele era todo lo que ella siempre había deseado en un hombre: amoroso, atento, buen amante y, al mismo tiempo, alguien pleno que amaba lo que hacía, un apasionado por su trabajo.

Para Fedele, porque no había imaginado cuán feliz podía ser de nuevo, a esta altura de su vida, después de haber vivido lo que le había tocado. Las pesadillas se le habían ido por completo y la compañía de Emilia lo hacía olvidar de todos los viejos dolores. Ni hablar de que tímidamente empezaba a sentir cariño por esa vida pequeña que crecía dentro de Emilia. Ella, también, descubría día a día cambios en su cuerpo: la pancita quería hacerse notar; sus pechos estaban enormes; por la mañana, tenía más sueño; y por las noches, mucha hambre; pero se sentía espléndidamente y con mucha energía; disfrutaba de la comida, de su trabajo y del sexo... como nunca antes y llegaba a la conclusión de que el buen sexo tenía que ver, más que con la técnica, con que una mujer se sintiera amada. Con ella, Fedele era tan bueno y tan tierno que, en su cama, se sentía dispuesta a todo.

La mañana en que Emilia se instaló, llevó sus ropas, sus cosméticos, sus papeles, sus carpetas y todas sus pertenencias parecían haber hallado rápidamente el sitio correcto en la vivienda. Nada había quedado desprolijo, ni fuera de lugar, pero lo más insólito era que, con su llegada, también las de Fedele parecían haber encontrado un lugar más propicio donde ser ubicadas; cada prenda había descubierto que tenía un espacio propio en su cajón de la cómoda y siempre buscaban llegar a su lugar, como si un extraño orden imperceptible se hubiera apoderado de la casa. Poco a poco, Fedele aprendía a disfrutarlo y ella se ejercitaba en perseguirlo menos, porque con él al lado era imposible tener todo bajo control.

Para ellos, los días tenían una cálida rutina. Él se cruzaba al restaurante después del desayuno y Emilia hacía sus actividades, como visitar la peluquería —que se le había convertido en un hábito—, o hacer una buena caminata, o comprar alimentos; y luego, ya tranquila, dedicaba el día a escribir; estaba preparando la nota nueva y pasaba gran parte del día dándole forma en la computadora de Fedele, que era más cómoda que su *notebook*. Emilia lo esperaba para almorzar, aunque comían casi de siesta, ya que él volvía de *Buon Giorno* muy avanzada la hora; pero la tarde era de ellos, salían a pasear, a merendar en algún lindo lugar del centro de Florencia, o simplemente se quedaban mirando una película o amándose en la cama de sábanas blancas con limoncitos. Algunos lunes tranquilos se tomaban franco e iban a pasar el día a las playas de la costa, entre Livorno y Piombino, tendidos bajo el sol. Por la noche, en general, mezclaban placer con trabajo porque ella iba a *Buon Giorno* y comían juntos, como dos comensales más; luego, si hacía falta, hasta lo ayudaba un poco. Fedele trataba de terminar temprano y, en cuanto podían, se escapaban del restaurante. No había mayor disfrute para ellos que meterse en la cama y ver juntos el último noticiero; a ella, incluso, comenzaba a gustarle igual que a él. Habían comenzado a seguir el 91° Giro de Italia, la carrera de bicicletas que duraba un poco menos de un mes en la que los ciclistas debían cubrir, en veintiún etapas, la distancia entre Palermo y Milán; era tan apasionante, que ambos ya tenían su favorito. Cuando Emilia hacía esta vida, no podía creer que Manuel nunca le hubiera pedido que ella se mudara con él y que se hubieran pasado tres años como nómadas, instalados un poco en el departamento de ella, otro poco en el de Manuel, y algunos días —sobre todo, los malos—, cada uno, solo, en el propio. Aquella vida no se parecía en nada a vivir juntos como lo hacían con Fedele; no había otra casa adonde ir ni escapar ante un desacuerdo y todo se decidía y se hacía de a dos. Sentía que con Fedele hacían vida de esposos, se llevaban perfectamente y lo disfrutaban. De Manuel, sólo había recibido un par de correos más, con una asiduidad de uno por semana. Ella, enojada, no había insistido para comunicarse vía *Skype*; y él tampoco lo había pedido más. Lo que Manuel le solicitaba, sí, era la fecha exacta de su regreso a la Argentina porque, le explicaba, viajaría para hablar con ella; había cosas que necesitaban ser conversadas personalmente.

Ella, ante la pregunta, se escapaba con pretextos porque, si bien sabía que tenía que volver, aún no sabía exactamente cuándo lo haría. La vida en Florencia era apacible, rutinaria y feliz. ¡Quién sabe qué le depararía su país!

En la casa de Fedele había aprendido a convivir con la foto de la mujer rubia que estaba junto a la del niñito sobre la repisa del dormitorio. Sólo se había atrevido a hacer un cambio. Una de las primeras mañanas, mientras acomodaba el cuarto, la había puesto un estante más arriba para que no estuviera a la altura de los ojos, sino un poquitín más alto; para mirarla, había que subir la vista. Fedele, apenas entró al cuarto, notó la diferencia, pero no dijo nada.

Esa mañana, tras la partida de Fedele, Emilia se dedicó a organizar y a leer las distintas entrevistas que había hecho para su artículo que se llamaría «La memoria del cuerpo». Había reporteado a médicos y a personas comunes con experiencias especiales, como un hombre inglés que, luego de recibir un corazón trasplantado, había sentido la necesidad imperiosa de aprender a tocar el violín. Jamás, hasta ese momento, había tenido inclinación por la música, pero, al cabo de un tiempo, supo que su donante había sido un notable violinista. Eso, a Emilia, le parecía extraordinario. En su artículo, además, ella citaba a Jamie Hackett, de la Universidad de Cambridge, quien explicaba que los padres transfieren a los hijos no sólo los genes, sino también la experiencia de lo vivido; las investigaciones revelaban que la descendencia recibe parte de los mecanismos bioquímicos que hacen que algunos genes se enciendan y otros, no. Estas huellas, llamadas «marcas epigenéticas», quedaban grabadas en los genes. Todo se volvía más interesante aún si se tenía en cuenta que las generaciones que habían vivido grandes hambrunas dejaban a su descendencia genes con marcas epigenéticas de esa experiencia; del mismo modo, se aplicaba a personas que tenían genes marcados por el estrés. Cuanto más investigaba sobre el descubrimiento de Hackett, a Emilia más le gustaba escribir. Y como en un juego de transferencia, concluía que todo esto podía ser verdad porque ella misma, estando en Florencia, había experimentado la sensación de pertenecer a la ciudad, como si siempre hubiera sido de este lugar.

Creía que esa partecita suya que llevaba adentro heredada de su abuelo Juan Bautista Fernán, y de sus padres, esos dos pintores de nombre Gina y Camilo, era lo que le hacía sentir que Florencia era su lugar. Porque pasear por el puente Vecchio le resultaba familiar; sentarse en la plaza de la Signorina mientras comía un *canoli* y escuchaba la charla de las mujeres a su alrededor, también; hasta por momentos le resultaba familiar comer en *Buon Giorno*, sentada junto a la ventana, los riquísimos *agnolotti* rellenos de pulpo y caviar, con la salsa de crema y ajo. Una predilección nueva para Emilia que, sin embargo, según le contaba Fedele, pertenecía a una vieja receta. La vida era más mágica de lo que uno creía. Y, seguramente, todo estaba conectado con todo y más de lo que uno creía.

Porque, ¿cómo había conocido a Fedele? Buscando el cuadro de sus abuelos Juan Bautista y Abril. Era imposible olvidarse de que, tras *La Mamma*, había dado con *Buon Giorno*. Asociaba los hechos y sentía culpa por no haber continuado buscando la pista del cuadro. Por eso, se prometía a sí misma que esa semana se dedicaría a conseguir información. En realidad, había dejado en suspenso todo lo que no fuera urgente, ya que a veces sentía que su vida era un hermoso carruaje que, como le ocurrió a Cenicienta, se transformaría en calabaza cuando dieran las doce. Era feliz, sí, pero no sabía hasta cuándo. Y en ese afán por disfrutar al máximo el presente, había abandonado y dejado por el camino muchas actividades; averiguar los datos de ese cuadro era uno de esos asuntos pendientes. Al menos, le pediría a Fedele que programara hacer una visita a su madre. Tiempo atrás, la mujer había mandado a decir que podía tener algún dato para darle. Al principio, había estado entusiasmada con conocerla, pero como la relación con Fedele avanzaba, se daba cuenta de que no sería fácil ocultarle que su único hijo estaba viviendo con una chica argentina embarazada de otro hombre; no sería algo fácil de aceptar. Por más que ella hubiera sido una madre que había criado sola a Fedele —y esa situación fuera similar a la suya—, no creía que la empatía y la solidaridad femenina llegaran a tanto.

Emilia sabía que podía enredarse por horas en estos pensamientos, como si fuera un laberinto sin salida. Por eso, esa mañana los descartó. Le había llegado un *mail* con datos importantes que esperaba; mientras descargaba el archivo adjunto, le entró un correo de Sofi y lo abrió inmediatamente; hacía un tiempo que mantenían la rutina de un *Skype* cada dos o tres días y alguno que otro *mail*. Su amiga estaba muy al tanto de lo que ella venía viviendo. Lo ojeó apurada. Sofi le preguntaba cómo estaba, cómo iba la convivencia con el italiano y le relató sus propias andanzas por la editorial; pero al final, tras la firma, le agregó una posdata larga, con letras mayúsculas, que tenía que ver con su padre. La leyó dos veces:

PD: ¡AH, EMI! ALGO IMPORTANTE: NO TE OLVIDES DE TU PAPÁ. HABLALE. LO VEO MUY PREOCUPADO POR VOS. IMAGINATE QUE ME HA LLAMADO VARIAS VECES A CASA PARA SABER SI TENGO NOTICIAS TUYAS Y PARA PREGUNTARME SI YO SÉ CUÁNDO VOLVÉS.
ESE POBRE HOMBRE NECESITA SABER CUÁNDO REGRESÁS. DECILE UNA FECHA. EMPIEZA A CREER QUE TE VAS A QUEDAR ALLÁ PARA SIEMPRE Y SI NO SE LO DECÍS, SE VA PARA ALLÁ EN CUALQUIER MOMENTO. ME CONTÓ QUE ESTABA PENSANDO EN VIAJAR A ITALIA PARA VERTE.

A Emilia le dio pena leer esta parte del correo; ella, por no preocuparlo, le escribía correos cortos diciéndole que la estadía y el trabajo seguían bien, y apenas si le había hecho un par de llamadas de sólo cinco minutos. Su amiga tenía razón, ¿pero qué decirle? Si ella misma no sabía cuándo volvería, ni tampoco muy bien qué sería de su vida. Manuel le insistía con lo mismo, pensó. Entonces, decidió que era momento de poner fecha de regreso; su artículo estaría listo en una semana más, lo cobraría contraentrega y ella se encontraría en condiciones de regresar a su país, ya sea para siempre o por un tiempo. Tenía que volver. Debería hablarlo con Fedele. Su mente divagó entre dos pensamientos:
Uno: volver a Argentina y no regresar nunca a Florencia... No, eso era imposible.
Dos: volver a Argentina y luego regresar a Florencia... Sí, siempre y cuando, Fedele le diera asilo como hasta ahora; y eso involucraba tener al bebé en Italia. La idea le dio miedo, tener su hijo en Italia, lejos de todo... Estar en las manos de un hombre italiano, aunque fuera Fedele. Hum... no estaba segura.

Se miró la pequeñísima panza tostada por el sol que podría pasar por un atracón de *lasagna* y pensó que lo hablaría con Fedele por la tarde, cuando estuvieran más tranquilos.

* * *

Cuando Emilia lo vio llegar a Fedele con comida caliente del restaurante, le dijo:

—¡Qué bueno que volviste! Ya te extrañaba, mi amor.

—Yo, también... —y lo decía de verdad porque en más de una ocasión, cuando estaba en el salón o en la cocina de *Buon Giorno* y le venía a la mente el rostro de Emilia, él volvía a la casa para buscar algo con la excusa de verla. Ella, contenta, se lo festejaba con grititos y dándole besos.

Cada mediodía, Fedele traía para comer la sugerencia del restaurante y para ese almuerzo había tocado *risotto* de calamares. Emilia, al abrir el recipiente donde lo había traído y al sentir el aroma del arroz, se acordó de la primera vez cuando, con la *maître*, él le había enviado un sabroso plato de comida con un jazmín y una nota que decía: «Disfruta con todos tus sentidos». Al recordarlo, ella no podía creer todo lo que había sucedido desde aquella vez y cómo había aprendido a disfrutar mucho más de todo junto a Fedele.

Habían comido el *risotto* en la cocina recordando esos días y luego se habían ido a la cama a descansar un ratito. Estaban vestidos, abrazados y medio adormecidos cuando Emilia, viendo que Fedele se despabilaba abriendo los ojos, pensó que era el momento propicio para sacar el tema de su regreso a la Argentina.

—Fedele, amor...

—Hum...

—Estuve pensando... necesito volver a mi país.

La frase lo tomó de sorpresa. El pacto que regía la convivencia, el de vivir el día a día, venía frenando la aparición del tema. Pero estaba pendiente y era ineludible.

—¿Volver? ¿Ahora... decís?

—Sí, tengo que ir.

—¿«Tenés» que ir o «querés» ir...?

—¡Uy! ¡Cuántas preguntas...! —eran dos, pero a Emilia le parecieron veinte–. Es que hoy recibí correo de Sofi y me dice que mi papá está preocupado, que quiere venir a Italia a verme.

–¡Y que venga! Yo lo atiendo.

–No seas loco... De verdad: tengo que regresar a Buenos Aires.

–Pero... ¿irías y volverías, no? –dijo dando vuelta su cabeza en la almohada para poder observarla de frente y poniendo en palabras la gran duda, esa cuya respuesta definiría el futuro de ambos.

–¿Vos querés eso? –preguntó Emilia mirándolo a los ojos.

Él no lo dudó un instante y le respondió:

–Claro... ¿Cómo se te ocurre otra posibilidad...? Emilia, en este barco estamos juntos –su voz, algo afónica y grave, sonó segura.

Ella lo miraba como buscando ver más allá de los ojos.

–Fedele, a veces tengo miedo...

–¿De qué?

–De que esto sea un sueño... un amor así no es común.

–Por eso hay que cuidarlo, ¿entendés?

–Sí.

–Cuando el amor verdadero toca a tu puerta hay que hacer todo lo necesario para preservarlo.

–Fedele...

Escucharlo la emocionaba. Él continuó con la idea:

–Emilia, nosotros no tenemos vuelta atrás. ¿Te das cuenta de que estamos viviendo juntos y de que pronto vos tendrás un hijo? En este momento, estamos funcionando casi como una familia...

–Lo sé, pero es que tengo que resolver mi situación laboral, avisarles qué voy a hacer.

–Yo creo que la editorial de acá no tendría problema en tomarte.

–No sé. Dependerá de si les gusta esta serie de artículos.

–Van a salir bien, vas a ver. Pero... ¿cuándo te irías?

–Tendría que entregar la nota y marcharme después. Eso sería, más o menos, en quince días.

Fedele la miró. Dos semanas no eran nada, se pasaban volando.

–Emilia, te quiero acá, siempre. No puedo pensar en la posibilidad de que te vayas y que no regreses... Que te marches por unos días... no me gusta.

–A mí me pasa lo mismo, pero tengo que terminar lo que dejé allá.

Se miraron profundo a los ojos. Estaban tomando decisiones que marcarían el resto de sus vidas.

—Emilia…, te amo —le dijo por primera vez.

—Yo también te amo —le respondió Emilia, también, por primera vez.

Y comenzaron a besarse.

* * *

Un rato después, Fedele ya se había ido a *Buon Giorno* y Emilia, desde el teléfono de la casa, le había hablado a su padre para contarle que en un par de semanas estaría por allá. No le había dicho que lo más probable sería que luego regresaría a Italia; eso prefirió decírselo personalmente, al igual que ponerlo al tanto de la existencia de Fedele en su vida. Para su padre sería una locura que haya conocido a un hombre estando embarazada de Manuel; para él… y para cualquiera, se decía imaginando las muecas que, al enterarse de las novedades, harían algunas de las personas que la conocían en Argentina. Aquietado su interior por haber hablado con su padre, pensó que ya era tiempo de enfrentar lo que venía detrás de esta decisión: Manuel. Él le había pedido que le avisara con tiempo su fecha de regreso, así podía organizarse para hacerlo al mismo tiempo; por esa razón, tenía que ponerlo al tanto de su decisión cuanto antes. Prendió su *notebook*; era buen momento para intentar hacer *Skype* con él; las veces anteriores había podido hacerlo en este horario. Apretó las teclas, miró el monitor… Manuel estaba conectado y aceptaba la conversación. El corazón le dio un vuelco, no pudo evitarlo. En instantes, y casi sin pensar, se estaban saludando y la voz de Manuel se oía clara en el comedor de la casa de Fedele. Mientras, en *Buon Giorno*, su dueño, apurado, daba instrucciones a sus empleados madurando la idea de que Emilia se marcharía pronto y que quería disfrutar a pleno los últimos días que compartirían, resolvió que esa noche no trabajaría, sino que regresaría temprano para invitarla a comer a otro lado.

Emilia, en la casa, dejaba que Manuel guiara la conversación; nunca estaba segura de si él quería hablar mucho o poco, porque siempre estaba apurado. Él le explicaba:

—¡Qué casualidad! Había mirado varias veces para ver si te conectabas. ¿Qué hora es allá? Porque acá todavía es la mañana. ¿Cuántas eran las horas de diferencia con Arizona?

Emilia no pudo evitar soltar un suspiro de contrariedad, estaba molesta, le había explicado la diferencia horaria todas las veces que habían hablado.

—En Italia son las ocho de la noche —contestó con poca gana.

—¿Cómo estás, pichona?

—Bien... quería avisarte que en quince días voy para Argentina —decidió ir a lo importante y obviar lo del sobrenombre cariñoso.

—Quince días, quince días... —repitió él. Era evidente que estaba sacando cuentas o mirando un calendario, hasta que al fin exclamó—: ¡Perfecto! Justo me coincide con un receso que hay acá. ¡Qué bueno! Porque creo que tenemos mucho para hablar personalmente.

—Creo lo mismo, nuestra situación lo merece.

Hubo un silencio.

—¿Estás bien de salud? El... embarazo... ¿bien? —le costó decir la frase. La pregunta le parecía insólita. A ella le pareció lo mismo.

—Estoy bien... mi maternidad sigue adelante, aunque mucho no se note.

—Mostrame... —le pidió él.

Pero ella no quiso mostrarle nada, hizo como que no entendió e ignorando el pedido le preguntó:

—¿Cómo te va con los estudios allá?

—Muy bien, excelente. Yo mismo estoy asombrado de mi rendimiento. Si me mido con otros, estoy entre los primeros.

—Me alegro... —dijo ella.

—Estás linda, me gusta el pelo así... —dijo casi galante. Pero como ella ignoró el cumplido, insistió por el tema del trabajo—: ¿Y cómo va tu nueva nota?

—Muy bien.

—Quiero verte...

—Ya nos veremos, falta poco —respondió Emilia, que comenzaba a navegar por aguas peligrosas. Todavía las palabras de Manuel tenían sobre ella cierto poder.

—¿Se te nota la panza?

—Ya te dije... un poco.

—¿Me mostrás...? —le pidió de nuevo, sólo que esta vez su voz sonó a súplica.

Emilia levantó la *notebook* y la apuntó a su panza. El monitor la mostró en toda su dimensión justo en el preciso momento en que la puerta de la casa se abrió. Ella, con la computadora todavía en la mano, sintió los pasos de Fedele por detrás. «Nunca viene en este horario. ¿Justo tiene que llegar ahora que hablo con Manuel?», pensó. Pero no se sintió culpable, no tenía nada que ocular. Aunque la situación era incómoda, siguió adelante; ella no estaba haciendo nada malo.

Volvió a acomodar la computadora sobre la mesa, sin olvidarse de que Fedele caminaba a sus espaldas. Parecía estar buscando algo por el comedor. La voz de Manuel volvió a sonar:

—Algo se te nota. Vos antes no tenías nada de panza.

—Puede ser...

—Emilia, hoy mismo voy a sacar el pasaje para Argentina.

Fedele volvió a pasar y Manuel preguntó:

—¿Estás con gente en tu casa? Me hubieras dicho...

Era evidente que lo había visto.

—Sí... es Fedele... un amigo —le respondió y sintió cómo detrás suyo se hacía añicos un vaso contra el piso.

Para Fedele, una cosa era imaginarse a ese hombre, pero verlo y escucharlo hablar con Emilia era otra muy diferente. Ese era el infeliz que engendraba un hijo y después no se hacía cargo.

—Bueno, Manuel, te dejo. Necesito atender a... la gente...

—Sí, sí. Te vuelvo a hablar para avisarte qué día llego a Buenos Aires. Por favor, vos también decime la fecha de tu vuelo apenas la sepas.

Un saludo rápido y cortaron.

Emilia se dio vuelta, y un Fedele perturbado por el enojo y los celos le exigió:

—¿Se puede saber qué *merda* hace ese tipo hablando con vos?

—Es que le tenía que avisar cuándo estaré en Argentina.

—Vos no necesitás avisarle nada.

—Nos debemos una conversación... ¡Es el padre del bebé!

La última frase fue una cachetada para Fedele. Siempre lo supo, pero que se lo diga ella...

—Vos no le debés nada a ese. ¡¿Para qué *cazzo* hablás con él?!

—Es algo, incluso, que debo intentar terminar de la mejor manera posible. Siempre habrá un criatura de por medio.

—¡Igual! ¡No me parece! ¿O te estás arrepintiendo de estar conmigo?

—No digas pavadas, Fedele.

—Porque... ¡Mirá que mostrarle la panza...! ¡Y encima, decirle que soy un amigo!

—Es que... —intentó una explicación, pero para eso no la tenía. Se había equivocado.

—Y hacerlo en mi propia casa...

A Emilia el comentario le dolió; él tenía razón, pero no del todo. La situación se podía ver desde diferentes puntos de vista.

—Si no te gusta que esté en tu casa, me voy. No tengo problema.

Fedele la miró indignado.

—Hacé lo que tengas que hacer.

—No me esperaba esto de vos.

—Yo, tampoco. ¿Sabés a qué venía? A avisarte que hoy por la noche no iba a trabajar y a proponerte que saliéramos juntos.

—Mirá, Fede, aunque no nos guste, Manuel existe y tengo que hablar con él personalmente. Al menos, un sola vez más.

—¿Para qué querés hablar?

—¿Cómo para qué? Contarle lo que voy hacer... que voy a venir a vivir aquí.

—Ya veo que no nos vamos a poner de acuerdo. Creo que lo mejor será que hoy vuelva al plan original de trabajar. Me voy al restaurante. Vendré tarde. No me esperes despierta.

Fedele se dirigió a la puerta y la abrió con violencia; luego, se fue dando un portazo.

Emilia, al verlo irse, se largó a llorar; estaba harta de todos los hombres; de unos, porque daban poco; de otros, porque daban demasiado y exigían imposibles.

* * *

Una hora después a Emilia le quedaba poco del enojo e iba cambiando de parecer. Ella necesitaba conversar con Manuel pero no debería haberle mostrado la panza. Comenzaba a amar profundamente a Fedele y no quería hacer nada que pusiera en peligro la relación; pero era evidente que Fedele no era el hombre perfecto que había creído. Era celoso y podía ser mal humorado e intolerante.

Fedele, por su parte, en la cocina de *Buon Giorno* caminaba enérgicamente de una punta a la otra; cuando lo hacía, todos se corrían de su lado y ponían las ollas a salvo; era lo más atinado que se podía hacer cuando él estaba en ese estado; seguía enojado y no se había ablandado; los celos no se lo permitían; incluso, le daban una perspectiva distinta de Emilia, que ahora la veía de otra manera. Tal vez, ella no era la mujer que había creído. Todo cambiaba, nada era estático. ¿Acaso no podían cambiar de idea también ellos?

Capítulo 25

Si yo tuviera un corazón, escribiría mi odio sobre el hielo, y esperaría a que saliera el sol.

GABRIEL GARCÍA MÁRQUEZ

Piacenza. 2008

Día 12

Benito Berni, a sus setenta y cuatro años, pensaba que había días para todo, pero que los más importantes eran aquellos en los que se tomaban decisiones. Y él, habiendo tomado la más trascendental, creía que ya no tendría que enfrentar ninguna otra. Pero esa mañana, muy temprano, la realidad le demostró lo contrario. Mirando el calendario que tenía sobre el escritorio, se dio cuenta de que esa jornada del mes de diciembre era el cumpleaños de su hermana Lucrecia, la melliza que aún vivía, porque la otra ya había fallecido. Mientras las dos estuvieron vivas –y siempre que el aniversario coincidiera con su estancia en Italia–, Benito se preocupaba por visitarlas; y así lo siguió haciendo cuando Lucrecia quedó sola. Pero en esta ocasión, él se había prometido a sí mismo no sacar el auto ni salir más de la casa hasta que llegara su final, el cual se acercaba inexorablemente porque había recibido una llamada decisiva: el sábado, a más tardar, llegaría el jarrón. Y Benito, que había pensado que recién lo sacarían del castillo muerto, ahora no sabía qué hacer ante la resolución de quedarse; no ir a saludar a Lucrecia y que ella se enojara, o ir, y sufrir por algo que, claro está, no serviría de mucho, porque su suerte ya estaba echada, a su vida le quedaban tres días. Hasta el mediodía caminó indeciso por la casa,

266

ensimismado en sus vacilaciones, mientras las figuras de *El maestro Fiore*, *La pastora* y *El carpintero* lo observaban escaleras arriba.

Eran las cinco de la tarde cuando se decidió. Entró a su cuarto, se cambió y le pidió a Massimo que lo llevara a Codogno, un pueblito cercano a Piacenza.

En menos de una hora estaba en el lugar, entraba a una casa ruidosa, donde abundaban hijos y niños, la saludaba a su hermana, conversaba dos palabras y se arrepentía de haber ido a verla; todo, al mismo tiempo. El lugar, demasiado feliz para su estado, lo golpeaba hasta lastimarlo; sobre la mesa, la torta de chocolate hecha por las manos queridas de una hija era un recordatorio más de que él nunca tenía una el día de su cumpleaños.

Lucrecia era simpática y simple, virtudes que a él le faltaban. Ella charlaba con todos, y al ver callado a su hermano, trataba de sonsacarle algo preguntándole por el castillo, por los perros, por el parque. Pero Benito respondía con pocas palabras, casi no podía hablar; ese lugar lleno de cobijo lo ponía débil, lo volvía endeble, le mostraba sin anestesia cuántas cosas se había perdido en su vida. En la conversación que mantenía con su hermana, las hijas de Lucrecia casi no intervenían, los niños pequeños requerían atención y, además, parecía que, teniendo una madre como Lucrecia, no podían entender que tuvieran un tío como Benito, una suerte de Ebenezer Scrooge que, escapado de la novela de Dickens, se había presentado al cumpleaños. La realidad de que a los dos hermanos Berni la vida los había tratado muy diferente no entraba en sus existencias apuradas, donde mandaban los celulares, los pañales y las escuelas.

Una hora y media después, Berni se subió al *Rolls-Royce* negro. Por el camino, mientras Massino conducía rumbo al castillo, meditaba acerca de las decisiones cotidianas. «Cada día tiene su decisión», pensó. Y la del cumpleaños, aunque difícil de cumplir, creyó que había sido la correcta. Era la última vez que vería a su hermana y ella, al fin y al cabo, era la única persona de su sangre que le quedaba viva.

Por el camino, cómodamente instalado en el asiento trasero, pensó en las decisiones que habían definido el tipo de vida que hoy llevaba... Entonces, rememoró un día del pasado en que una había marcado a fuego el hoy...

En el cuarto del hotel, Benito abrió los ojos y vio a su lado el cabello largo y sedoso de Adela enredándose en la almohada y a ella, que dormía plácidamente junto a él. Entonces, lo recordó todo. Miró por la ventana, y la claridad que entraba a través de las cortinas, sumado al murmullo propio de una ciudad que ya estaba despierta, le dieron la certeza de que se le había hecho tarde para recibir el camión del transporte. Con seguridad, ya eran pasadas las ocho. El flete llegaba esa mañana y, más allá de que hablara, o no, con Pieri sobre su relación con Adela, la carga de los objetos tenía que salir bien; como fuera, esas cosas tenían que ir a Piacenza, a donde pertenecían. Por años, aun siendo un niño, lo había planeado. Y hoy era el día para que eso ocurriera.

Se sentó en el borde de la cama y con violencia se puso de pie, buscó sus ropas que en la pasión de la noche habían quedado tiradas en el piso y se vistió con rapidez. A punto de despertar a Adela, alcanzó a mirar el reloj y a comprobar que eran las ocho y cuarto. Entonces, desistiendo, sólo manoteó los contratos que, así lo había prometido, le llevaría a Pieri. Había pensado en ir a la casa caminando, como siempre; pero en virtud del apuro, tomó las llaves de su auto y, abriendo la puerta de la habitación, salió al pasillo y bajó las escaleras casi corriendo. Se subió al vehículo y arrancó justo cuando Adela abría los ojos y en la puerta de la casa de los Pieri se estacionaba un camión de transporte con dos hombres vestidos de fajina.

Ambos trabajadores se bajaron del vehículo risueños, comentando un chiste; con pena, dejaron por la mitad los *panino* de salami que venían comiendo; habían llegado unos minutos tarde y debían apurarse; después los terminarían de comer. Los hombres llamaron a la puerta y Pieri, un tanto sorprendido, porque había pensado que era el siempre puntual Benito, les abrió. Su mujer estaba encerrada en la cocina; ella le había pedido no ver cuando se llevaran las cosas.

—¿La casa del señor Rodolfo Pieri?

—Sí —era evidente que eran los del camión.

—Venimos a llevar los bultos que deben ser transportados a Piacenza.

El nombre de la ciudad tomó por sorpresa a Rodolfo.

—¿Piacenza? —preguntó. Y al nombrarla, no pudo evitar unir ese nombre con el castillo de los Berni y la masacre que había vivido allí años atrás. Luego agregó–: Debe haber un error. Las cosas de mi casa deben ser llevadas a Roma.

–Nosotros tenemos instrucciones de llevarlas a Piacenza –dijo el hombre más grueso convencido de la orden que tenía; en su precariedad, entendía que un error de esta naturaleza podía terminar costándole el trabajo.

–Deben estar equivocados –insistió, seguro, Rodolfo Pieri.

–No, los papeles dicen eso... Piacenza –dijo el transportista ya preocupado; él no permitiría que le cambiaran el rumbo.

–Tráigalos y los veremos juntos... –propuso Pieri, preguntándose dónde mierda estaba Benito, que aún no había llegado. El transportista más joven fue al camión y los trajo.

Entre los tres los leyeron; estaba claro: *Transporte Il Sole*, la dirección de Pieri, y el destino de la carga: Piacenza.

Rodolfo Pieri no entendía nada. Confundido, señaló:

–Mire, creo que deberíamos esperar a que llegue el señor Benito, que es quien los ha contratado.

Estaba seguro de que Paolo acomodaría este embrollo.

–El señor Benito Berni ya nos ha contratado en un par de oportunidades. ¿Él vendrá ahora?

–¿Quién? –escuchar el apellido fue un martillazo para su cabeza.

–Le pregunté si vendrá Berni, el dueño de la casa de antigüedades de Roma que nos contrató.

–No puede ser. Tiene que haber un error.

Los dos hombres se miraron con hartazgo. Justo a ellos les tocaba este loco que no estaba de acuerdo con nada; a ellos, que tenían los *panini* de salami por la mitad esperándolos en el camión.

–Mire, señor Pieri..., estas cosas las tenemos que llevar a Piacenza por orden de Berni.

Berni, Piacenza. Piacenza, Berni.

Rodolfo, azorado, no podía entender cómo es que el nombre Berni venía a aparecer aquí y ahora en esta conversación. Terriblemente perturbado, insistió en la única idea que él podía aceptar:

–Un momento, por favor. En breve llegará el señor Paolo Benito, que es quien los ha buscado a ustedes –insistió.

Pieri no podía, ni quería, creer lo que escuchaba. Un pavor le espeluznaba la piel de todo el cuerpo; escuchar de nuevo el nombre Berni y unido a la ciudad de Piacenza... parecía una mala película.

El hombre más grueso lo intimó:

—Aquí, en los papeles, está bien claro el nombre: Be-ni-to Ber-ni. ¿Ve, ve...? —dijo señalado la guía.

Pieri, alejando el recibo de la vista para poder verlo mejor, ya que estaba sin sus anteojos, al fin, lo alcanzó a leer: era verdad, ahí estaba ese apellido que había enterrado en lo más profundo de su conciencia, ese que nunca en su vida hubiese querido oír, ese que pertenecía a una familia que él creía desaparecida. Aún con las pruebas frente a sus narices, insistió. Un hilo de esperanza de que todo fuera una equivocación le permitió decir:

—No será que...

—Señor, tenemos que empezar a cargar.

—Pero es que Berni se murió... —se animó a decir, al fin, Pieri. Él lo había visto muerto con sus propios ojos.

—Que yo sepa, está vivo. No lo conozco personalmente, pero sabemos que es joven, no creo que se haya muerto...

El más novato de los dos hombres, el que no había abierto la boca y que no podía quitarse de encima la idea de los *panino* que estaban esperándolos en el camión, agregó:

—Salvo que estos días haya tenido un accidente. En ese caso, tal vez, no tengamos que hacer el transporte.

Al ver el rostro de incertidumbre de Pieri ante esta conversación de locos, el otro transportista insistió con los pocos datos físicos que había escuchado de él:

—Se supone que Berni es alto, joven y rubio.

Pieri, al escuchar la descripción, sintió que el mundo le daba vuelta. Un pasado que estaba enterrado debajo de años de olvido se sacudió el polvo y se plantó frente a él. Y ahora, lo miraba a los ojos y no podía soportarlo.

—Nosotros vamos cargando y cuando venga el tal Paolo... nos avisa... —propuso el hombre más grande.

Trastornado, Pieri sólo se hizo a un lado y los dejó pasar. Creía que iba a caerse redondo, allí mismo, frente a ellos, en el piso.

* * *

El reloj marcaba las ocho y media en punto cuando Adela se levantó de la cama del acolchado rojo. Un rato antes había escuchado el portazo de Benito e, imaginándose que se habían quedado dormidos, apurada, empezó a buscar sus prendas. Iría directo a la academia; su padre creería que había dormido en la casa y que, como a ella le gustaba hacer cada mañana, había ido a abrir temprano la escuela.

Eran las ocho y treinta y cinco cuando el *Mercedes Benz* negro de Benito Berni se estacionó frente a la casa de Pieri, justo detrás del camión.

—*¡Puttana madre!* ¡Ya llegaron!

Se bajó apurado, pasándose la mano por el pelo rubio buscando peinarse —ni eso había tenido tiempo de hacer— y se acercó a la puerta justo cuando los dos transportistas cargaban el cuadro del maestro Fiore. Era grande, les costaba sacarlo por la entrada.

—Aquí llegó el señor Benito... Él dirá a dónde van las cosas —articuló Pieri, sin la seguridad que había tenido al comienzo de la mañana sobre quién era quién mientras lo miraba hipnotizado.

Los dos trabajadores, cuando al fin logaron sacar el cuadro, lo depositaron en el piso y el que llevaba la voz cantante, mirando a Benito Berni, le dijo:

—Señor..., ¿estas cosas van a Piacenza o a Roma?

—A Piacenza —dijo Berni con firmeza. El mundo podía caerse y explotar en mil pedazos, pero esa carga iría al castillo. Hacía años que esperaba esto.

—¿Qué dije yo...? —preguntó el transportista más grueso y, señalando a Pieri, agregó—: Es que el señor decía que no.

—Teníamos una confusión con los lugares y los nombres... —se defendió Pieri con un hilo de voz; temía que las cuerdas vocales se le quebrasen si hablaba más fuerte.

Entonces, el transportista, inocente a lo que estaba aconteciendo, dijo sin ningún empacho:

—¿Usted es Benito Berni, el que nos contrató, verdad?

La respuesta a esa pregunta dilucidaría el enredo.

Benito sopesó la respuesta por unos instantes, pero la potente realidad de que todas esas cosas tenían que ser sacadas ya mismo de la casa de Pieri le ganó la pulseada a cualquier otra idea. Las cartas estaban echadas.

—Sí, soy Benito Berni.

El mundo se detuvo para él y para Pieri.

—Bueno, si todos estamos de acuerdo con que usted es Berni, el que nos contrató, y que las cosas van a Piacenza, seguimos cargando tranquilos.

—Sí —volvió a decir imperturbable Benito.

—¿Qué diablos es todo esto, Benito, Paolo o Berni, o quien cuernos sea usted?

Lo ojos claros de Benito lo miraron impasible. Transformándose él en Berni, Rodolfo se convertía en su antiguo profesor de pintura, en el mismo ruin hombre que había llevado a los alemanes a su casa, el mismo que se había robado las pertenencias de su familia. El desdén le pintó las facciones. Benito, que no se caracterizaba por las muchas palabras, y que tampoco había planeado que las cosas salieran así, decidió que era momento de poner en frases lo que sucedía, porque allí estaba, frente a frente, con ese ser despreciable que era Pieri, y sin necesidad de ocultar nada.

—Yo soy Benito Berni... Hijo de Aurelia y Mario Berni.

—Usted me ha engañado todo el tiempo.

—No más de lo que usted ha engañado a todos durante muchos años, sabiendo que los objetos de esta casa eran de mi familia.

—Pero esas cosas...

¿Cómo sabía él eso? ¿De dónde había salido un hijo de Mario Berni? Había pensado que el único que tenía, aquel muchachito rubio al que le daba clases de pintura, también había muerto. Era evidente que no.

—Estas cosas son mías, de los Berni... ¡Y bastante que le he pagado por ellas! Podría haberlo denunciado.

—¿Denunciado? ¿Usted a mí? Yo podría denunciarlo a usted.

—¿Por qué? ¿Por comprarle las cosas con un cheque bueno que usted aceptó?

—Usted sabía todo cuando me prestó dinero de Giuseppe... ese hombre que se quedó con mi academia, con mi casa y que vaya a saber si realmente existe.

—Que exista o no, es lo de menos. Usted tomó prestado ese dinero y nunca cumplió con lo pactado. Y ahora debe pagar la pena que corresponde entregando la academia y pagando al banco la hipoteca. Y más le vale que la desocupe pronto, si no, también perderá su casa. Acá están todos los contratos —dijo Berni.

—Usted es un maldito.

—¿Yo...? —dijo Berni poniendo las manos en el cuello de Pieri—.

¡Usted es el maldito que llevó la desgracia a mi casa e hizo que mis padres murieran! ¡Usted tiene la culpa de todo!

Rodolfo Pieri, asustado, no respondió. Benito, con los ojos en llamas, vacilante entre apretar su cuello o soltarlo, se decidió por lo segundo y dijo:

—Es usted un ser despreciable. No merece que yo me ensucie.

—Era la guerra, todo era diferente. Usted era un niño... No sabe lo que fue...

—No me interesan sus explicaciones. Ya me voy, festeje. Tiene suerte de que ya no me verá nunca más. Porque yo podría haber urdido algo mucho peor para usted y su familia.

Los transportistas introdujeron las últimas cosas en el camión. Mientras cargaban los bultos les había resultado imposible no escuchar la discusión entre los señores Pieri y Berni. Era evidente que algo terrible los unía.

—¿Están terminando? —preguntó Benito a los dos hombres.

—Sí, esto es lo último —respondió uno de ellos señalando la escultura de las dos niñas, aquella que realizara el maestro Francesco Mochi.

—Muy bien. Lleven todo a Piacenza; los veré allá.

Luego, subiendo a su auto, aceleró al máximo y se marchó. El camión lo hizo tras él. Rodolfo Pieri, observando cómo los dos vehículos se marchaban, corrió hasta el asfalto y allí, en medio de la calle y de los autos que circulaban, comenzó a insultarlos a los gritos, con sus brazos en alto. Su mujer, pensando que a estas alturas habían terminado de cargar todo, apareció y le preguntó qué era lo estaba sucediendo. Él no le respondió, sino que cayó arrodillado en el piso; un fuerte dolor en el pecho lo ahogaba. María intentaba levantarlo en medio de los bocinazos de los autos, pero no podía, no le daban las fuerzas. Así estaban los dos cuando la aparición de Adela fue su salvación porque se acercó inmediatamente dispuesta a ayudar. Unos metros antes, la muchacha había visto pasar a Benito en su auto seguido por el camión y le había llamado la atención. Pero ahora, al ver a su padre tirado en el piso, supo que algo terrible había sucedido. «¿Habrán discutido por mí, en mi ausencia?», pensó en forma inocente.

Unas calles más adelante, Benito se tomaba fuerte del volante, las manos le temblaban. Acababa de ver a Adela con su vestido rosa y sabía que sería la última vez. Era una Pieri y jamás podría estar con ella. De todas maneras, era cuestión de tiempo para que Adela pensara lo mismo porque en cuanto se enterara de todo lo que él había planeado y llevado a cabo tampoco querría nada con él.

Sólo una palabra calmaba el perturbado interior de Benito: Piacenza... allí se dirigía.

Capítulo 26

Es preferible que una verdad nos hiera,
antes de que una mentira nos destruya.

Florencia, 1967

Pasado el primer momento de incertidumbre y de temor por la salud de Rodolfo Pieri, su familia se tranquilizó. El médico les había dicho que necesitaba descansar mucho y no preocuparse tanto. Pero lo cierto era que lo sucedido días atrás entre Benito y él no había quedado claro para nadie y había terminado trastocando los horarios y las actividades de todos en la casa, cuando no los sentimientos, como en el caso de Adela, que no sabía qué hacer ni qué pensar ante lo acontecido. Más allá de la preocupación que tenía por la salud de su padre, ella estaba deshecha porque desde ese día Paolo había desaparecido sin siquiera dar una explicación. No tenía ninguna certeza acerca de por qué habían discutido los dos hombres; tampoco sabía si, en realidad, lo habían hecho, pero era evidente que se había producido un quiebre importante en la relación que ellos mantenían. Quería averiguar qué era lo que había pasado, pero no sabía hasta qué punto podía presionar a su padre sin hacer peligrar su salud. Su madre no tenía información; ella le dijo que no sabía nada de ese fatídico día y le repitió lo que había visto: cuando escuchó los gritos y se asomó, Benito ya se había ido y Rodolfo estaba en pleno ataque. María, conforme avanzaba la semana, volvía a preocuparse por su marido, que ya no parecía ser el mismo de siempre. Se lo veía metido en su propio mundo y casi no participaba de lo que sucedía a su alrededor. Ese día, mientras amasaba en la cocina, María se preocupaba por la salud mental de su esposo, pero también por el estado de distracción y desinterés en el que se hallaba atrapado. No era el momento para evadirse; no ahora que tenían que tomar importantes decisiones económicas. Pieri no estaba lúcido, o si

275

lo estaba, estas resoluciones no le importaban. Los planes de mudar la academia a la casa habían sido suspendidos, él no se hacía cargo y las mujeres no sabían muy bien cómo llevarlos adelante, fuera de que nadie entendía qué había ocurrido con Paolo Benito.

Esa tarde, Rodolfo Pieri se hallaba sentado en un sofá de la sala con los hombros cubiertos por una mantita y con la mirada perdida en el trozo de calle que se observaba por la ventana. Al verlo así, Adela decidió volver a la carga en busca de información. Ella había pasado gran parte del día llorando por Benito y estaba harta de no saber qué hacer. Había pensado en ir a Roma a buscarlo, pero ella ni siquiera sabía en qué parte de la ciudad vivía o dónde estaba el local de antigüedades que le manejaba a Giuseppe Conti.

Adela se sentó junto a su padre y le preguntó sin preámbulos:

—Papá... ¿Qué pasó con Benito? ¿Por qué discutieron?

Pieri pestañó un par de veces sin quitar la vista que tenía fija en la copa de un árbol desde hacía bastante tiempo.

—Papá, no me puede hacer esto, necesito que me diga.

Otra vez el silencio.

—¡Papá, Benito y yo teníamos una relación! ¡Necesito saber qué pasó!

Nada, ni un gesto siquiera en la cara del hombre.

—Contésteme... él me quería... éramos novios, no puede ser que se haya ido sin decir nada —se atrevió a conjeturar Adela buscando que su padre entendiera por qué ella necesitaba saber.

Rodolfo Pieri pestañeó de nuevo varias veces y se pasó las dos manos por la cara, como si algo le molestara en el rostro. Al fin dijo:

—Olvídate de él, Adela. Busca otro muchacho.

—¡Eso no es tan fácil!

—Es lo mejor que puedes hacer.

—¿Por qué? ¿Qué pasó?

—Olvídate de él.

—¡No puedo olvidarme! ¡No quiero olvidarme! —ya no quería que le repitiera eso de nuevo.

—Tendrás que hacerlo. Él nunca te quiso, ni podrá quererte. Nunca, nunca. Él sólo quería vengarse de nosotros. Por eso vino, por eso nos quitó la academia y nos sacó nuestras cosas.

¿Qué le pasaba a su padre? La academia la habían perdido porque no habían pagado y las cosas —así lo había expresado su padre— las había vendido por propia voluntad para conseguir algún dinero extra. Esta situación era un ovillo sin punta.

—¿Vengarse, de qué? ¿Nosotros qué le hicimos?

Pieri miró otra vez por la ventana buscando la copa del árbol en la que había centrado su vista gran parte de la tarde, y cuando sus ojos la hallaron, se encerró de nuevo en su mutismo. Él no iba a hablar del pasado, de cosas que ya estaban enterradas; no iba a contar viejas desgracias en las que había jugado un papel decisivo y nefasto, no ahora, después de tanto tiempo. Berni había abierto esa puerta y lo único que había traído era destrucción y dolor para todos. ¿Para qué seguir con esto, entonces? Él ya había perdido la academia y su colección de arte, pero aún le quedaba el respeto de su familia, y si abría la boca, quién sabe si no lo perdería junto a otras cosas más.

Adela, al ver la actitud de Pieri, comenzó de nuevo su interrogatorio, pero su madre, que amasaba en la cocina y oía la conversación entre ellos dos, apareció y le dijo:

—Adela, deja tranquilo a tu padre. Ya pasará un poco más de tiempo y hablará del asunto. Ahora hay que esperar.

Adela se levantó del sofá, fue hasta la puerta donde estaba María, y, mientras se acercaba, le habló en un tono un poco más bajo. Su madre tenía que entenderla, siempre lo había hecho:

—Yo no puedo esperar, necesito saber ahora —su voz sonaba desesperada.

—Pues tendrás que hacerlo, ya sabes que tu padre todavía está delicado de salud. Yo misma he intentado que me cuente, pero no quiere hablar. Así que déjalo.

—Yo no esperaré un mes para saber qué pasó. Me iré ahora a Roma a buscar a Benito.

—¿A Roma? Pero, ¿cómo harías para encontrarlo?

Adela le explicó su precario plan:

—No debe ser difícil hallar el negocio de antigüedades. Él dijo que estaba cerca de la fontana de Trevi.

María pensó que ella no podría frenar a su hija. Entendió, además, que en ese plan existía una posibilidad, aunque remota, de hallar al joven. Así que dijo:

—Ve, si quieres. Tienes mi consentimiento.

Adela sonrió y movió la cabeza afirmativamente. Al fin aparecía una luz de esperanza para su dolido corazón. Aquella frase que sostiene que una persona enamorada es un adicto empedernido cuya droga es el ser querido, se hacía carne en ella. Nada la hubiera detenido, nada. «El amor es una fuerza imposible de refrenar», pensó María, mientras veía a su hija organizar el viaje. Adela partiría a Roma en el primer tren de la mañana siguiente.

* * *

Cuando Adela llegó a Roma vistiendo su trajecito blanco con botones negros y sus tacos altos, lo hizo sin saber qué le depararía esa ciudad; ni siquiera estaba segura de si tendría que pasar o no una noche allí; pero ella, que siempre había sido temerosa de las grandes metrópolis, en esta oportunidad, a pesar de haber visitado Roma en pocas ocasiones, no se preocupó de nada, salvo de encontrar a Benito. Deambuló inquieta por las calles pidiendo indicaciones hasta que al fin, en el cruce de tres arterias, dio con la fontana de Trevi. Una vez allí, caminó dos calles en todos los sentidos, ida y vuelta, varias veces.

Durante la búsqueda del negocio de antigüedades, caminaba varios metros en una dirección y, al no encontrarlo, regresaba a la fuente; luego, partía de nuevo. Tras varios intentos fallidos, cansada y un tanto descorazonada, se sentó en uno de los banquitos frente a la fuente. Desde ahí podía ver cómo algunas personas arrojaban monedas pidiendo sus deseos. Ella tomó algunas de su cartera y poniéndose de pie se acercó al agua. Según la creencia, dos monedas lograban un nuevo romance; tres aseguraban un matrimonio o una separación definitiva. Decidió lanzar tres y asumir el riesgo. Las arrojó con los ojos cerrados, con la mano derecha sobre el hombro izquierdo, como se decía que debía hacerse. Luego, dio la media vuelta y abandonó la fuente, lista para continuar su pesquisa. Y a poco de andar, vio que por la acera pasaba un muchachito con una escultura en brazos. Marchaba en una dirección que ella ya había probado, pero, tomándolo como una señal, lo dejó ir adelante y lo siguió. A paso lento pero firme, el joven sobrepasó el límite que Adela se había fijado. Cruzó otra calle, tres; otra, cuatro. Adela perdió la cuenta. ¿Habían sido ocho? Hasta que lo divisó... ahí estaba, era un local de antigüedades grande y vistoso, con muchos objetos caros en la vidriera. Tenía que ser ese. El muchacho entró allí con su escultura en brazos; ella, por detrás, también.

En minutos una mujer joven de flequillo y cabello castaño, metido en el rodete de moda, le recibía la escultura al chico y luego le preguntaba a ella en qué la podía ayudar. Adela, mientras le respondía, la observaba admiraba: el parecido con ella era asombroso, podría haber sido su hermana.

—¿Este negocio es de Giuseppe Conti?

—No... —le respondió Marina mirándola de arriba abajo. Por un momento, antes de que dijera el nombre de quien buscaba, había llegado a pensar que la chica era alguna de las admiradoras de su patrón; siempre había alguna persiguiéndolo. Pero ahora, mirándola mejor, le llamó la atención su parecido con ella. Claro, con la salvedad del estilo. Su atuendo era formal y llevaba el cabello suelto como se suponía que no debía hacerse si se quería parecer mundana y a la moda.

—¿Aquí trabaja Paolo Benito?

—No... ¿Por qué? ¿Qué necesita?

—Necesito encontrar a esa persona. Me dijeron que trabaja en un local de antigüedades como este.

—La verdad... No lo conozco.

—¿De quién es este local?

Marina dudó un instante en darle esa información, pero enseguida bajó la guardia; la chica parecía inofensiva, una mosquita muerta de esas que los hombres engañan con facilidad. «Aunque, quién sabe —pensó—. A veces, estas son las peores.» Igual, le dio pena; se la veía desesperada. Por eso, le dijo con sinceridad:

—Es de Benito Berni.

—¿Puedo hablar con él?

—Mire, señorita, él está de viaje.

—¿En dónde está?

Adela había llegado a pensar, a creer... Tal vez, si la mujer le decía «En Florencia», todo podía tomar sentido. Pero la respuesta fue otra:

—En Piacenza.

Al oírla, se descorazonó.

—¿Hay otros negocios como este por aquí cerca?

—¿Probó con el de la vía del Governo?

—No, pero iré. Gracias por su tiempo —dijo con el hilo de voz que le quedaba y se marchó; quería llorar. Caminó hacia la puerta y salió a la calle sin saber que acababa de perder su última oportunidad de encontrar a Benito.

* * *

Una hora más tarde, Adela había entrado en el lugar recomendado por la chica. El dueño de este negocio tampoco estaba, pero le habían explicado que pertenecía a una mujer, así que lo descartó. También había entrado en dos más, donde la habían atendido sus propietarios, ambos hombres mayores; uno, de bigotes y el otro, algo excedido de peso. Ninguno de los que había consultado conocía el negocio del tal Paolo Benito. Parecía que a él y a su local se lo había tragado la tierra. Adela comenzaba a sospechar que detrás de toda esta historia había una gran mentira de la que su padre, tal vez, era el cómplice principal. Porque él sabía lo que pasaba y no quería contarlo.

Llevaba caminando varias cuadras sin sentido, cuando se dio cuenta de su estado. Estaba cansada, le dolían los pies, no había comido nada en todo el día y ya casi oscurecía. Decidió que esa noche no volvería a Florencia, sino que se quedaría y la pasaría sola en un hotel; tenía el dinero para hacerlo y la desesperación le había quitado todo miedo; además, no quería regresar a su casa. Necesitaba pensar. Este era un *puzzle* al que le faltaba una pieza y ella necesitaba descubrir cuál era. Porque precisaba encontrar a Benito… su Benito… ese que la había hecho su mujer en la cama del hotel de Florencia, ese que le había dicho que la amaba. Lágrimas comenzaron a rodar por sus mejillas mientras pensaba en esto y caminaba con sus últimas fuerzas en busca de un lugar donde dormir.

Paolo Benito existía y estaba en alguna parte. Ella se había acostado con él y no una vez, sino muchas. En algún lugar tenía que estar.

* * *

Una vez instalada en el hotel, todavía sin comer nada desde el desayuno, tirada en la cama, seguía pensado… si Paolo Benito existía pero no estaba en donde le había dicho que trabajaba, era porque les había mentido a ella y a su padre. Si unía ese pensamiento con que su padre se negaba a hablar y con las palabras que él había pronunciado

«Vino para vengarse», entonces, llegaba a la conclusión de que se trataba de algo relacionado con el pasado. ¿Pero qué? ¿Cómo saberlo? Tenía que ser algo antiguo porque ella conocía todo acerca de su padre durante los últimos años; no en vano lo ayudaba en la academia. Lo único que no encajaba era la edad de Benito; era demasiado joven para haberse relacionado con su padre desde tantos años atrás. Pero el pasado era la guerra… y en ella podría haber sucedido cualquier cosa.

¿Quién de su confianza podía conocer el pasado de su padre? ¿Quién podría recordar y contarle acerca de la guerra? Era evidente que su madre no estaba al tanto de nada; con ella no podía contar.

Pensaba y pensaba cuando una persona vino a su mente: su anciana tía Rosa, la prima de su padre.

Si bien con ella durante los últimos años no habían mantenido una relación estrecha a causa de un lejano distanciamiento con su padre, creía que, si le pedía hablar, ella accedería.

Resolvió que a su vuelta a Florencia iría a *La Mamma*, el restaurante que ella tenía. Su tía debía saber algo. Y ese fue su último pensamiento porque de inmediato se quedó profundamente dormida con el trajecito blanco de botones negros puesto y prendido y con los pies llenos de ampollas.

✳ ✳ ✳

Al día siguiente, Adela tomó el tren de Roma a Florencia y decidió que, antes de pasar por su casa, visitaría a su tía Rosa.

Cuando llegó y vio la puerta del restaurante abierta, entró. Pero al hacerlo, no la encontró. Allí le explicaron que, debido a su edad, ya casi no venía al local, sino que daba algunas instrucciones desde su casa. Un buen encargado cumplía a la perfección su papel para que ella pudiera descansar y, a la vez, seguir viviendo de su negocio. Ella, que siempre había sido muy vital, ya era una mujer grande.

Adela, en vez de dar toda la vuelta por afuera, pasó del salón al patio y, de allí, a la casa. Ya frente a la puerta, no se animó a abrirla, sino que golpeó.

Su tía Rosa le abrió. Al verla, se asombró y se puso contenta al mismo tiempo. La saludó con un beso y un abrazo. Luego, le convidó un té. A Adela siempre le había gustado conversar con ella porque era una mujer dulce y sabia, pero se daba cuenta de que el distanciamiento con su padre les había quitado las oportunidades para hacerlo durante los últimos años. A pesar de que su padre y Rosa ya no se trataban, su tía solía enviarles regalos a ella y a sus hermanas. Cuando niñas, se habían visitado mucho, pero los años habían traído el frío de las relaciones y era evidente que alguna situación lo había detonado.

Rosa Pieri aprovechaba la visita de Adela y le pedía una reseña de los miembros de la familia, quería saber cómo estaban, qué era de sus vidas. Pero en esta oportunidad, a su sobrina le fallaba la paciencia. Quería pasar directamente a hablar sobre el motivo que la había llevado hasta allí.

—¿Y tus hermanas? ¿Cómo están?

—Bien, grandes.

—Deben ser unas señoritas. ¿Y tu padre…? ¿Cómo está Rodolfo…? Sé que ha tenido problemas con la academia.

Las noticias malas corrían rápido.

—Tía, la hemos perdido; está a punto de cerrarse.

—¿Perdido? ¡Qué terrible! Tienes que contarme cómo ha sucedido esto. Ven, sentémonos aquí, en mi cocina. ¿Quieres unas *cantucci*? —le ofreció.

—Sí, no he comido nada desde ayer.

—¿Pero por qué, niña mía?

—Vengo de Roma. He llegado en el primer tren de la mañana.

—¿De Roma?

La respuesta le pareció rara. Una muchacha como Adela viniendo de Roma… en el tren de la mañana… Significaba que había pasado la noche allá y eso no era normal.

—Es una larga historia relacionada con las deudas que nos hicieron perder la academia. Y con respuestas que mi padre no quiere o no puede darme. Tal vez tú puedas ayudarme con mis preguntas.

—Dime, niña. Si está dentro de mis posibilidades, prometo hacerlo. Ya sabes que soy partidaria de que es preferible que una verdad nos hiera, antes de que una mentira nos destruya.

—Creo que tiene que ver con el pasado.

Rosa Pieri suspiró. El pasado era la guerra y en esta había habido demasiadas maldades y muy pocos podían afirmar que habían permanecido ajenos a ellas, ya sea porque las habían cometido o porque las habían sufrido en carne propia. Veía tan mal a su sobrina que esperaba que ella no hubiese terminado salpicada por alguna vieja historia.

Rosa sirvió una segunda taza de té y Adela comenzó a explicarle la situación. Su tía escuchaba y guardaba silencio. Algunos hechos los conocía porque los había visto con sus propios ojos; otros, eran relatos que iban de boca en boca. Adela nombraba el tapiz antiguo, el retrato de Boldini y la pintura de Fiore y a ella, con la última, se le hacía inevitable no recordar aquel día en que le había pedido a su primo que le averiguara sobre ese cuadro, aquella obra que buscaba con ahínco su amigo Fernán. Tras pedirle datos para enviarlos a la Argentina, Rodolfo nunca más le dijo nada, como si aquel pedido jamás hubiera sido formulado. Hasta que un día ella visitó la casa de su primo y descubrió la obra en la sala principal. Ese había sido uno de los motivos del distanciamiento. Tampoco se olvidaba de aquella vez, durante la guerra, cuando él había traído al restaurante a un grupo de oficiales alemanes. De su primo había chismes por doquier relacionados con algunas obras de arte y su sucia conexión con los alemanes. Escuchando el relato de su sobrina, entendió —a pesar de que tendría que realizar algunas averiguaciones— cuál era el hilo conductor de esta historia. Al contemplarla apenada y con la incertidumbre acechante, se dio cuenta de que la pobre niña había quedado inmersa en esa triste historia. Y eso era malo, muy malo.

—¿Adela querida, realmente quieres saber? Tal vez, lo mejor sea dejar todo así como está.

—Necesito saber.

—Pequeña, no tengo todas las respuestas... Pero si así lo deseas, lo averiguaré.

—¿Puede haber alguien que quiera vengarse de mi padre? —repitió la pregunta que ya le había hecho. Hacía un momento, cuando la formuló, su tía había dudado y no le había dado respuesta. «En esta ocasión, quizás, hablaría», pensó con esperanza.

—Los tiempos de la guerra fueron difíciles... Él tenía una familia que alimentar...

Rosa dio vueltas y más vueltas. Al fin, Adela insistió:

—Tía, entiendo que usted no sabe todo, pero lo que sabe, por favor, cuéntemelo. Usted me dijo que me diría la verdad.

Rosa, otra vez, intentó escapar por la tangente, pero no fue posible contentar a Adela. Entonces, le dijo:

—Mira, lo que sé, es lo que saben muchos: él hacía trato con los alemanes y con esto, probablemente, terminó perjudicando a algunas familias. Imagínate que los alemanes querían las obras de arte, y él, como profesor de pintura, sabía bien en qué casas estaban.

—No puedo creerlo.

—No lo juzgues... eran tiempos donde todos hacíamos lo que podíamos.

—Tía, yo ya le expliqué... Paolo Benito me dijo que me amaba... Preciso saber si me engañó.

—Haré lo posible, dame unos días.

Rosa tenía un indicio acerca de quién podía ser Paolo Benito, pero no podía decírselo con seguridad.

El tema era demasiado delicado y seguiría trayendo consecuencias. Aunque eran irrefrenables, algunas seguirían gestándose de manera inevitable, como la que crecía en las entrañas de Adela. Sólo que ella aún no lo sabía.

Capítulo 27

Florencia. 2008

Ese viernes por la mañana, exultante, Emilia empujó con energía una de las dos hojas de la puerta de vidrio de la editorial italiana de su revista y salió a la calle. Al hacerlo, el ruido del tráfico y el calor del verano le dieron de lleno. La diferencia con el aire acondicionado del interior del lugar era tan grande que, afuera, le costaba respirar. Pero no le importó: la alegría no se esfumaba por un poco de calor. Estaba contenta. En su vida, algunas cosas no habían salido como ella esperaba, pero otras, muy importantes, como la que acababa de conseguir, sí; no podía quejarse. Acababa de hablar con Poletti, le había entregado la totalidad de la nota y estaba conforme. Además, lo había tanteado sobre la posibilidad de que la tomaran en forma permanente en la revista si ella se quedaba a vivir en Italia... ¡Y Poletti le había respondido de inmediato que sí y se había mostrado muy interesado en que ella formara parte del *staff* permanente! Por un lado, la incorporación significaba algo muy importante: si ella se instalaba de manera definitiva en Florencia, como venía pensando, tendría trabajo fijo, lo cual, sin dudas, era una excelente oportunidad laboral. Por otro lado, la confianza de Poletti era una evidencia de que su trabajo se hallaba en franco ascenso. Estaba orgullosa de lo que había logrado porque se le había abierto una oportunidad en el mundo desarrollado... Y eso que en el último tiempo había vivido en una vorágine emocional.

Con Fedele, después de la gran pelea que habían tenido, la que había durado dos días por culpa de la conversación con Manuel, habían llegado a la conclusión de que ninguno de los dos era tan perfecto como habían creído al principio, pero que, a pesar de sus flaquezas, querían seguir juntos porque comenzaban a ser parte de la magia que une a los que se aman de verdad, quererse más allá de los errores y de las imperfecciones, perdonarse a pesar de todo, volver a empezar cada mañana y elegirse cada día.

Sólo le preocupaba cómo sería estar separados durante veintiún días, el tiempo que ella pasaría en Argentina. Fedele no quería que superase las tres semanas; ella, tampoco, ya que en su interior temía que, si alargaba la estancia, su panza sería tan inmensa que resultaría irreconocible y él ya no la querría. Sabía que era una tonta al pensar así, pero no podía evitarlo. Emilia no imaginaba que Fedele también tenía sus propios miedos: él recelaba que, cuando ella estuviera allá y viera a Manuel, se reconciliaran y decidiera no volver nunca más. Fedele sabía que era un tonto al pensar así, ¿pero acaso esa no era también una posibilidad? Porque en los meses venideros les esperaban situaciones ante las cuales ni ellos mismos sabrían cómo reaccionar. Y debían estar preparados para todo.

* * *

Cuando Emilia llegó a la casa, le dio pena que Fedele aún no hubiese regresado. Estaba ansiosa por contarle la buena noticia del trabajo, pero no se preocupó; sabía que no tardaría en llegar porque en un rato saldrían para Ancona. Ese fin de semana tenían pensado visitar a la madre de Fedele. La ciudad donde ella vivía quedaba al sur de Florencia y daba al Adriático. Por delante, tenían casi cuatro horas de viaje. La idea era salir a la tarde temprano para compartir la cena con ella y hacer noche en su casa. Al día siguiente aprovecharían la playa y regresarían a última hora. Parecía un buen plan, pero no podía evitar sentirse un tanto nerviosa porque… la madre de Fedele era… ¡su suegra! Y ella no era cualquier nuera.

Emilia se dio un baño y comenzó a prepararse. Antes de elegir qué ponerse, se observó en el espejo grande del cuarto: la ropa interior de color blanco hacía lucir su bronceado, pero a ella, lo único que le importaba, era mirar su panza. Con prendas apretadas, todavía podía pasar por media docena de *canoli* recién comidos; con ropa suelta, ni se notaba. Pero si iban a la playa y la madre de Fedele era observadora, tal vez, se diera cuenta. No había hablado con Fedele sobre si él tenía pensado contarle o no de su estado. Y mirándose en el espejo del baño para maquillarse, notó qué nerviosa se ponía con cada minuto que pasaba.

Se aplicó el delineador líquido negro... ¿Y si la mujer se daba cuenta de que estaba embarazada? ¿Fedele le diría que el bebé no era de él? ¿O se lo callaría?

Rímel negro... ¿Fedele la presentaría como su novia?

Rouge rojo... ¿Y si la mujer le preguntaba directamente a ella estas cosas? ¿Ella tenía que decirle toda la verdad?

Brillo labial... ¿Y si era antipática y no se caían bien? La primera mujer de Fedele, Patricia, ¿se habría llevado bien con su suegra?

Se odió por no haberle preguntado antes todas estas cosas; pero si no lo había hecho antes era porque había estado entretenida con su nota... y hasta por pudor.

Dio por terminada su obra de maquillaje. Y al verse con detenimiento, se dio cuenta de lo mucho que le había crecido el cabello, que le caía claro y con movimiento hasta casi la cintura. Se prometió a sí misma que esa semana iría a la peluquería. Alberto, el peluquero argentino que había jugado un papel importante el día en que se decidió por el cambio, era una especie de confesor. Y la verdad era que ya necesitaba un nuevo corte. Miró la cama sobre la que había extendido dos vestidos, el blanco y el bordó. Estaba indecisa. Se calzó las sandalias bordó y altas que amaba y, con un vestido en cada mano, se los apoyó en el cuerpo buscando decidirse.

Así estaba cuando sintió la voz querida que la llamaba desde la cocina.

—¿Emi, estás lista para que nos vayamos? ¿Por dónde andás?

—Estoy en el cuarto —respondió y luego agregó—: Pero todavía no terminé de cambiarme. Es que no sé qué vestido ponerme. No sé cuál es el mejor para que me vea tu mamá.

Fedele, de *jean* y camisa, apareció en la puerta con ánimo de ayudarla. Así podrían partir de una buena vez. Pero la imagen de ella, bronceada, con las sandalias altas, en ropa interior blanca, y el rostro maquillado con el cabello húmedo y largo, lo impactó. La miró por unos segundos... hasta que pudo decir:

—¡Emilia, por Dios, qué hermosa estás!

—Yo... —dijo Emilia incrédula. No podía creer que el cumplido fuera para ella. Hacía un rato que luchaba indecisa entre los dos vestidos y le parecía que ninguno le quedaba bien.

—Es que la panza...

—¿Panza? —dijo riendo—. Ya vas a saber en unos meses lo que es tener panza. Cuando creas que tu piel no puede estirarse un milímetro más, pasará otro día y seguirá creciendo. Ahora..., simplemente, estás preciosa. Ven acá.

Era evidente que él sabía lo que era convivir con una mujer embarazada.

—Ven acá —insistió.

Ella comenzó a acercarse mientras él la comía con la mirada. Cuando la tuvo cerca, le puso la mano en el talle y la besó en la boca. Ella le respondió con deseo. Se besaron durante un largo rato hasta que Fedele le dijo:

—Creo que no saldremos hasta en una hora... Hay cosas que son urgentes...

—Creo que media hora nos alcanza y nos sobra —repuso ella sonriendo mientras se sacaba la parte de arriba de la ropa interior y dejaba al descubierto sus pechos blancos que contrastaban con el resto de la piel tostada y que, de inmediato, se convertían en una vocación para la boca y las manos de Fedele; su lengua y su piel estuvieron de fiesta hasta que decidió alzarla y llevarla entre sus brazos hasta la cama.

—Cuidado que estoy de sandalias... Esperá que me las saco —dijo Emilia mientras se quitaba lo que le quedaba de ropa interior y buscaba comenzar a desprender el broche del calzado.

—No. Quiero amarte así, con los tacos puestos... maquillada... *bela, belisima*... —dijo él con la voz ronca por el deseo, mientras intentaba sacarse el pantalón, tarea que quedó por la mitad porque cuando desprendió los botones de su *jean*, sin esperar a sacárselo, se trepó sobre Emilia.

—¿Te peso? —preguntó mientras le besaba y le mordía la boca.

—No...

—¿Segura?

—Por Dios, Fedele, amame, no demores más...

Fedele sonrió. Le gustaba cuando Emilia se desesperaba por tener sexo con él. Le hizo caso y la penetró; ella gimió, entonces, él le aprisionó las dos manos en alto, contra el respaldo de la cama, y así, mirándola a los ojos mientras arremetía una y otra vez en su interior húmedo, le dijo:

—Te amo, Emilia.

Ella le respondió con las mismas dos palabras.

Y otra vez... el disfrute, la pasión, la piel, el cuerpo, pero, también, los sentimientos, el corazón.

Al final, serenos, ella se acordó de la buena noticia que tenía para darle sobre su trabajo y se la contó. Él, orgulloso, le decía: «¡Muy bien, muy bien!». Y festejando, le recorría la cara con besos ruidosos. Emilia había conseguido trabajo en Florencia. Podía quedarse sin ningún problema.

La fortuna parecía sonreírles. Sólo una sombra incomodaba la plenitud: el recordatorio de que faltaban cinco días, 120 horas, 7200 minutos. Era el tiempo que les quedaba para estar juntos. Después, Emilia partiría a Argentina, su país.

Una hora más tarde, los dos partieron en el descapotable rojo. Viajaban con el techo puesto y el aire acondicionado prendido —hacía demasiado calor— con la esperanza de llegar a los ocho a Ancona para cenar con la madre de Fedele.

Emilia se había decidido por el vestido blanco, que era más suelto. Mientras el vehículo avanzaba por la carretera, sus pensamientos se perdían en las palabras que Fedele le había dicho antes de amarla, cuando recién había llegado a la casa y ella, en ropa interior, se había quejado de la panza: «Ya vas a saber en unos meses lo que es tener panza. Cuando creas que tu piel no puede estirarse un milímetro más, pasará otro día y seguirá creciendo».

Él sabía de lo que hablaba, conocía bien lo que era eso, lo había vivido con Patricia, con esa mujer que había llevado en su vientre un hijo, uno que en verdad era de él. La idea le hacía doler a Emilia. ¿Pero qué hacer? Si esto ya no se podía cambiar, ni remediar. Las cosas se habían presentado así, y ahora, tenía que optar: se podía vivir llorando por lo que no era, o se trataba de aceptar y de disfrutar lo que sí se podía. Emilia miró a Fedele, a su lado, concentrado en el manejo; los ojos marrones aterciopelados iban clavados en la ruta, el dedo índice pegando contra el volante al ritmo de «Quelqu'un m'a dit», la canción de Carla Bruni que sonaba en el estéreo, de ese CD que le había regalado ella en Salerno, ese que él había aprendido a disfrutar y a tararear. Entonces, envuelta en esa atmósfera mágica y sabia, se decidió por lo segundo, por aceptar lo que la vida le daba y no centrarse en renegar por lo que le negaba. Nunca todo era perfecto y buscando la quimera de la perfección se podía perder de vivir y despertarse un día dándose cuenta de que, buscando la meta, nos habíamos perdido el camino. No valía la pena, el objetivo duraba minutos; y el camino, toda una existencia. Con paz, por la aceptación que estaba haciendo, se dio cuenta de que este pensamiento era el mismo que Fedele hacía mucho había tratado de hacerle entender, el día que se amaron por primera vez, en aquel castillo medieval de Nápoles.

Se sintió contenta, el amor hacía estas piruetas, contagiaba las cosas buenas del uno en el otro, como esta profundidad a la que ella abordaba de la mano de Fedele, como el gusto por una canción que antes a él le era desconocida, y que ahora escuchaba. El amor era sorprendente; se sintió una privilegiada de poder vivirlo. El pensamiento de reconciliación con su propia vida se le hacía carne y, sin saberlo, ella abría nuevas puertas a la felicidad. Esa era la magia de la vida.

* * *

Eran las ocho y diez de la noche, y ya en Ancona, el *Alfa Romeo* se estacionó frente a una pequeña casa de color amarillo con dos ventanales de canteros con geranios en flor de distintos colores. Emilia, nerviosa, entraba a la vivienda y, sin haberlo programado, lo hacía de la mano de Fedele; el lugar era muy limpio y muy despojado de adornos. Desde la galería del patio, entre los sillones de mimbre con almohadones azules, saludaba a una señora de cabello castaño, corte recto al hombro, y ojos marrones idénticos a los de Fedele. Él miraba divertido la forma en que ambas se relacionaban; al fin, las dos mujeres que quería se habían conocido. ¿De qué hablarían esa velada? No lo sabía. Ellas, a simple vista, no parecían tener mucho en común. Había sido buena idea esperar para traer a Emilia; al menos, ahora ella hablaba bastante bien el italiano. Escuchándola, se prometía que, cuando estuvieran solos, la felicitaría; realmente lo merecía, lo hacía casi a la perfección.

En medio de sus observaciones disimuladas —y de las no tanto—, la mujer mayor le elogiaba a Emilia el vestido blanco y el verde de sus ojos.

Ella le respondía que el color de ojos era herencia de su abuela Abril y le devolvía el cumplido ponderándole el patio de su casa; el reducto lleno de canteros de hierbas aromáticas y flores, en verdad, la impresionaba; además, el perfume que emanaban impregnaba toda la casa; un limonero dominaba el centro. La madre de Fedele le respondía que la mano para las plantas también era herencia. Y una conversación sobre qué cosas se heredaban surgía espontáneamente entre ellas. Así, Emilia le contó parte del contenido del artículo que acababa de escribir y la mujer, atraída por el tema, se enteró de que ella era periodista.

Una hora después, los tres se sentaban a la mesa y disfrutaban de los pimientos rellenos y del *vitello tonnato*; Emilia descubría que ese ternero «atunado» no era otra cosa que el famoso *vitel toné* que en su casa siempre se preparaba para Navidad y Año Nuevo.

Y cuando ella creía que venía el postre, se dio con la noticia que los pimientos y el *vitello tonnato* habían sido sólo la entrada. La madre de Fedele, como buena italiana, mimaba a los que quería con la comida. La *bistecca alla fiorentina* y el *cappon magro*, una torta de pescado y verduras cocidas no se hicieron esperar. Emilia llegaba a la triste conclusión de que nunca podría competir en la comida con una madre así. Y Fedele, como adivinándole los pensamientos, le dijo:

—No te olvides de que mi madre regenteó el restaurante mucho antes que yo; por eso cocina tan bien.

Y mientras Emilia probaba maravillada el *cappon magro* se quejaba con Fedele de que nunca había hecho en el restaurante esa comida tan rica y liviana. Le pedía a su madre que le enseñara a hacerla y esta, gustosa, le daba la receta. Mientras lo hacía, estudiaba a Emilia, la hallaba demasiado delgada, muy independiente, una mujer dulce, que parecía muy enamorada de su hijo, y su hijo, de ella... Pero había algo... algo que no llegaba a identificar... Por suerte, se quedaban en la casa hasta el día siguiente. Tal vez, con más tiempo, podría reconocer qué era.

De postre, en la mesa se servía la macedonia con las más variadas frutas. Y mientras lo hacían, Emilia empezaba a pensar que tenía mucho en común con la mujer. Por ejemplo, a las dos les gustaban las verduras, el pescado y las frutas. Fedele, en algunas ocasiones, le tocaba la pierna a Emilia por debajo de la mesa; entonces, ella lo miraba fulminante y él se reía divertido. En otras, le tomaba la mano. La había presentado como su novia, aunque no había aclarado que vivían juntos; su madre bien podía deducirlo de sus comentarios. Fedele no se cuidaba de mencionar que, al mediodía, él llevaba la comida o que ella le usaba la computadora.

Estaban de sobremesa, pero la charla, poco a poco, se iba apagando, el cansancio del viaje a medianoche se hacía presente. Emilia escuchaba cómo charlaban madre e hijo en un italiano cerrado, pero ella entendía casi todo. Los miraba relacionarse y le daba gracia que Fedele a veces le dijera «*mamma*», y que otras la llamara por su nombre de pila: Adela.

Emilia llegaba a la conclusión de que Adela Pieri era una mujer cálida. Pensaba que, como al día siguiente tenían planeado ir todos juntos a la playa, allí aprovecharía para hablar con ella del cuadro de Fiore.

Capítulo 28

Ancona, 2008

Cuando Emilia y Fedele se despertaron en la cama de la casa de Adela Pieri, todavía con los ojos cerrados, él la abrazó. Y antes de cualquier otra cosa, extendió las sábanas hasta cubrir las cabezas de ambos y allí, en la improvisada casita de telas, comenzó a besarla y a hacerle cosquillas hasta que, en ese refugio de lienzo blanco, nació la pasión y, con tres movimientos certeros de Fedele, comenzaron a amarse. Esta vez, sin emitir ni un solo sonido; ella, porque no abría la boca; él, porque Emilia se la tapaba; ni loca permitiría que Adela escuchara algo.

—Tonti, ¿vos te creés que no se lo imagina? —le retrucaba Fedele en medio de los amores.

Besos, saliva y piel, una y otra vez. Otra y una vez hasta no aguantar, hasta no dar más, hasta terminar. Hasta levantarse cansados y confundidos rumbo al baño, hasta darse cuenta de que el día había comenzado, y entonces, ver algunos detalles que, en la noche y por el cansancio, no los habían tenido en cuenta. Adela Pieri les había dado la habitación que estaba junto al cuarto de baño, la única que tenía cama grande en la casa. En cada una de las mesas de luz había un jarrón con flores; sobre un silloncito les había dejado dos toallas blancas enormes, bordadas a mano con rosas rococó. Fedele le explicó que pertenecían a un juego de ropa blanca que su madre había bordado cuando era joven ya que, como buena chica italiana, se había dedicado a preparar su ajuar. Él estaba seguro de que eran los más bonitos y especiales que en ese momento tenía en su casa. Claro que Fedele obvió contarle el dato de que eso lo sabía porque cuando él se casó con Patricia, su madre les había regalado dos iguales.

Y el detalle absoluto de Adela: sabiendo que ellos la visitarían, les había comprado dos batas, una para cada uno, las que había dejado colgadas en el *placard*. Emilia se emocionaba con el presente, pero Fedele se reía. Su madre se había vuelto loca si pensaba que él se pondría esa prenda ridícula; jamás en la vida había usado una y no pensaba empezar ahora.

* * *

Los tres desayunaron juntos en la cocina, aunque para la madre de Fedele era la segunda vez; ella ya había tomado un café bien temprano. Allí, sentados, terminaron de armar lo que harían en el día, lo que involucró un cambio de planes, porque Adela no iría a la playa, sino que los esperaría en la casa con un almuerzo tardío.

Fedele y Emilia prepararon un bolso y partieron a la playa de Mezzavalle. La madre de Fedele se la había recomendado.

* * *

Luego de un chapuzón en las aguas transparentes, ellos dos hablaban tranquilos tendidos en la arena.

—¿Y...? ¿Qué te pareció mi madre?

—Me gusta... aunque a veces pienso que se da cuenta de que escondemos algo... —conjeturó mirándose el ombligo.

—No te preocupes. Yo me encargaré de solucionar eso cuando regresemos.

—No creo que puedas hacer mucho —dijo riendo. Luego agregó—: ¡Pero qué bien que cocina...! Me intimida pensar que nunca podré hacer platos como los que hizo anoche.

—Para eso me tenés a mí. En esta pareja, el especialista en comidas soy yo. Vos sos la encargada de las noticias y el arte.

—En noticias puede ser, pero en el arte vos también sos entendido.

—Sólo un poquito. Cuando regresemos a la casa de mi madre, haceme acordar que busquemos si hay algo de lo que yo pintaba en mis épocas de artista.

—¡Síí, quiero verlo!

—Además, no te olvides de preguntarle sobre el cuadro que viniste buscando a *Buon Giorno*.

—El que hizo que nos conociéramos... Sí, ya lo pensé —dijo. Le gustaba meditar sobre aquel encuentro; le parecía mágico. Luego, agregó—: Hablaré con ella durante el almuerzo.

Disfrutaron del sol, del agua y del paisaje. Emilia se maravillaba de la belleza del lugar. Cuanto más conocía de Italia, más le gustaba. Se daba cuenta de que, aunque su abuelo Juan Bautista había sido italiano, al haber sido criado por argentinos, ella no sabía mucho de sus bisabuelos; salvo que Gina y Camilo habían sido una talentosa pareja de pintores que se había amado mucho. Pero, ¿en dónde habrían vivido? ¿En qué playas de Italia habrían paseado? ¿Se habrían sentado en la plaza de la Signoria, como lo hacía ella? Eran cosas que no sabía y que le hubiera gustado conocer. Porque Emilia sentía que, estando en esta tierra, algo adentro de ella se movilizaba y la hacía emocionar, estremecer; algo en su interior se sentía en paz y canturreaba un canto de alegría. ¿Acaso era verdad lo que había tratado de explicar en su nota «La memoria del cuerpo»? ¿Realmente existía esa memoria en los genes de la que hablaban sus entrevistados y hasta algunos científicos? Concluyó que dentro de sus genes vivía un pedacito de esas dos personas porque, si se seguía la cadena de óvulos y espermatozoides con los que ella había sido creada, llegaba, inexorablemente, al óvulo y al espermatozoide nacidos en esta tierra. Y esas células físicas ahora parecían ponerse felices de estar de nuevo en esta parte del mundo.

—¡Ey, Emi! ¿En qué pensás? —le dijo Fedele viéndola con la mirada perdida en las olas del mar.

La voz querida la sacó del ensimismamiento.

—En que debemos irnos. Mirá la hora que se ha hecho. ¡Tu mamá debe estar esperándonos para comer! —dijo mirando el reloj.

Fedele asintió y comenzaron a poner las cosas en el bolso para emprender el regreso.

* * *

Una hora después, en la galería de la casa amarilla, los tres disfrutaban de la sobremesa tomando un café. Habían comido unas *piadina* que cada uno había rellenado según su gusto con pollo, *champignon*, tomates, queso o jamón. Y ahora Adela contaba anécdotas de cuando Fedele era niño y vivían en la casa próxima a *Buon Giorno*, la que ahora ocupaba Fedele. Mientras la mujer relataba aquellos sucesos, Emilia la observaba con atención. Adela era una persona dulce, luminosa, tenía una linda piel para su edad, llevaba el cabello sin una cana —era evidente que se teñía de su color castaño— y tenía una manera *hippie* de vestirse. Ese día estaba de *short* blanco y camisola multicolor. Entonces, al imaginarla en esas épocas que relataba, Emilia no podía dejar de preguntarse cómo habría sido ella de joven y cuál habría sido su historia de amor. Porque criar sola a Fedele no habría sido nada fácil y más en esos tiempos; era indudable que un hombre había huido de su responsabilidad. ¿El padre de Fedele había sido parecido a Manuel por lo inconstante? Seguramente, se había tratado de alguien sin ganas de comprometerse. Una persona peor que Manuel, porque Fedele ni siquiera había visto una sola vez a su padre. Él le había contado que no lo había conocido.

—¿Mamá, tenés guardada alguna de mis pinturas o de mis dibujos? En mi casa no me ha quedado nada.

Adela se sorprendió de la pregunta, pero le resultó grata; hacía mucho que su hijo ni siquiera nombraba esa actividad que había heredado de sus propios gustos.

—Claro, hijo. ¿No has visto que en el pasillo hay un cuadro colgado? Además, tengo dibujos guardados en el *placard* de mi cuarto. Buscalos y traelos, así se los muestras a Emilia —propuso Adela y dándose vuelta le dijo:

—No es porque sea la madre... pero en verdad era bueno.

—Y sí... qué va a decir —indicó él riendo mientras se ponía de pie.

Ni Fedele ni su madre hicieron alusión a que había dejado toda actividad artística cuando Patricia y Carlo habían muerto.

Fedele fue rumbo al pasillo en busca de la obra y Emilia aprovechó para abordar el asunto del cuadro de Fiore.

—Me ha dicho Fedele que usted podía darme cierta información acerca de una pintura.

—Algo me contó mi hijo. ¿De qué cuadro hablamos?

—Es una pintura que tiene sus años... Fue realizada por Gina Fiore. Ella retrató a su marido, Camilo Fiore.

Adela se puso tensa. Emilia lo notó.

—¿Y por qué quieres saber de ese cuadro? —preguntó sorprendida.

—Es que los Fiore fueron los padres de mi abuelo Juan Bautista.

Adela se tomó unos segundos para responder:

—No creas que yo sé mucho. Me dijo Fedele que eran dos cuadros en dúo, ¿verdad?

—Sí. El matrimonio de pintores se retrató uno al otro con el deseo de que las pinturas siempre estuvieran juntas. En su casa, mi padre tiene el de Gina Fiore pintada por su marido.

—¿Desde cuándo buscan el del maestro Fiore?

—Hace mucho. Sucede que, a punto de conseguirlo, se desató la guerra. Mi abuela decía que el último dato se lo habían enviado desde el restaurante *La Mamma*. Una mujer... Rosa.

Al ver que Adela no decía nada, Emilia agregó:

—Según me dijo Fedele, ella era familiar de ustedes.

—Sí, Rosa fue la dueña de *La Mamma* por mucho tiempo; luego, cuando fue mío, le pusimos el nombre *Buon Giorno*.

—Buscando el cuadro de mi bisabuelo llegué al restaurante y nos conocimos con Fedele.

—¡Qué vueltas tiene el destino...! ¿Así que fue por el cuadro?

Emilia, sintiéndose casi investigada con tantas preguntas, decidió que era su turno para formularlas:

—Pero, al fin..., ¿usted conoció el cuadro? ¿Dónde cree que puede estar? Me dijo Fedele que sabía algo...

Para responder, Adela se tomó su tiempo; esta vez el silencio fue más largo. Al fin aseveró:

—Ese cuadro estuvo algunos años en mi casa de soltera. Lo había... adquirido mi padre.

—¡Ah! O sea que lo ubica bien... —dijo Emilia entusiasmada y pensando por qué diablos Adela no lo había dicho antes.

—Sí, pero mi padre se deshizo de él cuando yo era una jovencita.

—¿Y quién lo compró? ¿Conoce el nombre de esa persona? Ese dato sería un buen comienzo para mi búsqueda.

Adela la miró y Emilia sintió que esos ojos marrones parecían decirle: «¿Cómo te atreves a preguntar eso?». Pero sólo fue un instante de locura, porque eso no podía ser posible; se lo atribuyó a su imaginación y a que ella sólo era una ridícula nuera asustada e intimidada por la presencia de su suegra.

La voz de Adela sonó débil... al punto de que Emilia casi dudó de lo que había escuchado.

—No. No sé el nombre.

—¡Qué pena! —exclamó Emilia, que ya no pudo hacer más preguntas porque llegó Fedele con el cuadro y una carpeta enorme llena de dibujos en carbonilla hechos por él. Además, era evidente que a Adela el tema no le gustaba y ella, lo que menos quería hacer, era poner de mal humor a su suegra.

Los tres estuvieron un buen rato mirando y comentando lo que Fedele había traído. Emilia comentó que le gustaban y él respondió:

—Ahora me tenés que mostrar los tuyos... ¿Sabías, mamá, que ella también pinta?

Adela sonreía y le preguntaba desde cuándo y con qué técnicas. Se daba cuenta de que la chica argentina era importante para su hijo; haberla traído se lo confirmaba. Era la segunda vez que traía una mujer. La primera había sido Patricia. Veía a Fedele exultante, feliz y se ponía contenta. Su hijo ya había tenido su cuota de tristeza en esta vida, como ella. Perder un nieto era terrible; perder al padre de Fedele, también. Esperaba que la muchacha de ojos verdes viniera a traer alegría a la pequeña familia que ella componía con Fedele. Ahora, lo del cuadro del maestro Fiore... «¡Qué casualidad!», pensó admirada. «¿Así que el abuelo de Emilia había conocido a su tía Rosa antes de la guerra? ¡Qué cosas tenía la vida, que ella nunca dejaba de sorprenderse! Todo estaba más comunicado y unido de lo que creíamos», meditaba mientras escuchaba a Emilia y Fedele reírse, divertidos con los dibujos e iba a buscar café para los tres. La vida y los movimientos de sus hilos invisibles eran irrefrenables.

* * *

Cuando Adela regresó con las tazas, escuchó que Emilia le contaba a Fedele acerca de las clases de pintura que había tomado en Argentina. Entonces, ambos comparaban cómo habían sido con respecto a las de Italia que él por esos años tomó. Él, como al descuido, pero mirándola a los ojos, exclamó:

—O sea que si tuviéramos un hijo sería pintor.

Al oírlo, Emilia se paralizó. ¿Qué hacía Fedele? ¿Hacia dónde iba? Él la tomó de la mano y se miraron largo.

Adela, cerca de ellos, revolviendo el azúcar en su café, los escuchó y captó algo, la mirada cómplice, el tono de voz, un no sé qué... ¿Acaso era «el algo» que ella venía observando en ellos desde que habían llegado? Fedele se reía; Emilia tenía el terror grabado en el rostro. El mundo de los tres se detuvo por un instante y recién retomó su cauce cuando Adela preguntó:

—Hice *canoli*. ¿Quieren que traiga?

—Sí, claro —respondió Fedele.

Cuando ella se marchó, Emilia le preguntó:

—¿Sos loco?

—¿Por qué...?

—¡Tu mamá casi se da cuenta!

—Me dijiste que estabas preocupada porque ella notaba algo raro y yo te dije que lo arreglaría. Yo no tengo problema en que se entere ya mismo.

Emilia lo escuchó y se sintió al borde del precipicio.

—Decírselo hoy... es como mucho. Recién la conozco.

—Mirá, Emi, si vos vas estar conmigo, ese hijo va a ser criado como si fuera de los dos. ¿Entendés? —le dijo Fedele seguro. Y al verle la cara contenta y emocionada, pero al mismo tiempo preocupada, agregó—: Pero tranquila, no hace falta que le digamos ahora. No te preocupes, tendremos muchas oportunidades de hablar con ella. Esta no será la única visita que le haremos.

Fedele podía entender el miedo de ella a que Adela no la aceptara si se lo decían tan pronto.

Emilia sonrió afirmando con la cabeza.

En ese momento, Adela regresaba con la bandeja llena de *canoli*; y lo hacía más convencida que nunca de que la chica argentina estaba embarazada. Durante los minutos pasados en la cocina, había atado cabos y rabos que le habían dado la certeza. Pero si ellos todavía no lo querían contar, ella no iba a presionarlos, ya se lo dirían. Pensaba que era una gran felicidad que Fedele se decidiera a tener un hijo; se lo merecía. Era una alegría que un nuevo nieto hiciera su aparición en la familia.

Un rato después, Fedele se marchó a darse un baño para sacarse la sal del mar que antes, por llegar muy sobre la hora del almuerzo, no había podido.

Emilia intentó hacer buena letra y se ofreció a lavar los platos. Cuando se lo propuso, Adela se negó, pero ante su insistencia, se lo permitió. Mientras miraba a esa chica delgada junto a la pileta de su cocina, se enternecía pensando que sería ella quien, de nuevo, la haría abuela. Mucho no la conocía, casi no habían hablado, no sabía nada de su familia, salvo lo del cuadro, que su abuelo era italiano y que los pintores Fiore eran sus antepasados; entonces, al pensar en la pintura y en cómo ella se había negado a darle información, se sintió culpable; le dio pena Emilia, parecía ser una buena chica, con lazos familiares fuertes que la llevaban a preocuparse por el famoso cuadro. Sin embargo, ella no había estado muy simpática cuando le hizo las preguntas. No es que se negara sistemáticamente a hablar de su pasado, pero tampoco le gustaba andar desnudándolo con cualquiera. Pero con Emilia bien podía hablar sobre lo acontecido años atrás; al fin y al cabo, si todo seguía su curso, ellas dos estarían unidas por lazos de sangre. Un hijo con los genes de ambas venía en camino.

¿Y si la invitaba a que se sentaran juntas en el sillón de la sala y le contaba lo que sabía? ¿Y si le daba la información que buscaba? Se daba cuenta de que para ponerla al tanto de esos datos tendría que interiorizarla de algunos detalles de su propia vida.

Pero lo que la unía a la muchacha le pareció lo suficientemente importante como para charlar con ella de su propia vida. Era la mujer que su hijo había elegido e iba a hacerlo padre.

—Emilia, ¿quieres que nos sentemos en la sala y bebamos un té digestivo?

—Puede ser, así hago tiempo hasta que salga Fedele de la ducha. Después, me bañaré yo —comentó. Ella también quería una ducha de agua dulce.

Adela hizo un té de menta y manzanilla y cuando Emilia terminó de lavar, las dos se sentaron en el sofá de la sala.

—Me preguntaste si conocía quién compró el cuadro de Fiore.

—Sí.

—Pues sí, conocí al que se lo llevó... junto a muchas cosas más que había en ese tiempo en mi casa.

—¿Lo robaron?

—No... El verdadero dueño vino y compró el lote completo. Lo hizo usando artilugios... fue una época dura de mi vida.

Emilia no comprendía ni una palabra, se lo dijo:

—No entiendo.

—Por esas épocas, mi padre tenía una academia de pintura y yo lo ayudaba trabajando en ella... —comenzó.

En ese momento, Fedele apareció en la puerta y, al verlas tan ensimismadas, decidió que era buen momento para dejarlas conversar a solas y aprovechar para ver cinco minutos del noticiero. Sin decir nada, se retiró; ellas ni se percataron. La conversación estaba demasiado interesante.

Media hora después, él regresó, pero ellas dos seguían exactamente en la misma posición. El rostro de Emilia denotaba las más variadas expresiones: asombro, pena, emoción. Él la conocía, estaba seguro: sus ojos verdes estaban claros. Se le hubiera acercado y comido la boca de un beso, pero Emilia, sentada al lado de su madre, permanecía bajo los efectos de la nostalgia, al igual que Adela.

Las mujeres eran tremendas. Si uno las dejaba un rato, ellas se contaban la vida hasta con los más íntimos detalles. Hacer algo así con un amigo, pensó él, era casi imposible. Claro que, tal vez, con hermanos sería diferente. Una pena que él no los tuviera, se decía a sí mismo.

Adela, hablando con Emilia, le contaba todo, o casi todo... un solo dato se guardaba para ella, no se sentía preparada para dárselo a nadie; no le decía que la casa de Berni era un castillo, ni tampoco que quedaba en Piacenza. Decírselo a esta chica que buscaba el cuadro de su familia, significaba avanzar sin vuelta hacia atrás. Era dar un paso que no aceptaba retrocesos, porque en cuanto Emilia supiera que su cuadro podía estar allá, querría ir. Y ella no estaba lista para eso.

Emilia se quedaba callada y no preguntaba; se daba cuenta de que la madre de Fedele sabía dónde podía estar su cuadro, pero la historia que acababa de contarle era demasiado delicada, privada y dolorosa para que ella insistiera. Tanto, que pensaba que ni siquiera la comentaría con Fedele. Seguramente, él estaría al tanto de todo, pero había detalles que Adela le había contado en tono de confidencia de mujeres que prefería guardar; no había necesidad de ponerse a conversar de estas cosas con el hijo, salvo que él se lo pidiera. No quería quedar como una descomedida nada menos que con su suegra que acababa de confiar y abrirse con ella. ¡Porque qué historia! ¡Qué desenlace más tremendo!

Capítulo 29

Los objetos no responden solamente a exigencias de mera
funcionalidad, sino que mujeres y hombres nos servimos de
ellos para distinguirnos, para crear lazos, para perdernos en
la multitud o para manifestar el status social, para expresar
o para desarrollar la personalidad. El modo que tenemos
de adquirirlos y compartirlos, de usarlos y consumirlos, de
producirlos y destruirlos refleja relaciones y valores sociales.
Las jerarquías que establecemos entre los objetos que nos
rodean reflejan las jerarquías en que vivimos inmersos. Se
puede decir que los seres humanos no sólo vivimos entre
objetos, sino que, sobre todo, vivimos a través de los objetos

HÉCTOR CARACCIOLO

Piacenza, 2008

Día 13

Benito Berni siempre había sido ordenado con sus cosas, cualquiera podía dar fe de ello, pero en estas instancias finales de su vida lo era aún más. Esa mañana había terminado de acomodar todos los papeles que el notario le había hecho firmar a los fines de convertir su castillo en museo, los había puesto en una carpeta, al igual que en otra ordenó toda la documentación que sería necesaria después de su muerte. En ella estaban las instrucciones para su entierro y los legajos relativos a las herencias y demás. Ahora se hallaba en su estudio dejando en un sobre algunas fotos queridas para su hermana Lucrecia; tal vez ella las quisiera; eran un tesoro de familia. Una mostraba a sus padres el día del casamiento, muy jóvenes y enamorados; otra, a él, practicando

302

esgrima de niño, muy serio y concentrado; dos más, a sus hermanas con largos e idénticos vestidos blancos, y una, a su abuelo, vestido de militar, junto a Mario Berni, de niño. Había algunas otras pero estas eran las más importantes.

Tomó entre sus manos el portarretrato de plata que durante mucho tiempo había estado en la biblioteca pero que él había decidido traer al escritorio para sacarle la foto y ponerla, también, en el sobre. Con cuidado, quitó el vidrio; temía arruinarla; hacía demasiados años que estaba allí y podía haberse pegado al cristal; pero logró sacarla en perfecto estado; luego, descartó en el cesto de la basura el marco de metal; la foto ya no estaría nunca más en el portarretrato; iría directo al sobre. Pero al tenerla entre sus manos, en vivo y en directo, pudo ver más claros los detalles de su rostro joven y apuesto; la mandíbula apretada, sus ojos clarísimos, el pelo muy rubio, esa campera de nobuk que había comprado en Roma; podía recordar con claridad quién y cuándo le había tomado la fotografía, podía acordarse de los sentimientos que ese día lo embargaban... y antes de ponerla en el sobre, se dejó inundar por las sensaciones que lo transportaron a aquella memorable jornada...

Florencia, 1967

Benito iba camino a Piacenza después del corte de relaciones con los Pieri y el viaje se le hacía difícil; las horas pasadas en silencio mientras conducía encerrado en su automóvil lo llenaban de turbación, no paraba de pensar en Adela y en el percance ocurrido con su padre; se daba cuenta de que para ella la situación vivida traería consecuencias, y eso, lo descorazonaba, porque por Adela tenía un fuerte sentimiento... la amaba... ¡No! ¡No debía amarla!

Ella se sentiría engañada y él no quería que sintiera eso. Todo lo que le sucediera le importaba. ¡No! ¡No debía importarle!

Lo de ellos se había acabado para siempre; más vale que lo entendieran los dos desde un principio; una Pieri y un Berni jamás podrían estar juntos, tanto por lo que había hecho Rodolfo, como por lo que acababa de hacer él. La desazón de estos pensamientos le quitaban la felicidad que había pensado que tendría el día que volviera con todas

303

las cosas que habían pertenecido al castillo, esos cuadros, esculturas y adornos que ahora retornaban dentro del camión que se desplazaba a sólo unos metros detrás de su auto.

Berni llegaba a la última subida pronunciada del camino cuando vio el castillo y aceleró; esta colina empinada siempre lo emocionaba y más si iba en su vehículo.

Vencida la escarpada, estacionaba, descendía y se ponía de pie en la entrada de la fortaleza. Luego, algo rezagado por el esfuerzo, llegaba el transporte de mudanza y él le daba instrucciones a la nueva encargada puesta por Moncatti y al joven parquero para que ayudaran con la descarga. Le llamó la atención que no hubiera aparecido la señora Campoli; era evidente que seguía enferma. Pero entre las varias personas que estaban allí finiquitarían la tarea en pocos minutos.

A punto de que bajaran del camión la primera pintura, se apuró a buscar la máquina de foto. Si no había podido plasmar las imágenes de semejante victoria en Florencia, al menos, lo haría en la puerta del castillo. Cuando los hombres del transporte ingresaban los primeros cuadros, Benito llamó al parquero y, extendiéndole la máquina para que lo fotografíe, le preguntó por la señora Campoli. Mientras se acomodaba junto a la puerta principal para la foto, el hombre le explicó que la mujer había fallecido hacía una semana. Y Benito, con los sentimientos a flor de piel, conmocionado por la noticia, fue fotografiado en ese instante de desconcierto en el que se le mezclaron la culpa –por no haber estado al tanto del desenlace– y la desazón –por todo lo que venía viviendo en el último tiempo–. La foto, que era la prueba de que había ganado la batalla mantenida por años, lo mostró serio y con la mandíbula apretada.

Le contaban que Moncatti se había encargado de la sepultura de la señora Eva Campoli y de dejarle un recado con la noticia en su hotel de Florencia, pero él, sumergido en su vertiginosa realidad, ni se había enterado.

Una vez que entraron todos los bultos, Berni despidió a los hombres del transporte, quienes, antes de marcharse, en un intento de saber la razón de la discusión que había tenido con Rodolfo Pieri, sacaron el tema de la confusión que se había generado con los nombres. Pero Berni no les permitió seguir hablando; fiel a su estilo, simplemente los despidió. Estaba ansioso por entrar a la casa y acomodar los objetos recuperados.

En minutos, Benito estaba en la sala del castillo rodeado por las piezas. Ya más tranquilo, fue al escritorio y buscó en el mueble el famoso inventario que la señora Campoli le había dado alguna vez; y allí, con un lápiz, comenzó a subrayar los objetos que había conseguido. La casa volvía a semejarse a la que él había habitado con su familia. Sólo faltaban unos pocos objetos más.

Sin abandonar la lista, con ella en la mano, se sirvió una copa de vino y, levantándola en el aire como si brindase, dijo en voz alta:

—¡Por los Berni! ¡Por los que no están!

En esa última frase también la contó a la señora Campoli; ella era una nueva tristeza para agregar a las ya existentes. La mujer, que hubiera sido la única persona que lo hubiera acompañado en este impúdico festejo, ya no estaba en este mundo.

Buscando un poco de goce, se sentó en uno de los sillones de la sala y trató de disfrutar; pero no lo logró.

Llevaba diez minutos revolviéndose molesto en el sillón cuando se dio cuenta de que no podría regocijarse, ni contentarse, mucho menos, alegrarse, como había creído. El sabor de la venganza era demasiado amargo y mientras se la saboreaba no permitía ningún otro gusto. No era posible sentir felicidad, ni plenitud, ni placidez o llenura, ni siquiera, paz. Igual que el odio no permitía sentir amor. Eran incompatibles. Cuando se odiaba, no había espacio para amar. El odio ocupaba todos los compartimentos. Una lucidez propia del que sufre le permitió ver que esto era lo que le sucedía con Adela... la amaba... pero cuando pensaba en su padre, el odio le ocupaba todo su corazón y no le dejaba espacio para ningún otro buen sentimiento. ¿Pero qué podía hacer él? Si el odio a ese maldito hombre se le había metido en la venas desde que era un niño.

Sentado, se sirvió otra copa de vino; y luego, otra; y otra más, hasta acabar la botella, hasta levantarse e ir por una sin destapar y empezar de nuevo, hasta no dar más, al punto de cáerse.

Hasta que se hizo la madrugada y se vio a sí mismo tendido en el suelo durmiendo la borrachera, momento en que abrió los ojos y, al constatar su situación, ni siquiera se molestó en ir a la cama, sino que, extendiendo su mano, tomó la punta de la alfombra y se tapó con ella. Había momentos en que la vida podía volverse muy miserable y ni siquiera el alcohol ayudaba.

* * *

Benito Berni solamente se quedó dos días en el castillo; porque ese fue el tiempo que le llevó ordenar las cosas que había traído; cada una fue puesta en el lugar donde iba. Los pocos objetos que faltaban los seguiría buscando; por encargo suyo, un par de anticuarios ya estaba tras la pista de ellos.

La mañana previa a su partida, Berni, en su interior revivió una vieja promesa. De pie, a mitad de la escalera, apoyado en la baranda, observando la casa tal cual había sido antes, se prometió a sí mismo volver a instalarse alguna vez en el castillo. No sabía cuándo; ya vería. Por ahora, no se sentía preparado. Pero él regresaría; esa era su casa.

Antes de marcharse se organizó para pasar por Bologna a ver a sus hermanas, aún no era época de la visita anual que les hacía, pero lo vivido en los últimos meses le había removido las emociones dejándolo sensibilizado; se sentía más solo que nunca y deseaba verlas. El rostro de Adela era una de las causas de su soledad. Pero cuando la imagen de la joven se le aparecía –algo que ocurría a menudo y sin avisar–, ya sabía cómo actuar: atiborrarse de cosas para hacer o pensar en Rodolfo Pieri. Lo primero lo entretenía; lo segundo, lo volvía al estado frío y distante que él prefería; esa era su elección de cada día y se sentía preparado para cargar con ella toda su existencia.

Había pensado que una vez que regresara a Roma, lo primero que haría sería verlo a Moncatti, su notario; necesitaba tomar algunas decisiones. Todos los negocios realizados con Pieri habían generado movimientos en su patrimonio; además, venía barajando la posibilidad de radicarse en Francia durante un año para abrir una galería de arte; ya había estado allí y le había gustado. Para concretar su viaje, tenía que resolver qué haría con el negocio de antigüedades que, durante su ausencia, había estado a cargo de Marina. Si se iba, debería venderlo; y empezar una nueva etapa en su vida. ¿Sería esto posible para él?

Roma, 1967

Esa mañana, sentado en su oficina junto al salón de su local de antigüedades, Benito, vestido de elegante traje azul y camisa blanca, escuchaba atentamente el reporte que Marina, su sensual secretaria, le daba. La muchacha, a pesar de las muchas horas que invertía en vestidos y peinados para estar a la moda, había resultado no sólo tener cabeza para atuendos y zapatos, sino también para los números; ella era buena para los negocios y más eficaz de lo que hubiese creído cuando la tomó.

Durante el tiempo en que él se ausentó, Marina había llevado adelante el negocio igual o mejor de lo que lo hubiera hecho él; esto le daba la pauta de que, tal vez, ella pudiera encargarse de la venta del local. Porque después de la visita que le había hecho a Moncatti y a sus hermanas, tenía decidido irse por lo menos un año a París, y no deseaba quedar atado al negocio.

En Bologna, como siempre le sucedía, el encuentro con sus hermanas no había sido lo esperado. Ellas ya estaban grandes y aunque ponían lo mejor de su parte cuando él llegaba, entre ellos tres no había mucho para hablar ni una vida en común para compartir. Sólo un sentimiento de familiaridad lo embargaba cuando las miraba. Las muchachas habían crecido, eran bonitas y ambas ya habían formalizado sus respectivos noviazgos. Él las encontraba muy parecidas a su madre, la Aurelia que él recordaba de niño; y suponía que ellas sentían por él la misma familiaridad, ya que los tres se parecían a la rama materna, y entre sí. Pero fuera de lo físico, las muchachas eran una copia de las costumbres y maneras de hablar del matrimonio que las había criado. Reconocer este distanciamiento con ellas, y hablar con Moncatti, sumado a lo que había pasado con Adela lo llevaban a desear marcharse a Francia cuanto antes. Tal vez allí podría encontrar la paz que aquí no hallaba; estaba seguro de que un año en una ciudad nueva como París y la puesta en marcha de una galería de arte serían suficientes estímulos para terminar olvidándose de Adela.

El castillo, después de su última intervención, había recuperado su máximo esplendor. Antes de marcharse, Benito había dejado una serie de instrucciones sobre cómo quería que se lo mantuviera mientras no estuviese. Todas sus cosas estaban en orden y ahora sólo le faltaba finiquitar el local de antigüedades.

En el momento en que Marina hizo una pausa en sus pormenorizadas explicaciones para quitarse el abrigo, Benito decidió que le comunicaría la decisión de la venta del local. Pero ella le ganó de mano:

—¿Quiere que le traiga un café? Temo marearlo con tantos datos —había visto a su jefe ensimismado en sus propios pensamientos y no en la información que le daba.

—No es necesario, sigamos...

Ella continuó con sus explicaciones pero de pie: trataba de lucir su cintura pequeña en la estrecha falda que llevaba puesta.

—Y como le decía, nuestros proveedores de antigüedades han mejorado la calidad de las mercaderías que nos ofrecen —dijo Marina acomodándose un mechón de pelo que se le había escapado del recogido que lucía su largo cabello castaño según la moda.

—Me alegra escuchar buenas noticias.

—Espere a que le muestre las planillas con las cantidades de dólares que este mes han gastado con nosotros los americanos.

—¿Han superado las cifras anteriores?

—Sí. ¿Quiere que traiga los papeles? —dijo acercándose mientras sonreía orgullosa.

Benito la observaba hablar y no podía evitar asombrarse al ver su parecido con Adela... esa nariz respingada, ese pelo...

Recordaba que esa había sido una de las razones por la que la había tomado; pero Marina parecía ser la versión provocativa de Adela: falda apretada, blusa escotada. Y eso, justamente, era lo que no le gustaba de la chica. Si algo volvía diferente a Adela de las demás mujeres era su ingenuidad y dulzura. Y al meditar en esto, se dio cuenta de que, como siempre, otra vez tenía a Adela en sus pensamientos. Se enojó consigo mismo y queriendo demostrarse que él no era esclavo del sentimiento que tenía por ella, dijo mundano y seguro:

—No, Marina, no me muestre los papeles ahora. Eso requerirá demasiado tiempo, prefiero que los veamos esta noche en mi casa. Claro, si usted acepta la invitación a cenar.

—¿Hoy... a cenar...? —preguntó Marina.

Ella conocía el departamento, había estado allí un par de veces cuando ellos se había acostado, pero no había vuelto nunca más desde que el mismo Berni había dado por terminada la relación. Y como para ella, lo primero era el trabajo, no había dicho ni pío. Pero ahora era él quien la volvía a invitar. Sonrió mientras escuchaba:

—¿Y... acepta?

Y ella, que no tenía nada por perder, pero mucho por ganar, no lo dudó más y le respondió:

—Claro, creo que tenemos mucho para conversar de lo acontecido en los meses que no estuvo.

—Perfecto —dijo Berni poniéndole la mano en la cintura y deslizándola unos centímetros más abajo. Quería que quedara claro qué era lo que él esperaba esa noche. Marina se lo permitió; ella entendía.

Siguieron conversando de trabajo durante un rato más. Benito le explicó la venta del local que deseaba hacer y quedó satisfecho cuando escuchó que ella se ofrecía a concretarla. Ambos estaban de acuerdo con la idea; y también, sobre lo que ocurriría esa velada en el departamento. Ella, porque su jefe le gustaba y podía sacar alguna ventaja más; él, porque no estaba dispuesto a permitir que un sentimiento, aunque fuera el que tenía por Adela, lo volviera vulnerable.

Esa noche, en casa de Berni, después de la cena, cuando Marina se desvistió, él le pidió que se soltara el cabello; le gustaba vérselo suelto de atrás con el cuerpo desnudo; era idéntico al de Adela y Benito, esa velada, necesitaba mirarlo. Después de haberse acostado con Adela, le costaba hacerlo con otra mujer. La triste y simple realidad se hacía patente en la cama de Berni... Él la extrañaba.

Esa madrugada, se despertó temprano, todavía estaba oscuro. Marina dormía a su lado. Con ella, la noche había estado lejos de ser inolvidable; en un par de oportunidades, había necesitado recurrir a su fantasía, trayendo a su mente imágenes de la cama del hotel de Florencia. Y ahora, en la penumbra, se decía a sí mismo: una razón más para irme a Francia. Ya ni siquiera el negocio lo ataba.

Capítulo 30

Camino al aeropuerto, 2008

Esa tarde, en el descapotable de Fedele reinaba el más absoluto silencio, ni él, ni Emilia, hablaban una palabra. El trayecto hasta el aeropuerto ya casi llegaba a su fin y sólo se habían escuchado dos «Te amo» dichos por cada uno de ellos, con voz queda y al borde de las lágrimas. La situación era demasiado dolorosa; ambos tenían un nudo en la garganta; el día en que Emilia debía regresar a la Argentina finalmente había llegado y él la llevaba a abordar el avión. Después de todo lo que habían vivido parecía mentira que Emilia se marchara. Ella, que en la casa de al lado de restaurante *Buon Giorno* tenía un *placard* entero para sus cosas y donde quedaban unas zapatillas, una bikini y algunas remeras. Ella, que en el baño de esa casa tenía un vasito amarillo para enjuagarse los dientes que era sólo para su uso, porque nadie más lo utilizaba. Ella, que ayer, sin darse cuenta de que ya se volvía, había comprado en la esquina dos kilos de duraznos que ahora Fedele no comería. Ella, que su primer *test* de embarazo se lo había hecho en Florencia. Ella, que había llegado casi sin saber hablar italiano y ahora lo manejaba casi a la perfección. Y así, muchos más «ella», porque Emilia tenía una vida aquí y ahora se iba.

Para ella, cada pensamiento era un suplicio; no se quería marchar, en Florencia era feliz. Aquí estaba el hombre que amaba. Fedele, a su lado, parecía concentrado en manejar, sin embargo, estaba descorazonado. Desde que se había levantado esa mañana, hacía un gran esfuerzo por no quebrarse y no amargar más la partida. Pero lo cierto era que sentir el perfume a jazmines de Emilia en el auto y pensar en que no lo sentiría por casi un mes, lo desarmaba. Desde que la conoció, había aprendido a amarla y a compartir la vida con ella. Y ahora, concebirla sin ella era impensable. ¿Con quién vería el noticiero? ¿A quién retaría por no comer? ¿Quién ordenaría sus zapatos? La suma de todas estas pequeñas orfandades hacía una muy grande que llevaba por nombre… EMILIA. Pero había una nube más negra aún, una que ni él mismo quería reconocer que estaba y que amenazaba cual una fea tormenta: ella, en su país, vería a Manuel, y él tenía miedo de ese encuentro.

Dejaron el auto en el estacionamiento y se dirigieron al interior del aeropuerto; caminaban tiesos uno al lado del otro; Fedele llevaba la enorme valija roja; ella, un bolso pequeño en una mano y el pasaje en la otra. La brisa le volaba el cabello dorado y, también, el ruedo de la larga solera blanca. Con esa ropa nadie diría que estaba embarazada. Parecía una turista bronceada por el sol italiano.

Emilia se acercó al mostrador de Aerolíneas Argentinas y comenzó a hacer su *check-in*. Fedele se encargó de subirle la valija para que la pesaran y ella miró cómo los brazos fuertes la ponían en la cinta. Entonces, se percató: cuántas cosas hacían por ella esos brazos y esas manos, y cómo los extrañaría. Apreciar estos detalles le hicieron dar ganas de llorar porque le demostraban cuán importante era él en su vida.

—Señorita, puede embarcar cuando quiera —le dijo la chica de la compañía que la atendía.

Y esas fueron las palabras que luego de retirar el comprobante, justo cuando se dio vuelta, desataron un llanto incontenible y la hicieron apoyarse en el pecho de Fedele.

Él, aunque quebrado y dolorido, se hacía fuerte para cuidarla.

—Tranquila, Emi, si venís en poquito tiempo. Los días pasan rápido. Ya vas a ver.

—Fedele…, no me quiero ir, me duele… —dijo ella levantando la cabeza para mirarlo a los ojos buscando decirle algo más.

Entonces, él la vio más linda que nunca, con los ojos más verdes que nunca y la quiso más que nunca. Demasiados «nunca» para una mujer que se le estaba yendo, demasiados para perderla justo ahora que recién la encontraba, y que en su vida no había lugar para más pérdidas. Porque esta carencia se le unía con las otras que había tenido y lo dejaba en carne viva. Desgarrado, alcanzó a decir con su voz siempre grave y afónica:

—¿Qué, bonita mía? ¿Qué?

Lo dijo amándola con sus ojos marrones.

—Esperame, ¿sabés...? —la voz de Emilia salió en un susurro.

—Sí... pero, vos, volvé... porque yo te necesito para vivir.

Un último beso punzado por la tortura de la incertidumbre de no saber si habría otros. Un beso de sal, de dolor, de desesperanza era el sello de la despedida... de la separación.

Ella caminaba, desaparecía entre el gentío y pasaba a formar parte de una larga cola; desde allí, lejos, lo saludaba con una mano en alto, que él ya casi no alcanzaba a ver. Se había marchado.

Fedele se dio vuelta. Tenía que irse ya mismo de ese lugar. No soportaba un minuto más en el aeropuerto. Salió y buscó su vehículo en el estacionamiento. Emilia, Emilia, Emilia. Y el descapotable no aparecía por ningún lado. Emilia, Emilia, Emilia. y él no encontraba su auto. Emilia, Emilia, Emilia... Hasta que al fin, después de dar varias vueltas y decir muchos «Emilia», sintiéndose perdido sin ella y sin el auto, se apoyó contra un poste y desconsolado y extraviado como un niño pequeño sin saber qué hacer, mirando el asfalto, se metió las manos en los bolsillos; allí dentro encontró las llaves del auto. Las sacó y con ellas hizo sonar la alarma y un «PI PI PI» sonó casi adelante suyo; lo tenía a sólo metros, en la mira y no lo había visto. Emilia se iba y su mente y corazón se trastocaban. ¿Cómo haría para vivir sin ella? Pensó en la criatura que gestaba en su vientre y sintió que ese hijo era también de él, pero que se lo arrebataban. Impresionado con la idea de amar a alguien que aún no conocía y que ni siquiera tenía su sangre, se subió al descapotable. Mientras salía a marcha lenta, sintió el ruido en el cielo de un avión. Miró a través del vidrio; era uno grande; tenía que ser el de ella. Paró el auto y con la vista fija en el cielo, dos lágrimas de hombre cayeron por su mejilla. Dos minutos y el descapotable partía a toda marcha, aceleraba. Fedele conducía de manera riesgosa. No le importaba.

* * *

El viaje a Emilia se le hizo corto porque, en cuanto subió al avión, estuvo llorando lágrimas silenciosas durante buen rato. Pero luego, llena de sentimientos encontrados, terminó durmiéndose agotada. La tensión emocional la había extenuado.

Pero si la despedida había sido una turbulencia de sentimientos, el descenso del avión fue otra más que se agregaba porque pisar suelo argentino y caminar por Ezeiza para ella fue una sensación extraña en la que se le mezclaba la alegría de saberse en su país y la tristeza de haber dejado atrás una vida en Italia. Se había marchado de Argentina siendo una mujer preocupada sólo por el amor de Manuel y volvía siendo una futura madre con un hijo creciendo en su interior y con el amor de un hombre valioso que la esperaba en Italia. Cuando pensaba en esto sentía que no había alcanzado a llegar y ya quería volver.

Entre la multitud, divisó a su padre. Ella le había anticipado en qué vuelo llegaría y él, sin avisarle, la había ido a buscar. Cuando traspasó la puerta, se abrazó con él, con Vilma, su mujer, y con su tío, que no pudo contenerse:

—¡Qué diferente estás!

—Me gusta cómo te queda el pelo así —dijo Vilma.

—¡Estás quemadísima! —exclamó su padre.

Los tres la ayudaron con los bártulos mientras se dirigían al estacionamiento.

De regreso, dejaron a Vilma en su trabajo y al tío, en su casa.

Emilia, a solas con su padre, lo notaba emocionado. Lo veía... grande. Nunca antes le había pasado; él siempre era el que la cuidaba y ahora parecía al revés. Fernán la miraba como si quisiera constatar los cambios que había en ella, ahora que sería madre.

—Mi chiquita embarazada... No lo puedo creer, Emi —dijo Miguel, todavía turbado.

—Sí, papá, qué le vamos a hacer. Este bebé vino cuando quiso. Pero estoy bien, estoy contenta. Quedate tranquilo.

—Qué alegría, hijita, que estés bien... —repitió la frase que ya había dicho en varias oportunidades mezclándola con preguntas sobre el trabajo, Italia y la vida en ese país. Miguel Fernán buscaba entretenerse en la charla para no llorar.

Para cuando llegaron al departamento, Emilia ya lo había puesto al tanto de la parte práctica de su estadía y su trabajo. Ahora, faltaba contarle lo principal... Fedele.

Puso la cafetera, haría café para los dos.

—¿Y qué sabés de Manuel? —le preguntó su padre.

Parecía que era Manuel la estrella principal en este asunto del embarazo y no ella.

—Me habló varias veces, nos comunicamos por *Skype*, nos escribimos.

—¡Ah! ¿Así que todo bien...?

—No tanto, papá —le decía ella preparándolo.

—¿Pero vendrá a verte?

—Me dijo que sí. Se supone que llega esta semana.

Su padre respiró aliviado. Tal vez, Manuel y su hija terminaban juntos.

—Bueno, como sea, qué suerte que ya estás acá, así te podemos cuidar y vas a que te vea un médico. Vilma casi te saca un turno con un obstetra que ella conoce.

—No hace falta, papá, ya fui a uno en Florencia.

—Pero ahora tenés que buscarte uno bueno en Capital y elegir la clínica donde querés que nazca —sugirió su padre organizándole la vida, en su afán de cuidarla.

—Ya vamos a ver —repuso ella sin saber cuándo contarle la verdad.

—Me tenías preocupado de saberte tan lejos... ¡Menos mal que ya estás acá! —dijo él con consuelo.

Emilia, al oír su tono de voz, pensó que no podía dejarlo que piense que se quedaría, ni podía permitirse ilusionarlo. Entonces, se animó a responderle:

—Papá..., yo no me voy a quedar...

Él tardó en entender las palabras.

—¿Qué?

—Voy a volver a Italia.

—¡A Italia! ¿Cuándo?

—En unos días.

—¿Estás loca? ¿Para qué te querés ir? ¡Estás embarazada!

—Es que allá conocí a un hombre.

—¿Un hombre? ¿Y Manuel? —a Fernán las ideas no le entraban en la cabeza.

—Papá, Manuel no se hace cargo de nada.

Era la triste realidad y él debía saberlo con todas la letras.

—¡Ese Manuel! ¡Ese Manuel! ¡¿Quién se cree que es?! —explotó.

314

Luego, tranquilizándose, recordó lo que había dicho Emilia y agregó—: Pero no entiendo… ¿Vos estás embarazada de Manuel y así conociste otro hombre…?

—Sí… —dijo pensando que todavía faltaba decirle que era un italiano.

—¡¿Y qué carajo dice él de tu embarazo?! ¿Sabe?

—Sabe y está contento.

—Yo ya no entiendo nada. O soy demasiado antiguo o el mundo está loco.

—Es un italiano con una historia dolorosa, perdió a su mujer y a su hijo en el atentado de Atocha. Él mira la vida de una manera distinta… admirable.

—¿Estás segura de que no es un loco?

—Tranquilo, papá, es buena persona. Tampoco te creas que todo salió fácil y rápido. Llevó su tiempo entender esto y aceptarlo.

—No sé, Emilia, tus planes no me entran en la cabeza. Estás embarazada de Manuel, pero conociste a un italiano; te querés ir con él a Italia, pero recién regresás. Me preocupa, parece un plan alocado.

—No te preocupes. Ya vas a conocer al italiano. Se llama Fedele, tiene un restaurante muy exitoso y me pidió que te dijera que te espera para que pruebes su *lasagna*.

A Fernán lo último le había caído bien, tenía un buen trabajo y sabía cocinar, pero, aun así, movió la cabeza negativamente. Amaba a su hija, quería apoyarla en todo; pero esto era demasiado, aunque qué otra cosa podía hacer que no sea estar a su lado para lo que lo necesitara; ella ya no era una niña, era una mujer hecha y derecha y dirigía su vida hacía mucho.

Terminaron de tomar el café en silencio y antes de despedirse, Fernán le dijo:

—Descansá un rato. Esta noche te esperamos para cenar en casa…

—Sí, papá, nos vemos…

—Y otra cosa, Emi…, no te olvides: aquí estoy para apoyarte. Lo único que te pido es que trates de no hacer muchas macanas… la vida es una sola y las grandes equivocaciones se pagan.

Ella lo abrazó, estaba contenta de verlo y de escuchar otra vez sus consejos; aunque en esta ocasión estaba segura de lo que quería. Tomada del brazo de su padre, lo acompañó hasta la puerta y lo despidió; cuando la cerró y se dio vuelta, lo primero que vio fue la imagen de Manuel y ella, que sonreían desde el portarretrato que estaba sobre el mueble; era la foto que se sacaron en la memorable visita al Tigre, aquella en la que —estaba segura— se había quedado embarazada. Era la misma que antes de cerrar la puerta para irse a tomar su vuelo a Italia casi la había hecho llorar. Observándola ahora de nuevo, algo que no pudo identificar, se conmovió en su interior.

* * *

Cuando el padre de Emilia se marchó, ella salió a hacer algunas compritas de comestibles urgentes; luego, realizó algunas llamadas telefónicas, entre las que organizó la visita de Sofi; su amiga vendría a merendar al departamento. Por último, cuando no dio más, descansó un rato en la cama y se quedó dormida.

* * *

Por la tarde, cuando terminaba de deshacer la valija, vio las sandalias bordó de Positano y sintió que el alma se le partía. El timbre del portero eléctrico vino a salvarla del llanto que tenía atravesado en la garganta. Era Sofi.

Quince minutos de charla acompañadas de mate y de facturas con dulce de leche que había traído Sofi y la confianza renacía entre ellas tal como si Emilia nunca se hubiera ido.

—Nena, no puedo creer todo lo que te pasó en estos meses —lanzó Sofía realmente asombrada.

—Sí, un sueño.

—Vos le tendrías que haber dicho al italiano que venga con vos, así acá le dábamos el visto bueno... Tu papá... y yo, claro. ¡Por Dios, quiero ver a ese hombre! Quiero saber qué cara tiene, cómo camina, cómo habla. ¡Porque mirá que te cambió, eh! —dijo observando cómo su amiga comía la tercera medialuna.

—Ni siquiera barajé la idea de que venga. Pensá que yo tengo que hablar con Manuel. Vine sólo por eso y por mi papá. Después, me vuelvo.

—¡Ah, claro! ¿Y yo? Hablando en serio, Emi... ¿Estás segura de que te vas a ir de nuevo para allá?

—Muy segura.

—¿Y si Manuel te dice que te ama y que quiere que juntos se hagan cargo del bebé? ¿Vos, qué le decís?

—¡Ay, Sofi! No sueñes, no me a va decir eso.

—¡Ah, nooo sééé...!

—Estoy enamorada de Fedele.

—Me gusta lo que me contás de él. Se ve que es un gran tipo.

—Sí, grandísimo. Y de tamaño, también —dijo al recodar lo alto que era.

Y ambas se echaron a reír. Emilia, entonces, le contó a Sofi que cuando Fedele caminaba apurado o enojado parecía que el piso se movía.

—¿Y cuándo decís que llega Manuel?

—En dos días.

—¡Ya! ¡Ahora! Bueno, contame todo lo de la revista italiana y cómo harías con el trabajo. Acá, Marco estuvo insoportable, así que en cualquier momento yo también me voy a Italia... Con mi maridito, claro.

—¡Uy, sería lindo...! —dijo Emilia al imaginar a su amiga viviendo en Florencia cerca de ella. Luego, le relató lo pedido.

Mientras lo hacía, en un par de oportunidades vino a su mente la frase de Sofi: «¿Y si Manuel te dice que te ama y que quiere que juntos se hagan cargo del bebé? ¿Vos, qué le decís?».

Capítulo 31

Piacenza. 2008

Día 14

El conde Berni ese mediodía no almorzó, sólo tomó una taza de café negro con un trozo de pan y se encerró en su cuarto. Lo que estaba por hacer requería tranquilidad, y aunque cualquiera pensaría que había que estar loco para disfrutarlo, elegir la ropa que se pondría el día de su muerte a él le daba placer. Claro, que esto tenía que ver con que el traje que se pondría no era cualquiera, sino el mismo que había usado algunos pocos años atrás, el día que el Gobierno de Francia lo había condecorado con la Legión de Honor en virtud de su tarea realizada a lo largo de los años como mecenas del arte. Había sido un premio inesperado que le había dado mucha satisfacción. Tantos años apoyando artistas, aun invirtiendo en ellos y en el arte, y los franceses lo habían notado y reconocido con el premio. El momento de la condecoración había sido muy emotivo; el traje azul y sobrio que miraba lo llenaba de los buenos recuerdos que tenía de ese día, al lado de este, sobre la cama, se hallaba la medalla dorada y blanca de cinco picos que colgaba de la cinta roja. Ese era uno de los pocos momentos de gran satisfacción que había tenido en los últimos años. Fue al *placard* y buscó una camisa blanca impecable, los zapatos negros acordonados que tenía sin estrenar de la última colección enviada por *Salvatore Ferragamo* y la cajita que tenía los gemelos de oro. Terminó por decidir que se probaría todo junto y así cerciorarse de que todo aún le quedara bien, estaba punto de hacerlo cuando llamaron a la puerta del cuarto.

—Señor..., lo busca la gente de la comuna... están en la puerta —dijo una de las mucamas.

—¿De la comuna?

—Sí, dicen que es para hablar con usted sobre la autorización de un camino que tiene que pasar por su propiedad.

—Dígales que no estoy.

—Pero ellos saben que usted sí...

—Va y les dicen que no los puedo atender, que hablen a mis oficinas en Roma, que allí arreglarán todo.

—Sí, señor.

La mujer se retiró y Berni pensó: él no iba atender a nadie, porque así como había decidido no conducir más su auto, ni salir más de su casa, también había decidido no recibir más a nadie. Su cabeza estaba en otra cosa.

En minutos, se hallaba vestido con el conjunto elegido y se miraba en el espejo grande del cuarto pensando que así estaría vestido en breve para tomar la muerte con sus propias manos, como lo había planeado. Se impresionó. También le dio pena pensar que muchos recién lo verían con su medalla durante el funeral; el día que la recibió no hubo nadie para acompañarlo, ni hijos, ni mujer, ni siquiera sus hermanas. Sólo habían estado presentes algunos de sus amigos franceses, a quienes hacía mucho tiempo que no veía. ¿Qué habría sido de sus amigos parisinos? Con algunos intercambiaban correos o se hacían llamadas ocasionales, pero con la mayoría había perdido el contacto. Lo mismo le había pasado con las mujeres con las que había tenido una relación. ¿Y ellas, dónde estarían? Pensó en dos o tres y entonces, así, vestido de traje y con su condecoración puesta después de tantos años, sus pensamientos fueron de nuevo a la imagen de Adela Pieri. Parecía que desde que había puesto fecha para terminar con su vida su recuerdo, que había estado adormecido, había resurgido. Se daba cuenta de que en los últimos días la pensaba a diario. ¿Qué habría sido de ella?

Esa mañana, en su casa, Adela Pieri se levantó con esfuerzo. La noche había sido mala. Se había dormido tarde llorando por Benito y esto, sumado a que venía trabajando mucho en la mudanza de la academia, la tenía agotada.

Pero ese día, a pesar del cansancio, tenía decidido ir a ver a su tía. Con tanto traqueteo no había podido visitarla antes, pero ya había pasado suficiente tiempo como para que Rosa le hubiera hecho las averiguaciones que le había pedido; las necesitaba; no pasaba una noche sin llorar por Benito y sin repetir su nombre cuando nadie la escuchaba.

Esa jornada había pensado organizar un poco lo que tenía que ver con el trabajo, tal como lo venía haciendo cada día, y luego iría. Las cosas en su casa no estaban bien y ella había tenido que dejar de lado sus dolores y tristezas para ponerse a ayudar; las dos últimas semanas habían tenido que desocupar el edificio donde funcionaba la academia y esto había involucrado hacer una gran mudanza de todas las cosas que allí había, las que ahora estaban desparramadas en los cuartos de la casa familiar y en un lugar que le habían prestado por un mes. Esto indicaba que el trabajo hecho no era nada en comparación con lo que le esperaba porque había que ponerla de nuevo en funcionamiento para salir adelante y poder seguir comiendo. Lo que en gran parte le tocaría a ella porque su padre seguía en el mismo estado apático. Pensaba que esa noche tendría una seria conversación con su madre y sus hermanas, Isabella y Rosella. Las chicas tendrían que ayudar y María, apoyarla en todo, porque, si bien su padre —estaba visto— no haría mucho en esta etapa, había algo que sí le tocaría a él: tendría que retomar el dictado de clases dado que, en principio, no podrían pagar sueldos a otros profesores. Adela meditaba sobre cuál fecha sería buena para abrir la academia nuevamente mientras tomaba su café con un trozo de pan genovés que había amasado su madre. Indecisa acerca de cuándo inaugurarla, se dirigió hacia la pared de la cocina en busca del calendario que allí tenían colgado. Necesitaba saber cuándo debían empezar las clases. Descolgó el almanaque del muro y, con este en la mano, se sentó a la mesa. ¡Por Dios, qué pocos días le quedaban! ¡Y qué horrible le había salido el pan a su madre! Las aceitunas que el pan genovés tenía en la masa y que siempre le habían gustado le dieron asco. Como no aguantó el olor a olivas —porque no la dejaba pensar—, depositó el trozo en la punta de la mesa, mientras, preocupada y empujada por los acontecimientos, seguía eligiendo la fecha. Un mes y medio sin dar clases, era un mes y medio sin recibir dinero. Treinta días sin Benito era la tristeza total... pensó, y los ojos se le llenaron de lágrimas al comprobar que ese era el tiempo que hacía que él se había ido. Un mes... treinta días... ¡Treinta días! ¡Treinta días!

¡Ay! ¡Cómo se le había pasado semejante cosa! ¡No, no podía ser! ¡No! Con tantas idas y venidas se daba cuenta de que la fecha de su regla se le había pasado. ¡Y por mucho! Decidió no alarmarse; seguramente estaba fabulando. Apartó el calendario pensando en que seguiría con su vida normal e iría a ver a su tía Rosa; la idea la tranquilizó; seguiría con las actividades ordinarias que, además, le hacían sentir que estaba más cerca de Benito. Tal vez, Rosa tenía algún dato importante o alguna pista que ayudara a dar con él. Tomó un trago de su café y, esta vez, el olor que despidió la taza humeante fue lo que le dio asco; se asustó y, decidida a probar que todo era un cúmulo de casualidades, acercó el plato que tenía el trozo de pan genovés que había descartado minutos antes. Lo tomó entre sus manos, le dio un mordisco y, llena de miedo, se lo tragó. Estaba por cantar victoria cuando una arcada tremenda subió por su pobre garganta agredida por las olivas y casi la hizo vomitar sobre la mesa. ¡No podía ser! ¿Cómo había ocurrido semejante cosa? Sí... sí podía; había ocurrido de la manera en que estas ocurrían; ellos habían pasado muchas noches juntos en el hotel. ¡Qué tonta había sido al descuidarse pensando que sería él quien tendría el cuidado! Pero lo cierto era que sus encuentros siempre habían sido una locura de pasión y ninguno nunca había pensado en nada. Benito, menos que nadie; y ella, persiguiéndolo para que se definiera, se había olvidado de todo. En el zaguán, cuando Benito se le acercaba, ella quedaba a su merced; y ni hablar cuando estuvieron en el hotel.

Si las cosas en su casa ya se hallaban complicadas, cuánto más con esta terrible novedad. ¿Qué haría? Su familia sin la academia, ella embarazada, Benito desaparecido. Porque aunque no tenía datos de dónde encontrarlo estaba segura de que la solución era dar con él. Si lo hallaba, terminarían juntos; estaba segura. Benito no podría negarse; él la amaba y más si se enteraba de que ella esperaba un hijo.

No podía salir todo tan mal; tenía que encontrarlo. Se puso de pie, buscó el abrigo, la cartera y saludó a su madre. Perpleja como estaba, ni le dijo a dónde iba; María tampoco se lo preguntó. La mujer, que había estado yendo y viniendo por la casa limpiando y acomodando, la había visto mirando el calendario y a punto de vomitar. Y ahora, preocupada, ni siquiera se había dado cuenta de indagar a dónde iba. ¡Más vale que su hija fuera en busca de la solución del problema que creía que tenían entre manos!

* * *

Cuando Adela llegó a la casa de su tía, lo hizo tan desesperada que ella no tardó en darse cuenta de que algo grave ocurría y de inmediato se ofreció a ayudarla en lo que necesitara. Y ella, pensando que, tal vez, si Rosa supiera la verdad, entendería la gravedad del asunto y la ayudaría con más ahínco a encontrar a Benito, decidió compartirle el angustiante descubrimiento que había hecho esa mañana. La mujer, estupefacta ante la increíble noticia, le dijo un par de frases desencajadas en un intento de darle una perorata a su sobrina.

—Tía, ya sé que hice todo mal, pero es que la situación se descontroló...

—Todavía no puedo creer lo que cuentas. Con el disgusto, matarás a tu padre y a tu madre.

—Lo sé, ayúdeme...

Rosa suspiró. En un primer momento, había decidido no contarle lo que había averiguado, pero después de la novedad que acababa de oír, tendría que hacerlo; era necesario. Al fin le dijo:

—No creas que tengo buenas noticias...

—Dígame lo que sabe, por favor.

—Tu Paolo es un noble aristocrático —dijo categórica.

—¿Qué...?

Adela había esperado cualquier explicación pero no esa.

—Sí. Alguien a quien tu padre le daba clases de niño en su castillo.

—¡Un castilllo! —exclamó incrédula. ¿Su Paolo en un castillo? ¿Cómo podía ser, si él era de Roma? Necesitó abrir su cabeza a nuevos pensamientos.

—Alguien a quien los alemanes le asesinaron toda su familia.

—¡Qué horror! ¿Pero... eso qué tiene que ver con nosotros?

—Voy a decirte algo que... algo que no diría por la pena que me da hablarte mal de mi primo... Si no supiera que esperas un hijo, no lo haría.

—Estoy preparada, vengo imaginándomelo.

—Las malas lenguas dicen que tu padre fue quien entregó a esa familia a los alemanes, que lo hizo por dinero. Sólo querían sus obras de arte, pero algo salió mal y todos terminaron muertos en un terrible tiroteo, menos las mellizas y el hijo varón, de unos diez u once años, un rubio de ojos claros como su propio padre.

—¿Se llamaba Paolo?

—No, Benito Berni, pero puede haberse presentado ante ustedes con otro nombre, si no, tu padre lo habría reconocido de inmediato. Ahora debería tener unos años más que tú.

—Son demasiadas casualidades... debe ser él.

—Escúchame. Si es ese hombre, él todavía tiene el castillo en Piacenza. Un Berni joven visita el lugar cada tanto.

Adela escuchó la última frase y al instante acudieron a su memoria las palabras de la chica del negocio de antigüedades de Roma. Ella había dicho que su dueño estaba en Piacenza. Además, Adela estaba casi segura de que había nombrado el mismo apellido: Berni.

Tenía que ser.

—¡Es él! —dijo y le relató a su tía los sucesos de Roma.

Durante un rato más, Rosa le contó cosas de la época de la guerra para que ella entendiera cómo era la vida en esos días. Adela preguntaba; ella respondía. Aun interiorizada en la crudeza de esos tiempos, Adela no podía creer que su padre hubiera hecho semejante trato con los alemanes.

Una hora más tarde, Adela salía de la casa de su tía y se iba directo a Piacenza. Era la siesta, pero ella no esperaría al día siguiente.

Rosa le había dado un abrazo largo. Durante la despedida, le había deseado la mejor de las suertes, y mientras la miraba alejarse, se persignó. Su sobrina necesitaría ayuda sobrenatural para acomodar este entuerto.

Ni bien Adela bajó del tren que la llevó a Piacenza, no tardó en averiguar cuál era el castillo de Benito Berni y dónde quedaba.

Y ahora, frente a la gran mole rodeada de un parque verde, después de haber hecho a pie la subida hasta la puerta de la mansión, no podía creer que allí hubiese vivido alguna vez el Paolo Benito que ella conocía o el Benito Berni que desconocía o quién quiera que fuese ese hombre rubio. Porque bastante impresionada la tenía el castillo y las desgracias acontecidas en ese lugar como para pensar también en la manera fría en que él se había cambiado el nombre.

Un rato después del arribo de Adela, una de las tantas puertas que ella había tocado al fin se abría y una amable empleada desde la puerta le explicó que su dueño acababa de marcharse a Francia. Al borde de las lágrimas, Adela le pidió que le diera más explicaciones y la mujer, con pena, le confió que creía que el señor no volvería por mucho tiempo. Después de haber traído al castillo una gran cantidad de cosas, había dejado instrucciones sobre cómo quería que mantuvieran la nueva decoración durante el largo tiempo que él estaría ausente. Adela la escuchaba y creía desmayarse no sólo por lo que decía, sino porque ante ella estaba la prueba de que Berni en verdad era Paolo: desde el pedacito de puerta que la mujer tenía abierta, alcanzaba a ver en el *hall* el retrato de Boldini, ese que tanto tiempo había estado colgado en la sala de su casa.

Después de las explicaciones de la empleada, mientras caminaba cabizbaja rumbo a la estación de trenes, justo en el punto en que comenzaba el descenso de la lomada, decidió regresar. Necesitaba saber todo y más. Ella tendría un hijo con la sangre de esa familia. Volvió a tocar la puerta y le rogó a la misma mujer que antes la había atendido:

—Necesito que me ayude. Quiero conocer la triste historia que sucedió en este lugar. Los Berni... son mis parientes —en cierta manera, era verdad; lo que había dicho no era una mentira. El hijo que esperaba sería el nieto de ese matrimonio que había muerto allí; esa criatura los emparentaría.

La mujer, sorprendida por el pedido, fue cautelosa; pero la mirada dulce de Adela y la emoción que trasuntaba, la convencieron de que la chica era inofensiva y le relató –completa aunque sin muchos detalles– la historia cruel de los Berni. Aun así, la sobria descripción de los acontecimientos a Adela le bastó para que le hiciera derramar dos lágrimas silenciosas, las que, después de darle las gracias a la mujer y, tras retirarse, se convirtieron en llanto copioso durante la bajada. Lloraba por todo: por ese niño rubio, que había tenido que sufrir tanto; por esa familia, que había quedado deshecha, y también, por su padre, que tenía la mayor parte de la culpa, y porque tampoco le quedaba claro cómo había sido posible que su familia conviviera durante tantos años con las obras de arte de los Berni. Pero, sobre todo, lloraba por ella, que, indefectiblemente, perdía a su amor en Francia, y por ese bebé, que tenía en su seno y que desconocía si alguna vez disfrutaría de tener un padre. Esperando el transporte a la vera de la ruta, Adela se prometió que buscaría a Berni una y otra vez hasta encontrarlo. Y ya arriba del bus, en camino a la estación de trenes, entendió una triste realidad: que esta vida, a veces, podía ser cruel.

En el tren a su casa, una idea venía a su cabeza una y otra vez: sería muy difícil continuar viviendo en su casa después de saber lo que sabía. Podía imaginarse residiendo con su familia, torturada por no estar nunca segura de decírselo o no a su madre, o si, de contárselo alguna vez a sus hermanas, que por ahora eran unas jovencitas, pero algún día serían adultas, como ella, con derecho a saber todo. Hacerle un gran escándalo a su padre no estaba dentro de sus planes, él después del ataque que había tenido no estaba para que ella le hiciera reclamos a viva voz que no llevarían a nada, aunque tampoco pensaba tratarlo como si nada hubiera pasado, no sería justo.

Adela se sentía en una situación difícil a lo que se le sumaba su estado de embarazo, ya que Benito Berni, en Francia, no lo sabía ni le interesaría saberlo porque de seguro no quería oír nombrar nunca más a un Pieri, incluida ella.

Una cosa era segura: no podía seguir en su casa como si esa historia no hubiera sucedido. ¿Pero qué hacer? ¿Irse? Bien podía hacerlo, iba a ser madre y ya no era una niña, tenía veinticinco años. ¡¿Pero a dónde?! Además, en su casa la necesitaban, pensar en la academia que había que poner en funcionamiento le daba la certeza de esto.

La cabeza le explotaba, tenía que pensar y rápido. En dos horas estaría en Florencia y todo tendría que estar decidido. Divagando entre estos pensamiento pasó gran parte del viaje pero para cuando llegó a su ciudad, al fin, tenía un plan. Era drástico pero creía que era lo mejor. Lo que acababa de decidir marcaría su vida para siempre.

Florencia, 1967

Cuando Adela llegó a Florencia, lo hizo llena de decisiones y resuelta a llevar adelante su plan. Lo primero que hizo fue hablar con Rosa. Sentadas en una mesa de *La Mamma*, que era donde había encontrado a su tía ese día, le contó todo lo que había averiguado en el castillo. Paolo Benito era Benito Berni, ya no tenía dudas. Él se había marchado a Francia por bastante tiempo. Su padre Rodolfo había sido quien había llevado a los alemanes al castillo el fatídico día; sin embargo, la tenencia de las obras de arte con las que ella había convivido en su casa era más que confusa... terrible. Y ella, por todas estas razones, no quería, ni podía vivir más en la casa con su padre; quería independizarse y cuánto más ahora, que estaba embarazada. Se sentía preparada para ello.

—Tía, necesito trabajo. ¿Usted podría tomarme en su restaurante? Voy a buscarme un lugar donde vivir y necesito mantenerme —dijo Adela mientras miraba el movimiento a su alrededor. Un hombre entraba un cajón con verduras, otro limpiaba el piso y una chica ponía los manteles sobre las mesas; la hora de la cena se acercaba.

—Cuenta con eso, mi niña. Para mí, será un gusto tenerte trabajando aquí. ¿Pero qué dirá tu padre? —la interrogó pensando que él podía oponerse al recordar que ellos estaban distanciados hacía años desde lo ocurrido con el cuadro de Fiore.

—No me importa; él no puede recriminarme nada.

Rosa pensó que las relaciones con su primo no podrían ponerse peor; ya estaban enemistados desde hacía mucho tiempo. Aunque le preocupó Adela.

—¿Pero dónde vivirás?

—Todavía no lo sé; ya buscaré.

—¿Y por qué no te quedas en mi casa hasta que se aclare un poco el panorama?

Adela la miró con cariño. Su tía era una buena mujer; ella misma lo había pensado, pero no se había animado a decírselo.

—¿En verdad usted haría eso por mí?

—Claro, ¿cómo no? Si vivo sola. Tengo lugar de sobra en la casa.

Adela se levantó, le dio un abrazo y se largó a llorar. Luego, ya más calmada, le contó que iría a ver a su familia para hablar sobre su decisión, y que en una semana, si estaba de acuerdo, vendría a instalarse con ella, empezando a trabajar en lo que fuera que se necesitara en *La Mamma*.

—No soy muy buena cocinando pero puedo limpiar, lavar platos o picar cebolla, o lo que se necesite —le dijo. Y a su tía le había caído bien.

* * *

Era pasada la medianoche cuando Adela llegó a su casa. Su madre, apenas la vio, le recriminó que había estado preocupada por ella, que ni siquiera sabía dónde se había ido, que no se lo había dicho cuando se fue. Sus hermanas ya dormían, pero su padre, intranquilo, también la esperaba despierto.

Adela, sin prestarle mucha atención a las quejas, le pidió hablar. Y encerradas en la cocina, las dos de pie contra la mesada, sin mucho preámbulo, le contó que estaba embarazada y que se iba de la casa, aunque no con Benito. Él ya no estaba en Italia.

Su madre lloraba, le exigía explicaciones de lo que estaba sucediendo; ella le decía que se iba por las mismas razones que ese día nefasto los dos hombres habían discutido y Benito se había ido de la casa de mala manera, pero que las aclaraciones del trasfondo del asunto se las tenía que pedir a Rodolfo, que ella no diría nada más, salvo que los motivos eran graves. «¡Ah! ¡Y el verdadero nombre de Paolo es Benito Berni!», aclaró y le agregó que, como fuera, él ya no estaba en el país, que no sabía nada del embarazo y que, por esa razón, ella no podía esperar nada de ese hombre.

Al escucharla, María pasaba por distintos estados: se asombraba, se hacía preguntas, por momentos, hasta se enojaba. Cuando María lloraba, a Adela le daban ganas de hacer lo mismo, aunque se contenía. Y por más que su madre le pidió, le rogó, le suplicó, que se quedase, ella siguió adelante. Ya había tomado su decisión.

Deshecha, María se sentó en una silla de la cocina para formarse la idea de lo que estaba pasando; no era fácil.

Adela fue a la sala. Allí se encerró con su padre. A él no le permitió quejarse por la hora en que había llegado sin avisar; no le dio tiempo. Pieri se hallaba sentado en el sofá, leyendo un libro.

—¡Papá, lo sé todo!

—¿Todo? —levantó la vista.

—Sí, fui a Piacenza, estuve en el castillo de Berni. Sé que usted llevó a los alemanes a ese lugar... Sé que la familia Berni murió ese día.

Rodolfo Pieri la miró durante un rato. Lo que jamás hubiera pensado que iba a pasar, estaba pasando.

Adela prosiguió:

—Y supongo que hay más, aunque no sé si quiero saber el resto, como, por ejemplo, qué hacían en nuestra casa los cuadros y los objetos de la familia Berni.

Pieri, al fin, abrió la boca:

—Yo creí que todos ellos había muerto cuando... Es verdad que hice mal muchas cosas, pero Berni... esperar tantos años para vengarse, venir acá y mentirnos...

—Cada uno de ustedes tiene sus culpas. Pero lo suyo es peor...

—Ya veo que Benito Berni te ha llenado la cabeza con esa vieja historia.

—No, papá, a él no lo vi. Se ha ido a Francia.

—Mejor. No deberías verlo nunca más.

—¡Mejor nada! ¡Yo debía verlo! ¡Nosotros teníamos una relación! ¡Y ahora entiendo por qué él no se animaba a formalizarla!

—Estate segura de que a él nunca le importó lo de ustedes. Estoy convencido de que no querrá vernos nunca más.

—Ojalá que sí, porque si no lo hace su nieto se quedará sin padre.

A Rodolfo Pieri le costó entender el significado de las últimas palabras; dudó, pero su hija le confirmó el desastroso sentido de «nieto» y de «padre»:

—Estoy embarazada de Paolo... ¡de Benito Berni!

A Pieri le había costado llevar adelante la conversación, pero la noticia de que sería abuelo fue demoledora. Porque reconocer con un hija las indignidades cometidas no era fácil, pero ver su vida arruinada por errores propios, era algo casi insoportable. No podía ser verdad lo que Adela le confesaba. ¿Acaso el maldito Benito Berni había incluido en sus juegos de venganza engendrar un hijo en el vientre de Adela? ¿Lo había hecho por desquite? Era una idea terrible, pero casi no le quedaban dudas de que así era. Creyó volverse loco. Pensó en viajar a Roma o a Piacenza y matarlo con sus propias manos y recordó que ella había dicho que no estaba en el país. Y por primera vez desde que el camión se había marchado con los objetos que había atesorado por años, se sintió con fuerzas. La rabia se las había hecho volver.

—Berni es un maldito, pero sé que actué mal. Ojalá, hija, puedas perdonarme.

—Papá, yo lo perdono... Pero tiene saber que me voy de esta casa.

—Eso es una ridiculez.

—No puedo quedarme aquí y el día de mañana tener que explicarle a mi hijo todo lo que pasó y que yo me quedé aceptando lo sucedido como si no hubiera ocurrido.

—¿Dónde vivirás? ¿Cómo harás para mantenerte?

—Trabajaré en *La Mamma* e iré a vivir con tía Rosa. Ya lo he hablado con ella.

—Pero... ¿y la academia?

—Antes de irme la pondré en funcionamiento. La abriré, pero sólo eso. De lo demás, tendrá que ocuparse usted. Así que vaya dejando esa silla y empiece a mantener de nuevo a su familia.

Rodolfo Pieri pensó que la conversación que había mantenido con su hija era una pesadilla. Cerró los ojos con fuerza y volvió a abrirlos en un intento de despertarse; pero no era un sueño, sino pura realidad. Entonces, al comprobarse despierto, sintió que las equivocaciones del pasado volvían por él; ese que él había creído enterrado hacía mucho tiempo.

Intentó decir algo, pero Adela dio la media vuelta y se fue.

Nunca pensó que su hija mayor fuera capaz de hacer algo como lo que había hecho. Tampoco hubiera pensado que Berni un día volvería del más allá. Sin embargo, allí, en el cuerpo de su hija estaban las pruebas de su regreso. Y al pensar en la sucesión de hechos que desencadenaron esta catástrofe familiar, sintió que la sangre le hervía. Se levantó y pegó con el puño en la mesa, una y otra vez. Atraída por el ruido, apareció María. Le exigía que se calmara y que le diera explicaciones.

* * *

Diez días después de la velada de las verdades, Adela se hallaba a punto de pasar la primera noche en la casa de su tía; se había instalado desde la tarde. Había llegado llorando y trayendo en la mano una valija con unas pocas ropas adentro. Para ella, lo peor había sido despedirse de sus hermanas. Las chicas lo habían hecho entre sollozos sin comprender muy bien qué pasaba porque Adela había dejado la explicación en manos de sus padres, quienes deberían decidir qué les dirían a ellas y al que preguntara. La última semana en su casa había sido extraña porque Pieri había vuelto a recobrar la vitalidad que le conocían y, juntos, habían inaugurado la academia que, ahora, humildemente, comenzaba a funcionar dentro de la vivienda, tal como lo hiciera cuando la fundó. Había sido raro trabajar con su padre como en los viejos tiempos, sabiendo que eran los últimos días en que lo hacía. Adela había decidido marcharse tras la revelación de los tristes sucesos en los que había estado envuelto su padre.

Finalmente, comenzadas las clases, el funcionamiento de la academia se había encauzado dentro de cierta normalidad y, si seguía ese curso, su familia podría continuar viviendo del mismo trabajo de siempre. A ella, ahora, le tocaba pensar en su vida y en el bebé que venía en camino. Casi a punto de dormirse en la cama del cuarto que le había dado su tía, Adela se preguntaba qué le depararía su vida en *La Mamma*. No lo sabía. ¿Vería nuevamente a Benito? Tampoco estaba segura. Pero a su corazón le prometió que no se daría por vencida en la búsqueda; era la única manera de poder seguir adelante y de querer vivir.

* * *

Esa misma noche, a Berni le costó dormirse en el departamento que había alquilado en Montmartre. Había decidido instalarse en ese lugar porque le parecía que viviría más tranquilo, le gustaba ver a París desde la colina donde estaba ubicado Montmartre, le encantaba saberlo lejos y cerca al mismo tiempo; además, era un barrio bohemio lleno de artistas de toda clase, ideal para concretar la apertura de una galería de arte. Había transcurrido una hora desde que se había acostado y la almohada le parecía dura; la cama, incómoda; la luz que entraba por las ventanas, demasiado fuerte debido a que todavía no había encargado el cortinado. Hacía frío. Su cabeza rubia se movía de un lado a otro. Despabilado, se levantó en calzoncillo y camiseta blanca y, apoyado contra la ventana, vio a través del vidrio la cúpula de la

330

basílica del Sacré Cœur; se la observaba claramente iluminada por la hermosa y enorme luna de invierno; la imagen trajo a su memoria la última noche que había pasado junto a Adela en Florencia. Recordó la luna de esa noche mientras caminaban juntos hasta el hotel, los cabellos de ella sobre la cama iluminados por la luz de la luna, ellos amándose hasta el cansancio una y otra vez. Inundado por las emociones, se sintió morir; estaba a punto de llorar y listo para abordar el tren rumbo a Florencia en busca de Adela. Se vistió apurado y salió a la calle decidido; pero, afuera, el movimiento de la noche bohemia de Montmartre lo distrajo, lo calmó, lo atrapó; alguien le pidió fuego, dos borrachos que peleaban en la plaza du Tertre captaron su atención, también unas muchachas bonitas y ruidosas que salían vestidas provocativamente del *cabaret* donde hacían su *show*; una se acercó a preguntarle la hora y al escucharlo hablar le sonsacó de qué parte de Italia era; la pelirroja conocía Roma, había hecho un *show* allí durante un tiempo. Entonces, él se sintió agradecido por la charla que le daba.

Dos horas después, Benito y la chica tomaban un trago, charlaban y la invitaba a su departamento; los ojos claros de Berni, sus rasgos armoniosos y el aire de muchacho desprotegido y lastimado siempre lo ayudaban en sus propósitos con las mujeres. Mientras caminaban rumbo al lugar, Benito la tomó de la mano; necesitaba estar con alguien y no conocía otra manera de relacionarse con una mujer que no fuera esta. Él no quería amar, no debía, no podía. Se conformaba con el contacto físico. Él era un mutilado emocional desde aquel día en que cumplió diez años.

Capítulo 32

Florencia, 2008

Fedele, en medio del caos del horario pico en *Buon Giorno*, se sintió solo. Siete días sin Emilia y él ya no daba más de extrañar. Estaba triste y además se sentía muy desganado. Se tocó la frente y la sintió más caliente que la mano; tenía fiebre. La última semana en Florencia había sido muy calurosa y el aire acondicionado del restaurante había funcionado al máximo; estaba seguro de que eso era lo que le había hecho mal. El frío helado del salón por momentos contrastaba con el calor de la cocina, la que era imposible mantener fresca. Y Fedele, que iba y venía entre los dos lugares, se sentía enfermo. Podría haber faltado, pero esa jornada tenían demasiado trabajo como para ausentarse; ese jueves a la noche, en *Buon Giorno* se respiraba un ritmo frenético; una mesa larga de treinta comensales ocupaba casi toda la atención de los mozos y la cocina. Un importante directivo de una empresa florentina había reservado el lugar para festejar su cumpleaños número cincuenta. El hombre, un cliente fijo de *Buon Giorno*, había elegido el lugar para estar acompañado de sus familiares y amigos. La charla y las risas se mezclaban con la cancioncilla de feliz cumpleaños que cada tanto le cantaban al homenajeado sus acompañantes. El ambiente de puro jolgorio contrastaba con Fedele, quien, a pesar de estar impecablemente vestido, peinado y perfumado, no sólo estaba engripado, sino, también, abatido. Hacía casi una hora que había hablado por teléfono con Emilia y ella le había contado que en un rato se reunía con Manuel; miraba su reloj y pensaba que a esas alturas ya debían estar juntos. Entonces, su catarro recrudecía y los treinta y ocho grados de fiebre que tenía le parecían cuarenta. Salvatore, que lo había visto mal apenas llegó, le había hecho hacer en la cocina un té con miel y limón. Pero ahora, en *Buon Giorno*, cada uno en lo suyo, todos corrían una carrera para atender a los comensales, que degustaban los *vitello tonnato*, los *carpaccio* y los buenos vinos que se servían en la mesa grande. El antipasto casi terminaba de ser ofrecido.

Fedele, en una punta del salón, intentaba controlar los movimientos cuando se le escapó el tercer estornudo. Iba de mal en peor; estaba congestionado, con la nariz completamente tapada. Ana, la chica nueva que lo ayudaba, se le acercó:

—¿Te sientes mal? —le preguntó en medio de los ajetreos; acababa de instalar a una familia que recién llegaba en la única mesa que quedaba desocupada.

—Me parece que me estoy engripando... Ha sido el aire acondicionado, lo hemos tenido muy fuerte.

—Sí, y vos, que lo alternás con el calor de la cocina... ¿Por qué no te vas a tu casa?

—Aquí me necesitan y mi congestión, por más que me vaya, no cambiará nada.

La verdad era que meterse en su casa sin nada que hacer, más que pensar en que en ese momento Emilia estaba con Manuel, lo pondría peor. La primera semana sin ella venía siendo durísima; la extrañaba a morir y eso debía haber influido para que se le bajasen las defensas... porque era raro que él se enfermase así.

La voz de Ana lo sacó de sus pensamientos.

—Bueno, avisá si te sentís muy mal; yo me encargo de todo. Aunque ya falta menos —dijo Ana mirando cómo los mozos comenzaban a servir en la mesa grande el *secondo piatto*. Señal de que el postre se acercaba.

—Ya vengo, voy a la cocina a ver cómo van con el tiramisú —señaló Fedele.

Ese era el postre que el cumpleañero había pedido, uno bien grande hecho con la receta exclusiva de Fedele. También había solicitado que le pusieran una sola vela para soplarla cuando llegara el momento de pedir un deseo. Fedele fue en dirección a la cocina y, una vez que abrió la puerta, pasó al submundo de locura que allí se vivía. Las ollas humeantes eran abiertas y cerradas con violencia, los correteos de los mozos, las órdenes dadas desde una punta a la otra. El trajín era inevitable; era la natural adrenalina de cada noche. Fedele, que se sentía apagado, respiró profundo; siempre le había gustado esta locura, pero hoy no era un buen día para tanta agitación.

Frente a la mesada, el *chef* daba instrucciones sobre qué hierbas poner en los platos con cordero para que quedasen decorados antes de ser servidos. Los ayudantes de cocina le daban los últimos toques a algunas de las preparaciones complicadas. Uno de ellos, lavaba cubiertos porque se habían quedado sin cuchillos de pescado. Fedele, al verlo, pensó que tenía que comprar más; eso no podía volver a pasarle. Todos parecían estar entretenidos en sus tareas; él repasó con una mirada su reloj y volvió a pensar en Emilia, que, a esa hora, estaría charlando con Manuel. Con la cabeza otra vez en la cocina, se inquietó de que el postre para la mesa grande no estuviera listo a tiempo. Lo buscó con la vista y no lo halló. Abrió la heladera; ahí estaba el enorme tiramisú, dispuesto en su fuente, pero faltaba esparcirle el polvo de cacao y colocarle la vela; aún nadie lo había hecho. Iba a llevarlo a la parte más iluminada y a dar una orden para que lo hicieran, pero cambió de idea y lo depositó sobre la mesa de la punta para hacerlo él y, así, ayudar como siempre lo hacía.

Fue hasta el mueble con estantes y con la mano tanteó el más alto; allí arriba encontró la vela plateada. Respiró aliviado; por un momento, pensó que ya no le quedaba ninguna y que nadie se había ocupado de reponerla. Volvió a mirar su reloj... Emilia... y luego fue en busca del cacao en polvo. El recipiente donde siempre lo ponían tenía muy poco. Emilia otra vez... Se preocupó de que no hubiera suficiente, pero en cuanto fue a la alacena donde se guardaban los paquetes de especias y los demás polvos, vio uno bien grande sin abrir. Miró a la gente de la cocina; todos seguían ocupados... Emilia... Entonces, decidió espolvorearlo él mismo y dejar terminado el postre que en minutos debería ser llevado al salón; sólo que no tuvo en cuenta que esta vez él no estaba lúcido. Emilia... Emilia... Abrió el paquete de un tirón y comenzó a espolvorear el polvo negro sobre el postre sin pensar mucho. Llevaba cubriendo más de la mitad del tiramisú cuando notó algo extraño. Emilia... No sentía olor a cacao. «Claro, estoy congestionado», pensó. De todos modos, le pareció sentir un aroma a... Y entonces se dio cuenta... ¡El aroma era a pimienta negra! El paquete que había abierto era de pimienta negra en polvo. Acababa de espolvorear pimienta negra sobre el tiramisú.

—*¡Merda! ¡Merda! ¡Merda!* —gritó enojado, en voz alta, mientras se alejaba de la fuente como si el paquete que tenía en sus manos fuera veneno.

Todos o casi todos en la cocina se dieron vuelta para mirarlo.

Fedele acababa de arruinar el postre. Unos instantes y en la cocina no quedaba nadie sin intentar salvar el tiramisú y sin rogar que la chica argentina volviera pronto, como se decía que sucedería.

* * *

Una hora más tarde, Fedele se fue a su casa. No tenía sentido seguir en el restaurante. El mayor ajetreo del día ya había pasado y él no era de gran ayuda allí. Después de frenéticas corridas, una mano experta había logrado salvar el tiramisú, pero él, resfriado y distraído como estaba, por poco no lo había servido con pimienta y vela en el salón.

Extrañaba a Emilia, la quería a su lado y esa noche nada lo consolaba.

Entró a su casa y le supo más solitaria que nunca. Al abrir la puerta, lo primero que veía era a Emilia sentada, trabajando en la computadora de la sala. Esta noche, lo mejor sería ir directo a la cama.

Entró a su cuarto y fue inevitable no mirar las fotos del mueble. Allí estaba él, abrazado con Emilia, junto a la fuente de Minerva, durante sus días en Salerno. Un poco más arriba, Patricia y Carlo lo miraban sonrientes. Su retina no pudo soportar lo que veía… demasiada felicidad robada. Desvió su mirada al espejo grande y se vio a sí mismo; comprobó que la fiebre hacía lo suyo. Con la mano, intentó peinarse el cabello castaño y lacio y, así, verse menos demacrado; pero sus ojos oscuros estaban sin brillo; sólo el porte elegante y masculino estaba en su lugar: la camisa negra que Emilia le había regalado le quedaba pintada, pero a él su imagen de hombre fuerte se le antojaba desprotegida. ¿Quién le haría un té ahora que se sentía mal? ¿Quién iría a la farmacia a comprarle un antifebril? ¡Por Dios, qué ridículo estaba! Hacía bastante que tenía superados esos pensamientos de orfandad, aquellos que lo habían atacado el primer año cuando murió Patricia; después de vencerlos, sólo le había quedado el extrañar, el desear ver a la persona que no estaba. Se dio cuenta de que iba por un camino peligroso; la tristeza y la melancolía no eran buena compañía y podía terminar quebrado. Tenía que ponerse a hacer algo. Buscó el control remoto. Lo mejor sería ver algo de noticias; con suerte, encontraría el último pedazo de noticiero. Completamente vestido, se tiró en la cama y la voz del cronista dio los datos de cómo había salido la última etapa del 91º Giro de Italia, la carrera de ciclistas que se diputaba desde hacía varios días sobre 3.424 kilómetros, desde Palermo hasta Milán. Él y Emilia la venían siguiendo; le interesó, su favorito venía primero. ¡Pero no tenía con quién festejarlo! Sólo soportó cinco minutos y apagó el televisor; luego, con la luz de la habitación también apagada, todavía de pantalón y camisa, se acomodó en la cama. Entonces, sintió cómo la negrura de la noche lo envolvía lastimándolo; lo hería hasta atrapar su solitario sueño.

El hombre joven

Esa noche, en su cama, el hombre joven sueña, vibra, sufre… los fantasmas que creía que no volverían, hoy, nuevamente, velan su cama, giran en ronda alrededor de él, lo miran, planean, se preparan para armar las imágenes en el orden cronológico que corresponde: Patricia, Carlo… Atocha, desgracia, fuego.

Emilia… partida, mar.

Esta vez no es el fuego, sino el mar, quien lo separa de un ser querido.

Sus atacantes aún no lo han asaltado, pero a él las orfandades ya lo sofocan y en la oscuridad de la noche las siente como un grito en sus oídos: pérdida, privación, merma, quebranto, menoscabo, malogro, carencia, abandono, desamparo, extravío, desilusión, descalabro… dolor.

Aún sigue ensordecido cuando los asaltantes se acercan sigilosos y le muestran ese mar que lo separa de la mujer de ojos verdes. Se lo revelan en toda su magnitud, en todo su largo y ancho; grande, grandísimo… 11.000 kilómetros de agua salada hay entre él y ella y el hombre joven siente que se hunde en él… y sumergido, se ahoga… pero algo ha cambiado, el fuego de Atocha no lo golpea ni lo quema.

Era la tarde cuando Emilia cortó el teléfono; acababa de hablar con Fedele. Cuando charlaba con él, el alma le volvía al cuerpo; todos los días hacían *Skype* a las ocho de la mañana, hora de Argentina, lo que luego le permitía a Fedele ir a atender el restaurante porque allá era el mediodía; y una llamada a la tarde, antes de que se fuera a *Buon Giorno*; o de noche, cuando Fedele volvía, antes de dormirse.

Esa tarde, como siempre, habían hablado de todo, pero Emilia lo había notado mal. Fedele sabía que en un rato ella se juntaría con Manuel, que se vería con él después de mucho tiempo y ese reencuentro lo tenía mal.

Emilia sentía que amaba a Fedele; pero, al mismo tiempo, estaba emocionada porque veía a Manuel. Había cosas imposibles de explicar.

Decidió arreglarse; había estado todo el día de pijama. Se vistió con poca ropa, lo menos abrigada que pudo; en Capital estaba helado pero ella todavía quería lucir su bronceado. Se puso una calza negra, botas y un *sweater* largo manga tres cuartos color crema. Miró la casa y la vio algo desordenada; no le importó mucho, las prioridades para ella habían cambiado y ya no era la misma de antes. Resolvió empezar por lavar las tazas sucias que estaban en la mesada desde el café de sobremesa tomado la noche anterior. Su hermano Matías había venido a visitarla. Él, que vivía en Brasil, sabiéndola embarazada, en cuanto se enteró de que ella estaba en Capital había tomado un avión y había venido por dos días. Habían cenado en el departamento de ella junto a su padre y Vilma. Había lavado los platos durante la noche, pero no las tazas del café, ni los cuatro platitos de postre. Eso era algo impensado en otras épocas de su vida, en que era más importante tener todo reluciente, que descansar.

Se apuró. Según lo pactado, en minutos llegaría Manuel.

Aún le quedaban por ordenar algunas cosas cuando sonó el portero eléctrico. Manuel había llegado. Se dio una última mirada en el espejo.

Abrió la puerta. Allí estaba: el pelo rubio, los ojos claros… y flaco, más flaco que nunca. Le impresionó. Fue lo primero que le dijo:

—¡¡Manuel!! ¡Hola! Pasá… ¡Qué delgado estás!

—Hola, Emilia... ¿cómo estás? Sí, estoy flaco... es que últimamente no tengo ni tiempo para comer —respondió él buscando romper el hielo.

Y a partir de allí, fue sencillo hablar pero... de bueyes perdidos, porque conversaron del frío, del cambio de pelo de Emilia, de los tanos y de los norteamericanos, de sus diferentes idiosincrasias y de los aviones. Costaba hablar de lo importante. Después de tanta ausencia y tantos cambios, no era fácil.

Emilia le preparó un café a Manuel como a él le gustaba: cargado y dulce; para ella se hizo un té chino.

—¿Querés un... unas galletitas? —le preguntó. Había estado a punto de decirle un *canoli*; en su alacena de Italia nunca faltaban. Los compraba en la panadería de la esquina. Al imaginarlos, su mente voló a Florencia y allí se quedó, pero la voz de Manuel la volvió a la realidad de su departamento.

—¿Tendrás unas de chocolate?

Ella se dio cuenta... Ni había pensado en comprarlas.

—Lo siento, no tengo. No compré. Al único que le gustaban era a vos.

La frase tonta se tornó importante. Significaba muchas cosas.

¿Acaso Manuel se había percatado de lo mucho que indicaba su respuesta? Le pareció que sí porque después de oírla se animó a hablar de lo importante, y mirándola fijamente, le dijo:

—¡Qué bueno que pudimos coordinar para vernos! La verdad es que quería hablar con vos personalmente.

—Sí, yo también.

Poco a poco, el tema pendiente emergía.

—Me parece que ya se te nota la panza.

—Sí, un poquitín... Es que estoy de cuatro meses.

—Ay, Emilia..., qué difícil es la vida.

Emilia pensó en Fedele. Él, con todo lo que había sufrido, jamás le hubiera dicho eso.

—A veces es uno quien la complica —le respondió duramente.

—¿Qué pensaste sobre nosotros?

—¿Yo...? ¿Y vos, qué pensaste? Porque el que tiene los problemas y las complicaciones sos vos —ella comenzaba a enojarse.

—Te digo la verdad: no sé qué tenemos que hacer. Yo estoy en Estados Unidos estudiando, me va bien, todavía faltan varios meses para que termine la beca. Pero por otro lado, pienso en vos y en ese hijo...

Emilia esperó a que terminara la frase, pero él no lo hizo. Manuel, como siempre, divagaba, no era concreto, tampoco se jugaba, ni proponía nada.

Por suerte, esta vez ella sabía lo que quería. Se ahorraba el sufrimiento de ser otra vez una hoja movida por el viento llamado Manuel. Emilia le dijo:

—Así como están las cosas, lo mejor es que cada uno siga su camino. Claro, siempre que vos quieras, yo te voy a tener al tanto sobre el bebé.

A él lo tomó por sorpresa la actitud de Emilia. Había pensado que lo recibiría llorando, llena de reclamos y echadas en cara.

—Emilia... ¿eso querés?

—Sí —fue rotunda.

—No sé... Tal vez... tendríamos que esperar a que yo termine mi beca para decidir.

«YO, YO, YO... MI, MI, MI», pensó Emilia.

—No, Manuel, no me entendiste. Yo no quiero esperar nada. Porque no quiero nada.

La frase lo desestabilizó y dijo:

—Creo que nos merecemos una oportunidad...

«¿Y eso?», pensó Emilia sorprendida. No se lo esperaba.

Cuando Manuel veía que la perdía, quería actuar; si la veía segura, no. Decidió ahorrarse y ahorrarle malos ratos; hablaría con la verdad. Fedele se merecía que ella fuera valiente.

—Mirá, Manuel..., estando en Italia conocí a un hombre.

—¿Un hombre? —preguntó. Por un momento, no había entendido, pero ahora que le parecía que sí, insistió—: ¿Conociste a un hombre? —repreguntó. Ella no podía estar hablando en serio.

—Sí, un italiano.

De sólo imaginárselo le dio rabia. «Italiano tenía que ser», pensó. Pero no supo bien por qué, porque a él jamás le habían caído mal. Entonces, una idea vino a su mente... «¿Y si el hijo no es mío, sino de ese hombre?». No pudo guardárselo:

—¿Pero estás segura de que este hijo...?

A Emilia le molestó la pregunta; sobre todo, después de lo sincera que venía siendo.

—¡Es nuestro! A él lo conocí después. Yo no ganaría nada con mentirte, al contrario.

—¿Te conoció embarazada?

—Sí. Al principio, él no sabía... ni yo lo sabía.

—Y él, ¿qué dice?

Manuel no podía creerlo; a él le costaba comprometerse con Emilia siendo que ese hijo era suyo y ese otro hombre aceptaba todo tan livianamente... «Y bueno, hay cada degenerado», pensó desquitándose.

—No le importa. Me quiere de todas maneras... ¡A mí y al bebé!

—¡Pero ese hijo es mío! —protestó como si lo hubiera aguijoneado el sentimiento de paternidad.

—Manuel, dejémonos de pendejadas. Te hartaste de ser confuso por *mail*, por *Skype* y hasta por teléfono. ¡Fuiste indeciso y poco claro por todos los medios! ¡Ahora no me vengas con esto!

Emilia lo miró y hasta le llegó a dar pena. Manuel era un hombre fluctuante, que se dejaba llevar por las circunstancias, como si las situaciones fueran una ola de mar y él fuera montado en ella, a su merced. Si la ola iba para un lado, él se dejaba llevar por la marea.

Manuel se puso de pie, se acercó a Emilia y la quiso besar. Ella, al principio, se negó, pero luego dejó que le diera un beso que no llegó a ser largo, aunque tampoco corto y enseguida se apartó. Lo de ellos estaba muerto.

—¿Qué pasa?

—Ya te dije: lo mejor es que lo dejemos acá.

—No sé. Tal vez, tengas razón, Emilia, pero no me quiero quedar con la duda.

Siguieron hablando una hora más, pero todo lo que se decían rondaba sobre las mismas ideas. Los que sí y los que no de Manuel y la decisión firme de ella.

Al fin, cuando parecía que terminarían discutiendo, el portero eléctrico fue su salvación. Abajo, su hermano le pedía que le abriera; venía a despedirse; partía para el aeropuerto.

El *pallier* ya estaba con llave. Emilia bajó con Manuel. En el ascensor, en ese brevísimo tiempo, él alcanzó a decirle que lo pensaría y le pidió que ella hiciera lo mismo.

Manuel no se daba cuenta de que a ella la había arrollado un tren de nombre Fedele y que después de un hombre como él ya no podría soportar nunca más sus fluctuaciones. Era una idea difícil de explicar y, si lo hacía, podía lastimarlo demasiado; decidió no ponerla en palabras. Se despidieron con un beso en la mejilla con la promesa de que él volvería al día siguiente para seguir hablando. En la puerta,

Manuel se cruzó con Matías, que apenas le devolvió un frío saludo. Emilia charló con su hermano unos cinco minutos en el *pallier* hasta que se fue apurado porque estaba con el tiempo justo para alcanzar su vuelo. Ella también se apuró; tenía un par de cosas por hacer, incluido un turno con un obstetra; además, quería volver a tiempo para hacer *Skype* con Fedele antes de que se fuera a dormir; deseaba con todo su corazón hablar con él y contarle cómo le había ido con Manuel. Él se pondría contento.

Unas cuadras más adelante, Manuel también apuraba el paso; quería hacer todo rápido para tener tiempo de pasar por una florería para comprarle un ramo a Emilia y de que se lo entregaran en el departamento. No estaba seguro de permitirse perderla, tal vez, no debía dejarla escapar, ni a ella, ni a su hijo. Porque si Emilia se iba con otro hombre, ese hijo acabaría siendo de aquel y terminaría perdiéndolos a los dos.

Dos horas después, Emilia salía conforme del obstetra. Todo marchaba muy bien. «Una buena noticia más para contarle en un rato a Fedele», se dijo a sí misma sin imaginar que, cuando ella volviera, él ya estaría durmiendo; el día de Fedele entre la gripe y el tiramisú había sido malo, y ya no atendería los teléfonos, ni siquiera a Emilia; quien lo necesitaba y al no encontrarlo en su casa se preguntaría: ¿dónde estará a esta hora de la noche? ¿Con quién...? Una patadita en su vientre le detonaría una pregunta aún más punzante que vendría a afligirla: ¿estoy haciendo lo mejor para mi hijo cerrándole a Manuel todas las puertas?

Capítulo 33

Buenos Aires. 2008

Emilia llevaba diez días en Argentina instalada en su departamento y ya casi tenía todos los trámites listos para emprender su vuelta a Italia. Este día le confirmarían desde la aerolínea si podía adelantar el vuelo para regresar cinco días antes. Claro que no se lo diría a Fedele, le quería dar la sorpresa de llegar antes y que la encontrara instalada en la casa. Qué tremendo era el amor, estaba dispuesta a dejar en suspenso toda la vida que tenía acá, para recuperar aquella precaria que había armado en solo unos meses junto a Fedele en Florencia, porque en Argentina tenía su familia, su departamento, su trabajo, sus amistades y todas sus cosas; y en Italia, sólo a él y un lugarcito en esa casa llena de historia que compartía el patio con *Buon Giorno*, muy cerca del puente Vecchio. Sólo por eso estaba dispuesta a atravesar el océano y dejar todo atrás.

Con su padre habían llegado a un acuerdo; ella, ahora, se iba, pero en cuanto estuviera cumpliendo los siete meses de embarazo, él y Vilma irían a visitarla y se quedarían con ella hasta que el bebé naciera. Querían estar presentes cuando eso sucediera y pasar tiempo con ella y con el italiano. Le había dicho: quiero asegurarme de que sea tan bueno como decís vos. Incluso, hasta se barajaba la posibilidad de que su tío y su hermano Matías viajaran a Florencia, aunque no por tanto tiempo.

A Emilia el plan le había encantado. Le gustaba pensar que sus dos queridos mundos de afectos se podían unir. Aunque lo cierto era que el futuro estaba plagado de incertidumbre. Tener un hijo, vivir en Florencia junto a un hombre que pocos meses atrás no conocía, era una montaña rusa, pero ella ya no era la misma de antes y no le tenía miedo a las alturas, ni a los cambios de dirección.

Con Manuel se habían reunido varias veces y todavía tenían pendiente una última charla telefónica porque un par de días atrás él había partido hacia la Arizona State University. Y por más que habían hablado, no habían llegado a ningún acuerdo. Por su persistencia, sólo había quedado claro que él quería que Emilia pensara en la posibilidad de una segunda vuelta, que concretarían, claro, cuando él terminara su beca, regresara de Estados Unidos y naciera el bebé. Le había dicho: «Soy capaz de buscarte por Florencia, si me decís que vaya». Ella no le insistió más con que había conocido un italiano y así logró dejarlo más tranquilo. De esta manera, él no la volvió loca con insistentes llamados de hombre despechado y ella entrevió que no los unían el amor, sino los celos.

Eso sí: había un gesto que había que reconocer en él, un esfuerzo que hacía, o más bien que había hecho, porque por más que Manuel ya no estaba en el país, a ella, día de por medio, le llegaba de la florería un gran ramo de rosas blancas.

Sus valijas —esta vez, eran tres— ya estaban armadas sobre el piso del cuarto; se llevaba mucha ropa y cosas queridas. ¿Se quedaría a vivir para siempre allá? ¿También por siempre se llevarían bien con Fedele? Eran algunas de las preguntas que se hacía mientras miraba los libros que tenía cargados para llevarse. Se tocó la panza. A este bebé también lo embarcaba en su aventura por amor. Ojalá sus decisiones fueran buenas, no sólo por ella, sino también por él; poco a poco se descubría pensando como madre.

Estaba eligiendo qué camisones agregaría cuando sonó el teléfono. Era Sofi; seguramente tenía alguna noticia sobre el alquiler del departamento; ella le había dicho que se encargaría personalmente.

—¡Emilia, no sabés…!

—¿Qué pasó?

—¡Me habló Manuel desde Estados Unidos!

—¿A vos?

—Sí, me pidió que lo ayude a convencerte para que te quedes y no te vayas con el italiano. Me lo dijo así, tal cual.

—Es un desubicado... Pide eso y él se va. ¿Por qué no se queda, si eso es lo que quiere?

—Lo mismo le dije yo, pero escuchá, que hay más... Me dijo que apenas termine la beca, si vos seguís en Italia, él se va para allá a buscarte.

343

—No creo...

—Me lo dijo superdecidido. Pensá que es su hijo.

—Es verdad; puede ser.

—Preparate, que en un par de meses lo tenés por allá rogándote amor o exigiendo pasear al bebé... ¡O quién sabe qué!

—Esa será otra etapa; ahora tengo demasiadas cosas en qué preocuparme.

—Ya sé, pero tenías que saberlo. Además, me dijo que hoy te hablaba de nuevo, que quería decírtelo él mismo.

—Este Manuel...

—Dice que lo estuvo pensado mucho entre ayer y hoy, que el saber que vos te vas, le había movido el piso.

Emilia escuchaba a su amiga y no sabía si ponerse contenta, triste o preocuparse.

Hablaron un rato más y quedaron en verse a la noche. Sofi y Pablo, su marido, la invitaron a cenar en su departamento. Les quedaba poco tiempo para compartir y querían aprovecharlo al máximo. Su amiga y el esposo ahora tenían una razón poderosa para concretar el plan de visitar Italia, pero tenían que evaluar cuándo podrían hacerlo. Europa podía estar más lejos de lo que uno creía.

Cuando cortaron, Emilia aún no se había levantado del sofá y el teléfono ya estaba sonando. Era de la aerolínea; le avisaban que el cambio de vuelo para cinco días antes había quedado firme. Emilia sonrió; era lo que quería.

Ya no le quedaban llamadas importantes por hacer o recibir; lo fundamental ya había sido resuelto, pensó, mientras cerraba una de las valijas; sin imaginar que Manuel en sólo unos pocos minutos la estaría llamando y le diría lo que ella esperaba desde el día en que se fue a Italia llorando. Las paredes del departamento escucharían en breve:

—Te amo, vivamos juntos. Organicémoslo para cuando yo regrese.

—Manuel...

—No me digas nada. Si no aceptás, yo voy a buscarte cuando sea el nacimiento de nuestro hijo... ¿Qué digo...? ¡Voy antes, apenas termine de rendir! Ni siquiera me quedo para el cierre del curso, apenas termine, voy.

—¿Se puede saber qué te pasó?

—Lo pensé. Sólo eso: lo pensé.

344

Emilia no sabía si ponerse a llorar o dejar ese teléfono sin responder nada, absolutamente nada.

Manuel, en ese momento, con la firme decisión de viajar, se transformaría sin saberlo en una pieza fundamental del engranaje que a cada minuto marcaba el destino de Emilia, de Fedele, del hijo que venía en camino, del cuadro de Camilo Fiore, de Adela y de Benito Berni, quien, en la otra punta del mundo, atrapado por la venganza, masticaba los sinsabores que ella le traía. Tres hombres, Manuel Ruiz, Fedele Pessi, Benito Berni, tres vidas, tres modos distintos de enfrentar las adversidades y las decisiones: vacilación para el argentino, optimismo para el hombre joven, amargura para el mayor. Las tres maneras tocándose en los márgenes sin saberlo. Porque en la vida todo tenía que ver con todo. Porque las personas estaban unidas más allá de su conciencia. La magia de la vida otra vez movía sus hilos invisibles.

Capítulo 34

Un hilo invisible conecta a aquellos que están destinados a encontrarse, sin importar el tiempo, el lugar ni la circunstancia. El hilo se puede estirar o enredar, pero nunca se romperá.

Sir Muse

Piacenza. 2008

Día 15

Benito Berni ese sábado se despertó temprano. Una pregunta le había hecho abrir los ojos de madrugada: ¿llegaría el jarrón ese día? Sin tener la respuesta, se bañó, se cambió y se presentó a desayunar en el comedor dorado, a pesar de que ya casi no lo usaba. La importancia del día lo merecía. Tomó únicamente café negro; luego fue a la sala y cerró la puerta. Intentando quitarle la ansiedad a la mañana, buscó el CD de Édith Piaf y lo puso en su equipo de música; quería escuchar «La vida en rosa», una de sus canciones favoritas. Le gustaba la letra y lo emocionaba escuchar la voz de Édith, de quien había sido amigo.

Pulsó *play* y la voz querida inundó la habitación. Subió el volumen casi al máximo y disfrutó del momento. Repitió la misma canción un par de veces y luego permitió que el CD avanzara por los siguientes temas. Sentado en el sillón, recordó la triste vida de Édith, quien, en algunas de las veladas que compartieron, le contó los pesares de su niñez. Su madre la había parido en plena calle y, como no podía mantenerla, la había dejado al cuidado de su abuela, quien le daba vino en la mamadera en vez de leche. Luego, vivió con su padre, pero al llegar la guerra, el hombre se vio obligado a entregársela a su propia

346

madre, una mujer que regenteaba una casa de prostitución. En ese ambiente, entre mujeres de mala vida, se crió Édith hasta que su padre regresó. Vivió con él hasta los catorce años, momento en el que decidió independizarse y ganarse la vida cantando por las calles, lo que le permitió vivir sola en un hotel. Berni se sentía identificado con ella: una niñez sin padres y una independencia temprana los emparentaba, porque ambos tuvieron que hacerse cargo de sus vidas cuando todavía eran adolescentes. Aunque él no había terminado adicto a la morfina como ella, compartían la desazón de una vida arruinada. Creía que las marcas en la niñez eran las peores, las más difíciles de borrar o superar. Y esas viejas cicatrices eran las que los habían llevado a hacerse amigos. En su grata compañía, había charlado largo sobre ellas. Sólo que Édith, lastimada, se había ido demasiado pronto de este mundo. «La alcanzaré en breve... este mismo día», pensó, justo cuando se acababa la última canción.

Florencia, 1967

En la cocina de *La Mamma* tres empleadas preparaban la salsa. Una de ellas, con sus manos pequeñas y hábiles, picaba los tomates. Era Adela, quien ya hacía dos meses que trabajaba en el restaurante. Lo hacía pensando en la visita que haría esa tarde al negocio de antigüedades de Roma y, al mismo tiempo, disfrutando su tarea. Estaba aprendiendo a cocinar y empezaba a encontrarle el gusto de hacerlo. Ella, que creía que no era buena, se sorprendía al ver que sí lo era; hallaba placer en guisar, aderezar, condimentar, hornear y freír; había cierta paz en mantener las manos ocupadas entre alimentos y cierta alegría en lograr la meta de un sabor elegido, algo que no hallaba en ninguna otra actividad, ni siquiera en pintar. Las primeras semanas las había pasado llorando, pero ahora la vida comenzaba a tornársele un poco más cálida. Su carácter dulce y su bondad, más la delicada situación que estaba viviendo, habían hecho que todos los empleados del restaurante la quisieran, la ayudaran y la cuidaran. Compartía el día con sus compañeros y empezaba a forjar amistad con algunos de ellos; por la noche, solía compartir largas charlas con Rosa, las que iban desde historias de familia, consejos de vida y los informes que ella le

347

daba a su tía sobre lo que acontecía en *La Mamma*. De salud, estaba perfectamente; su embarazo avanzaba bien y nunca había tenido ni una sola náusea o síntoma molesto. Ese bebé era bueno, sabía que se tenía que portar bien, solía decir ella. De Benito no había vuelto a hablar con nadie; no sabía nada de él, pero esa tarde pensaba aprovechar que era su día de franco para ir a Roma, al negocio de antigüedades, tal vez allí supieran algo de la fecha de regreso de Benito, o del lugar donde estaba en Francia para enviarle una carta.

En medio de estos pensamientos se dio tiempo para hacerle una propuesta al cocinero. Caminó unos pasos hasta donde estaba el hombre y le dijo:

—Podríamos poner en la salsa pomodoro los trozos de tomate un poco más grandes, creo que realzarían el sabor.

El hombre la miró sorprendido. ¡Al fin una de las ayudantes pensaba! Adela era diferente; andaría bien en la cocina. Tal vez, la idea de la chica fuera buena; le respondió contento:

—Sí, podemos probar.

Adela sonrió satisfecha.

* * *

Pasado el mediodía, Adela tomaba el tren rumbo a Roma. Había salido temprano, quería llegar con tiempo y no regresar muy tarde. Por el camino pensaba que ojalá estuviera la misma chica —aquella tan parecida a ella— que la había atendido con amabilidad luego de perseguir a un muchacho varias calles. Su cabeza organizaba el orden de las preguntas que le haría, se debatía entre si sería mejor o no revelarle quién era ella para que se decidiera a ayudarla.

Unas horas después, llegaba a la ciudad, caminaba unas cuadras y entraba al local.

La recibió un muchachito. Ella le explicó que quería saber cuándo regresaría Berni. Necesitaba verlo.

—Tendrá que hablar con Marina, ellos dos se escriben regularmente. Yo no sé nada, pero seguro que ella, sí. También se hablan por teléfono —deslizó.

A Adela la frase le dio mala espina. Benito hablaba por teléfono con esa chica y se escribía cartas mientras que con ella, que iba ser la madre de su hijo, nada. No le gustó. Le hizo doler el corazón.

348

Minutos después, aparecía Marina.

—Tal vez me recuerde... vine hace unos meses... —dijo Adela.

—Sí, buscaba a una persona...

—Un tal Paolo Benito, pero ahora busco a Benito Berni.

Marina la miró de arriba abajo; era evidente que Berni le había dado un nombre falso. Él tenía fama de mujeriego, pero jamás había pensado que se dedicara a engañar chicas buenas; y esta, lo parecía. La conquista de una muchacha así requería tiempo, esfuerzo y Berni no parecía alguien dispuesto a invertirlos. Mientras había salido con él, lo había tenido que compartir con otras mujeres, pero esta que tenía enfrente no parecía del tipo capaz de soportar eso. La chica le dio pena.

—Sí, sí, ya recuerdo, pero el señor Berni no está, se encuentra de viaje en Francia.

—¿Sabe cuándo regresará?

—Mire... ¿Cómo es su nombre?

—Adela... Adela Pieri.

—Mire, Adela, él siempre habla bastante conmigo, pero nunca me avisa sobre este tipo de cosas.

La frase tampoco le gustó a Adela.

—Cuando hable con él, ¿le podría preguntar si tiene fecha de regreso?

—Haré el intento, pero sospecho que no volverá pronto. Tengo la idea de que allá la está pasando de maravillas.

Berni le había dicho que estaba haciendo relaciones con los artistas de París, que toda la *troupe* se reunía en el *cabaret Au Lapin Agile*, donde se había hecho asiduo concurrente en su afán de encontrar los artistas adecuados para empezar la galería.

—Pero tiene que volver, ¿no...?

—No sé qué hará. Este negocio está en venta y allá él piensa dedicarse al arte.

—¡Ah! —dijo al borde de las lágrimas. La frase había sido una estocada para Adela.

Marina se dio cuenta y decidió ayudarla: sería más clara.

—A esta clase de hombres lo persiguen las mujeres. Para él es natural pasarla siempre bien donde sea que esté. —Y confidente, dijo—: Te daré un consejo: mejor olvídate de él.

Adela se sintió descubierta.

—Es que él...

—O si no, acostúmbrate a compartirlo, que es lo que hice yo mientras estuvo conmigo. Aunque, sinceramente, creo que esta vez lo hemos perdido. Allá lo han atrapado las artistas que pintan, las chicas del *cabaret* y quién sabe quién más.

Adela había quedado sin habla. No tenía qué decir, acababa de descubrir que esa chica tenía algo con él, probablemente, desde antes de que ellos se acostaran en el hotel de Florencia. Además, había otras mujeres; ella misma le había dicho que lo compartía. Y ahora Benito estaba en París pasándola de maravillas... Las noticias que acababa de darle la joven empleada se unían con la certeza de que él era el padre del hijo que llevaba dentro y sentía que se moría. Benito, se alejaba; su hijo, crecía. Y nada podía cambiarlo. La conversación había sido un puñal que le habían clavado en las entrañas. Dolida como estaba, sin dar explicaciones, saludó a la muchacha y se marchó. Ella no era esa clase de mujer que anda por lugares desconocidos pidiendo noticias· de un hombre. Berni era muy diferente de lo que había creído.

En una hora, ya estaba arriba del tren rumbo a Florencia y por más que las lágrimas pugnaban por salir, ella no derramó ninguna. Se había acabado; él no las merecía. A ese negocio no volvería nunca más. La vida continuaba y ella debía pensar en la criatura que llevaba en su seno. Se acordó de que en unas pocas horas estaría en *La Mamma* y se sintió aliviada; allí tenía paz, y el sosiego, a veces, era una especie de felicidad. Más precaria, pero felicidad al fin. Y la única que por ahora podía ambicionar.

París. 1967

En el *cabaret Au Lapin Agile* de Montmartre, esa noche hacía su presentación una cantante nueva. Su voz melodiosa inundaba el salón en penumbra, iluminado únicamente por los pequeños veladores de colores distribuidos en cada mesa. Benito compartía la suya con los nuevos amigos que se había hecho en París; charlaba con la atractiva Dalida y esta se desahogaba contándole sobre las penas que la aquejaban y las constantes peleas con su pareja, explicándole que las rencillas los llevaban inexorablemente a una separación. Hacía un par de noches que conversaba con Dalida y con todo un grupo que, de una manera u otra, se dedicaban al arte. Mientras le llenaba la copa a Dalida, Berni le contaba que estaba a punto de abrir su galería de arte en la *rue* Durantin y ella, al escucharlo, se dio vuelta y llamó a su amiga Lorna Merci, una escultora en pleno auge. Cinco minutos y Lorna llamaba a Antoine Besnard, que era un pintor que empezaba a cotizar; y allí, en el famoso *Au Lapin Agile* y en medio de la música romántica, el sueño de Berni de la galería propia comenzaba a tomar forma. Dalida le daba algunas ideas y le prometía presentarle más gente. Ese italiano bonito de ojos azules que conocía desde hacía una semana tenía un aire de tristeza que le recordaba la suya. Como si una misma tilde se hubiera depositado en los casilleros que marcan el dolor y la melancolía, al igual que habían marcado los de ella. Si no fuera que su enamorado le ocupaba toda su cabeza, esa noche la hubiera pasado con el italiano. Si se lo tenía cerca, era inevitable no querer consolarlo quién sabe de qué negros recuerdos. Llegaba a la conclusión de que *Au Lapin Agile*, que había abierto sus puertas antes de 1900 y era el más antiguo de París, podía considerarse un lugar suficientemente especial, como para que uno pudiera encontrarse con cualquier personaje exótico o extraño como el atractivo Berni.

Las copas llenas de *champagne* tintineaban y Berni, ya ahogado por la canción melancólica, se preguntaba por qué cuernos la cantante no acababa ya con esa música triste. Miró casi enojado hacia el escenario. Y al hacerlo, recién allí reparó en la bella rubia platinada que se contoneaba suavemente enfundada en un vestido azul escotadísimo. La observo fijo hasta que la muchacha lo descubrió entre la gente. Entonces Berni decidió que en cuanto terminara el *show* la invitaría a tomar una copa. Le parecía atractiva, le gustaba y ya era hora de reemplazar a la pelirroja que había conocido hacía un tiempo. Estaba cansado de sus boberías de bailarina: que no tomaba alcohol, que no comía pastas, que debía dormir ocho horas… Llevar la vida que ella quería no era posible en París. Aquí la fiesta mandaba; y en Montmartre, todavía más. Había sido un acierto instalarse en este lugar.

Berni aún no lo sabía, pero la cantante platinada sería quien supliría a la pelirroja, esa última conquista hecha aquella noche en que, desesperado por Adela, casi se había vuelto a Florencia. Estas chicas serían dos de las muchas que en esos años formarían una frondosa lista de Amelies, Beatrices, Bibis, Camilles, Claudines y otras semejantes que se sumarían a través de su larga estancia en Francia mientras se

351

dedicaba a multiplicar su fortuna. Porque muchas mujeres pasarían por el cuerpo de Benito, aunque una sola sería la que se mantendría firme en sus recuerdos, una de vestidos sencillos, ojos marrones profundos, voz dulce y especial, expresión ingenua e inclinación por la pintura. Y ahora, también, con gusto por la cocina, aunque él lo descubriría después de mucho tiempo.

Florencia, 1968

Adela caminó con esfuerzo los metros que había desde una punta a la otra en la cocina de *La Mamma*; sus casi nueve meses de embarazo le otorgaban un vientre voluminoso, pero a ella no le importó; quería darle una instrucción a las muchachas que en la mesa grande hacían la masa para la *pizza*.

Su hijo estaba pronto a nacer, pero por nada del mundo había querido dejar de trabajar. El cocinero se había enfermado y ella, gustosa, había tomado su puesto durante esos pocos días. Se había sentido preparada para hacerlo, aunque, por suerte, el hombre volvía al día siguiente. Era demasiada responsabilidad justo ahora que tenía el presentimiento de que su bebé nacería esa misma semana. Además de algunos dolorcitos extraños que empezaban a aquejarla.

De Benito Berni no había sabido más nada. Al negocio de antigüedades de Roma no había querido volver. Sentía que hacer ese papel de mujer despechada persiguiendo a un hombre le quitaba la dignidad, que era lo único que le quedaba. Y no la desperdiciaría.

Aunque con el paso de los meses, ya más tranquila y pensando que no era bueno que el niño naciera y creciera sin saber nada de su padre, y su padre, nada de él –¡ni siquiera su existencia!–, había decidido hacer de nuevo una visita al castillo de Piacenza. Claro que eso recién podría llevarlo a cabo cuando naciera la beba, porque estaba casi segura de que sería una niña. Iría con Rosa en brazos. Pensaba llamarla así en honor a su tía, que la había ayudado muchísimo en los últimos meses, desde cobijarla y permitirle trabajar en el restaurante, hasta realizar una silenciosa tarea de reconciliación familiar, la que había empezado ella misma aviniéndose con su primo Rodolfo, persiguiendo siempre la idea de acercar las partes. Y el resultado estaba a la vista: la relación con sus padres estaba mejor y, aunque nunca volvería a ser la misma, el acercamiento le permitía ver a su madre y a sus hermanas más seguido. Ellas habían visitado la casa de Rosa y Adela, la suya.

Las aguas se habían aquietado, las relaciones se recomponían tibiamente, pero algo era seguro: no volvería al hogar familiar. Así estaban bien y a ella, en verdad, le gustaba trabajar en el restaurante. Sólo a veces extrañaba el movimiento de la academia, o pasar horas mirando pinturas, o hasta ponerse a rayar un cuadro ella misma. Pensaba que alguna vez volvería a pintar, pero, por ahora, su energía y creatividad estaban puestas en la cocina de *La Mamma* y algo bueno había salido: dos o tres comidas habían abandonado su receta tradicional para incluir los cambios que ella había sugerido y un nuevo plato de su inventiva se agregaba a la carta de *La Mamma*: carne al vino *ortrubo*. Había surgido por obra de la casualidad y la necesidad un día en que faltaron un par de ingredientes y ahora era uno de los más pedidos por los comensales.

A su tía Rosa no le pasaba desapercibida la capacidad de la niña para la cocina. Por eso la dejaba dar los pasos que ella le iba pidiendo. Esa mañana se lo comentó:

—Quiero decirte, Adela, que ha sido una excelente semana para el restaurante contigo al mando de la cocina.

—Gracias, es bueno que haya salido todo bien, aunque también es una suerte que vuelva el cocinero.

—Pero si ha estado todo perfecto... ¿No te sentiste segura?

—No es eso, sino que temo que el nacimiento sea pronto.

—Me alegro de que no sea por inseguridad, porque he estado pensando que después de que nazca el niño, o la niña, como tú dices, podrías hacerte cargo de comandar la cocina y... hasta el restaurante mismo. Iba a proponértelo después, pero es mejor si ya vamos conversándolo.

—¿Yo sola?

—Sí. ¿Crees que te animarás?

—Me encanta la idea, pero no sé si tengo la capacidad para ese cargo.

—Sí, la tienes. Te lo digo yo, que tengo este restaurante hace más años de los que has vivido tú.

—Tía, a mí me parece perfecto, sólo que habría que esperar que nazca la beba.

—Eso mismo pensaba y también que crezca un poco, después de eso podrías comenzar.

Adela asintió y se levantó de nuevo para ver si el contenido de las ollas grandes estaba en su punto justo de cocción. Rosa fue tras ella y le dijo:

—Ahora ven, hagamos un descanso juntas, que yo estoy vieja y tú, embarazada. Necesitamos un té urgente. Lo tomaremos en el salón, en la mesa junto a la ventana, que a esta hora le da un sol precioso.

Rosa meditó. Lo tomarían en la misma mesa en la que tantos comensales habían disfrutado de su comida, donde tantos otros habían compartido sus secretos, como el argentino Juan Bautista Fernán con ella; la misma en que algunas parejas se habían terminado enamorando, como Gina y Camilo; la misma en la que Cecile y ella le habían regalado un hijo a esa pareja de argentinos que no podía concebirlo. Y al recordar los instantes vividos, se sintió vieja, muy vieja, y tuvo una revelación que, aunque no se la dijo a Adela, actuó en consecuencia. Porque, así como su sobrina tenía un presentimiento sobre el nacimiento de su hija, ella tenía uno más triste y más acorde a su edad: sentía que su existencia estaba llegando al fin y que su despedida sería en breve. Le dio pena, la vida era linda, pero también era hermosa para vivirla a pleno y ella ya no podía. Qué lástima no tener piernas ágiles para correr por el puente Vecchio como cuando era niña, qué pena no tener un cuerpo bello y ardiente para amar de nuevo a un hombre, ni tener el estómago fuerte para poder comer todas las delicias que se preparaban en la cocina de *La Mamma*. Si todos los que disfrutan estas cosas supieran el tesoro que tienen entre manos, no desperdiciarían su tiempo llorando por los rincones porque algo no salió bien, ni como ellos esperaban, sino que correrían por los lugares más lindos de la ciudad donde viven, amarían con fuerza a quien tienen al lado y comerían cada delicia con la pasión que se merece. Terminó su pensamiento mirando a Adela, y la vio tan joven e inexperta, que se lo dijo. Su sobrina, seguramente, no lo tenía siquiera en cuenta:

—Mi niña, la vida es linda más allá de lo que nos toque vivir, existe una felicidad por simplemente vivir y no hay que perderla nunca. Nadie debe quitártela. Disfruta de tus sentidos, que para eso están, ama con fuerza. Acuérdate de esto, trasmíteselo a tu hijo... perdón a tu hija —dijo sonriendo al recordar que Adela creía que sería una niña.

—Sí, tía, se lo prometo: se lo enseñaré a mi hija.

Rosa sonrió. Para ella, ese bebé era un niño. Por las dudas, venía barajando un nombre de varón; temía que, al final, ella tuviera razón y su madre sólo hubiera elegido uno de niña.

Y entre charlas profundas y consejos sabios, tomaron su té. Pero cuando Adela se puso de pie para continuar con su labor en la cocina, no pudo dar ni un solo paso; un dolor punzante le atravesó el vientre. La hora del nacimiento de su hijo había llegado. Ese que era de ella, una Pieri, y de Benito, un Berni.

* * *

Al día siguiente, después de una larga noche de dolorosas contracciones, nacía su hijo. El presentimiento del sexo le había fallado: era un varón, un niño precioso, de cabellos oscuros y ojos marrones como los de ella. Se llamaría Fedele, por sugerencia de su tía. Ni bien escuchó el nombre, le gustó. Fedele había llegado a este mundo para traer alegría y, felices, todos festejaban su nacimiento, desde la familia, que estaba más cercana que nunca, hasta los empleados de *La Mamma*, que se sentían tíos y tías de la criatura. Claro, menos el padre, que brillaba por la ausencia, porque ni siquiera sabía que adquiría la calidad de tal.

Adela todavía estaba en el sanatorio y Rosa ya programaba una gran fiesta en el restaurante para cuando Fedele cumpliera su primer mes. Previó que duraría un día completo. Comerían, bailarían y brindarían. Sería memorable, como la fiesta del casamiento de Gina y Camilo, que también se había hecho allí. Y tras la celebración, su sobrina Adela se haría cargo del restaurante. Entonces, ella podía dar por cumplida su labor en esta tierra.

La fiesta soñada por Rosa se haría tal como ella la planeó y una semana después, Adela tomaría posesión de su cargo en *La Mamma*. Pero su tía no llegaría a ver mucho más porque al segundo día de trabajo de Adela como regente y cocinera del lugar, la anciana partiría. Después de una vida plena, sabia y en armonía con su entorno, moría en paz, en su casa, rodeada de sus afectos, con un siglo como testigo de su influyente existencia. Todos la llorarían. En su testamento, legaba el restaurante a Adela; y la casa, al pequeño Fedele.

* * *

Era diciembre y Fedele ese día cumplía un año, él había resultado un niño risueño y buenhumorado al que todos en el restaurante amaban; andaba siempre jugando en la cocina metido entre las ollas gigantes y comiendo los tomates y zanahorias que estaban dentro del cajón de madera con los vegetales para ser usados en las comida del menú. Fedele era el orgullo y la felicidad de su madre; Adela jamás hubiera pensado que era tan lindo tener un hijo pero tampoco tanto el trabajo para atenderlo.

Ella ese fin de semana se preparaba para tres sucesos trascendentales: festejarle el primer año de vida a su único hijo, visitar Piacenza nuevamente después de haber pasado más de un año y medio de la primera vez que había ido; quería saber si tenían alguna noticia de Berni. Siempre pensaba en él, casi podía decirse que aún seguía enamorada de él, pero lo que determinaba esta nueva visita al castillo no eran motivos sentimentales, sino que era la pena de saber que Benito se estaba perdiendo de la vida de su hijo. Y Fedele, de tener un padre.

Lo tercero importante en la lista de sucesos es que se llevaría a cabo el cambio del cartel que desde que ella tenía uso de razón rezaba frente al restaurante con letras grandes y negras *La Mamma*; este sería reemplazado por uno que diría *Buon Giorno*. La frase la había elegido en referencia a que todos los días podían ser buenos si uno se lo proponía, y en honor a Rosa, cuya filosofía de vida estaba encerrada en esa frase. Ella había vivido su vida como si cada jornada pudiera ser un gran día donde todo lo que nos rodea estuviera allí para nosotros.

Adela se preparó, en menos de una hora partía el tren rumbo a Piacenza. Se despidió de su hijo; cuando aún no había nacido fantaseaba que iría con él pero ahora que tenía un hijo pequeño se daba cuenta de cuán imposible era esa idea. Lo dejó al cuidado de Mirna, una muchacha de su misma edad que trabajaba en el restaurante.

El viaje se le hizo corto; los recuerdos, muchos y, cuando menos se dio cuenta, había llegado y se encontraba subiendo por la calle que llevaba a la zona de los castillos. Hizo una curva y llegó a la colina empinada donde comenzaba el parque: los tacos altos de color blanco que se había puesto le molestaban, era un subida muy pronunciada, se los sacó y continuó la marcha descalza; ella, creyendo que existía la posibilidad, aunque remota, de que pudiera estar Berni, se había arreglado con esmero. Llevaba vestido nuevo de color blanco con florcitas celestes, el cabello largo y suelto. Parecía una muchachita y no la madre que era.

Llegó agitada pero aún así golpeó antes de calmarse. Sólo había alcanzado a ponerse los zapatos cuando le abrieron la enorme puerta de madera. Esta vez, era un hombre el que la atendió:

—Busco al señor Benito Berni. Necesito hablar con él.

—El señor se encuentra de viaje.

—¿Sabe algo de su fecha de regreso?

—Él está en Francia por tiempo indeterminado. ¿Es por algo importante? ¿Quiere decirme su nombre y cuando él hable o escriba le informamos sobre su visita?

—Mi nombre es Adela Pieri. Por favor, dígale que estuve aquí.

Era una frase corta pero importante. Le dejaba dicho claramente que había estado.

—Muy bien, señorita, se lo diré.

Adela le agradeció, saludó y se retiró. Meses pensando en este momento, una semana eligiendo el vestido y sólo había durado tres minutos. Pero hasta acá había llegado; ella había hecho todo lo posible, pero el destino, o Benito, o quién sabe qué, no había querido que ellos dos estuvieran juntos. Aquí se acababa. Si Berni quería estar en Francia, pues que se quedara allá con su arte, sus mujeres de *cabaret*, su vida parisina. Él era el que se perdía de disfrutar del bello hijo que habían tenido.

Tomó el tren de regreso y durante todo el camino hizo un duelo; tomó la decisión de tratar de no pensar más en Benito Berni, él no vendría. Ella estaba sola y enojada con él. Tal vez iba siendo tiempo de mirar a otro hombre, tal vez había alguno dando vueltas para ella.

Caminó desde la estación de trenes hasta su casa. Cuando iba llegando y sólo faltaban unos metros para quedar frente a la entrada del restaurante, se impresionó con lo que vio. El nuevo cartel que decía *Buon Giorno* fulguraba en lo alto. Los hombres que acababan de colgarlo bajaban las altas escaleras, y ella pensaba que la letra diferente y el color verde oscuro con una rosa roja a cada lado había sido un acierto, mostraba el nombre y el local como *chic* y moderno, que era lo que ella buscaba.

—¿Le gusta, señorita? —preguntó uno de los hombres, acomodándose el cabello rubio al ver que ella se acercaba.

—Me encanta, quedó perfecto. Gracias.

—Ahora... el frente pide pintura nueva. Si quiere, se lo puedo arreglar y pintar —le propuso con desparpajo.

—Es que es mucho trabajo para una sola persona. Le llevaría demasiado tiempo y no puedo atender a mis clientes con todo ese lío en la fachada.

—No estoy solo, ellos son mis empelados. Soy el jefe de la empresa que usted contrató para el trabajo.

—¡Ah! ¿Y cuánto tiempo le llevaría arreglarla y pintarla? —preguntó Adela que, en medio de sus líos personales, no se había dado cuenta de quién era quién. No era fácil criar a un niño pequeño, buscar al padre desaparecido y llevar adelante sola un restaurante.

—El tiempo que usted me pida...

Adela sonrió.

—Está bien. Queda contratado. Hagámoslo. ¿Cómo es su nombre?

—Carlos Pessi. Mucho gusto —dijo él extendiendo la mano.

—Adela Pieri —le respondió ella y, extendiendo la suya, agregó—: Empecemos hoy mismo. Lo quiero listo en diez días como máximo.

—En una semana no me verá más el pelo, se lo aseguro.

Adela frunció el rostro incrédula, era demasiado trabajo para hacerlo en tan poco tiempo. Y exclamó:

—¡¿Siete días?! Bueno, Carlos, probaremos si puede cumplir, aunque está difícil. Creo que lo veré por aquí un poco más que eso —dijo Adela. Y su frase se colgó del aire y quedó suspendida en la atmósfera como una profecía, porque Pessi se quedaría mucho más que siete días, aun más que siete meses: él se quedaría con ella exactamente siete años. Porque ese sería el tiempo que estarían juntos y casados.

El fin de semana, Pessi estaría presente en el cumpleaños de Fedele. Y de allí en adelante, en todos; hasta que, próximo a cumplir los ocho años, Carlos, el esposo de Adela, partiría de este mundo al caer de una escalera mientras trabajaba. En su entierro, Adela repetiría a sus hermanas mientras la abrazaban: «No tengo suerte con los hombres». Y este pensamiento, junto al dolor de las pérdidas de dos hombres, la llevarían a dedicarse sólo a su hijo y a su restaurante. Por años, esas serían sus dos únicas pasiones.

Al cabello rubio de Carlos Pessi lo olvidaría por completo sabiendo que ya no podría verlo jamás, pero no así al de Benito Berni, que por años lo vería en cada cabeza rubia de los hombres que caminaban delante de ella, haciéndole apurar sus pasos para comprobar que no pertenecía al rostro que ella creía. Hasta que, al fin, ya peinando canas, ella no lo buscó más.

Al castillo de Piacenza no volvió nunca. Había dejado dicho su nombre y el recado para que Berni le hablara. Si él hubiera querido hacerlo, lo habría hecho; era evidente que no le interesó. Y al negocio de Roma volvió muchos años más tarde, cuando, de vacaciones con Fedele por esa ciudad, después de haber tirado dos monedas —ya no tres— en la fontana de Trevi, recordó los viejos tiempos y se vio tentada de pasar por el local de antigüedades. Desde la vidriera, al ver adentro a un muchacho alto de bigotes, se animó a entrar. Y mientras Fedele, despreocupado, a su lado comía un helado, ella preguntó por Benito Berni. El vendedor le respondió que ese hombre había sido uno de los dueños anteriores, pero que poco sabía de él, porque desde entonces el local había pertenecido a tres propietarios diferentes. A Adela, la visita no le había servido para averiguar nada, pero sí para hablar con su hijo y contarle la verdad sobre su padre. Al salir del lugar, llevó a Fedele al lindo café ubicado frente a la fontana de Trevi y allí, sentados, le había relatado la historia de su vida. Sólo por seguridad obvió dos detalles: el apellido de Benito y el castillo en Piacenza. De todas maneras, si bien Fedele había entendido, mucho no le había impresionado lo que oyó. Su mundo de protección y felicidad estaba dado por su madre, sus tías, sus abuelos, sus amigos del colegio y los empleados de *Buon Giorno*, que lo mimaban como a un sobrino. Sólo en algunas oportunidades le pesaba no tener un hombre con quien jugar a la pelota, como tenían los demás chicos, y regresar de la escuela de la mano con él, igual que su amigo Víctor con su papá. Su abuelo estaba demasiado viejo para hacerlo y no tenía tíos.

Durante estos años, Adela había vivido por él y para él. Por eso, cuando Fedele, muy joven, le comunicó que se iba a Francia a estudiar, ella se deshizo en lágrimas. Ese país no le gustaba, le sonaba a pérdida definitiva, a dolor, a que se iría y no volvería. Ya le había pasado una vez con París, no quería dos; le tenía miedo. Pero Fedele era inteligente, muy independiente y con gustos claros. Ella misma lo había criado así y si quería alas para volar, se las daría y no haría nada para cortárselas; menos ahora, que decidía su futuro. Con besos y lágrimas lo despidió y ella se quedó viviendo para su restaurante. Esa primera vez, él fue y volvió con una chica de la mano, luego partió de nuevo a lugares lejanos y regresó varias veces con otras mujeres y sin ellas, hasta que con la última, Patricia, cuando parecía que había sentado cabeza y hallado su lugar en España, la desgracia tocó su puerta.

Y Adela volvió a llorar. Esta vez, por su hijo, por su mujer y por su nieto.

Después de mucho trajinar y dolor, Fedele había vuelto. La ciudad de Florencia, el restaurante, el patio de la casa y otros pequeños y grandes detalles lo habían traído de regreso. Había abandonado todos los progresos hechos en España y vuelto deshecho, herido de muerte, con un desconsuelo inmenso que Adela había temido que terminara por asfixiarlo. Pero Italia sanaba y los afectos, también.

Fedele, en medio de sus dolores, recién llegado a Florencia, buscando un rumbo a su vida, había estado a punto de comprar un restaurante. Pero Adela le dio *Buon Giorno* para que se hiciera cargo definitivamente. Él no se lo había querido recibir y ella había tenido que vendérselo para que lo aceptara. Ese fue el único modo de convencerlo porque Fedele era orgulloso. El restaurante le hacía bien. Ese salón lleno de gente apaciguaba sus recuerdos, esa cocina bulliciosa entretenía su mente dolorida. Y su madre lo sabía. Ella ya estaba grande para trabajar tanto y quería mudarse al mar Adriático, como siempre había soñado.

Además, confiaba en que su hijo saldría adelante de su dolor. Allí estaría bien porque en la sangre de Fedele corría el legado que Rosa Pieri les había dejado: todos los días podían ser un gran día; la vida era linda, más allá de lo que nos tocara vivir, había una felicidad por el solo hecho de vivir. Ella lo había aprendido y se lo había enseñado desde pequeño. Así tenía que ser.

* * *

Después de haber pasado más de un año en Montmartre, durante el cual había abierto su galería de arte —convertida en una de las más exitosas de París—, Benito Berni había vuelto a Italia para firmar los papeles de la venta del negocio que Marina había concertado con un comprador. Ella venía manejándole los asuntos comerciales y algunos de orden privado, como la decisión de ocultarle la visita de Adela. La mejor manera de salvar a Berni, pensó, era ignorar que la muchachita había venido tras él y no le dijo ni una palabra. Pero Benito, luego de cerrar la comercialización, había ido a Piacenza a pasar una semana.

Y entre los controles de rutina y los recorridos que hizo por el castillo, su ama de llaves le dio el mensaje: una chica de nombre Adela Pieri había estado buscándolo. Al oír la noticia, Berni había quedado mudo, impresionado; jamás hubiera pensando escuchar ese nombre de boca de uno de sus empleados del castillo. Pero le bastó esta sola mención para que esa semana la pasara inmerso en los recuerdos que le llegaban envueltos en perfume de rosas, y esto lo llevara a que el día antes de partir nuevamente a Francia, se dirigiese a la calle de la Calza y, allí, frente a la casa, justo donde había funcionado la academia, camuflándose entre los troncos de los árboles y los postes, según la hora, había esperado a que Adela apareciera por la puerta de su vivienda. Pasó agazapado muchas horas, fumando, ansioso, un cigarrillo tras otro, desde la mañana hasta la noche, observando todos los movimientos de la vivienda, comenzando con las clases que allí se dictaban y terminando con las salidas y las entradas de las hermanas de Adela, de su madre y hasta del maldito Pieri. Pero a ella no la había visto en ningún momento. Adela no había aparecido. Cuando a las doce de la noche, cansado por la larga jornada de vana espera, las luces de la casa se apagaron, decidió marcharse. O Adela ya no vivía allí, o ella, realmente, nunca había existido y él se había imaginado todo. Caminó dos pasos. Atrás quedaban las huellas que atestiguaban que había estado en ese lugar buscando a Adela; las colillas de los cigarrillos fulguraban en el piso, esas que eran fruto de la manía que se le había pegado en París, la ciudad que lo esperaba porque la noche siguiente, él estaría entre sus luces nuevamente. Su tren salía por la mañana temprano.

Años tendrían que pasar para que él volviera a fumar un cigarrillo en Italia y muchos más para que él dejara de fumarlos en Piacenza, porque su salud se lo pedía, porque el médico se lo exigía. La vida era una sola; el cuerpo, el mismo; y el amor, también. Por eso, había que cuidarlos. Lástima que la lección a veces se aprendía demasiado tarde, meditaría Berni, a sus setenta y cuatro años.

Capítulo 35

Florencia. 2008

Esa mañana Fedele se levantó muy contento casi de madrugada, no sabía bien por qué. Lo atribuyó a que después de varios días el catarro había desaparecido y se sentía con su máximo ímpetu, listo para andar todo el día apurado y de forma enérgica, como le gustaba. Tenía un buen presentimiento para la jornada y además, ya le alcanzaba una sola mano para contar los días que faltaban para que Emilia regresara. Cinco, sólo cinco.

Cuando ella se fue, él pensó que moriría. Pero acá estaba, esperándola con ilusión. En realidad, había pensado tantas cosas... que ella se arrepentiría, que el tal Manuel la convencería, que él no aguantaría... pero la cordura y el amor habían primado.

Se puso los pantalones cortos y, sintiéndose perfectamente, salió a correr y a hacer algo de gimnasia antes de empezar el día.

Una hora después se bañaba, se cambiaba y partía temprano a *Buon Giorno*. Esa mañana tenía pensado implementar algunos cambios; necesitaba explicárselos a Ana. Quería estar lo más libre posible para cuando viniera su argentinita; ese era el apodo que cariñosamente le decía a Emilia para hacerla rabiar cuando a veces se ponía agrandada o pesimista.

Cuando Fedele llegó a *Buon Giorno* —fue el primero en hacerlo—, era demasiado temprano para que llegaran los demás. Mejor, le gustaba su restaurante cuando estaba vacío y aún no había llegado nadie. Se podía meditar, pensar cosas importantes, soñar... ¿Y si Emilia estaba embarazada de una nena igual a ella? ¿Y si esa niñita algún día corría por el piso de baldosas negras y blancas que tenía frente a

362

sus ojos? ¿Por qué no? Si seguían juntos, era algo que podía pasar. ¿Y si era un varón? O mejor: ¿y si ellos dos después tenían un varón de apellido Pessi y seguía con *Buon Giorno*? Porque con Emilia le gustaría tener varios hijos... En realidad, no se lo había preguntado, pero si no estaba en sus planes, la convencería. Soñaba y soñaba. Y también, se imaginaba fabricándolos con ella. Porque su corazón la exigía, pero su cuerpo de hombre también la reclamaba. Se había acostumbrado a dormirse y a despertarse con ella, a tener sexo cada vez que se encontraban en la cama. Emilia, Emilia... La extrañaba de todas formas. Cinco días, contó con los dedos. Luego, resignado, se ordenó a sí mismo: «¡A trabajar, Fedele!».

Recorrió las alacenas en las que se guardaban las reservas de comestibles y anotó en su lista lo que faltaba y lo que debían comprar urgente. Su día laboral había comenzado.

En el mismo momento en que el *chef* entraba por la puerta de la cocina y Fedele lo saludaba con amabilidad, en el aeropuerto, del interior de un avión de Iberia, descendía Emilia Fernán. Lo hacía emocionada al escuchar de nuevo palabras en italiano. Para ella, era el idioma del amor.

Se sentía espléndidamente. No estaba cansada. El viaje había sido más que bueno: con los dos asientos lindantes libres había estirado las piernas y había podido dormir toda la noche.

En menos de una hora llegó en taxi a la casa de Fedele y el chofer la ayudó con las valijas porque tres eran demasiadas para una embarazada, aunque su panza fuera pequeña y no todos se dieran cuenta.

Sola, frente a la puerta principal de la casa, Emilia buscó la llave bajo la maceta del cantero de la ventana, tal como le había enseñado Fedele. Se metió en la vivienda y al hacerlo, sintió el familiar aroma de la sala. Entonces, la inundó una sensación de hogar y lo sintió a Fedele en todo el cuerpo porque era su olor también. Una oleada de excitación la recorrió entera desde la punta de los pies hasta el cabello. ¡Quería ver ya mismo a Fedele! Pero no estaba en la casa y en *Buon Giorno* no había visto ni el más mínimo movimiento. Extrañándolo, se le ocurrió una idea para no desesperar: mientras lo aguardaba, haría unas compras y le cocinaría, por supuesto, alguna comida argentina.

Guardó las valijas en el dormitorio y así, con el primer botón del *jean* desprendido porque la panza le apretaba, pero oculto discretamente bajo la camisola blanca bordada, salió a la calle de esa ciudad que había aprendido a amar y que ahora la hacía regocijar por disfrutarla de nuevo; sobre todo, porque todavía hacía calor de verano.

* * *

Tres horas después, Emilia estaba tendida en la cama, recién bañada y con el *short* del pijama; tenía una docena de empanadas criollas calientes en el horno; le había costado mucho conseguir los implementos, también prender ese horno que nunca se usaba, pero finalmente había logrado su cometido.

Satisfecha, puso el noticiero. Y al escuchar las noticias en italiano una gran felicidad la embargó; eso sólo podía significar una cosa: estaba cerca de Fedele y en breve se verían. La espera se le hacía larga, el cansancio le ganaba y, entre noticia y noticia, ella se quedó profundamente dormida.

En un rato, Fedele salió de *Buon Giorno* y entró a su casa por la puerta del patio. Al poner un pie en la sala, sintió un extraño olor a comida recién hecha; eso era imposible, allí nunca se cocinaba; él mismo, como siempre, llevaba en la mano un recipiente lleno de ensalada caprese.

Pero sí, había aroma a comida casera... Le pareció un misterio porque la cocina estaba impecable. Se acercó al horno, lo abrió... y, para su sorpresa, encontró una fuente llena de masitas rellenas... una especie de *panzerotti*... quién sabe si saladas o dulces.

«No puede ser», se repetía a sí mismo, timorato de dar los pasos hasta su cuarto por temor a desilusionarse porque ni en la cocina ni en la sala se veía a nadie. Y todo estaba en su lugar.

Llegando a la puerta de su cuarto necesitó apoyarse contra el marco porque lo que vio lo hizo tambalear. Allí, en su cama, esa en la se había desesperado por la falta de Emilia, estaba ella. Sobre el acolchado azul su cuerpo delgado vestido con el pijama de limoncitos descansaba de costado, con las piernas recogidas y la cabeza en la almohada, el cabello largo y luminoso se desparramada sobre la funda. No quería moverse, por miedo a romper el encantamiento, temía que fuera un sueño o una visión de su imaginación. Se quedó allí, mirándola emocionado. ¿Cuándo había llegado? ¿Por qué no le había avisado? Al fin pudo dejar de mirarla fijo y ver que a su alrededor estaban las tres valijas. Entonces, se tranquilizó. Y sin que él se diera cuenta, su boca dijo:

—Emilia..., mi amor...

A ella le bastó escuchar la inconfundible voz afónica y grave para abrir los ojos, despertarse y decir:

—Fedele...

Él se le acercó y la abrazó; así la tuvo durante minutos. Medio dormida, ella se dejaba abrazar porque lo único que la había traído hasta esta punta del mundo era ese abrazo de Fedele.

—Viniste antes... —le decía él mientras le mordía los labios entre cariñoso y enloquecido.

—Sí, te quería dar la sorpresa. En la aerolínea me dijeron que...

Fedele no la dejó continuar y la besó hasta ahogarse. Ya habría tiempo de explicaciones, de palabras; ahora sólo la quería sentir... sentirla toda y de todas las formas posibles... Los miles de kilómetros de agua de mar que los habían separado no eran nada; se besaban y las preocupaciones y los miedos a Emilia se le deshacían en esa boca amada, en esa lengua que la investigaba, en esa saliva dulce y querida que se unía a la de ella formando la magia; y a Fedele las pesadillas se le borraban de un plumazo. Y por un momento, él se vio a sí mismo, sin pantalones, desbocado, sacándole el pijama de los limoncitos con desesperación y se sintió feliz: ella era su Emilia; ese, el pijamita que le había regalado cuando aceptó mudarse; ella le había cocinado comida como nadie lo hacía, claro, si el *chef* era él, pero a Emilia eso no le había importado. Ella... Ella... Ella era su mujer y el hijo que tenía en su vientre, suyo. ¡Por Dios, que era verdad que sentía eso! ¡Era magia pura! Sentía que se diluía entre los sentimientos que lo zarandeaban y su cuerpo que se desesperaba por más. Apurado, se sacó el *boxer* negro; sólo le quedaba la camisa celeste abierta, pero allí se quedaría porque Emilia, completamente desnuda, gemía en sus brazos pidiéndole lo que él quería darle. Y Fedele, ante el cuerpo delgado de ella, mirándolo con dulzura, le dijo:

—Mi amor, tenés panza... —era verdad: en los últimos días, al fin, le había crecido y tomando protagonismo, se había vuelto inocultable.

Emilia se descorazonó. Ese hijo no era de él. Una duda afilada se le clavó en el interior y le hizo preguntar sin vueltas:

—¿Te impresiona? ¿No te gusta?

—Pero qué tonti sos... Claro que sí, acaso no te das cuenta de cuánto me gustás… –dijo con la voz quebrada por el deseo. Y tomándola por la cadera, la puso de costado; luego, por detrás, se apoyó contra ella y, desbocado, sin poder contenerse, la penetró. Sus pieles resbalaron una contra la otra como aquella primera vez y entonces ambas festejaron el reencuentro. Fedele entraba en ella y empujaba con violencia; quería tener cuidado pero no podía, su cuerpo de hombre quería todo y ya. Aunque el tercero en cuestión, en esa siesta de amor de a tres, no se molestaba en absoluto. Su mamá estaba contenta, las endorfinas circulando por todo el cuerpo se lo advertían, y él, agarrado firmemente a la vida, seguía adelante con su apacible existencia sin prestar mucha atención al decisivo encuentro que se producía entre las sábanas.

La cama del acolchado azul estaba de fiesta. Después de tantas tristezas y pesadillas, al fin la felicidad se hacía presente entre sus sábanas en forma de gemidos, suspiros y palabras tiernas y ardientes. Un hombre y una mujer que se amaban estaban juntos y el mundo podía caerse allí fuera que a ellos no les importaría.

* * *

Eran las siete de la tarde y ambos descansaban en la cama después de una tarde de amor y una siesta de *relax*. Fedele controlaba el sueño de Emilia mientras pensaba que en el cuarto del fondo donde él tenía cientos de papeles y trastos le harían la habitación al niño. Tenía que sacar todo eso de allí y acomodarlo en algún otro lado. Con el optimismo que le era propio, Fedele no podía pensar que algo saliera mal y se dedicaba a organizar el mes próximo, el año siguiente y el lustro por venir.

Dos meses después

Hacía dos meses que Fedele y Emilia vivían en un dulce sosiego. La felicidad parecía sonreírles y la normalidad envolverlos cada día. La habitación que Fedele había desocupado en la casa poco a poco se convertía en la del pequeñín que iba a nacer. Una guarda de color verde agua con ositos amarillos que habían pegado durante una tarde de descanso era la máxima expresión de que pronto un bebito dormiría allí; también en el *placard* de ese cuarto estaba la prueba de ello: sobre los estantes se iban depositando ropitas, cuya pila crecía día a día, fruto de las compras que la pareja había hecho más algunos aportes de Adela, Víctor y Adriano, Salvatore, Alberto, su peluquero porteño, y la secretaria de Poletti. El primer lugar en el cajón lo ocupaba el enterito blanco y negro con forma de panda que Emilia había comprado cuando estuvo en Barcelona; cada vez que lo miraba se acordaba de la promesa que le había hecho Fedele en esa oportunidad, de que algún día todos los vaivenes habrían pasado, las grandes decisiones se habrían tomado, ella y el bebé estarían bien, él lo tendría puesto y ambos recordarían ese momento.

Cuando traía a su memoria los hechos que se enlazaron hasta llegar al hoy, le parecía una película y no la vida real que ahora llevaba.

Fedele seguía reuniéndose con Víctor y Adriano, a quienes Emilia había conocido en una cena en la casa de la novia de Víctor, una española muy simpática. Emilia había comenzado a trabajar escribiendo notas para la revista y el tiempo que le quedaba lo ocupaba en decorar el cuarto. Pero en cuanto Fedele llegaba de *Buon Giorno*, se le olvidaba todo y únicamente se dedicaba a él; no sólo le gustaba mimarlo sino que además para ella era una necesidad estar con él. Su embarazo ya tenía seis meses y había comenzado a tomar la gimnasia de preparto junto a otras embarazadas italianas con las que entabló amistad. Faltaba poco para que Fedele tuviera que ir al curso para aprender la parte que les tocaba a los padres. Y claro, todos creían que él lo era. ¿A quién se le ocurriría que un atractivo italiano se enamoraría de una argentina estando embarazada? Pero ellos ni se molestaban en explicar esta parte de su historia; era demasiado compleja. Los detalles de su amor eran de ellos y de nadie más.

Emilia se ponía contenta al pensar que pronto vendrían su padre y Vilma a visitarlos, pero también no dejaba de sentir cierta preocupación por Manuel, ya que si bien mantenían una relación por *mail* y alguna que otra llamada cuidadosa para evitar los celos de Fedele, él seguía insistiendo con que vendría a Italia para el nacimiento con la esperanza de obtener una nueva respuesta de ella. Le pedía una oportunidad y le había dicho, textualmente, que él nunca se daría por vencido. Le recalcaba que no podían tirar por la borda los tres años que habían pasado juntos. Y esto, a pesar de que Emilia le decía que ella seguía en pareja con el italiano. Aunque, para no ponerlo más nervioso, ella no le había dicho que con Fedele estaban conviviendo. No entendía qué clase de ridícula locura le había agarrado siendo que nunca antes le había prestado tanta atención. Pero, en verdad, rayaba la obsesión. Ella había comprobado en Argentina cómo se había puesto al saber que podía perderla y no quería que se pusiera de nuevo así; Manuel se relajaba cuando sentía que eso no era posible, mientras ella pensaba que lo mejor era mantenerlo alejado; no lo quería interfiriendo en la vida feliz que tenía con Fedele. En el fondo de su corazón, a Emilia le hubiera gustado que ese hijo fuera de Fedele. De ese modo, todo sería mucho más sencillo. Pero lo cierto era que, quién sabe cómo, se habría desarrollado su historia de amor si algo hubiera sido diferente. Estaba agradecida de que fueran felices así como estaban. Lo pensaba esa tarde mientras miraba a Fedele colgar un cuadrito en la habitación del bebé.

Ese lunes, él estaba en la casa. Habían decidido tomarse el día; ella no escribiría y él no iría *Buon Giorno*. Tendrían visita: recibirían a la madre de Fedele para cenar.

A Adela la habían vuelto a visitar en dos oportunidades y en una le habían terminado contando del embarazo, pero no que Fedele no era el padre. El momento para hablar no se había dado y Emilia aceptaba aliviada. No era fácil decirle semejante noticia a la suegra.

Ese mediodía, Fedele le había dado instrucciones a Salvatore para que a las ocho de la noche en punto trajera de *Buon Giorno* una fuente con *stracotto al barolo*, un estofado al vino que era una de las comidas preferidas de su madre. Emilia, muy seria, con cara de estar tomando una decisión de Estado, elegía qué ropa ponerse para la cena. Y él, mientras le besaba la nuca, le decía:

—Emi, cualquier cosa te quedará bien. Adela es de confianza.

Absorta en el crucial dictamen, Emilia ni lo escuchaba; hasta que él comenzaba a bajar su boca por la espalda, llegaba a la cintura y seguía más abajo aún. Entonces, los vestidos dejaban de importarle.

Media hora más tarde ella terminaba poniéndose la primera ropa que encontraba porque en breve llegaría Adela y ellos recién acababan de amarse. Con Fedele siempre era así. Y a ella le gustaba.

* * *

Emilia, Fedele y su madre llevaban dos horas de charla en la mesa. La velada era agradable. Adela contaba de sus clases de yoga y del *atelier* que se había armado en uno de los cuartos de su casa que daba al patio. Emilia pensaba que Fedele era como era porque se parecía a su madre. Ella era cálida, buena persona, medida con sus comentarios y muy dinámica. Sus días estaban llenos de actividades.

Esa noche el *stracotto al barolo* había sido todo un éxito y la fuente había quedado vacía. Las mujeres habían levantado los platos y mientras Fedele preparaba café con *canoli* para todos, Emilia los lavaba y su suegra los secaba.

Ya casi terminaban cuando Adela, al verse sola con Emilia, pensó que era el momento justo para alguna confidencia.

—Emilia, hace un tiempo, cuando vinieron por primera vez a casa hablamos de mi historia personal y de tu cuadro...

—Sí, me acuerdo, Adela..., pero quédese tranquila, que yo no he vuelto a hablar de eso con nadie.

—No hay problema; mi historia no es secreta. Imagínate que, salvo algún detalle, Fedele está al tanto de todo. Pero hay cosas que a los hombres les pueden sonar ridículas.

—Pienso lo mismo, por eso he sido discreta. Él tampoco me ha preguntado qué fue lo que hablé con usted ese día —dijo Emilia sacándose el delantal y dando por terminada la tarea de lavado, pero sin moverse de la mesada.

—No importa, no quería hablarte de eso, sino decirte que el cuadro que buscas probablemente esté en un castillo de Piacenza. Yo no he regresado a ese lugar, ni tampoco iré más... Pertenece a mi pasado, pero si tú quieres ir...

—¿Piacenza queda bien al norte, verdad?

—Sí, y es grande.

—¿En qué parte de ese lugar está el castillo? —preguntó Emilia entusiasmada.

—Piacenza es zona de castillos. A varios kilómetros de la ciudad hay una planicie donde se ubican dos grandes, y de allí, muy cerca...

Estaba por completar la frase, pero la voz de Fedele no se lo permitió:

—Mujeres mías, ¿pueden dejar de charlar y venir a tomar el café que ya está servido y se les va a enfriar?

Adela sonrió y dijo en tono de broma:

—Y bueno, Emilia, tendrás que perdonarlo... es hijo único, le gusta llamar la atención.

—Sólo me faltaba que dos mujeres se complotén contra mí —dijo Fedele riéndose mientras los tres iban camino a la mesa.

Adela, mientras se sentaba, le dijo a Emilia:

—Después te explico bien cómo llegar al lugar.

Emilia asintió con la cabeza. Cada vez le caía mejor Adela Peri.

La charla continuó, los *canoli* estaban deliciosos y la velada ya casi llegaba a su fin cuando un tema espinoso surgió en la mesa de forma irrefrenable.

—Y ustedes, ¿qué quieren que sea el bebé? ¿Nena o varón?

—Me da lo mismo —dijo Emilia.

—A mí, también.

—Dicen que si es varón, se parece a la madre; y si es mujer, al padre —señaló Adela.

Emilia y Fedele se miraron. La conversación avanzaba hacia zona peligrosa.

—Hum... ¿sí? —dijo Emilia como única respuesta.

—Ojalá que tenga los ojos verdes de Emilia... Son muy bonitos —dijo Adela mirando a Fedele. Y agregó—: Pero los marrones son siempre más fuertes, así que no nos hagamos muchas ilusiones.

Emilia pensó en sus ojos verdes y en los azules de Manuel. Fedele también pensó en lo mismo; recordaba perfectamente la imagen del padre del niño esa vez que lo vio por *Skype*; era rubio, muy rubio, también le había visto a Emilia una foto de él en su computadora. Estaba seguro, los ojos de ese hombre eran claros. Antes no había pensado en ese detalle, pero en ese instante le dieron rabia todos los ojos azules del mundo.

—¿Vos y tu hermano son parecidos? ¿Son fuertes los genes en tu familia o pensás que el bebé saldrá a Fedele?

Era una pregunta trivial en un caso normal, pero en este planteaba el momento de la verdad. Era un interrogante concreto e ineludible.

Los dos miraron a Adela durante segundos sin decir nada.

—¿Qué pasa? ¿Dije algo malo?

Emilia lo vio venir. Fedele era auténtico, demasiado sincero para mentirle abiertamente. Una cosa era eludir el tema, y otra, muy diferente, ponerse a inventar.

—Mamá, hay algo importante que no te hemos dicho, pero no tenemos nada que ocultar y no queremos mentiras.

Adela, al escucharlo, se sorprendió. ¿Qué quería decirle su hijo a estas alturas que le hablaba en ese tono?

—Yo conocí a Emilia cuando ella ya estaba embarazada.

Adela pensó que se caería desmayada. No podía ser verdad lo que estaba escuchando.

—Entonces, ese hijo...

—Así es: ese bebé no es mío, pero lo quiero porque la quiero a Emilia y estamos orgullosos de nuestro amor.

Emilia estaba muda. Fedele era quien estaba al mando de las explicaciones. No había otra manera de hacerlo.

—Pero por qué no me lo contaron antes...

—¿Para qué? Si el dato no era relevante para nosotros, no tiene por qué serlo para los demás. No lo ocultamos, pero tampoco lo andamos contando a los cuatro vientos.

—Bueno, Fedele, soy tu madre.

—Por eso te lo contamos. Mamá, para mí está todo bien. ¿Para vos? —Fedele fue directo, como siempre.

Hubo unos instantes de silencio y Adela respondió en un hilo de voz.

—Para mí, también.

La charla siguió por otros temas, todos normales, como el próximo casamiento de Salvatore con su novia de sesenta y siete años, pero algo de tensión había quedado en el ambiente.

«¿Soy muy antigua o el mundo está loco?», se preguntó Adela. Porque cuando ella había hablado con Emilia de su propia historia de amor, había estado temerosa de contársela por miedo a los prejuicios; pero ahora se daba con que esta chiquita argentina tenía lo suyo. Le daba pena Fedele; ella había creído que ese bebé era de él. Aunque tenía que reconocer que lo veía feliz como hacía años que no estaba. El amor tenía sus cosas extrañas. Como sea, decidió ir más despacio y con cuidado, quién sabe si la relación llegaría a buen puerto. No era lo mismo que ese hijo no fuera de Fedele. No, señor, claro que no, porque ese niño no tenía ni una gota de sangre de ellos. Pero la idea de que si Emilia seguía con Fedele, este bebé sería quien, indefectiblemente, la hiciera abuela, la impresionó.

Cuando Adela se retiró y ellos dos se quedaron solos, Emilia le dijo:

—Me pareció muy dura la explicación.

—¿Qué querés? ¿Que le expliquemos cuando el niño nazca y tenga ojos celestes? Es mi madre y había que decírselo. No viviremos bajo ninguna mentira que nos pueda traer dolores en el futuro.

Fedele conocía de estos errores en la familia de su propia madre y él no los repetiría. Pero a Emilia le respondió con dureza porque, en realidad, estaba molesto con esos horribles ojos azules. No los soportaba.

Esa noche, cada uno durmió en cada extremo de la cama.

Capítulo 36

Florencia, 2008

—Fedele, te voy a hacer una pregunta... pero no me respondas ahora, sino que quiero que lo pienses —dijo Emilia mientras iban en el auto camino a casa. Recién caía la noche y acababan de salir del obstetra. Ella ya tenía casi ocho meses de embarazo y el médico les había dicho que marchaba muy bien.

—Hum... ¿Qué será para que me pidas eso...? Te escucho, Emi —dijo él con las manos en el volante.

—¿Qué te parece si en esta semana me dedico a averiguar sobre mi cuadro?

—¿Dentro de la ciudad de Florencia o fuera de ella?

Fedele la había descubierto. El día anterior, mientras hablaba por teléfono con Sofi, le había escuchado decir algo sobre un castillo. Y, como los castillos no podían estar muy cerca, Emilia tuvo que responderle la verdad, la que no quería expresar porque él no aceptaría la idea.

—Afuera —respondió obviando decirle que estaba en Piacenza. No sólo le parecería lejos, sino que no estaba segura de si Fedele sabía que ese lugar estaba relacionado con el que fuera su padre. Podía llegar a meterse en un lío con Adela.

—No me parece buena idea —contestó de inmediato.

—Por eso no quería que me respondieras ahora.

—Ay, Emi, ya te dije que iríamos juntos. Pero esta semana no puedo. Tengo mucho movimiento en el restaurante. Hay reservas para dos festejos grandes.

—¡Pero es que la otra semana ya viene mi papá!

—No te preocupes. Ya encontraremos un día para viajar juntos.

—Fedele, yo me siento bien para ir a cualquier lado. El médico dijo que estoy perfecta. No entiendo por qué no me dejás moverme por otro lado que no sea Florencia.

—Porque tendrías que tomar trenes y estás embarazada de casi ochos meses.

—De siete meses y medio —precisó.

—Como sea; es mucho. El doctor dijo que ya estamos en una etapa en la que el bebé podría nacer y no quiero que viajes sola. Y menos, muy lejos.

—Fedele, todavía no va a nacer; falta más de un mes.

—Además, ya hace mucho frío y no quiero que te enfermes —remató él. Lo cual era cierto: el invierno helaba los días.

Por momentos, a Emilia le parecía que Fedele tenía razón; pero por otros, cuando pensaba que su padre ya estaba por llegar y ella todavía no había averiguado nada del cuadro, se sentía culpable y quería ir —aunque sea sola— a Piacenza. Además, estaba bien de salud, mejor que nunca. Hacía meses que ni siquiera tenía un resfrío.

Era verdad que Fedele estaba en una época de mucho trabajo y ella, por esperar la información completa de parte de Adela, se había dejado estar. Y ahora, sin los datos que le proporcionaría la madre de Fedele, se aproximaba la llegada de su padre. En unos días saldría el tema y no sabría qué decirle. Y no se atrevía a preguntar porque desde el día en que le habían contado que el bebé no era de su hijo, Adela estaba un poco más distante. Había mandado un vestido de regalo y les seguía hablando por teléfono, pero las visitas no se habían vuelto a repetir. Así mismo, Emilia pensaba que no tenía ninguna excusa válida para exponer ante su padre; hacía casi medio año que estaba en Florencia. «Mal, muy mal, Emilia», se decía culpándose.

Fedele, a su lado, la miró. Y al verla contrariada, se dio cuenta de que sería difícil que se diera por vencida; entonces le propuso:

—Emi, escuchá, para que te quedes tranquila… Se me ocurre que cuando venga tu padre y su mujer podríamos ir todos juntos a hacer esas averiguaciones.

—Puede ser —dijo sin ganas. Él no entendía, ella quería tener la información cuando Fernán llegara, él se la había pedido antes de que viniera la primera vez y ella, envuelta en sus propios problemas, ni había acordado del pedido. Además, si iba Piacenza, prefería ir sola; no podía viajar allí con Fedele sin contarle a Adela. No terminaba de entender todos los detalles de la historia que Adela le había contado, pero tal vez en ese lugar podría estar el padre de Fedele o algo significativo de la vida de él.

Fedele estacionó casi en la entrada de *Buon Giorno*, se bajó del auto y, dando la vuelta, le abrió la puerta a Emilia. Cenarían en el restaurante y por la hora que se había hecho no valía la pena pasar por la casa.

—Vamos a festejar, señora, que usted y su hijo están muy bien.

—Vamos, señor —respondió olvidándose del traspié de Piacenza. Era verdad: había mucho por festejar.

La felicidad les sonreía, sus planes seguían el curso establecido, venían cuidando todos los detalles, pero no todas las decisiones dependían de ellos. Emilia y Fedele entraban por la puerta de *Buon Giorno* y Manuel, en Estados Unidos, sacaba un pasaje a Italia, más precisamente a Florencia. Todavía no le había avisado a Emilia, pero en cuanto regresara al *campus* le escribiría un *mail*; al fin y al cabo, él era el padre del bebé; no necesitaba tantas formalidades para estar presente en el nacimiento. Además, quería verla a ella.

* * *

Esa noche, después de cenar en el salón, Emilia cruzó sola el patio desde el restaurante y entró a la casa. Fedele le había prometido que, en media hora, cuando terminara de ayudar en *Buon Giorno*, iría a darse una ducha y a ver el noticiero. Mientras tanto, para no quedarse dormida, Emilia se entretendría controlando su correo; tenía sueño.

Pero cuando llegó y abrió su *mail*, lo que leyó le quitó el sueño de golpe. Su padre le avisaba que llegaba el martes, o sea, en seis días; y, Manuel, que llegaba el viernes... ¡En tres días! Desde el encuentro en Argentina, él no había dejado de decirle que vendría a Italia para el nacimiento... ¡Pero esta fecha era demasiado pronto! ¿Qué haría con él en Florencia durante más de un mes? Manuel ni siquiera sabía que ella vivía en la misma casa que Fedele. Pensó que lo mejor era contarle la noticia al día siguiente porque hoy podían llegar a discutir por eso y no quería terminar peleando antes de dormir. Necesitaba descansar bien, pasar una buena noche. En el restaurante había sentido un pequeño dolorcito en el bajo vientre. Nada importante; por eso, ni siquiera se lo había contado a Fedele.

Por la mañana, Fedele ya se había ido cuando Emilia se levantó y recordando la charla que había tenido con él la noche anterior sintió que le habían sacado un gran peso de encima. Al fin, antes de dormir, ella había terminado contándole que Manuel llegaba en tres días. La noticia no le había caído muy bien pero al verla cansada no quiso torturarla con quejas. Sólo había dicho: «Vos no tenés la culpa. El desubicado es él, que no entiende su lugar». Luego, sí, había sido categórico en algo:

—Sólo te pido una cosa: que ni se le ocurra pisar esta casa. Por lo menos, no hasta que nazca el bebé.

Claro que una vez que naciera, se suponía que Manuel se volvería a ir, así que no entraría muchas veces a la casa. Salvo que Manuel se quisiera quedar a vivir en Italia. La idea, que nació como un chiste en su cabeza, al pensarla como posible, la aterró.

Decidió no preocuparse por adelantado como solía hacer en sus antiguas épocas. Lamentarse por tormentas que nunca ocurrían era un viejo vicio que había desterrado desde que había llegado a Italia.

Concluyó que lo mejor sería utilizar los pocos días que le quedaban hasta la llegada de los argentinos y dedicarse a las muchas actividades que tenía pendientes: necesitaba darle los últimos toques al cuarto del bebé, buscar una persona que la ayudara con la limpieza de la casa, ya que ella no podía seguir haciéndolo, y una serie de trámites de bancos que se sumaban a su labor; debía terminar el artículo que estaba escribiendo para la editorial. De sólo pensar en todas estas cosas ya se cansó. Tomó su café y empezó el día.

Tres días después

Emilia se levantó de la mesa del bar ubicado a una cuadra de la plaza de la Signoria y se despidió de Manuel con un beso en la mejilla. Le parecía mentira estar allí, con él, en su mundo italiano. La figura de Manuel se percibía fuera de contexto. Con esfuerzo, ella se dirigió a la salida; la panza comenzaba a pesarle y la jornada había sido larga; ya eran las cinco de la tarde. Él había llegado el día anterior y recién hoy por la mañana se habían visto. Estaban juntos desde muy temprano. Emilia se había dedicado a ayudarlo a encontrar un *apart*. Pensaba quedarse demasiados días como para pernoctar en un hotel, o con ella, como tal vez Manuel se había imaginado sin consultárselo. Después de que se instaló, habían almorzado juntos en un lugarcito lindo que Emilia conocía. Luego, viendo que Manuel necesitaba ayuda con el idioma, lo había terminado acompañando durante la incursión al mercadito que ella le había recomendado para que comprara alimentos. Finalmente, antes de volverse cada uno a su lugar, ella, helada y cansada, había aceptado la invitación a tomar el té que recién terminaba.

Apenas él la vio llegar al hotel para buscarlo, quedó impresionado con su vientre. Sonaba raro, pero esa panza que era el hijo de ambos, también era la que había puesto distancia entre ellos. Manuel la encontraba distinta; tanto, que le parecía que no era la Emilia que él conocía. En ella veía casi a una extraña. Observarla en el ambiente italiano, hablando con soltura ese idioma y estando tan diferente en todas las formas, lo tenía en estado de *shock*. Emilia podía verle en la mirada que otra vez no estaba seguro de nada; de nuevo la vacilación le pintaba el rostro y las decisiones. Aunque tenía que reconocer que, en verdad, ella ya no era la misma, no se vestía, ni se peinaba como antes, tampoco hablaba ni comía lo que en otra época. Ni siquiera pensaba como antes, todos sus gustos habían cambiado, también sus prioridades; y él, luego de tanto tiempo sin verla, recién ahora, después de haber pasado un día juntos, se daba cuenta. Habían tenido un par de horas durante el almuerzo y el té de la tarde para charlar largo y tendido y si bien al principio algo había mencionado sobre una segunda oportunidad, enseguida había comenzado con sus dudas, convirtiéndose en el de siempre, en la misma hoja movida por el viento. Al despedirse, Emilia se fue conforme: había tomado las decisiones correctas. Manuel nunca se jugaría por ella; su actitud era muy diferente de la de Fedele, que la había apoyado desde siempre y para quien su panza no era algo extraño, sino el bebé que ambos esperaban que naciera y por el que estaba deseoso de darle su tiempo y cariño más allá de la sangre que tuviera. Por un momento, Emilia hasta sintió rabia cuando Manuel le dijo que había venido por el nacimiento de su hijo, pero que aprovecharía para pasear un poco por el sur de Italia y, tal vez, recorrer algún otro país. Cuando le contara todas estas cosas a Fedele, pensó

Emilia, él, al fin, se quedaría tranquilo. Claro que así como Manuel hoy estaba sin deseos de pelear por nada, mañana podía aparecer y comenzar a pedir que intenten salvar la relación o exigir a su hijo, o quién sabe qué. Ella ya lo conocía demasiado bien. Mientras estuviera aquí, era peligroso, una bomba de tiempo. Lo mejor era que el mes que faltaba para que naciera el bebé transcurriera volando.

En la puerta del bar, mientras esperaba un taxi, Emilia se dijo a sí misma una frase que ya era su lema: «Día a día, paso a paso». Dentro del vehículo se dio cuenta de que las calles hasta la casa de Fedele no eran tantas pero se contentó con la decisión de tomarlo. Estaba agotada y todavía tenía que llegar y explicarle a Fedele cómo había sido el encuentro con Manuel. Por suerte, su padre y Vilma arribaban recién el martes.

* * *

En cuanto Emilia entró a la casa, le pareció raro que estuvieran todas las luces prendidas y que Fedele no apareciera. Lo llamó varias veces y no obtuvo respuesta; al fin, cansada, se sacó los zapatos; sintió otra vez el dolorcito y se tiró en el sofá grande de la sala. Pensó en prender el televisor que allí tenían porque necesitaba distraerse un poco; había sido un día de mucha tensión. Ver a Manuel después de tanto tiempo, hablar con él de cosas importantes y ayudarlo a instalarse, la había extenuado. Acababa de poner las noticias cuando la puerta principal se abrió con violencia.

—¡MERDA! ¡EMILIA, ESTÁS ACÁ!

Ella lo miró entre sorprendida y asustada por el tono de voz.

—Sí... ¿Por? —preguntó inocente.

—¡Puttana madre! ¡Te he estado llamando al celular desde el mediodía! ¡Creía que te había pasado algo! ¡Estuve muy preocupado!

—¡Ay, es que ni me fijé! Perdón. Tuve un día de locos.

—¡No sabía dónde estabas! ¡Merda! ¡Estaba desesperado! ¡No vuelvas a hacerme esto!

—Pasa que lo de Manuel me llevó todo el día.

A Fedele la frase le dio más rabia.

—¡Me podrías haber avisado! ¡¡Yo preocupado como un *imbecille* y vos todo el día con ese *cretino*!! ¡¡¡Qué necesidad!!! ¡¿Se puede saber qué hicieron juntos *tutto il giorno*?!

378

—Lo ayudé a buscar un *apart* y como él no entiende el idioma, lo acompañé al mercado...

Emilia decidió obviar el «almorzamos» y el «tomamos un té» porque sonaban demasiado a buenos momentos. Y el horno no estaba para bollos.

—¡¡Pero todo el día con ese *stronzo*... y sin hacerme siquiera una llamada!! *¡Merda! ¡Merda!*

—¡Ay, Fedele! ¿Podés dejar de insultar? Lo atendí, ya está, mañana ni siquiera lo veré. Pasado, tampoco.

—*¡Sta zitto che non capisci niente!*

Emilia se preocupó. Para que él le hablara en italiano y le pidiera que cerrara la boca de esa manera era porque el enojo era grave. Pero no permitiría que la hiciera callar; ella no había hecho nada malo.

—A ver... tal vez yo tendría que haberte hablado. Pero no es para tanto, no hice nada malo... Así que terminala.

—*¡Sta zitto che non capisci niente!* Todo el día con ese *pezzo di merda*.

—¡Fedele, basta! Vine muy cansada para que encima me tenga aguantar esto.

—Ya veo que la has pasado muy bien con tu argentinito... estás agotada. Me voy al restaurante a avisar que estás bien, los tenía a todos buscándote. ¡Ah! ¡Y no me esperes despierta, vuelvo tarde! —dijo Fedele y se marchó dando un portazo.

Lo único que le faltaba después del día que había tenido. Ni siquiera le había dejado que le contara que le había ido bien con Manuel y que todo estaba en orden. Estaba muy cansada. Se daría un baño, comería cualquier cosa y se iría a la cama. Fedele había dicho que llegaría tarde y, si venía temprano, ella no pensaba estar despierta para seguir discutiendo.

Una hora después, Emilia dormía plácidamente en la cama grande. Había cenado dos mandarinas y una manzana. Fedele llegó tarde, como había anunciado, y se metió entre las sábanas. Ella ni lo sintió.

* * *

Cuando Emilia abrió los ojos, Fedele ya no estaba. Había salido a correr, cosa que hacía sólo dos días a la semana y esta mañana no le tocaba. Mejor. Así terminaría de calmarse, si todavía no lo había hecho.

Pero cuando Fedele volvió, la saludó fríamente, se bañó y se fue al restaurante. Ella sabía que ese día *Buon Giorno* estaba reservado para un grupo grande que celebraría un aniversario, pero él podría haberse quedado un poco más en la casa.

Decidió no darle tanta importancia y ponerse a preparar la organización del recibimiento de su padre y Vilma. Ellos tenían una reserva en un hotel por una semana, pero luego se trasladarían a un departamento que habían alquilado pensando en que sería lo mejor para pasar los dos meses que estarían en Florencia. Emilia quería comprobar que el lugar estuviera en orden.

Se vistió bien abrigada. El día estaba gris y muy frío, ya casi no le entraba la ropa. Se puso por décima vez el vestido tejido –muy *chic*– que le había mandado Adela de regalo, se calzó botas, un saco y el tapado azul. El departamento quedaba cerca de la estación de trenes. Se hizo un té.

Mientras desayunaba, se le ocurrió una idea. ¿Y si aprovechaba la cercanía de la estación y se tomaba un tren para ir a Piacenza esta misma mañana? Así, cuando su padre llegara, ella ya habría averiguado algo del cuadro. A Fedele no le gustaría la idea, pero él no tenía por qué enterarse. Eran dos horas de ida y dos de vuelta y media más para llegar al castillo, según había averiguado. Él, con un evento como el que tenía ese mediodía en *Buon Giorno,* no se desocuparía por lo menos hasta las cuatro de la tarde. Y en el hipotético caso de que él llegara antes y se enterara, no le importaría que se enojara porque ya estaba enojado. Pensó en pasar por el restaurante a saludarlo o a dejarle una nota y así sellar las paces, pero se decidió por lo segundo. Temía que, si pasaba por salón, se pusiese a preguntarle los horarios y a dónde iba y no la dejase viajar a Piacenza. De todas maneras, Fedele sabía que no se juntaría con Manuel. A la noche, en medio de la pelea, ella se lo había dejado bien claro. Por esa razón, al menos, no podría estar intranquilo. Además, lo más probable era que ella regresara a la casa antes que Fedele. Buscó un papel y escribió sólo por las dudas:

Amor, ya desayuné. Salgo a ver el departamento de mi viejo, hago un par de cositas más y vuelvo.

Espero que ya no estés enojado y se te haya pasado la tanada.

Te amo. Emi.

* * *

En media hora, agradecida, Emilia se despidió de la persona que le había mostrado el departamento. Todo estaba en perfectas condiciones para que su padre se instalara. «Una razón más para viajar a Piacenza», pensó, al darse cuenta de que pasado mañana ya estaría con él. Caminó apurada las dos calles que la separaban de la estación. Con las manos se apretó el tapadito azul que, por culpa de la panza, ya no le cerraba. Llegó al ferrocarril justo a tiempo para tomar un tren que salía a Piacenza. Perfecto, mejor no podía ser.

Ya en el vagón, apoyada contra el vidrio, mirando el paisaje mustio de invierno, decidió aprovechar el viaje para descansar. Seguía extenuada y con un dolorcito; la panza le pesaba. En medio de su soñolencia algunas preocupaciones la asaltaron: ¿y si no encontraba el castillo? Sólo sabía que estaba en Piacenza, a varios kilómetros de la estación de ferrocarril y que el apellido de los dueños era Berni. ¿Viviría gente en él? ¿Podía, en esa mansión, estar el padre de Fedele? ¿Ese hombre estaría vivo? Era evidente que Adela creía que existía esa posibilidad, por algo no le había dado antes el dato. Era una pena que no le hubiese contado todos los detalles, pero desde que le dieron la noticia de que el bebé no era de Fedele, su suegra había cambiado el trato con ella. Si la atendían en el castillo, pensó Emilia, tendría que ser discreta y muy cuidadosa para no herir susceptibilidades. ¡Es que justo tenía que estar allí el cuadro de su familia! Renegó unos segundos hasta que lo recordó: buscando esa pintura conoció a Fedele y por ella llegó a *Buon Giorno*. No había manera de que cada uno de estos hechos no estuviera conectado. Además, en esta historia no había nada por cambiar porque lo más importante estaba en orden y ella iba a Piacenza para saber si podía recuperar el cuadro y unirlo con el que su padre tenía en su casa.

Cuando llegó a la tranquila parada de Piacenza, se bajó del tren y la recibió el mismo viento helado y el mismo día gris que había en Florencia. En la ventanilla de *Informazione* buscó la que ella necesitaba. Una italiana simpática le explicó que a unos quince kilómetros, sobre suaves lomadas, había dos castillos. El ubicado sobre la colina más empinada era el de la familia Berni. Podía ir en transporte público o en taxi. El primero era más barato, pero tendría que esperar un rato hasta que pasara el próximo. El segundo, aunque más caro, la llevaría al instante y sin dilaciones. Pensando en Fedele, en su embarazo y en el dolorcito, se decidió por el taxi.

Se acercó a uno lo de los choferes, regateó el precio, y cuando logró uno razonable, partió. El camino era rural. Había unas pocas casas sencillas entre pequeños sembradíos que se veían a la orilla de la ruta, no había planta ni árbol que escapara del color amarillo que teñía todo ese invierno. El viento arremolinaba esferas de yuyos secos que cruzaban la ruta frente al vehículo, que era casi el único que circulaba. Durante los varios kilómetros que recorrieron, sólo cruzaron una camioneta. Pensó en la ciudad, en cómo se alejaba, en la diferencia de paisaje y se preocupó. La visita comenzaba a tener gusto a aventura. Tal vez Fedele había tenido razón, aunque la última palabra no estaba dicha. Albergaba la ridícula esperanza de volver con el cuadro.

Después de un buen rato de marcha, el coche se detuvo a unos cien metros de una mansión de época medieval rodeada por un parque grande con dos tupidas arboledas en los extremos. El taxista, mirando la propiedad, le dijo:

—Este es el *castello* que usted busca. Por allá deber ser la entrada —señaló una de las puntas—. Tendrá que ir caminando; a mí no me permitirán pasar con el vehículo.

Frente al taxi, las largas vallas que protegían el parque privado lo impedían. Al notar su embarazo, el conductor agregó:

—Lo lamento.

Emilia se bajó del auto y un frío penetrante la apuñaló. Las temperaturas del campo no eran las de la ciudad y Piacenza no era Florencia. Aun así, la belleza de la construcción la tenía sobrecogida. Como en breve debería regresar, buscó pactar la vuelta con el conductor. No sería fácil retornar en transporte público. Había visto una garita como a seiscientos metros, cerca de un par de casitas, pero quién sabe a qué hora pasaría; además, había que llegar hasta allí, con subidas, bajadas y viento.

—¿Me espera?

—No puedo. Pero si quiere, por el mismo monto que la traje, la busco.

—Perfecto. ¿En una hora?

—No, en dos. Y lo hago porque usted está embarazada.

—Está bien —le respondió. ¿Qué otra cosa podía hacer? En medio del campo, como estaba, sólo le quedaba aceptar lo que él proponía.

Emilia, luchando contra el viento helado, caminó los metros de la cuesta que la separaban de la punta que el hombre había señalado. Pero cuando llegó allí, comprobó que la entrada no estaba en esa esquina, sino en la siguiente, y tuvo que hacer doscientos metros más. Apretándose el tapadito azul, caminaba con esfuerzo, ya contaba casi tres cuadras desde que se había bajado del taxi cuando, finalmente, llegó al pilar con techito que tenía un portero eléctrico. Apretó el timbre. Una voz femenina la atendió y ella preguntó por el propietario del lugar.

Le respondieron que el señor Benito Berni estaba en la casa. Emilia se hizo anunciar usando los dos apellidos que tenía por parte de su padre: Emilia Fernán Argañaraz. El lugar lo merecía. Luego, agregó:

—Explique, por favor, que he venido desde Argentina porque tengo algo muy importante para hablar con el señor Berni.

Las palabras dichas en un claro italiano y con autoridad lograron su cometido. La empleada que la escuchó, no tuvo dudas de que la mujer que hablaba con cierto acento debía venir por algo importante. El portón de hierro se abrió y ella subió por la explanada los últimos cien metros que la separaban del acceso a la casa principal. Un suspiro largo salió de su boca. La caminata se le había hecho pesada, la panza era un estorbo y el dolorcito ya era un señor dolor.

Una muchacha con delantal y cofia de encaje blanco le abrió la puerta y la hizo pasar y sentar en el sofá de terciopelo de una sala cuyo enorme hogar estaba encendido con un fuego al rojo vivo.

—Repítame su nombre y detálleme el motivo de su visita, por favor.

—Emilia Fernán Argañaraz. Vengo de Argentina y quiero entrevistarme con el señor Berni para conversar acerca de un cuadro. Es importante —agregó. Comenzaba a desalentarse, le parecía que no sería fácil lograr lo que deseaba: que le dijeran si el cuadro estaba en esta casa; que, si lo tenían, se lo mostraran; y, una vez que lo viera, preguntarle si lo vendía y a cuánto. Era mucho pedir. ¿No?

Capítulo 37

La vida no es la que uno vivió, sino la que uno recuerda, y cómo la recuerda para contarla.

GABRIEL GARCÍA MÁRQUEZ

Piacenza, 2008

Esa mañana, Benito Berni esperaba el jarrón. Después de haber escuchado música en la sala, se dirigió a su estudio; quería estar tranquilo y no deseaba hablar con nadie. Pero una vez instalado allí, sin tener mucho más que hacer –ya que su vida estaba ordenada y sólo esperaba la partida–, se dedicó a regar con un vaso de agua la planta que tenía en la ventana. Se sintió ridículo; se preocupaba por la existencia de una vida verde y despreciaba la suya. Pero había ciertos rituales que seguir, si no, uno podía volverse loco y el mayor de ellos, la muerte, podría perder su sentido. Y esta, para él –era seguro–, llegaba hoy. «Es el día quince», pensó. Y mientras se sentaba en el sillón del estudio, escuchó cómo su empleada abría la puerta principal. Aguzó su oído. Estaba casi seguro de que era la persona que aguardaba, el custodio con que el coleccionista le enviaba la pieza esperada… era el jarrón.

La mucama le comunicó que el señor Wang había llegado y él le hizo una seña para que lo hiciera pasar. Ella acompañó hasta el escritorio al hombre asiático que llevaba una caja en los brazos; luego, se retiró. Su patrón no tenía un buen día. Desde temprano que no quería a nadie cerca. Por eso, en estos días, lo mejor era salir de su presencia y encerrarse rápido en la cocina.

Wang entregó el paquete a Berni y tomó asiento frente a él. Los dos hombres hablaron pocas palabras, las justas y necesarias. Y Benito, impaciente, comenzó a abrir la caja con el filo del pisapapeles; luego, con delicadeza, una tras otra, quitó todas las capas de embalaje que

384

tenía adentro. Y entonces, al fin, extrajo lo que durante tanto tiempo había esperado conseguir: el jarrón de la dinastía Ming que valía medio millón de dólares; ese que había sido de sus padres; antes, de sus abuelos, y, más atrás, de sus bisabuelos. Lo miró con adoración. Él siempre había tenido debilidad por las piezas delicadas y bellas como esta; no en vano se había dedicado a la venta y compra de arte durante casi toda su vida.

—Doy fe: es lo que se supone que es, pero aquí está la documentación —dijo el asiático.

—Aunque me dijera lo contrario, estoy seguro de que es la pieza que esperaba.

El motivo de su certeza era demasiado personal, no pensaba explicárselo. Una pequeña picadurita, hecha en la base, casi imperceptible para cualquier ojo, le confirmaba que era la pieza de su familia; él había estado presente cuando se produjo la marca; su propio padre había sido el culpable al cambiarlo de lugar y Benito siendo un niño lo había escuchado insultar por ello y luego lamentarse con pena cada vez que lo veía.

Con la vasija entre las manos, Berni la apreció. Era un jarrón único, exclusivo, de forma oval y exótica, más grande que la CPU de su computadora. En el cuerpo de la pieza, sobre un fondo de cerámica color blanco, refulgían las figuras azules, logradas con el uso de asbolana, un mineral producido a partir de la alteración del manganeso. En este caso, un enorme dragón volaba rodeado de plantas acuáticas y algas y sólo unos pequeños pececitos brillaban en color dorado enredándose en las últimas. Era de la dinastía Ming, que había gobernado de 1368 a 1644; pertenecía al período de Qialong.

Berni lo tocó con cariño. Más liso que el hielo, perfecto como la naturaleza, bello como el cuerpo de una mujer. Era de él, de los Berni por siempre, aunque para tenerlo de nuevo lo había tenido que comprar desembolsando un dineral; al fin regresaba al castillo, al lugar del que nunca debió haber salido. Era lo último que faltaba para completar la lista. Con seguridad, quienes saquearon la casa después de que sus padres murieron, jamás se llegaron a enterar del verdadero valor que tenía. ¡Estúpidos! ¡Malditos ladrones!

No importaba; ya estaba de nuevo en casa. Con la adquisición, terminaba su larga tarea, esa que le había llevado casi toda su vida, esa que en algunas épocas —las peores— era lo que lo había mantenido vivo; y en otras —las mejores–, lo habían alentado para cumplir lo que le había prometido a la memoria de sus padres. Pero hoy, más solo que nunca, sentía que únicamente había vivido para ver esto cumplido. El resto de su existencia sólo había sido un fogonazo: amasar una fortuna que acrecentó la que sus padres le habían legado, conquistar mujeres que nunca quiso, conocer lugares que no le interesaron, y claro, la soledad, su compañera constante.

Emocionado como estaba, quería que el asiático que tenía enfrente y que observaba en silencio sus movimientos, se fuera cuanto antes de su presencia. Le firmó los documentos, se puso de pie y lo acompañó hasta la puerta. El hombre, pasmado, no comprendía qué le pasaba a Berni; él había viajado especialmente de Roma a Piacenza sólo para entregar esto; no era cualquier empleado, era un especialista que había tenido la deferencia de visitarlo personalmente porque el coleccionista que le vendió el jarrón a Berni se lo sugirió y porque sabía que el italiano era un amante del arte como él. Se había imaginado que los dos hablarían de estas cosas, que Berni lo invitaría a almorzar, o al menos, a tomar un miserable café. La entrega se podría haber hecho con un transporte de seguridad especializado en arte, como era lo común en estos casos. Pero no, él se había tomado la molestia de recorrer más de quinientos kilómetros y ahora lo despachaba sin contemplación después de semejante viaje. Afuera, lo miró malamente con sus ojos rasgados mientras Berni le cerraba la puerta en sus narices y le decía adiós.

Berni captó la hostilidad de la mirada, pero no le importó. ¿Acaso había algo que le pudiera importar a una persona que sabía que moriría en pocas horas? ¿Le podía interesar a él saber qué pensaba ese chino entendido en arte? No, no y no.

Se metió en su estudio y cerró la puerta con llave. Se sentó en el sillón del escritorio y otra vez tomó el jarrón entre sus manos. Decenas de recuerdos lejanos acudieron a su memoria: su abuelo, discurriendo sobre el significado del dibujo del dragón; su madre, limpiándolo con un paño —jamás había permitido que lo hicieran las empleadas–; y él, siendo niño, contemplándolo a través de una vitrina. Pero al final estaba aquí.

Sentado en el sillón, lo tuvo frente a sus ojos durante casi un par de horas. Observaba la curva de las algas y las plantas, cada aleta de los peces dorados y admiraba la ferocidad del dragón. Recién cerca del mediodía salió de su encierro y llevó la delicada pieza a la vitrina de la sala principal. El lugar estaba frío. Dio la orden de que prendieran el hogar. Él no moriría con frío ese mediodía de invierno. Bruna, su empleada, lo encendió de inmediato.

De regreso a su cuarto —había llegado la hora de ponerse el atuendo elegido para ese momento—, el ama de llaves le preguntó si le servía la comida en el salón dorado; él le respondió que no, que no pusiera la mesa en ese lugar ni en ningún otro, que no lo molestaran. Ese día no almorzaría. Para qué. No tenía hambre. El momento final había llegado.

Entró a su habitación y se calzó el traje azul elegido, la camisa blanca con gemelos, la condecoración francesa y los zapatos negros acordonados que habían llegado en la última entrega de la colección otoño-invierno de *Salvatore Ferragamo* y que hoy estrenaba. Cuando salió, fue directo al escritorio y otra vez cerró la puerta con llave. De la biblioteca, sacó la carpeta negra con la lista de los objetos que siempre repasaba. Allí leyó las palabras de la última hoja, esas que, estaba seguro, leería por última vez:

estatuilla…

pintura de Boldini…

jarrón de la dinastía Ming…

Y entonces, tildó ese ítem. Lo hizo con fuerza, hasta romper la punta de su estilográfica, hasta dejar una enorme mancha de tinta en el papel. Luego, depositó la carpeta en una punta del escritorio y extrajo de su bolsillo la llave del cajón. Lo abrió y de allí sacó el arma, la pistola *Beretta* que fuera de su padre, esa con la que tantas escenas había fantaseado, desde matar alemanes, asesinar a Rodolfo Pieri o matarse él… Y ahora, eso sería lo único que sucedería. Porque ya estaba, todo había acabado para él, su misión en este mundo había terminado, no tenía por qué vivir, la vida amarga que había llevado durante todos estos años llegaba a su fin; en su alma no entraban más dolores; en su soledad, ni un día más; en su tristeza, ningún otro trago amargo.

Pérdida, dolor, angustia, soledad, amargura.

El vigor de su cuerpo era el único que por momentos se resistía a tomar la pistola y a terminar con su pasado y su existencia de una buena vez. Pero Benito no le prestó atención. No quiso escuchar a esos brazos fuertes que aún podían levantar cosas pesadas, ni a esas piernas que en el parque de su castillo todavía lo llevaban a paso vivo por las mañanas, tampoco a sus ojos que aún quedaban prendados al cuerpo de una mujer bonita, ni a su mente brillante para los negocios. Sino que esclavizó sus miembros a la orden de su cerebro, que era guiado por las emociones; ganada esta batalla, su instinto de supervivencia se perdía sin remedio. Su último pensamiento fue para sus padres. Aurelia, con el cabello rubio, largo, llenos de rulos, riéndose; Mario Berni, jugando con ganas a las espadas con él; sus hermanas, de trenzas, corriendo en el parque... y para Adela, que, con su voz suave, le narraba trivialidades bajo la pérgola y con su boca dulce le recorría el rostro.

No podía seguir lidiando con las pérdidas, no podía ya aguantar la vida, no podía. Solo, estaba solo. Tomó la pistola con la mano derecha, la introdujo en la boca, invocó a su madre para lo que estaba por hacer y empezó a jalar el gatillo, despacio, pero firme. Uno... dos... eran los milímetros que avanzaba...

Pero en la puerta se sintieron golpes.

Y más golpes.

Y una voz.

—Señor Berni..., señor Berni..., vino gente. Una chica lo busca... es por un cuadro —anunció su empleada y, buscando ablandarlo, agregó—: Está embarazada, vio...

A Berni la distracción le robó el quijotismo necesario para lo que estaba por hacer. Contrariado, se sacó la pistola de la boca.

Petrificado, pensaba que las *porca carota* de sus empleadas no lo dejaban siquiera matarse tranquilo. ¿Quién carajo era esa chica que se atrevía a venir ahora y sin avisar? La rabia deshizo el sentimentalismo del momento y lo hizo dejar la pistola sobre el escritorio. Fue hasta la puerta, la abrió y Bruna, asombrada, sin dejar de mirarle la medalla, le explicó:

—Es Emilia Fernán Argañaraz. Viene de Argentina por un cuadro suyo.

—¡Y qué *merda* me importa a mí!

—Pero es que ella... está embarazada —insistió como si esto fuera lo determinante del asunto.

—¿Y? ¡Vaya y la despide ya mismo!

La mujer estaba por dar una explicación más, pero al ver el fuego en la mirada del conde, decidió no hacerlo y se marchó apurada. La chica de ojos verdes la esperaba en la sala.

Capítulo 38

*Basta un poco de espíritu aventurero para
estar siempre satisfechos, pues en esta vida,
gracias a Dios nada sucede como deseábamos,
como suponíamos, ni como teníamos previsto.*

NOEL CLARASÓ

Piacenza, 2008

Emilia, en la fastuosa sala del castillo, sentada frente al fuego,
mientras aguardaba que volviera la empleada, se sentía en el Sahara.
Se sacó el abrigo, después de la caminata y el frío que había pasado,
esa habitación le parecía un horno. Si hasta le lloraban los ojos.

Pensaba que pediría un vaso de agua cuando escuchó que desde
algún cuarto cercano llegaban las voces de la empleada y de alguien
más. Seguramente, allí estaba el dueño de la casa.

En instantes, Bruna aparecía y le decía:

—El señor no la puede recibir. Está ocupado.

—¿Lo puedo esperar? —ella no había venido desde Florencia para
irse así como así.

—No, no es que... está ocupado.

—Necesito hablar con él. ¡Es importante!

—Tendrá que ser en otro momento.

—No hay otro momento. Míreme, quién sabe cuándo podré regresar... —dijo mostrando su panza, haciendo uso de ese recurso que a
ella le enfermaba que hicieran las mujeres. Insistió:

—He venido de muy lejos. Dígale...

La muchacha de cofia no sabía qué hacer ni qué decir. Era evidente
que no podría despachar fácilmente a la chica.

—Mire, yo podría...

389

Y antes de que ella terminara la frase, desde la puerta que daba a un gran pasillo, apareció Benito Berni.

Emilia vio a este hombretón rubio de ojos claros que a pesar de su edad seguía erguido y sintió miedo. Parecía enojado; sus ojos celestes ardían.

—¿Se puede saber cómo entró a mi casa?

«Empezamos mal», pensó Emilia, y respondió con seguridad:

—Me hice anunciar por el portero eléctrico.

La joven empleada miró hacia abajo, esperando una reprimenda. Ella había sido la responsable.

Berni, sin saber si entrar en discusión por este asunto con su mucama o con la chica de ojos verdes por la insolencia de su aparición, decidió cortar camino y con un dedo en alto, señaló a Emilia y, en un grito, le recriminó:

—¿Y qué *merda* quiere usted...? ¡Dígame! No entiende que yo no la puedo atender.

Haciendo uso de toda su dignidad, con autoridad en la voz, Emilia dijo:

—Mire, señor Berni, no lo molestaría si no fuera necesario. Sucede que vengo porque necesito información sobre un cuadro que perteneció a mi familia... Es el retrato del maestro Fiore pintado por su mujer.

«¡Lo único que me faltaba!», pensó Berni. Después de tantos años invertidos para reunir su colección, era inconcebible que viniera esta chiquilla a decirle que la pintura pertenecía a su familia. Ridículo. Esa obra era de los Berni y de nadie más.

—Yo no tengo interés en vender ninguno de mis cuadros.

—Pero, entonces... ¿tiene ese cuadro aquí?

—No tengo por qué darle información. Viene a mi casa, entra, pide datos y ni siquiera la conozco.

Lo único que Berni deseaba era irse para seguir adelante con lo que había dejado inconcluso en su oficina. Esta chica y sus averiguaciones sólo entorpecían su plan. Esta ridícula mujer que ni siquiera era italiana —y que, cuando hablaba, además, tenía acento— había venido a interrumpirlo justo ahora.

Pero Emilia insistía:

—Pero es que ese pintor y su esposa Gina fueron los padres de mi abuelo, un italiano nacido en Florencia que fue adoptado por una pareja de argentinos.

Escuchar que se trataba de gente italiana y con un parentesco directo con ese Fiore, que por tantos años lo había acompañado desde el cuadro con la mirada, le hizo decir en tono un poco más benevolente:

—Tengo esa pintura, pero no estoy interesado en venderla.

—Es una pena, porque el deseo de los pintores Gina y Camilo fue que los dos cuadros estuvieran juntos. Mi familia tiene la imagen de Gina pintada por su esposo Fiore.

—Muy interesante. Pero no insista, no voy a venderlo.

—¿Puedo verlo al menos? ¿Me lo podría mostrar?

—¡No! ¡Mi casa no es un museo! —respondió con sorna.

—¡Señor Berni, me parece que no pido tanto! —explotó Emilia.

—No voy a soportar que grite —dijo Benito.

Pero viendo que si se ponía a discutir con ella no la acabarían, intentó sacársela de encima de manera más amable:

—Regrese en otra oportunidad... —dijo pensando que total él ya no estaría vivo.

Emilia decidió usar como último recurso el mismo que un rato antes le había dado resultado con la empleada. Estaba cansada y un dolor en el bajo vientre iba en aumento.

—Señor Berni, como verá, estoy a punto de dar a luz y no me será fácil regresar... Ni siquiera me siento muy bien.

—¿Y quién la manda a una mujer embarazada a salir a hacer averiguaciones y entrar a la casa de gente que no conoce? Creo que no tenemos más nada de qué hablar —dijo y caminando rumbo al pasillo buscó regresar a su estudio. Ya en la puerta de la sala agregó—: Bruna, acompañe a la señora hasta la salida —ordenó. Temía que la chica se le descompusiera en su casa. Lo mejor sería que ella se subiera a su auto cuanto antes y regresara por el mismo camino que llegó. Bastante le había complicado el día ya—. Adiós, señora Fernán —añadió saludándola por el apellido, como un gesto de buena voluntad.

Emilia, de pie en la sala, junto a la empleada que la miraba, pensó que ese hombre le daba tanta rabia que tranquilamente hubiera podido perseguirlo para pegarle en la espalda y se hubiera sentido satisfecha. Y eso que ella jamás había sido una mujer violenta.

Se sentía ofendida, indignada, enfurecida, alterada... Se sentía mal, descompuesta.

El fuego del hogar la ahogaba, la cabeza le explotaba.

A pesar del calor que la atribulaba, comenzó a ponerse el abrigo;

debía retirarse. Dio dos pasos hasta la puerta y sintió un dolor punzante en el bajo vientre, tan fuerte como jamás en su vida había sentido.

La muchacha le vio la cara.

—¿Se siente bien, señorita?

—Sí, claro —dijo en un hilo de voz. Y con el trozo de dignidad que le quedaba se dirigió a la puerta.

Afuera, el viento helado le dio de nuevo en la cara. Miró el reloj. Faltaba más de una hora para que llegara el taxista a buscarla. ¡Carajo! ¿Qué haría? Sólo había estado adentro media hora. «¡Maldito viejo!», pensó. Y al recordar la conversación, el corazón le latió con más violencia y sintió que las fuerzas se le iban y que el dolor volvía hincándole el vientre. Mejor olvidarse de ese hombre. Y hasta del cuadro. Necesitaba regresar a Florencia.

Comenzó el descenso rumbo a la entrada en donde el taxi la esperaría. Eran muchos metros... ¡Cientos! Pero, gracias al cielo, en bajada. Jadeando, llegó a la garita del portero eléctrico que sonó justo a tiempo para hacerla pasar e hizo el último trecho que le quedaba con dificultad. ¡Por Dios, qué mal se sentía! ¿Sería algo que habría comido? ¿Sería el calor de la sala? ¿O tal vez la discusión con el viejo? O todo junto o... Una nueva estocada de dolor se le metió en las entrañas hasta doblarla. ¿O acaso... el bebé venía? Los pasos hasta el punto de encuentro con el taxi le costaron, pero al fin logró llegar. No había dónde sentarse; se apoyó contra un árbol. Le faltaba una hora y media de espera allí. No, no aguantaría, pero tenía que aguantar, no le quedaba otra posibilidad. El viento helado le pegaba en el rostro y el calor, ahora, se le había transformado en frío. Temblaba. Los dolores continuaban y ella miraba el reloj a cada rato. Decidió intentar dar con Fedele en el celular, pero estaba casi segura de que no la atendería. Él debía estar en lo peor del evento y creyéndola en su casa ni lo miraría. El mensaje en italiano diciéndole que Fedele Pessi no la podía atender le dio la certeza de que era así y que se tendría que arreglar sola.

Media hora después, Emilia ya había dejado tres mensajes en el móvil de Fedele y se hallaba sentada en un tronco caído. Sentía que la panza se le endurecía de una manera que le daba miedo. Cuando eso pasaba, el dolor le hacía fruncir la cara y cerrar los ojos con fuerza.

¡Ay, Fedele la iba a matar! ¡Ay, para qué había venido! ¡Ay, él tenía razón! ¡Ay, esa puntada dolió mucho! Se tomó la panza con ambas manos. Volvió a mirar el reloj y entonces comprobó que esos dolores eran contracciones y que eran muy seguidas. Eso no podía significar otra cosa que... ¡el bebé venía! ¿Qué hacer? No podía correr el riesgo de esperar que llegara el taxista. Ella no podía tener el niño ahí, lejos de todo, sola. ¡No! El terror la paralizó. Se hallaba sola; hasta al castillo lo veía lejos. Podría gritar hasta quedarse sin voz que nadie la escucharía. Pensó: «Tranquila, Emilia, tranquila. Hacé lo más razonable». A lo lejos, divisó la mansión que, a pesar de los malos tratos del dueño, le supo a cobijo. Era lo único civilizado en bastantes kilómetros a la redonda. Allí la podrían auxiliar.

Entonces, lo decidió: volvería a la casa y pediría ayuda. Necesitaba que llamaran un taxi... aunque quién sabe cuánto tardaría. Pero ese sería un problema distinto por resolver; ahora tenía uno más urgente: caminar los escarpados metros hasta la entrada donde estaba el timbre. Se puso de pie y el dolor otra vez la atacó. En cuanto mermó, empezó a subir la cuesta con mucho esfuerzo y sosteniéndose la panza. El dolor era cada vez más fuerte; las contracciones, más fuertes. Cuando la acometían, detenía la marcha, esperaba que pasaran y luego continuaba subiendo. Los metros que la separaban de la garita a Emilia le sabían a subir al monte Everest. El dolor traía de la mano al miedo. Un paso, dolor y miedo; otro más, miedo y dolor. Fedele, mi amor. Fedele, vení. Ojala su papá pudiera aparecer y ayudarla, pero él estaba muy lejos, todavía en Argentina. Entonces, Fedele.

Fedele, Fedele, Fedele.

Ya creía que iba a desmayarse y caer redonda en la explanada cuando vio el pilar del timbre. Acercándose, lo tocó y otra vez la misma voz femenina la atendió.

–Soy yo, Emilia Fernán. Vine de nuevo porque me siento mal, necesito ayuda.

Su frase y su voz habían perdido todo orgullo. La situación lo ameritaba.

Del otro lado, la muchacha dudaba. Sólo unos minutos atrás el lío con su patrón había sido grande y ahora la embarazada de ojos verdes le pedía ayuda. Emilia, ante el silencio, agregó:

–Escúcheme, esta vez no vengo por el cuadro, sino por ayuda. Me parece que mi bebé está por nacer.

Las palabras consiguieron su cometido: el portón de hierro se abrió de nuevo. Pero ella, al ver el trecho que le quedaba por delante, dudó. ¿Podría realmente subir caminado hasta la puerta principal? Por suerte, la muchacha salió de la casa y fue a su encuentro. La halló a mitad de camino y le tendió el brazo para ayudarla. Por el trayecto, también apareció la otra empleada que trabajaba con Bruna los fines de semana. Era otra muchacha más joven aún.

En pocos minutos, las tres ingresaron en la mansión y Emilia se sentó nuevamente en el mismo sofá. El fuego había mermado su intensidad, pero a ella le venía bien el calor; el rato pasado afuera la había congelado. Emilia trató de explicar el acuerdo con el taxi, pero sólo la chica más joven la escuchaba. Bruna había desaparecido en busca de su patrón.

* * *

Bruna fue al estudio de Berni y volvió a golpear igual que lo había hecho una hora antes. Berni se sobresaltó. Él había estado encerrado en silencio tratando de entrar en clima de nuevo para seguir adelante con su plan. Tenía la pistola justo frente suyo.

—¡¡*Madonna Santa!!* ¿Qué quieren ahora?

Ese día, su casa parecía haberse vuelto loca.

Bruna fue al grano:

—La chica que vino antes, volvió. Me parece que está por tener el bebé.

—¿Quééé? —preguntó desde adentro.

—Sí, señor. Creo que necesita que la vea un médico.

Berni abrió la puerta.

—¿Y qué quiere que haga yo?

Ella lo miró... Se lo dijo con los ojos: médico, llevarla, ciudad, peligro...

—Yo no voy a ir a ningún lado. Que se vuelva con quien vino.

—Vino sola, esperaba que la buscara un taxi. Venga y véala.

Berni suspiró profundo. Parecía que el jarrón había llegado en el día equivocado. Fue a la sala tras la empleada y lo que allí vio lo impresionó. Esta mujer no se parecía en nada a la que había visto hacía una hora. Había que buscar a Massimo, el chofer.

A Emilia no le gustaba dar pena, pero esta vez sí que quería darla. Deseaba que la ayudaran. Por más que quiso ponerse de pie, no pudo; tampoco, explicar muy coherentemente la situación. Sólo había dicho dos o tres frases no muy inteligentes, pero no hacía falta mucho más para darse cuenta de qué era lo que allí estaba ocurriendo.

Berni caminaba por la sala como un león enjaulado.

–¡*Merda!* ¡Hoy es sábado y el chofer no está! ¡*Merda!* Los taxis tardarán en llegar y una ambulancia, también.

Los minutos avanzaban, Emilia se retorcía de dolor y, aunque intentaba disimularlo, no podía. Tampoco le interesaba. Sólo esperaba que el hombre ya hubiera pedido ayuda.

Berni la miraba y exclamaba «¡Madre santa!», «¡*Puttana Eva!*», «¡*Puttana madre!*» e improperios similares que se agregaban a la larga cadena, algunos de los cuales, Emilia nunca antes había escuchado.

–Señor, tiene que llevarla a Piacenza… –se animó a indicar Bruna.

La otra empleada la respaldó:

–Sí, y ahora…

Él se tomó la cabeza entre las manos mientras caminaba como loco. Esto no se iba detener y si no hacía algo ya mismo la muchacha terminaría teniendo el hijo allí, en la alfombra de su sala y quién sabe qué podía pasar si esos sucesos se desencadenaban. Entonces, mientras miraba a Emilia, exclamó a viva voz:

–¡Voy a llevarla a Piacenza! Buscaré el auto. Ustedes, ténganla lista en la puerta y carguen una toalla, por las dudas.

Luego, salió hecho una exhalación. La vida tenía sorpresas y esta era una de ella. El día que había elegido para suicidarse y dar por terminada su existencia, lo pasaría ayudando a una parturienta. La idea lo impresionó, había esperado tanto ese día. Y ahora…

Emilia subió al *Rolls-Royce* ayudada por las dos mujeres. En esa siesta, al final, el sol hacía su aparición y él arrancaba el vehículo, con un rugido fuerte como jamás lo había hecho, inmediatamente tomaba el camino hacia la ruta a máxima velocidad.

Con el vehículo en movimiento y al lado de este desconocido, Emilia entraba en un su mundo de casi inconsciencia por el dolor. Ya no había espacio entre una contracción y la siguiente. Quería gritar, pero no lo hacía; le daba vergüenza.

Benito Berni manejaba concentrado en la ruta. El sol le hería los ojos, al menos ya había logrado alejarse de su casa casi un kilómetro. Todavía no se había cruzado con ningún auto cuando vio pasar un taxi en sentido contrario, debía ser el que la chica esperaba, y por un momento se vio tentado de tocarle bocina y exigirle que se hiciera cargo de esta situación que a él no le concernía. Pero dudó de que el hombre quisiera hacerlo. Además, si la bajaba de su auto, no sabía si no terminaría teniendo el niño allí mismo.

Nervioso, apretó el acelerador...

Dos kilómetros... silencio y dolor.

Tres kilómetros... silencio y dolor.

Cuatro kilómetros... quejidos y dolor.

Cinco kilómetros... un grito desgarrador y más dolor.

Seis kilómetros... un grito, diez quejidos, otro grito...

Emilia se metía las manos entre las piernas y sentía algo duro. ¡Era la cabecita del bebé!

¡Por Dios, iba a nacer! Se lo dijo:

—Ahí viene... Ahí viene.

Una fuerza, otra... y otra.

—Espere, debemos detenernos —dijo él al fin.

Benito Berni estacionó el auto al costado de la ruta, la chica necesitaba ayuda. Aunque no sabía muy bien qué clase de asistencia le daría, jamás había estado en semejante situación. De lo único que se acordaba era de una situación similar vivida con los partisanos siendo él un jovencito, pero esa vez no había tenido responsabilidad alguna. Se bajó del auto, dio la vuelta y abrió la puerta del lado del acompañante. Emilia se acomodó hacia él con las piernas abiertas.

Berni se quitó el saco y se arrancó los gemelos de oro; luego de guardarlos en el bolsillo, se arremangó. Sopesó la situación. Miró a Emilia.

Él había visto cientos de mujeres desnudas, muchas le habían mostrado sus partes íntimas, pero nunca en esta situación, con esta clase de intimidad. ¿Qué hacer? ¿Cómo actuar? ¿Tocar todo lo que hubiera que tocar sin prejuicio, sin pudor alguno? A su lado, Emilia no tenía esta clase de cuestionamientos; debía enfrentar cosas más graves... Sin ropa interior empujaba con todas sus fuerzas.

Entonces, él no supo de dónde, pero la sabiduría vino en su auxilio, la sapiencia lo condujo, su mente pensó lo que tenía que pensar y trajo pericia a sus manos, que las dirigió para que hicieran lo que se suponía que ellas debían hacer. La vida avanzaba sin pedir permiso y en este paso al frente cada uno hacía su parte: Emilia ponía el cuerpo; su bebé, el instinto; Berni, un poco de cordura a su trabajo y en pocos minutos una criatura llegaba al mundo llorando. Lo hacía en un lujoso

Rolls-Royce negro que, con manchas de sangre, festejaba lo que creía que nunca le había sucedido a ninguno de su clase: había sido el lecho de un nacimiento. El mismo en el que, la última vez que había sido usado, Benito pensó lo triste que era su vida por la falta de niños en comparación con la de su hermana Lucrecia.

Benito se dio cuenta de que faltaba hacer algo; necesitaba cortar el cordón umbilical. Buscó con qué hacerlo en la guantera... una tijera, un alicate, algo cortante, pero nada. Es que de llevar estas cosas necesarias se encargaban sus empleados... ¡y los inútiles no habían puesto nada! Él debía encontrar algo con qué cortar, el bebé comenzaba a anemizarse y a sufrir. Emilia, que en medio de los dolores y emociones lloraba, vio lo que pasaba. Y le dijo con la voz queda:

—Una cinta... un hilo... lo que sea, busque algo, hay que atarlo —eran las primeras palabras después de ser madre.

Y él, desesperado, mirando el piso de su auto, se dio cuenta de que sus zapatos *Ferragamo* tenían cordones. Con rapidez, se sacó uno y con este ató el cordón umbilical del bebé. Urgente, buscó con qué taparlo; hacía frío y la toalla entera estaba ensangrentada. Se dio vuelta y del asiento trasero tomó el abrigo que había alcanzado a cargar y tapó al niño. Emilia ni lo miraba; ella sólo tenía ojos para esa bebé; era una niña, blanquísima, pelada, muy pequeña.

Benito Berni, aún anonadado, movido por una extraña fuerza que él había descubierto en ese momento que existía, se acomodó en el asiento y encendió el motor. Debía llegar cuanto antes a Piacenza, a la clínica más cercana. Se preocupó: habían tomado demasiado frío.

Manejaba, otra vez, concentrado en llegar lo más rápido posible, cuando escuchó unas palabras de la boca de Emilia. A sus oídos llegaron claras...

—Gracias... gracias, Berni.

Para él, fue música que se le metió por el oído y pasó directo al corazón. Esta chica le daba las gracias cuando, en realidad, era él quien tendría que dárselas; ella le había hecho vivir el momento más emocionante y bello de su vida, por ella había sido partícipe de esa magia; lo experimentado le había hecho olvidar todos los negros pensamientos y todas sus reflexiones sobre la muerte habían sido reemplazadas por las de vida. Unos minutos vividos y algo dentro de él había cambiado para siempre. Unas lágrimas amagaron salir de sus ojos. Hacía años que no lloraba y esta sería la primera vez que lo haría por una buena experiencia. Se refregó rápido los ojos con la manga. Claro que él podría haber llorado a mares y a Emilia se le hubiera pasado por alto porque su hija la tenía hipnotizada. Y preocupada. La bebé era muy pequeña y el desenlace, imprevisto y muy rápido.

A su lado, Berni, asombrado, conducía su *Rolls-Royce*. En su vehículo llevaba a estas dos mujeres y lo único que quería era protegerlas. Se sentía el padre, el hermano, el abuelo. Y mientras experimentaba estas nuevas sensaciones, no podía imaginar cuán cerca de eso estaba, ni cuántos hilos invisibles lo ataban a ellas y lo conducían inexorablemente a su viejo amor... Adela y a su hijo, ese que él ni sabía que alguna vez había tenido.

La ciudad se vislumbraba, Berni aminoró la marcha y, por un momento, Emilia se hizo un minúsculo espacio para observar algo que no fuera la imagen de su hija. Entonces, miró a ese hombre rubio y canoso que viajaba a su lado y se sintió embargada de una extraña sensación. Esta persona que la vida le había puesto en su camino para ayudarla, ¿era el padre de Fedele? Le miraba el perfil y lo encontraba bonito como el de Fedele; esa nariz recta, esos labios. ¿Sería verdad o era sólo su imaginación?

* * *

Un rato después, en la puerta de la clínica, Benito se bajaba apurado e iba en busca de ayuda. Necesitaban una camilla. Los paramédicos venían en auxilio justo cuando los últimos rayos de sol de ese día invernal que había comenzado gris, pero que había mejorado, se perdían por el horizonte. Todavía no eran las seis y ya quería hacerse de noche.

Emilia miró a su alrededor y cuando vio el último destello de luz recordó: ¡Fedele! Otra vez lo habría preocupado. Ella misma le pediría perdón por haberlo hecho. Esta vez, él había tenido razón en decirle que no fuera sola.

Emilia no imaginaba que pasaría bastante tiempo para que pudiera decirle esas palabras. Otras preocupaciones más graves se cernirían sobre ella y la mantendrían ocupada.

Capítulo 39

*La vida es un negocio en el que no se obtiene una
ganancia que no vaya acompañada de una pérdida.*

ARTURO GRAF

Florencia, 2008

En *Buon Giorno*, el evento había acabado a última hora, como
siempre, y Fedele casi a las cuatro de la tarde se había ido a su casa
deseoso de ver a Emilia, de reconciliarse con ella, de pedirle perdón.
La tormenta ya había pasado. Pero su enojo tenía que ver con una
verdadera y sincera preocupación por ella.

En el restaurante, el equipo que se encargaba de la limpieza hacía
su tarea cuando él cruzó el patio y entró a la casa. Le llamó la atención
no encontrar a Emilia en la sala; la buscó en el dormitorio, tampoco;
al fin, encontró su nota en la cocina y la leyó. Le decía que saldría a
ver el departamento que había alquilado el padre, que no estuviera
enojado, que ella ya había desayunado...

¿Cómo desayunado? ¡Si eran más de las cuatro de la tarde! ¿Desde
qué hora faltaba Emilia en la casa? La historia de la preocupación
del día anterior se repetía. ¡Qué Emilia esta! Tomó su móvil y vio tres
llamadas perdidas. Intentó dar con ella en su teléfono, pero no pudo.
Comenzó a hacer las mismas llamadas que había hecho el día anterior
cuando había desaparecido por horas. Pero nadie sabía nada.

Fue de nuevo a *Buon Giorno*. Tal vez, alguien la había visto. Pero
nada. Terminó hablando con Adela, que le sugirió que diera parte a
la policía. Estaba a punto de hacerlo, cuando recibió una llamada en
el celular:

—¿Señor Fedele Pessi?

—¿Sí?

—Le hablo del hospital de Piacenza.

—¿Sí? —esta vez lo dijo con miedo.

—Su esposa e hija se encuentran internadas aquí...

Fedele creyó caerse desmayado... Su esposa y... ¡¡su hija!! ¡Ya había nacido el bebé y era una niña! ¡Por Dios! ¡Y estaba en Piacenza! ¡¿Qué diablos hacía Emilia allá?!

No terminó de cortar, que ya se había cambiado de ropa y estaba arriba del auto. ¡La beba había nacido y en Piacenza! Emilia, Emilia... quería retarla... pero, también, abrazarla, decirle que la amaba, que lo sentía y que se apenaba por no haber estado con ellas. Quería ver al bebé, quería saber si las dos estaban bien. Durante la breve llamada que le hicieron de la clínica no le quisieron suministrar otros datos; para más información le habían pedido que se apersonara. Y eso lo preocupaba.

Las dos horas y media que manejó hasta Piacenza lo hizo sufriendo... Ojalá todo estuviera bien.

Pensando... esa niña lo tenía a él, pero también a Manuel.

Imaginando... el gran abrazo que le daría a las dos. La criatura ya estaba entre ellos.

Estacionó el descapotable rojo en la playa del sanatorio, se bajó apurado, y cualquiera que lo hubiese visto, hubiera pensado que se trataba de un *playboy* camino a su cita. Vestido de *jean* e impecable camisa celeste, bajando de semejante auto, pasándose la mano por el pelo buscando llegar bien peinado.

Cuando en la recepción se anunció como la pareja de Emilia, la joven secretaria llamó de inmediato al médico. Y de pie, junto al mostrador de la recepcionista, escuchó preocupado y atento lo que el joven facultativo le decía, mientras la secretaria no se perdía nada. Los movimientos de este hombre atractivo le interesaban sobremanera. Una pena que no estuviera libre, acababa de ser padre. Él ni cuenta se daba de lo que provocaba; estaba demasiado ensimismado en las frases del doctor:

—Señor Pessi, su mujer está bien. Sólo que, como perdió mucha sangre, le hemos tenido que hacer una transfusión y tendrá que permanecer aquí por lo menos un día más en observación.

A Fedele la noticia lo alivió, pero...

—¿Y la niña?

—Ella está en la incubadora... es muy chiquita, pesa 2,2 kilos. Y considerando que ha nacido en un ambiente sin asepsia, tendremos que tenerla muy controlada. Imagínese prematura y falta de asepsia no son poca cosa... Pero, además...

—Además, ¿qué? Dígame...

—Hay algo que no me gusta en su respiración, un ruidito... Pero no nos adelantemos, dejemos que pasen unas horas. Yo lo mantendré informado.

—¿Pero las dos están fuera de peligro, verdad?

—Sobre la niña, ya le dije: lo mantendré informado. Y respecto a su mujer... Sí, sí, está bien, sucede que los partos en la calle son muy duros...

—¿Quién la ayudó? ¿Cómo fue?

El médico le dijo lo que sabía y le aclaró:

—El señor que la trajo se quedó dando vueltas por acá, quería saber cómo evolucionaban las dos. Era un hombre de edad, muy alto, rubio de ojos claros. Creo que fue al café del hospital. Si lo encuentra, debería agradecerle; se portó muy bien.

—Lo haré. Ahora, ¿puedo ver a mi mujer?

—Sí, claro; y a la niña, también. Su esposa está en el primer piso, pero le advierto que recién se duerme y deberíamos dejarla descansar un rato —le explicó. Y señalando las escaleras le propuso—: Pero si quiere, lo acompaño al subsuelo. Allí están los prematuros y podrá ver a la niña.

Esa palabra a Fedele no le gustó. «Prematuros» le sonaba a peligro, pensó mientras seguía al doctor.

Cuando llegaron al pasillo, a través del vidrio, Fedele vio varios cubículos transparentes con bebés. ¿Cuál era la beba de Emilia?

El médico le indicó:

—Señor Pessi, su hija es la de la punta —dijo señalando la que a Fedele se le antojó la más pequeñita de todas las criaturas. Luego, se marchó y lo dejó solo.

Fedele miró y esa imagen de desprotección total que tenía ante sí se le unió a las palabras que acababa de escuchar y se sintió impactado. Esa bebé, más allá de que tuviera un padre biológico, sería su responsabilidad y él velaría por ella. Esa bebé viviría en este país, que era el suyo. Él amaba a su madre y ese amor le haría amarla también a ella. La miró, pequeñísima, casi podía caber dentro de su mano grande. Era blanca, casi roja de tan blanca; y su manito, del tamaño de un bombón.

Se quedó embobado contra el vidrio, observándola durante largo rato. Era inevitable no acordarse del nacimiento de Carlo. Y al recordarlo, lejos de entristecerse –porque esto era demasiado tremendo para no estar feliz–, se sintió agradecido de que la vida le diera la posibilidad de criar otro niño desde tan pequeño, aunque este no tuviera ni una gota de sangre suya. Eso era lo de menos, al lado de lo tremendo que era tomar la responsabilidad de amarlo y criarlo, porque eso era lo que sucedería. Él amaba demasiado a Emilia como para que ocurriera otra cosa. Esperaba que ese tal Manuel Ruiz no se le interpusiera en sus planes; no ahora, después de que había estado desaparecido durante todo el embarazo.

Pasado un rato, en el que se había enternecido por completo, con las pupilas llenas de la imagen de ese cuerpito frágil e indefenso y ese rostro angelical que él empezaba a encontrar parecido a Emilia, decidió subir y esperar a que su mujer despertase. Fedele subía por las escaleras cuando se dio cuenta de que no había avisado nada a nadie, ni siquiera a su madre. Sacó su móvil y desde allí mismo hizo algunas llamadas cortas. La primera, a Adela; la segunda, a sus amigos Víctor y Adriano; la tercera, a *Buon Giorno*. Sobre el final de la conversación, su madre le anunció que viajaría a Piacenza. Y aunque Fedele se opuso, diciéndole que era demasiado lejos, ella insistió. «¡Como si yo no supiera cuán lejos queda Piacenza!», pensó Adela, sin atreverse a preguntarle a su hijo cómo y por qué Emilia estaba en esa ciudad cuando se desencadenó el nacimiento. Pero él, a los apurones, mientras subía los escalones, le contó que ella había salido tras la pista del cuadro de su familia y que, por suerte, alguien la asistió y la llevó a la clínica... que si no... Pero no le dio mucha más información; tenía una larga lista de personas a quienes avisarles de la novedad y quería ver a Emilia. Pero Adela, antes de cortar, le dijo que al día siguiente, con el último tren de la tarde, estaría en el hospital.

Cuando concluyó con los llamados, Fedele se preguntó quién le avisaría a Manuel Ruiz. Él no podía, no sabía dónde encontrarlo, no tenía el número de teléfono... por suerte. Se avergonzó de sus pensamientos. Pero era así: no lo quería.

Ya en el primer piso, a punto de sentarse en el banco del pasillo, junto a la puerta de la habitación de Emilia, Fedele vio a un hombre mayor, rubio, de ojos claros. ¿Sería el que ayudó a Emilia? Se acercó, se presentó, le preguntó.

Sí, era él. Y en pocas palabras, le narró la experiencia vivida esa tarde. Claro, la parte empírica que se podía contar; la emocional, no, porque cómo describirle a un joven desconocido que ese día él había estado a punto de suicidarse y que la chica de ojos verdes había venido para salvarlo, que el nacimiento de su bebé le había cambiado la manera de ver las cosas, la visión de la vida. Fedele le agradeció y Berni le dijo que se marchaba y que, si no le molestaba, volvería al día siguiente para ver cómo seguían «las chicas». Como al pasar, comentó que estaba cerca, a unos pocos kilómetros de su casa. Fedele lo saludó estrechándole la mano, levantando las cejas. Berni, al extenderle la suya, hizo un gesto idéntico. Pero ninguno de los dos se percató.

Eran las diez de la noche cuando, finalmente, Fedele pudo entrar al cuarto de Emilia. Una enfermera le había hecho una seña autorizándolo. Ella aún dormía. Se sentó a su lado. Tenía puesta la bata blanca de la clínica y el cabello dorado, desparramado, cubría la almohada. Estaba pálida y respiraba con cierto esfuerzo. En el brazo tenía conectado el suero. Emilia, su querida Emilia, esa mujer que había venido desde tan lejos para acompañarlo, para darle la cuota de felicidad que le faltaba, para hacerle ver que la dicha completa era posible aun después de vivir una tragedia. Quería decirle que la amaba, que él cuidaría de ella y de su hija, que la había visto allá abajo, tan pequeñita, que era linda, parecida a ella y que no se preocupara, que todo estaría bien, que se irían de allí con la niña en brazos y que la harían dormir junto con ellos, en la casa de al lado de *Buon Giorno*, que con el tiempo ella jugaría en ese patio, junto a la planta de jazmines, y que...

—Fedele...

—¡Emi...! ¿Cómo estás? ¿Cómo te sentís?

—Bien... —repuso adormilada—. ¿Y la bebé?

—En la incubadora, creo que bien...

—Es preciosa, ¿viste? —dijo ella con el rostro endulzado.

—Sí... bella.

—No sabés... fui a ver el cuadro y cuando estaba en el castillo me empecé a sentir mal.

Ella le contaba lo sucedido con todos los detalles, los buenos y los malos. Le relataba los miedos que había pasado.

—Pensaba en vos y me desesperaba por que vinieras...

Fedele la escuchaba y sentía que moría de amor por ella. Le daba pena no haber podido estar ahí.

Le narraba cómo Berni la había ayudado y, entonces, mirando a Fedele vislumbraba cómo su mundo se ponía patas arriba. ¡Ese hombre podía ser el padre de Fedele y ninguno de los dos lo sabía! Berni parecía una buena persona, aunque la primera percepción había sido nefasta. Pero visto con nuevos ojos, después de lo que vivieron juntos, ya no pensaba lo mismo, sino lo contrario. Le daban ganas de preguntar, de intervenir sobre el asunto de la supuesta paternidad, pero no se atrevía. Tampoco era momento para hacerlo.

Emilia pasó un rato largo relatándole sus peripecias hasta que le trajeron una sopa. La enfermera había dicho que después de comerla debería volver a dormir y que el señor podía quedarse y él decidió dormir en el sofá del cuarto, al lado de la cama de Emilia, en vez de ir a un hotel. Antes comería algo en el barcito del hospital. Cuando salía de la habitación en busca de un *panino*, ella le preguntó:

—¿Le avisaste a Manuel?

A él le dolió que ella lo nombrara. Ese hombre era un intruso.

—No, no sé el número.

—No importa, yo me encargo. Alcanzame la cartera del *placard*; ahí está mi celular.

Fedele se la alcanzó y se fue. Estaba afuera del cuarto cuando escuchó la voz de Emilia y se quedó pegado a la puerta.

—Hola, Manuel... Ya nació... Sí, yo tampoco lo puedo creer. Es preciosa. ¿Parecida...? Hum... no sé...

Y Fedele ya no quiso escuchar más, cada palabra era una bofetada. No había manera de escapar de esta situación inevitable. ¿Podría él soportar eso?

Una hora después, los dos dormían en el mismo cuarto. Ella, en la cama; Fedele, en el silloncito. Pero a ambos los unía un idéntico sentimiento: Dios mío, que todo salga bien.

* * *

La mañana fue tranquila. Emilia desayunó lo que le trajo la enfermera y Fedele, tras despertarse, darle un beso y preguntarle cómo había sido su noche, se fue a ver a la beba. Al cabo de un rato, regresó con la noticia de que todo seguía igual. Luego, se dedicó a hacer otras llamadas. Avisó del nacimiento a más amigos y dio órdenes en el restaurante. Mientras tanto, Emilia bajó y tuvo un rato de amor con su hija; la tocó todo lo que la dejaron, pero para ella no fue suficiente. Tantos cables, tanto control, la preocupaban. Había algo que a su corazón de madre no la dejaba tranquila. Además, le habían dicho que sólo podía ver a su hija en ciertos horarios.

Volvió a su cuarto apesadumbrada y el resto del día se lo pasó dormitando y preguntando por la bebé. A su lado, Fedele cuidaba su descanso, pero cuando se hicieron las cinco de la tarde, se preparó y fue a la estación de trenes a buscar a su madre.

Tras la partida de Fedele, entró la enfermera y le sacó sangre a Emilia. A los pocos minutos, ya en el horario de visita, llegó Benito Berni. Ella lo recibió contenta. Al fin y al cabo, había pasado el momento más importante de su vida junto a él y lo cierto era que, si Berni no la hubiera socorrido, quién sabe qué hubiera pasado.

—¿Cómo sigue la bebé? —preguntó él con interés.

—Igual. En un rato el doctor nos dará el parte médico.

—Es que es tan chiquita —dijo Berni recordándola.

—Sí, es que nació antes de tiempo... Vio cómo son estas cosas... ¿Usted, tiene nietos?

—No, ni hijos —le aclaró de entrada para evitar más preguntas incómodas y decidió cambiar de tema—. ¿Su marido no está?

—Fue a buscar a su madre a la estación de ferrocarril. Adela viene de Ancona —dijo el nombre femenino a propósito.

A Emilia le pareció que Berni pestañeó más rápido. ¿Fue así o sólo le pareció a ella?

—Ah... viene de lejos —respondió él.

Emilia decidió hacerle la pregunta que le quemaba la boca: ¿conocía a Adela Pieri? Ese hombre ya no era un extraño y sintió la suficiente confianza para hacerlo.

—Discúlpeme, Berni, ¿puedo preguntarle algo?

—Sí, claro.

—¿Usted conoce a alguien de nombre...?

Emilia, a punto de decir el nombre de Adela, no pudo terminar la frase. La enfermera había abierto la puerta y desde allí le anunciaba:

—Tiene más visitas. Llegó el señor Manuel Ruiz.

Berni, sintiéndose un extraño, decidió marcharse. Se excusó, la saludó y, ya con Manuel adentro del cuarto, alcanzó a decir:

—Emilia, si no le molesta, mañana vuelvo...

—Venga cuando quiera —le dijo ella sin mirarlo porque la figura de Manuel captaba toda su atención.

Se saludaron con un beso emocionado. Él le traía un ramo de flores.

—Emilia, no lo puedo creer... Decí que vine antes a Italia. Ni que lo hubiera presentido. Me dijeron que para verla tengo que esperar el horario de visita.

—Sí, sí...

Y como si fuera un viejo amigo a quien no veía desde hacía mucho tiempo —aunque dos días atrás habían compartido el almuerzo—, ella le contó cómo había sido la aventura de romper bolsa y dar a luz en un *Rolls-Royce*. Pero entre ellos había una gran distancia. No existía cercanía, ni complicidad.

Manuel estaba conmovido. Había tenido un hijo y actuaba y hablaba en consecuencia a esta emoción:

—Emilia, estuve pensando mucho en nosotros. Creo que nos debemos una oportunidad. Pensá que tenemos una hija.

—Ay, Manuel...

—Yo, a vos, te quiero. A veces, puedo estar metido en otras cosas, como el tema de la beca, pero mi sentimiento por vos, está siempre. ¿Sabés? Nunca en mi vida hubo una mujer más importante que vos.

Eso era verdad, pensó Emilia, pero lo demás era una locura.

—Manuel, sos el padre de la beba... pero que nosotros sigamos...

—Pensalo, yo te propongo que volvamos. En dos meses termino de rendir y nos instalamos los tres en Argentina.

Fedele, que recién llegaba y estaba abriendo la puerta, alcanzó a escuchar la última frase y se desfiguró.

El encuentro fue fatal. Ambos se fulminaron con la mirada y, aunque nadie dijera nada, ellos dos enseguida supieron quién era cada cual. Se saludaron fríamente. Emilia los observaba. Adela, detrás de la figura de Fedele, también. Nerviosa, se acomodaba el cabello castaño que le caía sobre la cara. Su hijo le había explicado la situación.

Hablaron del nacimiento y detalles del sanatorio, pero el ambiente seguía tenso. El aire podía cortarse con cuchillo.

Después de los tres o cuatro comentarios poco felices que se dijeron los dos contrincantes frente a las mujeres que permanecían mudas viendo la riña verbal, la enfermera les avisó que las visitas podían pasar un ratito a ver a la beba. Entonces, la extraña pareja formada por Adela y Manuel partieron a conocerla.

Fedele y Emilia, al saberse sin compañía, se dijeron lo que pensaban con sinceridad.

—Fedele, no seas así con Manuel. Está solo, en otro país...

—¡Pobrecito, claro! ¡Ay, Emilia, no me pidas pavadas! Escuché lo que te decía cuando entré y no oí que le respondieras que no.

—Cómo iba a responderle, si justo entraste vos con tu mamá.

Estaban a punto de empezar una discusión cuando tocaron a la puerta.

Era el médico. Vino especialmente a explicarles que la niña no estaba bien, que había tenido un retroceso. Pensaban que era un virus que había afectado los órganos respiratorios. La pasarían a otra sala de la *nursery*, a un sector aislado, y ya no la podrían ver.

Emilia se abrazó a Fedele y comenzó a llorar. Pero el médico aún no había terminado:

—También tengo otra mala noticia: usted, Emilia, no se podrá ir. Los últimos análisis de sangre muestran sus glóbulos rojos muy bajos.

Las dos novedades preocuparon a Fedele; pero al escuchar la de su hija, Emilia se quebró. Lloraba en sus brazos cuando Manuel y Adela regresaron y se enteraron de las malas noticias. Hacia el final del horario de visita, Manuel se lamentaba por la complicación que sufría la beba y porque ya debía retirarse, a pesar de haber llegado hacía sólo un momento. Para colmo de males, dejando a Emilia con el italiano. Adela, por su parte, se entristecía igual, pero se quería quedar, deseaba hablar con Emilia, que le diera detalles acerca de cómo ocurrió el nacimiento y, sobre todo, si había llegado hasta el castillo. Pero los ánimos no estaban para eso. Ya le contaría Emilia, cuando estuvieran tranquilas; o Fedele, al día siguiente, si sabía algo, porque esa noche ella y Manuel se organizaban para instalarse en un hotel ubicado a pocas calles del hospital.

En media hora, esa mujer y ese muchacho que se acababan de conocer, se marchaban. Adela, que pensaba que lo mejor era no molestar, consolaba a Manuel diciéndole —un poco en español, otro poco en italiano— que mañana sería otro día, que, tal vez, todo estuviera mejor.

* * *

Esa mañana, Berni se levantó optimista. Era la segunda vez que se despertaba así. Desde el día del nacimiento de la beba, algo dentro de él había cambiado. La noche que había vuelto a su casa después de dejar a la chica argentina y a la criatura en el sanatorio, vio en su escritorio las huellas de lo que había estado por hacer y las encontró absurdas; mirando la pistola se sintió ingrato por muchas razones: alguna vez, su madre había sufrido como Emilia Fernán para alumbrarlo; alguna vez, él también se había abierto paso a la vida como esa beba poniendo toda su fuerza para poder nacer y que, con la fortuna de su lado, lo había logrado. Porque no era fácil ni común nacer. Él lo había visto con sus propios ojos. La irrupción de un nuevo ser humano en este mundo era un momento mágico, como el que él, al comienzo de su existencia, había tenido. Sólo que al no quedarle grabado en su memoria consciente, lo había despreciado. Sin embargo, la experiencia de revivirlo a través de Emilia le había cambiado la visión de todo. Un cúmulo de emociones profundas lo había sacudido. Y tan importante había sido el golpe que, ahora, estaba alistándose para visitar la clínica. Creyó que acompañar a Emilia y conocer cómo seguía la historia de esa criatura le daba fuerzas para desterrar viejos y negros pensamientos. Por eso, quería saber cómo evolucionaba. Pero al mismo tiempo, porque esa bebé y su madre le interesaban. Era extraño, pero compartir ese momento había creado un vínculo férreo y él no estaba acostumbrado a tenerlos. Por primera vez poseía sentimientos fuertes y no los rechazaba, como solía hacer.

Era como si su cabeza fuese una computadora y el parto le hubiese reseteado todos sus pensamientos, como si al reiniciarse, en lugar de centrarse en la muerte, su mente se concentrara en la vida.

Después de quitarle las balas, Berni guardó la pistola de su padre en la caja fuerte. Ya no quería tenerla a mano.

Con la mente despejada, decidió desayunar bien y luego partir. Fue a su *placard* y en una especie de festejo íntimo, porque se sentía bien consigo mismo después de mucho tiempo, tomó uno de esos conjuntos que *Dior* le había enviado al comienzo del invierno y que aún no había estrenado, eligió un pantalón de vestir, un *sweater* de hilo celeste como sus ojos y se miró al espejo. Se sentía bien y quería verse bien. Además, ese lugar estaría lleno de gente y a él todavía le costaba un poco relacionarse. Mejor si estaba bien vestido. Disfrutar del acto de cambiarse le resultó raro, pero cuando se puso perfume, y le dio placer, se sintió más raro aún.

Desayunó café con una *sfogliatella*, algo que hacía años que no comía. Se sentía lo suficientemente optimista como para hacer cosas diferentes. Las habían preparado en la cocina para que se las llevara a Emilia. En el castillo, todos sabían el desenlace de la historia de la joven que había llegado preguntando por un cuadro; hasta en Piacenza se hablaba de ello. ¡Porque pensar que el conde Berni hubiera atendido un parto en su *Rolls-Royce* era extraordinario! ¡Una historia que merecía ser contada!

Eran las diez y media cuando partió silbando a bordo de su *Jaguar*. El *Rolls-Royce* aún no se lo habían entregado; seguía en manos de la gente del lavadero donde Massimo lo llevó a limpiar.

* * *

Esa misma mañana en el hotel donde estaban instalados Adela y Manuel, cada uno se preparaba en su cuarto con esmero y pesadumbre. Manuel, porque quería presentarse lo mejor posible para impresionar bien a Emilia y porque, inevitablemente, se medía con Fedele, a quien veía más que cuidadoso con su aspecto. Aunque por otro lado, sintió pena al pensar que había dejado en suspenso su vida en Estados Unidos para cruzar el Atlántico y comprobar que todo iba irremediablemente mal.

En el otro cuarto, Adela, apesadumbrada, se afligía por Emilia, que le hacía acordar a su propia experiencia de madre, al amor que ella le había tenido a Fedele cuando bebé. Frente al espejo, podía imaginar cuánto estaría sufriendo esa chica. Con el secador y el cepillo en cada mano, se hacía el *brushing*. La clínica se llenaría de visitas y ella deseaba hacer quedar bien a su hijo. Por eso, elegía su mejor *jean*, botas altas y una camisa blanca bordada. Taco y vestido no pensaba ponerse, no había traído, ni siquiera tenía en su casa. Ella era bastante *hippie* para vestirse y Fedele ya lo sabía.

Adela y Manuel habían desayunado en el hotel y ahora caminaban hacia el sanatorio. Era cerca, cuatro calles. Hablaban poco; él no sabía italiano; ella, casi nada de español. Encerrada en lo íntimo de sus pensamientos, mientras caminaba con las manos en los bolsillos de su abrigo color tiza, Adela no dejaba de impresionarse al saberse en esa ciudad, a pocos kilómetros del castillo que tantos años atrás había visitado y al que nunca había vuelto. Pero los problemas actuales no la dejaban ensimismarse demasiado en los recuerdos, sino que le hacían apurar el paso. Temprano, en el horario de visita de la mañana, podrían estar tranquilos con Fedele y Emilia; después, vendrían amigos y conocidos porque, a la mañana de un lunes, ¿a quién podía ocurrírsele ir? A nadie, se respondía equivocada.

A pocos metros de allí, Berni estacionaba su *Jaguar* y se bajaba silbando, tal como lo había hecho durante todo el camino, porque para él, a pesar de la llovizna, el día se presentaba lindo. Y su alma, sin estridencias ni intranquilidades, le permitía disfrutarlo a pleno.

En la clínica, Fedele cuidaba a Emilia. La había ayudado a bañarse y a desenredarse el pelo; ahora le ponía azúcar a su té y manteca a sus tostadas. La miraba y sentía que la amaba con todas sus fuerzas, aunque no se lo decía. Ella no estaba para amores; lo único que tenía en su cabeza era a la beba, a la que ya comenzaban a llamar Clarissa, que era el nombre que les gustaba.

Eran las diez y media cuando Adela y Manuel entraron a la clínica y saludaron a Emilia y a Fedele, que aguardaban al médico para que les diera el informe sobre la beba. Aguardaban, con ansias, buenas noticias y el permiso para volver a verla.

Pero cuando la puerta se abrió no entró el facultativo, sino Víctor y Adriano. El primero, de la mano de su novia. Los dos amigos habían decidido dejar de lado sus ocupaciones y viajar a Piacenza para abrazar fuerte a Fedele. Todos besaron a Emilia que, sensible y llorosa, se puso contenta de verlos. Mientras los hombres contaban pormenores del viaje y la chica conversaba en voz baja con Emilia, Manuel se sentía incómodo y ajeno. Emilia tenía una vida propia que era desconocida para él, aunque no para Fedele.

Al ver la multitud que formaban las visitas, Fedele fue hasta la puerta y desde allí le hizo una seña a Víctor para que se acercara. Cuando lo tuvo cerca, le dijo despacio:

—Somos demasiados, salgamos un rato afuera.

—¡Es que ese Manuel no la deja ni a sol ni sombra! —susurró Adriano.

—¡Sí, ya sé! ¡Es un p...! —le contestó Fedele al tiempo que le hacía una seña a Adela para que saliera con ellos.

Víctor los siguió y los cuatro se sentaron en el banco del pasillo. Fedele, sintiéndose relajado y en confianza, empezó a contar con lujo de detalles cómo había sido el nacimiento. Sin avisarle nada, Emilia había viajado en tren a Piacenza para rastrear datos del cuadro de su familia en un castillo de Piacenza. El dueño, un hombre mayor de nombre Benito Berni, al ver que se sentía mal, decidió trasladarla al hospital pero terminó asistiéndola en el parto... ¡a la vera del camino y en su auto!

Adela escuchaba el relato con atención creyendo que se desmayaría. ¡El castillo...! ¡Berni...! Pero cuando realmente parecía que se caería, no pudo hacerlo porque a espaldas de Fedele, pero de frente suyo, una imagen del pasado se acercaba caminando con aplomo hacia ella. Después de lo que había escuchado de boca de Fedele, Adela sabía que era de verdad y no un espectro de su imaginación. Esa misma imagen que alguna vez había amado, ahora caminaba con esos pasos grandes que en otra época de su vida fueron su locura; y la miraba con esos ojos azules que había creído que nunca más vería y que en tiempos lejanos la devoraron; ahora se acercaba más y más y ella veía cómo las nieves del tiempo habían plateado sus sienes... y un poco más... que unas líneas desconocidas marcaban la piel de su rostro. Sólo su porte imponente era idéntico.

Fedele se puso de pie.

—Mamá, él es Benito Berni, de quien te estaba hablando. —Y mirando a Berni le dijo—: Ella es mi madre, Adela... Adela Pieri.

Ella también se puso de pie, pero temblando. Esto no podía ser verdad. No.

Benito la miraba y tampoco decía nada. ¿Adela Pieri? ¡Adela Pieri! Adela...

Se observaban con los ojos y con el corazón.

Berni, que gracias al nacimiento de la beba, llevaba dos días aflojando la dura coraza que por años había llevado, sintió que el interior se le resquebrajaba entero, se le partía en mil pedazos.

—Adela...

Ese cuerpo delgado, esa nariz respingada, ese pelo castaño, era ella. Sólo su piel estaba diferente, unas pequeñas líneas rodeaban sus ojos marrones y algunas surcaban su frente. Era una copia de su Adela, tal como si la hubieran envejecido en una película.

—Benito... —dijo ella al fin.

Y él le reconoció la voz, esa que tantas veces se había imaginado relatándole cosas bajo la pérgola y volvió a repetir:

—Adela...

Fedele los miraba y no entendía qué era lo que estaba pasando. ¿Acaso ellos se conocían? ¿O esa ridícula forma de repetir sus nom-

411

bres era el saludo que se iban a dar? Víctor se puso de pie y vino a salvarlos. Mientras le estrechaba la mano a Berni, lo felicitó por la audaz actuación.

Fedele, inquieto al ver tanto silencio molesto, intentó hacer un comentario sobre la salud de Emilia, pero no terminó la frase porque llegaba el médico. Tenía noticias.

El facultativo entró al cuarto y todos lo siguieron. Incluidos Adela y Berni, que apenas podían caminar de la emoción, al sentir que al entrar por la puerta sus codos se habían rozado. Dentro de la habitación, fue tremendo para Adela mirar a Fedele muy cerca de Benito y comprobar que con idéntica estatura eran los dos más altos de la sala; también, que tenían los brazos cruzados sobre el pecho en igual forma; y, que cada tanto, ambos abandonaban esa postura y se pasaban la mano por el pelo como señal inequívoca de que estaban nerviosos. Claro, cada uno por su propia razón, pero nerviosos; ella los conocía muy bien. Podía haberse quedado horas mirando esa magia, pero la voz del doctor la volvió a la realidad. Él los ponía al tanto de la salud de la reciente madre.

—Los análisis de Emilia han dado bien —dijo y mirándola a ella agregó—: Si todo sigue como hasta ahora, mañana te daremos el alta y podrás irte.

—¿Y mi hija? —preguntó ella, inquieta. Clarissa era lo único que le importaba.

—La bebé seguirá aislada en la *nursery*. La infección continúa, pero como en medicina, dos más dos no son cuatro, hay que esperar y no desesperarse.

Emilia lloraba otra vez en brazos de Fedele.

El grupo se retiró. Todos creyeron que lo mejor era dejarlos a ellos dos tranquilos y que fuera Fedele quien la consolara. Manuel, que no terminaba de encontrar su lugar en ese cuarto, también se iba e, incómodo, decidía salir a la calle a dar una vuelta. No aguantaba más tanto italiano junto. ¡Y encima ese Fedele, que se creía el dueño de Emilia! Aunque, la verdad, era ella la que le daba los permisos para que él fuera la estrella en todo.

En la puerta, las visitas se despidieron. Víctor, su novia y Adriano volvían a Florencia; era día laborable y sus trabajos los esperaban. Parecía que Berni también se marchaba pero acercándose a Adela y juntando valentía, le dijo:

—¿Vamos a tomar un café?

Adela guardó silencio hasta que al fin respondió:

—Puede ser... ¿En el barcito de aquí?

—No, vamos afuera. Este encuentro merece más que un café en el bar de un hospital. Hay uno lindo a dos calles de aquí.

Adela lo miró a los ojos; eran igual de azules que siempre. Claro que iría.

—Vamos —le dijo decidida.

Salieron a la calle y el viento frío les dio en el rostro. Adela metía, otra vez, sus manos en el abrigo; y Berni, en su piloto azul. Caminaban por Piacenza como si fuera lo más normal del mundo. A nadie parecía llamarle la atención esta pareja de gente grande que iba muda uno al lado del otro. Avanzaron así las dos calles y para Adela fue un alivio entrar al bar; era evidente que Berni seguía igual de introspectivo. Él también sintió lo mismo porque durante el camino había pensado en decir al menos quince frases y ninguna le había parecido la adecuada.

Pidieron dos *espresso* y se sacaron los abrigos. El *sweater* celeste que estrenaba Benito nunca pensó que viviría tanta emoción en un solo día después de haber permanecido sin estrenar en el cajón del *placard* unos tres meses. La camisa blanca y bordada de ella cumplía su parte haciendo resplandecer el rostro de Adela, ese que Berni no paraba de mirar.

—No puedo creer que hayas sido vos quien ayudó a Emilia en el parto —le dijo Adela con sinceridad.

—Es que ella vino a mi casa en busca de un cuadro... y se sintió mal —dijo perdiendo la mirada en lo sucedido ese día. Pero sin explicarle los detalles; seguro que Adela ya los sabía a todos.

Adela pensó unos segundos y decidió decírselo; peor para él si se enojaba:

—Es que ella estuvo preguntándome sobre esa pintura y fui yo quien le habló de Piacenza...

—¿Vos le dijiste? —preguntó incrédulo.

—Sí... es que lo buscaba porque fue de su familia.

—Nunca pensé que vos... —dijo Berni con una mueca que casi fue una franca sonrisa.

—Lo siento —se disculpó ella acomodándose nerviosa el mechón de cabello marrón que le caía sobre el rostro.

–No lo sientas. Estuvo bien que se lo dijeras; si no, no estaríamos aquí y yo no habría pasado por la experiencia de un alumbramiento.

A Adela le gustó lo que oyó. Sólo un hombre sensible podía decir algo así. No lo hubiera esperado de Benito. Tal vez había cambiado. Los hijos y los años cambiaban a las personas.

–¿Qué ha sido de tu vida? ¿Tenés familia? –preguntó ella.

–No, no tengo a nadie. Ni esposa, ni hijos. Sólo una hermana –se lo aclaró de entrada, como siempre hacía.

–¿Vivís en el castillo? ¿Esa es tu casa?

–Sí, desde hace unos años. ¿Y vos? Ya veo que te casaste y tuviste un hijo. Es un buen hombre ese Fedele Pessi. Me cae bien.

A Adela el corazón le latió con violencia y le pareció que el rubor que le subió al rostro fue tan fuerte que Berni lo había notado.

–Me casé hace mucho y sólo lo estuve siete años, después quedé viuda.

Poco, pensó Benito. Y agregó:

–Yo, al fin, viví gran parte de mi vida en Francia.

Y ese fue un tema que vino a salvarlos de tener que hablar de más intimidades. Él le contó de su galería de arte, de que su trabajo en los últimos tiempo ya no lo satisfacía más y por eso había vuelto a Piacenza.

Adela le contó de sus años en el restaurante de Florencia, de su vida actual en Ancona, de sus caminatas en el mar, de su *atelier*, de sus hermanas que vivían en un pueblo cercano. También de la muerte de su nieto en Atocha y la de sus padres acaecida años atrás. Ella nombraba a Rodolfo Pieri y a Benito Berni parecía querer atacarlo un escozor, pero no llegaba a hacerlo del todo, porque la charla estaba demasiado interesante y la compañía, por demás agradable. Era como si el alumbramiento hubiera partido su vida en dos, una parte antes y otra, después de este, así como alguna vez le había pasado con el terrible día de su cumpleaños número diez. Escuchaba comentarios sobre el padre de Adela y se daba cuenta de que algunos nombres y situaciones ya no le causaban ni una sola sensación, ni buena ni mala.

Benito y Adela llevaban casi dos horas de charla donde la tensión del principio había dado paso a una extraña familiaridad. Aunque habían hablado mucho de todo, no habían tocado los temas más dolorosos y nada se habían dicho del sufrimiento de Adela cuando él, años atrás, se marchó; tampoco de por qué él nunca le contó de la muerte de sus padres y de la participación de Pieri en el triste suceso;

414

ni se conversó de su obsesión por juntar los objetos; mucho menos, de Fedele... ese hijo que habían tenido juntos.

Pero a Adela le había gustado conversar con este hombre, con quien tenía una historia inconclusa. El encuentro había sido agradable. Benito, a su lado, sentía que la vida se le desbarrancaba pero no le importaba, le gustaba. ¡Qué placer escuchar de nuevo esa voz cálida y particularmente afónica contándole menudencias a su lado!

El tiempo se les pasaba volando y se les acababa. Adela debía volver a la clínica. Caminaron juntos otra vez; sólo que en esta oportunidad no había silencio, sino charla animada. En la puerta del hospital, al despedirse, Benito le prometió que volvería al día siguiente. Ambos se sorprendían del acontecimiento que había motivado este reencuentro.

* * *

Adela entró al hospital y fue al cuarto de Emilia. Allí, tendidos en la cama, ella y su hijo dormían; él la tenía abrazada. En verdad, Fedele la quería mucho, pensó, y sin hacer ruido, se retiró. Mejor, dejarlos descansar.

Se sentó en el banco del pasillo y a solas consigo misma, meditó en el encuentro que acababa de tener en el bar. Jamás había pensado vivirlo a estas alturas de su vida, menos allí, ese día y por la razón de un cuadro, la famosa pintura del maestro Fiore. Esa que había tenido en su casa tanto tiempo y que Benito se había llevado como venganza.

Esa pintura que, Adela sin saberlo, esperaba hacía años reencontrarse con la otra que estaba en Argentina. Esa que había sido pintada por la joven y bella Gina con sus manos llenas de amor y guiada por el deseo de su corazón de no separarse nunca de Camilo, su marido. Ese cuadro que haría todo lo que tuviera que hacer para encontrar su dúo, su par; incluso, unir a esos dos viejos enamorados que habían sido Adela Pieri y Benito Berni.

Para Emilia y Fedele, ese día fue triste; pero para Adela, más turbador que otra cosa. Después del reencuentro, las horas transcurridas en la clínica las llenó de recuerdos y melancolía.

En su casa, a Berni una idéntica remembranza lo invadía. Esa noche, mientras le servían la comida en el salón dorado, él se llenaba de deseos de compartir la cena con Adela Pieri, conversando de viejos tiempos, de trivialidades dichas por la voz melodiosa de ella.

Rodeado de los objetos que había perseguido por años y liberado de la idea de suicidarse, Berni disponía de las veinticuatro horas del día para lo que se le diera la gana. En este caso, recordar a Adela y quererla cerca. Tuvo una idea y pensó llevarla adelante. Tomaba un trago de su copa de *ortrubo* y el vino le daba claridad para hacer realidad sus deseos.

* * *

Al día siguiente, Benito Berni se levantó muy temprano y antes de las nueve de la mañana se presentó en el hospital de Piacenza. En la recepción, pidió que llamaran al señor Pessi, necesitaba hablar con él de forma urgente.

En minutos llegó Fedele con cara de sueño, pero a Berni le pareció que estaba mucho más repuesto que la última vez que lo había visto. Durante la noche, él se había ido a bañar al hotel de Adela y ella le había comprado ropa interior y una camisa azul, que ahora estrenaba. Porque Fedele, cuando llegó a Piacenza, lo hizo con el apuro del caso y nunca pensó que terminarían quedándose varios días en ese lugar. Por suerte, pensó, esa mañana a Emilia le daban el alta, aunque él sabía que visitar a la bebé desde Florencia sería todo un trastorno, algo por solucionar. Pero aun así, se sentía aliviado de que, al menos, Emilia estuviera bien.

Berni y Pessi se saludaron con cariño, comenzaban a apreciarse; más ahora para Fedele, que su madre le había contado que se conocían de jóvenes, de la *Academia Pieri*.

Benito, después de preguntarle si había alguna novedad y de recibir como respuesta que todo seguía igual, decidió ir al grano:

—Mire, Pessi, le traigo una propuesta.

—Sí, dígame.

—He pensado que si hoy le dan el alta a Emilia sería una buena idea que se instalen todos en mi casa. Florencia está lejos para que viajen todos los días.

La propuesta tomó de sorpresa a Fedele, que recién se despertaba.

—¿A su casa…?

—Sí, al castillo. Allí tengo lugar de sobra. Imagine que hay toda un ala para huéspedes, serían siete cuartos disponibles para ustedes.

—Le agradezco, Berni, pero por más que tenga lugar, me parece que sería una molestia demasiado grande.

416

—No, para nada, mis empleadas nos ayudarían con todo, además...
yo la conozco a su madre desde hace mucho... ella es una persona
querida para mí.

—Sí, me dijo que se conocen desde jóvenes.

—Entonces, no lo piense más.

—Mire, Berni, tendría que consultarlo con las mujeres porque,
además, están por llegar los padres de Emilia que, en principio, iban
a parar en Florencia... Pero con este acontecimiento...

—Con más razón, ellos también podrían hospedarse en mi casa.

—No sé...

—Consulte, por favor, igual que al señor Manuel Ruiz.

—A él, pregúntele usted, yo no tengo tanta confianza para eso. Mire,
allí llega —dijo señalando a Manuel, que en ese momento entraba por
la puerta principal y se acercaba al médico en busca de noticias. Berni
asintió con la cabeza. Charlaron dos palabras más y se despidieron.

Benito se acercó a Manuel con la propuesta y él de inmediato le
respondió que no tenía problema. Ese hospital comenzaba a marearlo,
a asfixiarlo. Pero mucho de eso tenía que ver con la triste noticia de
que su hija no seguía bien. Eso era lo que el médico acababa de decirle.
Su estadía en Italia no estaba siendo lo que había creído que sería; la
única simpática con él era una joven enfermera colombiana que había
descubierto y con quien había mantenido un par de agradables charlas.

La propuesta de Berni fue circulando entre los invitados. En un
principio, fue considerada como una locura; pero al pasar las horas,
ya no lo pareció tanto y comenzó a ser aceptada por todos. Emilia
pensaba que, instalada allí, residiría mucho más cerca de su hija que
si volvía a Florencia. Además, ese hombre mayor que venía todos los
días a ver cómo seguían ella y su hija y les traía delicias hechas en su
cocina, comenzaba a sentir como alguien de la familia.

Fedele terminó aceptando. Estaba seguro de que sería lo más prác-
tico y, al fin y al cabo, en esto Emilia tenía la última palabra. Para
Adela las razones eran más complejas e importantes: dormir en esa
casa significaba romper la maldición que con Berni los había separado,
era empezar una etapa diferente, en donde la frustración y la aflicción
que había sentido ante el odio existente entre su apellido y el de Berni,
al fin podrían ser derrotadas. Pero además, había otro motivo para
aceptar trasladarse a ese castillo —uno que ni ella misma se permitía
reconocer—: tener cerca a Berni le seguía gustando. Ese hombre ma-

417

yor era una copia sensible y madura del Benito Berni que ella había conocido. Claro, que los años también habían pasado para ella.

Para moverse con libertad, Berni le había dicho a Manuel Ruiz que ponía a su entera disposición el *Jaguar*; cl *Rolls-Royce* ya estaba de vuelta en el castillo. Además, también estaban disponibles la 4x4 y el Citroën último modelo.

Era casi el mediodía cuando en la recepción del hospital el doctor despidió al grupo diciéndole que el próximo parte sobre la salud de la criatura lo daría a última hora de la tarde. Consternada y al borde de las lágrimas, Emilia pensó que a esa hora su padre y Vilma estarían llegando. ¡Por Dios, cómo los necesitaba! ¡Que llegaran ya de una vez! Pensaba que si no fuera por Fedele, que se había convertido en el pilar de su vida, en esos días ella se hubiera derrumbado. Porque observar a su hijita llena de cables la había acongojado, pero que no se la dejaran ver, la desesperaba, la llenaba de impotencia. Sus ojos estaban rojos de tanto llorar. Se bañaba y comía sólo por obligación y los interrogantes que ella había tenido sobre Adela y Berni ya no le interesaban en lo más mínimo, porque nada, nada que no fuera Clarissa, le importaba. Aún no se habían marchado y Fedele ya comenzaba a preocuparse por ella porque, una vez fuera de la clínica, habría que ver cómo hacer para que Emilia comiera.

* * *

Eran las dos de la tarde y Adela, Manuel, Fedele y Emilia ya se habían instalado en el castillo. Pero Ruiz no había sacado ni el cepillo de dientes de su bolsito y el lugar ya comenzaba a caerle mal: Emilia y Fedele dormirían en el mismo cuarto y a él no se le olvidaba que a su hija sólo la había visto una sola vez y, para peor, seguía grave. Italia y los italianos le caían muy mal.

Almorzaron todos juntos unas *piatina* de forma rápida y sin mucho protocolo; luego, descansaron un rato.

Tras levantarse, Emilia y Fedele partieron a la clínica; y Manuel, en el *Jaguar*, se dirigía al aeropuerto de Florencia a buscar al padre de Emilia y su mujer.

Adela y Benito se quedaron en el castillo. Él aprovechó para guiarla por algunas de las salas de su mansión. Y ella, caminando con sus botas altas por la alfombra roja de vivos negros, se impresionaba no sólo por lo imponente que era cada una de las cámaras sino porque allí, entre las delicadas obras de arte, estaban algunos de los objetos con los que ella había convivido de niña en su casa. Ante el Tiziano quedó estupefacta. Ella, que desde niña había sido criada en la admiración de los clásicos, se consideraba una privilegiada por estar, en vivo y en directo, frente a la obra de un exponente de la escuela veneciana. Imaginaba cuánto lo hubiera disfrutado su difunto padre y se le hacía inevitable pensar qué hubiera dicho si supiese que ella estaba allí, paseando en ese castillo, entre esos objetos.

Con el último sol de la tarde, Benito la llevó a caminar por el parque y allí, bajo la arboleda de la punta, mientras conversaban tonteras y Adela lo veía hacer algunos de los gestos de Fedele, se preguntaba si tendría el valor de decirle que él era el hijo de ambos. Tal vez, más adelante... ¿Y si hablaba ahora? No, claro que no. Su cabeza pensaba estas cosas pero su boca hablaba de lo bien que le hacía el yoga y cuánta energía le daban las caminatas por la playa. Benito, como siempre, quedaba atrapado en esos simples relatos que tanto disfrutaba y en esa voz que había amado y que ahora, si le preguntaran, diría sin dudar que nunca había dejado de amar. ¿Qué era el tiempo al lado del amor? Nada, sólo un suspiro. Igual que al lado del odio. Él había conocido a ambos y podía decir que el tiempo pasaba pero que los sentimientos quedaban; sólo que había que saber cuál elegir porque él se daba cuenta de que el odio sólo le había traído infelicidad. Pensaba que en algún momento tendría que pedirle perdón a Adela porque ella, al fin y al cabo, también había sufrido las nefastas consecuencias de ese sentimiento que lo había acompañado férreamente en sus peores años; porque ella, justamente, lo había conocido en su peor época. ¿Se lo diría ahora o más adelante? No lo sabía.

* * *

Fedele y Emilia entraron a la clínica tomados de la mano. Él la observaba tan triste y sufrida, que se le partía el alma; nunca la había visto tan callada y cabizbaja; no le conocía esta faceta taciturna, pero ahí estaba para protegerla y sostenerla. Ella, a su lado, pensaba en el apoyo incondicional que había recibido de Fedele. En estos días, él la había cuidado como nadie, la había ayudado a bañarse, le había cortado la carne de la comida. Incluso, hasta temiendo que se resfriara, había salido apurado a comprarle un secador de pelo –porque el de ella estaba en Florencia– y la muda de ropa que ahora llevaba puesta: un *jogging* y zapatillas. Aunque ella, de tan triste, podría haberse puesto una bolsa de arpillera y le hubiera dado lo mismo.

A la hora exacta en que el médico daría el parte, se presentaron frente a la *nursery*. De pie, apoyados contra la pared del pasillo, mientras Fedele la tenía abrazada, esperaron cinco minutos. El doctor aún no llegaba, pero a Fedele los movimientos que vio no le gustaron. Dos enfermeras los miraron y cuchichearon; otro de los facultativos pasó al lado y los saludó rápidamente, como queriendo escapar de preguntas incómodas. Entonces, él tuvo la certeza antes de que ella lo sospechara, antes de que nadie se los dijera: Clarissa ya no estaba entre ellos, ella habitaba en el mismo mundo que su hijo Carlo, en el de los ángeles. ¿Cómo tomaría la noticia Emilia? ¿Cómo lo soportaría? Se movió incómodo sobre sus propios pies, como si un veneno letal le estuviera atacando el cuerpo. Él trataba de pensar que estaba equivocado cuando llegó el médico y sus tristes palabras fueron la evidencia de su premonición: la niña ya no estaba con ellos, había partido de este mundo.

Él escuchaba la explicación y Emilia se derrumbaba en sus brazos al son de una cadena de «¡No! ¡No! ¡No!» dicha en un grito largo y lastimero. Emilia, que seguía de pie, había apoyado la cabeza en el pecho de Fedele. Pero con el hipar del llanto se había deslizado más abajo aún, a la altura del ombligo de él. Y allí, como si un gran mazazo le hubiera bajado la cabeza, ya no quería levantarla. No podía... Él intentaba incorporarla y ella no se lo permitía. Al abrigo de la camisa azul comprada el día anterior, Emilia lloraba el llanto de madre y pronunciaba los «¡No! ¡No! ¡No!» una y otra vez. Otra vez y una.

Porque ese bebé que ella al principio no había deseado, pero que había aprendido a amar con el correr de los meses, se había ido para siempre. Ese bebé que Manuel no había querido, pero que ella y Fedele sí, ahora, teniendo en Florencia un cuarto decorado con ositos amarillos, listo para recibirlo, no lo usaría nadie, porque Clarissa no estaba y las ilusiones de cargarla junto a Fedele y sentirse invencibles con esa hija en brazos se rompían, se desintegraban. Y cómo dolía... El interior de Emilia se desgarraba y Fedele, con su mujer en brazos –aunque por ella quería ser fuerte–, también lloraba. *¡Puttana madre! ¡Merda!* ¿Por qué la vida era así? ¿Por qué? Te abría la mano y te daba por un lado, pero te la cerraba y te quitaba por el otro.

Emilia, mi amor. Emilia, mi vida. Emilia, dulce Emilia. Él sabía bien por el calvario que ella estaba pasando. Él ya lo había vivido, sólo que esta vez, al menos, la tenía a ella para consolar. La otra…, la de Atocha, no había tenido a nadie. Lloraba por Clarissa, que no conocería el sol, ni el mar, ni los abrazos. Lloraba por él, que se había hecho ilusiones pero, por sobre todo, por Emilia; cuando poniendo todas sus fuerzas consiguió incorporarla, colocarle la cabeza a la altura de la suya, la abrazó con todas sus fibras. Y allí, en el pasillo de la *nursery*, frente a una de las enfermeras, que también lloraba ante la escena que ofrecía la pareja, Fedele le dijo lo único de valor que tenía para decir:

—Te amo —se lo dijo tomándole la cara entre las manos y la besó mientras las lágrimas de los dos se confundieron.

Media hora después, salían de la clínica. Eran otros; nunca más volverían a ser los de antes; una capa más se unía a las otras que Fedele tenía en su haber de sufrimiento. Para Emilia, era la primera de esta clase. Pero la vida era así: un cúmulo de cosas buenas y malas y había que tomarla toda o dejarla.

Fedele la llevó abrazada hasta el auto y en el estacionamiento le abrió la puerta y la ayudó a subir. Luego, abrió la suya y se marcharon del hospital. Los trámites del entierro los haría él, después. Emilia no estaba para enfrentarlo; apenas si tenía fuerza para respirar.

✻ ✻ ✻

El descapotable rojo llegó al castillo y se estacionó cerca de la entrada. Adela y Berni, que habían escuchado el auto, salieron a la puerta para recibirlos. Pero les bastó ver el rostro de Fedele para saber lo que había sucedido. Fedele bajó, dio la vuelta y abrió la puerta de Emilia. Y mientras la ayudaba a poner un pie en el piso, Adela fue al encuentro de los dos. Los alcanzó a mitad de camino antes de que llegaran al ingreso y los abrazó. Los tres, unidos en un abrazo, lloraban desconsoladamente. Más sigiloso, por detrás de Adela, fue Berni que, al ver tanto dolor, se conmocionó. La muerte siempre era inmensa y horrible. Entonces, a sólo centímetros de los tres, sintió cómo una de sus propias manos se extendía y se posaba tímidamente sobre el brazo de Emilia; luego, ya más seguro, estiró la otra y la dejó en el hombro de la chica; quería consolarla, quería confortarla, quería aligerarle la carga, quería… quería que sintiera su afecto. Se hallaba concentrado en

421

la tremenda y nueva experiencia de descarga de energía, del cariño que salía de sus manos y en cómo el cuerpo de ella respondía serenándose, cuando el brazo fuerte de Fedele lo tomó de improviso y lo arrastró entero y sin permiso a ese cúmulo de abrazos y apego. Benito jamás se hubiera podido soltar; tampoco lo deseaba; le gustaba querer y ser querido. Y entonces, los cuatro se quedaron unidos y llorando por un rato. Por primera vez, Benito experimentaba algo como lo que estaba ocurriendo en ese instante, porque jamás en la vida había confortado a alguien, nunca antes se había animado a querer a alguien como para consolarlo. Sumidos en ese compartir, una nube de cariño los envolvió y los hizo invencibles. El amor se manifestaba en todas sus dimensiones. El amor era fuerte, muy fuerte. Sanaba, cobijaba y él lo aprendía allí, junto a Adela, a la chica argentina y a ese hombre grandote que, cuando quería, podía ser dulce como un niño y que a él cada día le caía mejor porque era una versión de sí mismo pero buena y mejorada.

* * *

Dos horas después, llegaron Manuel, Fernán y Vilma y se enteraron de lo sucedido. Miguel y su esposa se trabaron en un abrazo infinito con Emilia que extendieron a Manuel quien, confundido, no sabía bien qué tenía que hacer. Sólo había visto a esa hija una vez, no había estado durante el embarazo de Emilia y hacía muy poco había expresado por primera vez el deseo de querer criarla. Y Emilia, a pesar de haberle dado un beso y un abrazo, no parecía casi registrarlo.

Fernán, al ver a Fedele quebrado como estaba, también lo abrazaba. Aún no se lo habían presentado, pero esto bien valía por un saludo. Manuel miraba a Fedele y no podía entender cómo este hombre italiano que no tenía ni una gota de sangre de esa niña estaba tan mal.

Un rato después, Berni dio las órdenes necesarias para que el cocinero del castillo preparara una comida para todos. Sus mucamas no salían de su asombro; años sin recibir visitas y la casa ahora estaba a lleno total. Los nacimientos eran mágicos y los niños venían siempre con un pan bajo el abrazo. Cuánto más en este caso, ahora que Clarissa ya era un angelito.

* * *

A pesar de la tristeza, todos se sentaron a la mesa del comedor dorado y, salvo Emilia, probaron las *pizzas* del cocinero de Berni. Ella jugueteaba con su tenedor en el plato. Fedele, a su lado, le pedía que comiera e intentaba darle los trocitos más tentadores con su propio tenedor.

Para distender la mesa, Fernán y Vilma, que hablaban perfectamente el italiano, les contaron a los presentes detalles del agitado viaje. Incluso, en un momento de confesión e intimidad, deslizaron que se habían conocido estudiando el idioma.

Una hora después, cuando Emilia descansaba en una de las habitaciones, Fedele y Manuel iban a la clínica a realizar los trámites de defunción. Sería mejor que ella reposara. Todavía le faltaba enfrentar la sepultura, que, por sugerencia de Benito, habían decidido hacer en el antiguo cementerio –a mitad de camino entre el castillo y Piacenza– donde estaban enterrados Aurelia y Mario Berni.

En el descapotable, camino al hospital, los dos hombres viajaban en el más completo silencio hasta que Manuel lo rompió para pedirle a Fedele que lo acercara a la oficina que Alitalia tenía en la ciudad de Piacenza. Le parecía que lo más sensato sería intentar cambiar el pasaje y regresar a Estados Unidos mucho más pronto de lo planeado. Claro que antes tenía que pasar por Florencia para buscar sus cosas.

No habiendo un hijo de por medio, Manuel veía difícil que él y Emilia llegaran a algo. No, por ahora. Y menos que menos, en Italia y con el italiano cerca. Aunque a estas alturas, Fedele no le caía tan mal; parecía un buen tipo. Tal vez, incluso, hasta lograra hacer feliz a Emilia. Al menos, más que él.

Adela, en la casa, miraba a Berni, con qué solvencia y practicidad se encargaba de los grandes y pequeños detalles, como eran las llamadas por teléfono al cementerio, la organización de la comida, la nafta en los autos y se preguntaba cómo hubiera sido pasar esta experiencia traumática si no hubiera estado él junto a ellos. La vida era sorprendente y siempre nos prodigaba asombrosas experiencias; algunas, agradables, como este reencuentro; otras, espantosas, como la pérdida sufrida.

Tras una emotiva, triste y corta ceremonia, Clarissa era sepultada en el cementerio de Piacenza.

* * *

Dos días después, el *Jaguar* y el descapotable partían desde el castillo a Florencia. En el primer vehículo, iba Benito al volante y a su lado, Adela; en el asiento trasero, Manuel. En el otro, iban Emilia y Fedele junto a Vilma y Fernán. Habían aceptado la propuesta de Berni de llevarlos, ya que tenían demasiadas valijas y ellos eran demasiados para hacerlo de otra forma. El último día, antes de partir, entre tantas idas y venidas, Berni había alcanzado a mostrarles el cuadro del maestro Fiore a Emilia y a su padre. Pero había sido algo rápido y con pocos comentarios. Los últimos acontecimientos los mantenían sumidos en otra cosa. Las prioridades habían pasado a ser otras y a nadie parecía importarle una pintura cuando se estaba sufriendo. Mientras almorzaban, antes de partir, el grupo había planeado volver a reunirse. Cuando los ánimos estuvieran mejores, volverían al castillo a visitar a Berni.

Al llegar a Florencia, lo primero que harían sería pasar por el *apart* de Manuel. Debía buscar sus cosas y partir al aeropuerto en pocas horas; había logrado adelantar el vuelo a Estados Unidos. Los padres de Emilia se instalarían directamente en el departamento que tenían alquilado y Adela se alojaría con Fedele y Emilia un par de días para acompañarlos; pocos, dos o tres, para no molestarlos, aclaraba ella, siempre medida y cuidadosa. Claro que aunque no molestara, ella no hubiera permanecido más de una semana porque con Berni había quedado en que en diez días él la visitaría en su casa de Ancona. Se había entusiasmado con ver ese mar del que tanto hablaba Adela y quería caminar por esa playa mientras charlaba con ella. Muchos asuntos habían quedado pendientes y en el castillo no habían alcanzado a hablar de situaciones pasadas e importantes, como cuando él, enojado con Rodolfo Pieri, se marchó de Florencia con los cuadros y demás objetos... Y la abandonó.

* * *

Cuando el grupo llegó a Florencia, todos tuvieron mucho que hacer: desde cosas simples, como bajar las valijas de los autos, despedirse y alcanzar a Manuel al aeropuerto para que llegara a tiempo a tomar su avión, hasta ayudar a los padres de Emilia a instalarse en el departamento. Pero pasadas estas corridas, la vida real tomó la conducción de los acontecimientos. Y para Emilia significó recibir una bofetada, porque llegar a su casa y ver el cuarto con la guarda de ositos, fue un dolor tan inmenso para su corazón, como el que sintió cuando vio dando vueltas por la casa las últimas ropas de embarazada que había usado. Parecía que donde más se notaba la aflicción de lo sucedido era en esas pequeñas cosas. Pero allí estaba Fedele para acompañarla y mimarla con sus detalles: le traía las películas recién estrenadas del video o las revistas en español que encargaba en un kiosco. También ayudaba el buen humor de Adela, que la entretenía con las historias de sus hermanas y sobrinas. Ella, además, cocinaba para todos porque durante su estadía no permitió que Fedele trajera comida de *Buon Giorno*, sino que todos los días la preparaba para el almuerzo y la cena. Había descubierto los gustos de Emilia y organizaba las comidas en base a verduras y pescado para lograr que ella comiera. Pero, por sobre todo, quienes cumplían un papel fundamental en la recuperación emocional de Emilia eran su padre y Vilma. La pareja iba a la casa todas las tardes y se instalaba allí hasta altas horas de la noche, cenaban y luego departían en largas y animadas sobremesas. Poco a poco, entre todos, lograban que Emilia comenzara a realizar cosas normales, como jugar una partida de naipes o sentarse en el sofá a comentar con Vilma los últimos chismes que ella sabía sobre los actores, las modelos y demás personajes de la farándula nacional. Y como una tibia devolución de gentileza, Emilia se animaba a relatarle la comidilla rica y jugosa de los jugadores argentinos de fútbol radicados en Italia.

Una de las medidas tomadas en la lucha contra la tristeza fue cerrar la puerta del cuarto del bebé y no abrirla más. Reincorporarse a la vida después de una pérdida grande no era fácil, pero los afectos ayudaban. Y mucho. También, el trabajo. Por eso, pasados unos días, Emilia había comenzado a escribir algo que le habían encargado en la revista. Al volver del restaurante y verla sentada frente a la computadora, Fedele se había puesto contento. Era una señal de normalidad y de que las cosas se iban encauzando. Emilia, poco a poco, se recuperaba y él cada día la amaba más.

Y juntos, empezaban a escribir un nuevo capítulo de su vida.

Dos meses después

Esa mañana de viernes, antes de retirarse de *Buon Giorno*, Fedele dio unas últimas instrucciones. Era temprano, pero no se quedaría a trabajar; tampoco estaría el fin de semana para ayudar porque había decidido tomarse los tres días. Él, Emilia y sus suegros partirían con rumbo al castillo de Benito Berni. Adela que, saldría en tren de Ancona, se les uniría allá. Era una visita especial que le debían a Berni. Después de los días que pasaron en su casa, sólo habían vuelto la tarde que fueron de visita al cementerio. En esa oportunidad, sólo habían compartido un té y nada más. Pero ahora que las tristezas mermaban, querían pasar un tiempo más largo en el lugar. En los peores momentos, Berni había sido generoso y sería agradable pasar unos días amenos y distendidos con él en ese lugar hermoso. Aun Emilia estaba entusiasmada y preparaba las valijas con ilusión. En ese castillo vivía aquel hombre que la había ayudado y se había preocupado por ella el tiempo que pasó sufriendo, había albergado a su familia y colaborado con todo lo que necesitaron en esos tristes días. Las inquietudes sobre si Berni era, o no era, el padre de Fedele se las dejaba a Adela. Emilia no quería hacer ninguna investigación, ni preguntar algo que pudiera entorpecer las relaciones afectivas que en este momento le daban fuerza para seguir adelante. Adela estaba bien así; Fedele y ella, también. ¿Para qué meterse en cosas que no le concernían? Lentamente, comenzaba de nuevo a ver la vida en colores después de dos meses de haberla vislumbrado sólo en negro.

Al verse seleccionando y cargando algunas de sus mejores prendas, Emilia se daba cuenta de cómo el tiempo ayudaba a olvidar viejos dolores. Hacía poco que había vuelto a arreglarse como antes y eso mejoraba su semblante. En el castillo, en un entorno fino y sofisticado, la esperaban algunas veladas elegantes. Por eso eligió un vestido negro y otro tostado. También puso en el bolso un *jean* y entonces se dio cuenta de que ya usaba toda la ropa previa a su embarazo; hasta su cuerpo volvía a la normalidad; también su vida sexual comenzaba poco a poco aunque las dos primeras veces que habían intentado hacer algo con Fedele resultó un poco doloroso, pero la tercera había salido mejor. Faltaba, de todas maneras, para que fuera como antes. Pero Emilia había querido reanudar la vida íntima en cuanto pudo. La cercanía de Fedele le hacía bien y él ya estaba desesperado por ella. La buscaba y ella no lo rechazaría; no, teniendo a Fedele cerca de otras mujeres todo el día en *Buon Giorno*. Lo amaba, él era de ella y de nadie más, pensó.

* * *

426

Por su parte, en su casa, Adela se preparaba apurada. En una hora salía el tren de Ancona rumbo a Piacenza y aún no terminaba de hacer la valija. Había preparado demasiada ropa para llevar y ahora no le entraba en la maleta. Ella, que siempre había sido informal para vestirse, esta vez, hasta había cargado un par de tacos altos, un pantalón formal y un vestido nuevo para estrenar en el castillo; pero claro, fiel a su estilo, largo al piso y de muchos colores. En el último mes, una locura se había apoderado de su vida y a sus sesenta y cinco años parecía que ella y su viejo amor de juventud, Benito Berni, comenzarían una relación. Aún no lo habían hablado abiertamente, pero él había venido a visitarla a Ancona cuatro veces, habían cenado juntos, caminado por la playa y charlado mucho. Pero lo que parecía una sucesión de situaciones sencillas, no lo había sido tanto porque él, en una cena, le había dicho que aún la amaba; en la caminata le había dado un beso en la boca y la había llevado todo el trecho de la mano; y en las charlas le había pedido perdón por los dolores que le podía haber causado en antaño. Claro que ni él, ni ella, habían entrado en detalles de esos viejos sucesos. Berni, porque ya no quería hablar de esas cosas y ella, porque conversar de eso la llevaba inevitablemente a contarle que juntos habían concebido un hijo... Fedele. Y la realidad era que ella no se sentía preparada para tanto, no todavía. Estar con él, a esta edad, le hacía sentir un vértigo casi insoportable que, suponía, tenía que ver con el viejo miedo de que Benito volviera a desaparecer de su vida y con que él era un multimillonario con todas las letras. Porque Berni, aunque estuviera mayor, podía tener en su castillo la mujer que se le antojara. Además, lo más importante para ella era que si le contaba lo de ese hijo que habían tenido juntos, terminaría afectando la vida de Fedele, a quien veía más en paz que nunca: le gustaba su trabajo, económicamente le iba más que bien y Emilia se convertía, poco a poco, en el amor de su vida. Porque Fedele se llevaba bien con Berni y lo apreciaba... pero si se enteraba de que él era su padre y que la había abandonado después de muchas noches pasadas juntos y nunca más había vuelto ni siquiera para saber cómo estaba... ¿Cómo lo tomaría? ¿Esto podía arruinar la incipiente relación que entre los dos hombres se venía gestando? ¿Podía dañar a Fedele? Preguntas sin respuestas, pero como el amor no tenía edad y ella, casi, estaba enamorada de nuevo, se preparaba para la visita al castillo como si fuera una cita. Ese día había ido a la peluquería a hacerse el color y el corte de siempre, carré, derecho al hombro.

* * *

Ese viernes, dentro de la cocina del castillo de Berni, cn Piacenza, el cocinero y sus ayudantes trabajan sin cesar para preparar los menús que se harían en los próximos días. El conde les había explicado que tendrían huéspedes alojados en la casa por tres días completos: viernes, sábado y domingo. Los empleados se organizaban y las carnes comenzaban a ser desfrizadas; las pastas, amasadas; y los *carpaccio* y antipastos, elaborados.

En el resto de la casa, las empleadas limpiaban desde temprano con la consigna que su patrón les había dado: que la casa estuviera impecable. Sus invitados dormirían allí tres noches. Había ordenado que el cuarto grande de la punta fuera para la joven pareja; el azul del ventanal, para el matrimonio Fernán; y el pequeño, en el pasillo, muy cerca del suyo, para Adela; la señora que venía sola. Él también tenía sus planes de hombre. Venía dando tímidos pasos en una relación con Adela porque ella era demasiado delicada y dulce como para avasallarla, pero ya era tiempo de pasar una noche juntos. Soñaba con recuperar lo que alguna vez había sentido con ella en la intimidad de Florencia. ¿Sería así o era algo imposible de recuperar? ¿A su edad eran más importantes los sentimientos o la piel? ¿Un cuerpo joven lo era todo? Él, que había tenido tantas mujeres, pero que una sola se le había metido en el corazón, se preguntaba: ¿qué sentiría al estar con ella a esta edad? Además… ¿Saldría todo bien? ¿Él haría el papel de hombre como correspondía? ¿Su cuerpo se portaría como debía? Creía que sí, algunas señales le daban esas certezas. Rememoró que la última vez que había estado con una mujer había sido cuatro años atrás, en Roma, con una muy joven escultora. El encuentro había sucedido en sus últimas épocas de normalidad porque luego había sucumbido en su debacle emocional y ya no le había interesado nada, ni siquiera las mujeres.

Todavía no eran las doce del mediodía cuando el descapotable rojo se estacionó en el parque del castillo y el dueño de casa salió a recibir a sus invitados. Las dos parejas saludaron con cariño a Berni y todos se pasaron el parte de algunos últimos acontecimientos de sus vidas, como los paseos que había hecho el matrimonio Fernán. Fedele calculó que en media hora debería buscar a Adela, que llegaba en tren.

Dos horas después, todos juntos almorzaban en el comedor dorado, charlaban de lo hermoso que Berni mantenía el parque, de algunas especies exóticas que lo distinguían, y él les comentaba que hubiera querido armar afuera este almuerzo, pero que los días, aún fríos y ventosos, no se lo habían permitido. Ese invierno no acababa más; aun así, él había organizado algunas actividades, y les dijo:

—Espero que hayan venido con ánimo de aventuras... porque tengo pensadas algunas.

—¿Y esta vez, qué nos llevarás a hacer, Benito? —preguntó Vilma.

—Si se animan, podemos ir de cosecha, tengo los limoneros, naranjos y mandarinos cargados de frutas.

—¡Qué hermoso! Claro que quiero ir. Llevaré la máquina de fotos —dijo Emilia.

—¿Siempre dan tantos frutos? —preguntó Vilma.

—Sí —respondió Berni, orgulloso. En el castillo, muy pocos años habían faltado las frutas.

—Lo que a mí me gustaría en estos días es ver el cuadro del maestro Fiore con detenimiento. Durante la primera visita, apenas si le dimos una rápida ojeada —pidió Miguel Fernán, que planeaba una conversación a solas con Berni. Tenía una idea que aún no había compartido con nadie, ni siquiera con su mujer y quería transmitírsela al conde.

—Claro. Yo también había pensado lo mismo. Además, me gustaría que nos instaláramos un buen rato arriba para mostrarles tranquilo mi pinacoteca.

—Sí, yo aún no he visto su Tiziano y es algo que realmente querría ver. Uno tiene pocas oportunidades de ver uno —dijo Vilma.

—Será un gusto complacerla, Vilma.

El grupo conversaba distendidamente. Se reían, comían el *carpaccio* de salmón... pero si alguien, con una cámara, se hubiera acercado a sus rostros usando el zoom hubiera observado algunos detalles imperceptibles.

Los ojos de Fedele brillaban al posarse en Emilia. Y hallándola mucho mejor, fortalecida casi por completo, se sentía feliz. Le servía vino mientras le decía al oído algo acerca del escote del vestido que, insinuante, mostraba sus senos. Buscaba despertar el deseo en ella; esa noche la quería en sus brazos.

Los ojos de Berni también brillaban. Él, en la punta de la mesa, al lado de Fedele, usaba casi la misma táctica. Le servía vino a Adela, le tocaba la mano, la buscaba con los ojos.

La mirada de Vilma se mostraba sagaz, sus ojos sobre Fedele y Benito eran certeros y observaba en detalle y con disimulo mientras pensaba: «Los genes son los genes». Ella, a estas alturas, tenía claro lo que estaba pasando. Adela le había contado la mitad de su historia, pero ella había sacado sus propias conclusiones: esos dos hombres tenían en común demasiadas cosas.

Los ojos de Fernán estaban diferentes porque él miraba a su hija y se sentía al borde de derramar lágrimas de felicidad. Al fin la veía compuesta y al lado de un hombre bueno que la amaba. Claro que él se pasaba rápido la mano por los ojos; ni loco se largaba a llorar delante de todos para que no pensaran que era un viejo gagá.

Adela, en sus ojos, también tenía un fulgor especial, pero el de ella era el del amor. La mirada azul de Benito parecía querer desnudarla y eso, a ella, le gustaba. Los interrogantes que había traído sobre el futuro y la posibilidad de hablar con la verdad se le habían olvidado por completo. ¿Qué podía recordar, si en ese momento sólo sentía la mano de Benito sobre la suya?

Comieron la carne con papas y la macedonia de frutas y después de tomar el café en una larga y agradable sobremesa decidieron aprovechar la tibieza del sol para ir tras la cosecha que Benito había propuesto recolectar. Partieron con bolsas y un par de canastos, caminaron los doscientos metros hasta donde estaban los frutales y entre risas, chistes y ejercicios juntaron una gran cantidad de limones, naranjas y mandarinas.

—Berni, te voy avisando que me llevaré una carga importante de esta cosecha para hacer los *pai* de limón y naranja en *Buon Giorno* —le advirtió Fedele.

—Sí, pero sólo si me prometes mandar uno.

—No es necesario. Si te parece bien, te hago uno hoy mismo.

—Buena idea... Y mañana lo comemos de postre.

Llevaban casi dos horas cortando fruta, riendo, descansando sentados en el césped, cuando al ver las bolsas y las canastas llenas decidieron regresar a la casa. Allí, dejaron la cosecha en la cocina y algunos, capitulando, fueron a dormir una siesta tardía.

Adela decidió descansar y Fedele le exigió a Emilia que hiciera lo mismo. Fernán y Vilma se decidieron por la caminata bajo la arboleda que no habían podido hacer porque se entretuvieron en los frutales.

Benito, al verse solo con Fedele, lo invitó a tomar un *lemonchello* sentados en la galería donde daban los últimos rayos de sol de la tarde; conversando, ambos habían descubierto que era una de sus bebidas preferidas. Berni buscó una botella nueva y dos copas; volvió, se sentó y las llenó; brindaron por la vida. Mientras lo saboreaban, Fedele le refería lo extraordinario que era el *lemonchello* de Amalfi; en ese lugar habían tomado unos riquísimos con Emilia; también le contaba que estaba probando fabricarlos con su gente en *Buon Giorno* para darle a sus clientes uno de alta calidad.

—¿Funciona bien el restaurante? —preguntó Berni interesado.

—Sí, muy bien... Excelente, diría.

—Cuánto me alegro. ¿Hace mucho que te hiciste cargo? —Adela le había contado algo sobre su vuelta de España por la desgracia de Atocha, pero no todos los detalles sobre el momento en que tomó la conducción de *Buon Giorno*.

—Hará casi cinco años... parece mentira.

—Pero antes también trabajaste en lo mismo, ¿verdad?

—Sí, de *chef* en España, Bélgica, Francia, Argentina... También de otras cosas, pero siempre dentro del rubro.

—Has hecho muchas cosas para ser tan joven.

—No creas, Berni, que porque no tengo canas soy un chico. No te engañes... —dijo riendo Fedele.

—Viejo soy yo, que tengo setenta y cuatro, pero vos...

—Un jovencito no soy. ¿Cuántos me das?

—Treinta y seis... treinta y siete, cuanto mucho.

—¡¡Gracias!! —dijo riendo—. Pero no... nací en el 68.

Benito sonrió. De todas maneras, se lo veía muy joven. Él, por ese año, estaba en... El calendario de 1968 vino a su mente y los recuerdos, también: el negocio de antigüedades, Pieri... Adela... el amor...

¿Cómo que Fedele había nacido en 1968, si él y su madre, unos meses antes...? Recordó los meses de loca pasión entre Adela y él en el hotel de Florencia y una duda se le hizo carne. No, no podía ser, era una locura.

—¿Naciste en 1968?

—Sí. ¿Ya conocías a mi madre por esos años, verdad?

—Sí.

—Entonces, recordarás cuándo nací yo y que al año siguiente mi madre se casó con Pessi.

—¿Pessi?

—Claro, mi padrastro... Un gran hombre de quien tengo buenos recuerdos aunque muy pocos, ya que murió demasiado pronto.

A Benito esta información no terminaba de entrarle en la cabeza: 1968... Pessi... padrastro. No sabía si preguntar abiertamente o no... Se decidió por lo primero:

—Entonces, ¿Pessi no era tu padre?

Fedele se asombró. Si Berni conocía a su madre desde hacía mucho, ¿cómo es que no sabía este tema?

—Pensé que lo sabías. Mi madre jamás escondió su historia. Yo no conocí a mi padre. Él la dejó estando embarazada... Entiendo que él ni siquiera se enteró de que ella lo estaba. Pero en poco tiempo apareció Pessi y se casó con él. Yo tenía... a lo sumo, un año.

—A ver, a ver... ¿Ese hombre la dejó en 1968, vos naciste en ese año y ella enseguida se casó con Pessi? —Berni encadenó las preguntas.

—Sí... ¿Y, vos, desde cuándo la conocés?

Ya le había entrado la duda.

Le costó responderle. Al fin lo hizo:

—De antes... Pero como viví varios años en Francia, hay detalles de su vida que me los perdí.

—Ah... Y... bueno, son las cosas del pasado. Cada cual tiene el suyo... ¿Vos, te casaste alguna vez?

—No —dijo Berni con voz queda.

—¿Nunca tuviste hijos?

—No...

Fedele, al escuchar el tono de voz de Benito, decidió acabar con el tema. Era evidente que Berni no quería hablar de su vida personal. Ese hombre, aunque grande, todavía era pintón y, encima, millonario. Podía imaginárselo de joven viviendo la vida loca entre los artistas de París y se le ocurría que debió haber sido un gran mujeriego. Y bueno, él mismo lo había sido hasta que sentó cabeza cuando conoció a Patricia, y ahora, estando con Emilia, tampoco miraba a nadie. Era cuestión de encontrar a la mujer adecuada. Absorto en estos pensamientos, la voz de Berni lo sacó de sus cavilaciones.

—Me voy a recostar un rato...

—Sí, claro —le respondió. Y cuando lo miró, lo encontró cansado, como si le hubiera pasado un ciclón por arriba. Es que la tarde se había hecho larga, pensó, y se sirvió otra copa de *lemonchello*. La tomaría y luego iría a despertar a Emilia. Estaba hermoso para dar una vueltita por el parque antes de que oscureciera.

A Berni le había costado caminar hasta su cuarto. Los pies se le habían transformado en plomo. Pero una vez que llegó, cerró la puerta y se tiró en la cama mirando el techo. Pensaba y sentía un gran nudo en la garganta. ¿Acaso podía ser verdad que Fedele fuera su hijo? No le encontraba otra explicación a lo que había escuchado. Fedele había nacido en el año en que él estuvo con Adela. Sacaba la cuenta y hasta los meses coincidían. Además, ella no era una chica que hubiera estado con otros hombres antes de él y recordó cómo Adela había perdido la virginidad en el hotelcito de Florencia. Acordarse de ese momento, junto al pensamiento de que Fedele podía ser su hijo, le nublaron la vista. Él... que siempre había creído que no tenía a nadie. Él... que siempre se había sentido solo.

Y él... que en ese tiempo había sido un necio al no reconocer el verdadero amor. Se tuvo rabia, se dijo: «¡Tonto! ¡Retonto!». Pero también le dio rabia Adela. ¿Por qué nunca lo había buscado? ¿Por qué nunca le había contado? Podía ser que en esos años él visitó muy poco Italia y había pasado muchos en París. Era cierto, pero, de todas maneras, hacía dos meses que con Adela tenían una nueva relación. ¿Por qué no se lo había dicho? ¡Qué injusta! Si él hasta le había pedido perdón en las largas charlas que habían tenido. No podía creerlo. Él se había perdido de tener y de disfrutar un hijo durante estos años y tenía casi toda la culpa, pero Adela, aunque en menor parte, también tenía la suya. Estaba enloquecido. Pensaba en Fedele y su mente formaba una imagen exacta de su figura. Entonces, empezaba a encontrarle parecidos consigo mismo. Los colores eran los de Adela, pero la nariz, la sonrisa, la altura, los gestos... ¡Por Dios! Iba a volverse loco. ¡Fedele Pessi su hijo!

Estuvo un rato con la mente enardecida hasta que decidió darse un baño. Necesitaba pensar con claridad. En dos horas se serviría la cena y él, en ese estado, no podría articular palabra.

* * *

Las primeras oscuridades avanzaban y, en el comedor dorado, las mucamas ponían la mesa con todos los protocolos: manteles blancos de lino bordados a mano; en el centro, velas y flores recién llegadas de la florería, y, para cada comensal, dos platos de porcelana china sobre el posaplato de metal; a un lado, cuatro tenedores; al otro, dos cuchillos y una cuchara; arriba, un tenedorcito junto a una cucharita; en el margen superior izquierdo, un platito para el pan con su propio cuchillo pequeño, y, acompañando el conjunto, tres copas de cristal: una para agua, otra para el vino y la última para el espumante, bebida que no era el *champagne* francés. No había que confundirlo porque los italianos podían llegar a enojarse; ellos tenían una enorme rivalidad por este tema con los franceses. Espumante versus *champagne*, y claro, según ellos, el primero era superior.

Las mujeres, que habían visto los movimientos de las empleadas en la organización de las mesas, se arreglaban en sus cuartos a más no poder para la cena. Era evidente que la velada sería formal. Vilma elegía su mejor vestido y le exigía a su marido que se pusiera traje.

—¿No ves que estamos en un castillo? —le insistía.

Y Fernán, aunque le parecía ridículo, aceptaba, pero sin corbata, para no entrar en una discusión.

Adela, que consideraba que su vestido de colores era demasiado *sport*, optó por un *jean* y una camisa de seda roja. Un castillo no la amedrentaría; ella sería fiel a su eterno estilo. Pero se maquilló con esmero y se calzó las botas altas.

Emilia terminaba por ponerse el vestido negro y escotado, que le hacía lucir sus cabellos dorados, más claros y brillantes que nunca. El conjunto enloqueció a Fedele; la buscaba, pero ella lo contenía diciéndole: «¡Faltan cinco minutos para la hora pactada. No podemos!».

Fedele y Berni lucían prendas parecidas: pantalón oscuro y camisa clara para los dos. La ropa de ambos era de la misma marca, *Ferragamo*, su preferida.

Según lo convenido, a las nueve todos estaban sentados a la mesa y dos empleadas servían el antipasto: *carpaccio* de salmón. Berni daba la orden y todos comenzaban a comer. Adela, a su lado, le sonreía coqueta, pero él la miraba serio. Ella no podía haberle ocultado que Fedele era su hijo. No después de que la visitó en su casa en cuatro oportunidades, y no después de haberse dejado besar por él. Cuando terminaran de cenar, hablaría con ella; ahora no era momento para escenas, ni reproches y había que comer. Pero después, ardería Troya, porque, en verdad, estaba enojado.

En medio de charlas informales la cena avanzaba y el primer plato se servía: *gnocchi* de sémola con aceite de oliva, albahaca y tomates *cherry*; Berni hablaba poco, muy poco. Adela lo notó. ¿Qué había pasado durante la siesta?

Emilia, feliz, disfrutaba de la comida, del momento y de la compañía de sus seres queridos. Todos en esa mesa lo eran... porque a su suegra cada día la quería más y Berni era como un padre. Fedele le sonreía a su mujer y conforme a su costumbre, divertido, le tocaba la pierna bajo el mantel. En esta ocasión, ella, exultante y de buen de humor como estaba, ni siquiera se molestaba en fulminarlo con la mirada, como solía hacer cuando esto sucedía, sino que, por el contrario, le sonreía.

Una joven empleada de cofia y delantal traía el segundo plato: las tres diferentes clases de pescado que el cocinero había elaborado, cada una, con su propia salsa. Los comensales lo elogiaron y se abrió una interesante conversación sobre comidas y costumbres.

—Me han dicho que los argentinos tienen la costumbre de comer asado y de tener la casa siempre abierta para los amigos —señaló Adela.

—No sé si es una costumbre nacional, pero a mí me encanta hacer el asado y recibir amigos —respondió Fernán, quien se consideraba un gran asador y mejor anfitrión.

—En general, en Argentina somos muy amigables —señaló Vilma.

—Acá, en Italia, somos un poco más cerrados porque para nosotros primero está la familia y después viene todo lo demás —aclaró Fedele.

—No creo, Fede, que se trate de costumbres de países, sino, más bien, que está relacionado con lo que se hereda en cada casa. Para mí, también, lo más importante es la familia y no soy italiana —aclaró Emilia, quien sentía que en su vida tenía las dos prioridades pero, si tenía que elegir, se inclinaba por la familia.

Adela la apoyó:

—Yo opino igual que vos, Emilia. Cuando uno ve algo que da resultado y hace bien, trata de transmitírselo a los hijos. Yo misma le transmití a Fedele algunas costumbres mías.

Berni, al escucharla, sintió que era un buen momento para abrir la boca e hizo una de sus pocas intromisiones en lo que iba de la noche:

—Espero, Adela, que le hayas trasmitido a tu hijo las buenas y no las malas... porque... si no, pobre Fedele.

En la mesa, el comentario sonó feo y extraño. Pero la charla discurrió tras la idea de que las costumbres familiares son más fuertes que las que se transmiten como país.

La conversación, apasionada, que giraba sobre las economías de Argentina e Italia fue interrumpida por la llegada del tiramisú y el *budino al cioccolato*.

Los platos de los exquisitos postres se vaciaron en minutos y dio lugar a una sobremesa de café en la que se enzarzaron por la nueva ley que Berlusconi estaba a punto de aprobar y mantenía en vilo a muchos italianos.

—¿Y qué opinás, Fedele, de la ley que algunos italianos quieren sancionar para darle total inmunidad al presidente? —preguntó Fernán. Él ya lo había hablado con Berni mientras recolectaban mandarinas y no habían logrado ponerse de acuerdo.

—Más que una ley de inmunidad creo que será una de impunidad. Porque permitirá mentir y engañar sin tener que responder por lo que se hace.

—En todos los países los políticos son iguales de mentirosos. Dicen que harán una cosa y cuando suben al poder terminan haciendo otra —dijo Emilia.

—Los políticos no son los únicos los que engañan y ocultan cosas... —intervino Berni con voz teatral—. ¿No es verdad, Adela? —preguntó mirándola abiertamente. Y entonces, al resto de los invitados le quedó claro que algo estaba sucediendo entre ellos dos.

Para Adela, que estaba absorta en sus pensamientos, la frase fue como un balde de agua fría y sólo alcanzó a responder:

—Supongo... aunque no sé a dónde querés llegar.

Fedele pensó: «¿Qué le pasa a Berni?». Se lo preguntó:

—¿Sucede algo, Berni? —el hombre ya lo tenía harto. Parecía que había tomado de más. Esta noche algo le pasaba, le fallaba la cabeza. Era la segunda vez que agredía a su madre gratuitamente.

Berni le respondió:

—Nada, la verdad es que no me siento bien. Ha sido un día agotador. Les ruego que me disculpen, me iré a descansar porque si no, terminaré diciendo algo que no debo.

Dicho esto, se sacó la servilleta de la falda, la dejó sobre la mesa y se puso de pie. Agregó:

—Señores, por favor, quédense de sobremesa todo lo que deseen. Yo, realmente, me siento mal. Permiso.

Luego, se retiró dejando a todos pasmados. Se hicieron dos o tres comentarios, pero enseguida Adela y las parejas comenzaron a levantarse de la mesa y a dispersarse. Vilma y Fernán se dirigieron a sus aposentos. Ellos no habían descansado a la tarde; la caminata los había agotado. Además, el ánimo festivo se había ido.

Adela se dirigió a la zona de la galería que estaba vidriada. Desde allí se veía el parque iluminado, pero sin pasar frío. Se sentó en uno de los silloncitos del juego de mimbre dispuestos en el lugar. Necesitaba meditar sobre lo que había sucedido durante la cena. Benito estaba enojado con ella. Al parecer, él pensaba que ella le había mentido o que lo había engañado o... ¿Acaso él había descubierto que...? ¿Cuándo? ¿Cómo? Si hasta que se fueron a los frutales habían estado bien y Berni estuvo a su lado todo el tiempo. Tenía que haber sido cuando ella se tomó una siesta.

Repasaba mentalmente los acontecimientos de la jornada tratando de hallar una explicación a la reacción de Berni, cuando se le acercaron Fedele y Emilia y se sentaron en los silloncitos junto a ella.

—¿Se puede saber qué le pasaba a Berni? —preguntó Fedele y afirmó—: Estaba enojado con vos.

Emilia a su lado también aguardaba ansiosa la respuesta. Ella creía saber qué podía estar sucediendo.

—Fedele, ¿pasó algo durante la siesta? —le peguntó Adela iniciando su investigación.

—No, nada.

—¿Qué hicieron los que no fueron a descansar?

—Los Fernán, caminaron, y yo, me quedé charlando con Berni de todo un poco y de pavadas.

—¿De qué hablaron?

—Del restaurante, de los lugares en donde viví, de Francia. ¡Qué sé yo...! De pavadas, del parque, de los frutales, del *lemonchello*, de mi edad... de que no me daba la edad que tengo... tonteras. ¿Por qué preguntás?

—¿De tu edad, Fedele...? —dijo Adela sin hacer caso de la segunda pregunta.

—Él no podía creer que nací en el 68... nada...

Fedele le dijo dos o tres frases más sobre la conversación y Adela, que lo venía intuyendo, tuvo la certeza. Emilia, a su lado, también. Adela aspiró fuerte, muy fuerte, como si quisiera meterse dentro todo el aire de la galería y luego lo soltó en un largo suspiro. Benito lo había descubierto. Él sabía que Fedele era su hijo. El pasado que creía enterrado, volvía. Y en esta oportunidad, la abrazaba con fuerza y no le permitía liberarse. Y allí, sentada frente a ese verde que le pertenecía al padre de Fedele, se dio cuenta de que hasta acá había llegado con su secreto. Era tiempo de sacarlo afuera, quitarle el polvo, sacudirlo. Si no, encerrado y sin oxígeno, podía echarse a perder. Ella jamás había ocultado su propia historia y si no había dado más detalles cuando Fedele era chico, había sido por la seguridad de su hijo. Luego, todos esos acontecimientos habían quedado lejanos, perdidos en el tiempo, sin necesidad de desenterrarlos, pero las viejas relaciones que ahora reverdecían y las nuevas que nacían, los volvían cercanos. La hora había llegado. Además, en su vida todo estaba en orden, para qué arriesgarse a oscurecer la estabilidad que le había llevado muchos años y dolores lograr. Si bien al principio había pensado en guardar el secreto para proteger a su hijo, en los últimos tiempos había madurado que hablaría de este tema con Fedele. Pero no así, aquí, apurados, con la presión sobre ella, porque, si no hablaba ahora, se arriesgaba a tener una desavenencia con Fedele y él era la luz de sus ojos, su único hijo, al que amaba profundamente. La voz de Fedele le llegaba lejana, él insistía:

—Berni tomó de más o ese viejo está realmente loco…

Adela se dio vuelta, miró a Fedele, sus rasgos armoniosos, un hombre hecho y derecho que alguna vez a ella le había cabido en el regazo para acunarlo y cuidarlo por las noches; ese hijo que ella había criado prácticamente sola. A su lado, la chica de pelo dorado y ojos verdes, llena de cariño, los miraba a ambos. Adela necesitaba hablar y no más tarde, sino ahora mismo. Se sintió segura para hacerlo. Emilia era como de la familia y, justamente, por ella Berni había entrado de nuevo a sus vidas. Adela abrió la boca y las palabras le salieron con esfuerzo:

—Fedele, hijo…, Benito Berni es tu padre, ese del que alguna vez te hablé.

Un silencio espectral inundó la galería.

—Mamá, qué decís… ¿Berni? ¿Benito Berni? —la miró incrédulo.

—Sí. El lío de la mesa se armó porque él se enteró de que vos sos su hijo durante la charla que ustedes tuvieron en la siesta.

A Fedele se le confundían las ideas. ¿Cómo… cómo?

Al fin dijo en un grito:

—Pero... ¿por qué no lo me dijiste antes?

—Nunca fue necesario. Yo no lo había vuelto a ver desde que se fue, cuando vos todavía no habías nacido...

—Pero... él es un conde... ¿Cómo *merda*...?

—Te conté la historia que hubo con tu abuelo... con las obras de arte.

—Por eso el abuelo... Berni era... —articulaba Fedele tratando de hilvanar viejos relatos con personajes actuales.

Entonces, rememorando, Adela ponía en su boca detalles para ayudarlo a recordar, esos que, con los años, a Fedele se le habían borrado. Pero que a ella, la protagonista, no.

Ella hablaba y por momentos Fedele la interrumpía, hacía preguntas y Adela se las respondía. Emilia, al lado de ellos, seguía muda, se sentía una simple escolta, una dama de compañía que había sido convidada por la vida a estar allí; y mientras oía lo que Adela decía, ella no podía creer que fuera el cuadro de Camilo Fiore el que había logrado todo esto porque si ella no hubiera ido a buscarlo a *La Mamma*, a *Buon Giorno*, ese día que fue, ahora no estarían esta madre y este hijo hablando estas cosas, y, mucho menos, ella sería la mujer de ese hombre que tenía enfrente. Pensaba en su abuelo Juan Bautista, el hijo de los pintores, y en su abuela Abril que, tantas veces, ya de anciana, le había insistido para que fuera a buscar la pintura, tal como si quisiera empujarla hacia su destino. Entonces, con la imagen de ellos dos en la retina casi podía sentir su presencia allí. Abril y Juan Bautista Fernán ayudando a desentrañar la parte triste de esta historia, la que, ahora, ya no lo parecía tanto porque Emilia había visto cómo Berni miraba y trataba a Adela. Lo de esta noche, estaba segura, había sido sólo una explosión de cólera que se solucionaría muy fácil si su suegra así lo decidía.

Fedele seguía en *shock*.

—La verdad... ¡Esto es increíble...! —decía pasándose la mano por el pelo como cuando estaba nervioso.

—Hijo, lamento que te hubieras enterado así... que hoy yo tuviera que hablar por la presión de la situación que se desató... y no tranquilos y en casa... como correspondía.

—Bueno, mamá..., la vida es una sola. No hay que desaprovechar los momentos. ¿Quién sabe si alguna vez se hubiera dado esta conversación? Pero es raro tener cuarenta años y saber que tengo padre...

Adela se puso de pie y fue por detrás de Fedele, que seguía sentado e inclinándose le abrazó la espalda. El rostro de ambos quedó mirando el parque, las miradas, una al lado de la otra, con los ojos fijos en los pinos. Fedele subió sus brazos y con sus manos grandes tomó las de su madre; era su señal de que todo estaba bien. A Adela, al comprender lo que esto significaba, dos lágrimas le cayeron por sus mejillas. Una etapa se cerraba completamente. Estuvieron así un buen rato hasta que ella les dijo que se iría a la cama y se retiró. A Emilia le dio pena ver su figura delgada alejarse por el salón, las botas altas parecían pesarle para caminar y la camisa de seda roja, demasiado estridente para su estado de ánimo triste.

Adela, encerrada en la tranquilidad de su cuarto, al caer en la cuenta de lo que había pasado, comenzó a llorar. Había hablado con su hijo con la verdad, pero Berni no tenía ningún derecho a tratarla así. Muchos años atrás, él la había dejado sola y el sufrimiento había sido mucho, demasiado. Gracias a Dios, la vida y ella hicieron las paces y los acontecimientos importantes habían salido bien, pero podrían haber salido muy mal. De todas maneras, su existencia había sido solitaria y mucho tenía que ver con la relación que ellos habían tenido. Se secó las lágrimas con el pañuelo. Ya no quería llorar más por Berni. En su vida ya había llorado mucho por él; se sintió enojada, dolida. Iría a verlo. Esta era la noche de las verdades y no permitiría que él tirara una bomba como la que había arrojado sobre la mesa y después desapareciera tan tranquilo. Por su culpa, ella había tenido que hablar a los apurones con Fedele. Era injusto.

Abrió la puerta de su cuarto, caminó por el pasillo unos metros y enseguida estuvo frente al cuarto de Berni. Golpeó.

—¿Sííí...? —se oyó desde adentro.

—Soy yo, Berni —le respondió llamándolo por el apellido.

Benito, todavía vestido con la ropa de la cena, le abrió y ella pasó. En la habitación sólo los alumbraba la luz del velador que, desde la mesita de noche, lanzaba destellos amarillos. Adela, al ver que Berni estaba a punto de hablar, le ganó de mano:

—No deberías haberme tratado de esa manera en la mesa, no tenías derecho...

—Es que enterarme así, Adela... Desde nuestro reencuentro he ido varias veces a tu casa y hemos hablado mucho y nunca me dijiste nada, no me diste ni un indicio.

—No tenías derecho a enojarte porque el que me dejó fuiste vos. Yo crié sola a Fedele, yo hice frente a las caras llenas de prejuicios por mi embarazo, que en esa época no eran pocas... yo me fui de mi casa por tu culpa. No tenés derecho...

—¿Te fuiste...? —preguntó incrédulo. Ella nunca se lo había dicho.

—Sí... cuando me enteré de lo que había pasado y me di cuenta de que mi padre era el culpable de tu dolor, decidí no quedarme allí para no ser su cómplice. Me marché estando embarazada.

—Adela...

—No podía criar un hijo tuyo en una casa donde te habían dañado de esa manera. Mi tía me recibió en la suya, me dio trabajo en su restaurante... y el resto de la historia ya la conocés. Sufrí mucho por tu culpa, así que, ahora, que te enojes y me hagas hablar con Fedele de apuro como tuve que hacerlo... —con las últimas palabras, los ojos se le llenaron de lágrimas.

—¿Hablaste con él?

—Sí, Fedele ya lo sabe. Le dije que eras su padre —ahogó el llanto y fue terminante.

—¿Por qué nunca me dijiste...?

—Benito, nosotros nunca nos dijimos muchas cosas... Por ejemplo, que vos jamás me quisiste de verdad, si no, no te hubieras ido así, o al menos, habrías vuelto. Yo vine a este castillo cuando recién nació Fedele, dejé mi nombre y vos nunca...

—Yo fui a buscarte a tu casa.

—¿Cuándo?

—Una vez, apenas me dijeron... —él se defendía aunque sabía que ella tenía razón.

—Si me hubieses amado, me hubieras buscado más —Adela, llena de tristes recuerdos, lloraba y las palabras ya no le salían.

Benito Berni se acercó y la abrazó. Ella, aunque tiesa, se lo permitió. Y él, mientras la tenía atrapada en sus brazos, le habló despacio al oído, casi en un susurro:

—No es verdad que no te haya querido. Sí, te quería, pero estaba enfermo. Ahora estoy sano y viejo, pero al fin te lo puedo decir tranquilo... te quiero, Adela.

Adela levantó el rostro y lo miró. Los ojos azules de él no tenían edad y en ese momento la observaban con sinceridad. Entonces, en medio de esa mirada, él aprovechó que ella había bajado la guardia e hizo algo que había querido hacer desde que esa mañana Adela había llegado al castillo: le tomó el rostro con las manos y la besó en la boca. Lo hizo cerrando los ojos con fuerza y mientras sus labios se pegaban a los de ella casi pudo sentir el aroma a rosas que en otros tiempos era el de Adela y que ahora se confundía con el perfume de *Armani* que ella se había puesto para la cena.

El tiempo no era nada. Él, a su edad, así, pegado a ella, con los ojos cerrados, sentía que era el mismo Benito del zaguán, el mismo. El amor no sabía de arrugas y de años. Tampoco le importaba aprender, sino que, desprejuiciado, se abría paso a los empujones en ese cuarto del castillo de decoración impecable. Adela, a su lado, temblaba igual que cuando se besaron aquella noche en el hotel de Florencia.

En esos besos, Benito recibía las respuestas a todas las preguntas que se había hecho esa mañana sobre si podría o no podría, sobre si era más importante la piel o el amor. Y sus manos de hombre grande desprendían con el cuidado aprendido con los años y de muchas blusas, el primer botón de la camisa roja, el segundo... Adela agradecía la luz tenue y salvadora del velador prendido en la mesa de noche. La enorme cama de acolchado floreado, carísimo, los esperaba ansiosa. En ella no había amor desde que Aurelia y Mario Berni se habían amado.

* * *

Mientras tanto, en la galería, Fedele y Emilia se levantaban de los silloncitos, abandonaban el lugar y se dirigían tomados de las manos a su cuarto. Al alejarse de ese bello y teatral lugar, con el parque todavía acompañándolos de lado, la figura que los dos conformaban de espaldas parecía ser la de una pareja en el final feliz de una película: ella, con el cabello claro y largo, contorneándose con su vestido negro que revelaba sus buenas formas, dando pasos lentos con sus tacos altos y brillantes, y él, a su lado, fuerte, elegantísimo, caminando con su buen porte. Pero si la cámara hubiera captado con el zoom sus rostros, hubiera mostrado otra realidad, hubiera descubierto el cimbrón marcado en sus gestos y miradas. Porque la noticia era inmensa aun para un hombre con toda una vida armada como la de él. Emilia, a su lado, sufría por su amado.

Dentro del cuarto, Fedele se tiraba en la cama boca arriba y, cruzando los brazos por detrás de la nuca, la impecable camisa blanca se

442

le arrugaba completamente. Pero ni se daba cuenta, todavía seguía en *shock*. Tenía un padre, el conde Berni. Ese millonario *snob* y excéntrico era su papá. Tantas veces, aun de adulto, había deseado tener uno.

—Emilia, te juro que todavía no lo puedo creer...

—Tener un padre es algo bueno y no malo... Miralo de ese lado. No sé cómo habrá sido Berni de joven, pero ahora parece un buen hombre...

—Lo sé. El pasado es el pasado, pero no deja de impresionarme.

Y ella, viéndole la mirada perdida, le daba pena, porque por momentos veía en esos ojos negros, profundos y aterciopelados como los de su madre, un destello de tristeza de niño que ha pasado la niñez sin padre; y en ese cuerpo de hombre fuerte capaz de mover una casa, un halo de desprotección. Entonces, Emilia quería consolarlo como fuera, quería hacerle olvidar todas las tristezas como él lo hacía con ella cada vez que se acordaba de Clarissa. Y con ese pensamiento se le acercaba, se le ubicaba al lado y comenzaba a sacarse la ropa con cuidado, despacio, muy lentamente, hasta que sus movimientos cadenciosos y sensuales captaban la atención de Fedele que, al ver los pechos desnudos de Emilia y la cola *less* roja, abandonaba sus cavilaciones y tiraba por la borda cualquier tristeza antigua, grande o pequeña, porque aquí estaba el hoy, el presente urgente, llamándolo. Se incorporaba, se sentaba en el borde de la cama, le ponía las manos en la cintura y con la boca ubicada justo a la altura del ombligo, se lo besaba.

—Bonita mía, sos lo mejor que tengo en la vida.

—Y vos, lo mejor que tengo yo... Te amo, Fedele.

—Yo también te amo.

Emilia, frente a él, se agachaba y hacía el intento de sacarse los zapatos altos. Pero él le pedía que no lo hiciera, que se los dejara puestos, porque...

«Y, sí —pensó Emilia—, a Fedele le gusta con los zapatos puestos.» No era la primera vez que se lo pedía.

—Quiero amarte con los tacos puestos... —le explicaba mientras, apurado, se sacaba la ropa, la dejaba tirada en el piso y se volvía a sentar en el borde del lecho mirándola con deseo y decisión: esta noche, Emilia no se le escaparía.

—Vení —le dijo mientras ella, que todavía tenía algunos miedos en su reciente reinicio sexual casi los perdía del todo, lo escuchaba ronco de deseo.

—Vení, que te va a gustar, te lo prometo.

Cuando ella todavía permanecía indecisa, él la atrajo hacia sí con un movimiento certero.

Emilia se sentaba en su falda y Fedele se olvidaba por completo de quién era hijo, cuándo había nacido y hasta de cómo se llamaba porque se extraviaba en esos ojos verdes que miraban los suyos con amor y pasión, mientras su cuerpo de hombre, allí, en el borde la cama, hacía, deshacía, inventaba, creaba y destruía y volvía a crear en la piel amada de la mujer que gozaba como hacía mucho que no lo hacía.

El zoom de la cámara se alejaba de ellos y subía más y más alto, más allá del techo del castillo y veía que en dos cuartos de la mansión las dos parejas se amaban y que en el tercero, una argentina de nombre Vilma lo ponía al tanto a su marido de lo que había pasado esa noche, porque ella estaba segura de que Fedele era hijo de Berni y que él y Adela terminarían juntos. Su esposo la escuchaba estupefacto porque, si eso era cierto, el conde Berni y él eran consuegros y alguna vez podían llegar a ser abuelos del mismo nieto.

Y Fernán no se equivocaba, sino que acertaba, porque esa noche la vida se instalaba de nuevo en el seno de Emilia. En medio de los suspiros de ella y de Fedele, se sujetaba con fuerza a ese cuerpo cuyos genes festejaba que estaba en Italia. Cuyas marcas epigenéticas le decían que había vuelto y que este era su lugar, que aquí sería feliz porque su sangre pertenecía a Italia.

A Fedele, las suyas le decían que, aunque todas las mujeres del mundo eran lindas, una sola le llenaba el corazón. Muchas podían haberlo atraído, pero una sola retenerlo.

Fedele tenía la que quería y eso lo hacía feliz. A pocos metros de ese cuarto, Berni pensaba lo mismo.

* * *

A la mañana siguiente, el grupo se levantó y desayunó en el comedor dorado. Un destello de complicidad velaba los ojos de todos; algunos, por las noches de amor vividas; otros, por lo que sabían. Ninguno hablaba abiertamente de nada, sino que simplemente dejaban que el día transcurriera y disfrutaban el buen momento. Recién a la tarde, cuando estuvieran todos tranquilos en la pinacoteca, hablarían de los lazos descubiertos, de los amores recuperados y de las nuevas esperanzas.

Porque esa tarde, mientras Fernán y Vilma estuvieran hipnotizados mirando el Tiziano, con Emilia, a su lado, dando explicaciones de algunos detalles, Berni se le acercaría a su hijo y al verlo tranquilo frente a otras obras que habían captado su atención, le diría:

—Sé que es tarde, pero me alegro de haberte conocido. Me hace sentir orgulloso saber que tengo un hijo como vos. Adela hizo un gran trabajo, lamento no haber estado allí para ayudar. Lamento ser un viejo que ya no podrá hacer mucho en tu vida.

Al decir la última frase, los ojos se le llenaron de lágrimas.

Pero Fedele, sin pronunciar una sola palabra, le decía todo en un abrazo.

Adela, a su lado, también lloraba. Emilia, desde la punta del gran salón, aún hablando del Tiziano, sonreía, sabía lo que ese abrazo significaba.

* * *

Pasada la emotiva tarde, esa noche, en la mesa de mimbre de la galería, tenía lugar una cena informal. Allí, mientras comían la *pizza* con la mano, conversaban relajados. Cada tanto se escuchaba tintinear la campanita que estaba sobre la mesa. Al cabo de unos minutos, dos empleadas de uniforme negro y delantal de encaje, anticipándose al pedido de Berni, traían botellas de espumante en sus correspondientes fraperas. Los brindis eran muchos; había demasiado para festejar.

Las voces resonaban alegres y multiplicaban su eco por algunos rincones... El castillo era feliz, la dicha se había instalado allí desde hacía dos días, y sus paredes ahora exudaban felicidad, como hacía mucho que no, más precisamente desde el día en que Benito tenía nueve años. Había tenido que pasar mucho tiempo para que esto sucediera, había tenido que vivirse mucho dolor, y alcanzar mucha inspiración para realizar las buenas acciones necesarias para que esto aconteciera. Pero al fin, el premio estaba a la vista. El cuadro del maestro Fiore había ayudado con su influjo dando su toque. Ese mismo cuadro que esa noche era el único incómodo en el lugar porque él aún quería ir al encuentro de su Gina, que lo esperaba ansiosa desde hacía mucho en algún lugar remoto de la tierra. Ojalá alguien pensara en él, como él había pensado en ellos. Ya iba siendo tiempo.

El hombre joven

Hoy el hombre joven está inquieto, lleno de sorpresa y desazón; se mira el rostro en el pequeño espejo, se acerca un poco más, necesita reconocerse, mirar lo que ya conoce casi de memoria; con su dedo índice se toca el borde de sus ojos... mide las líneas del tiempo... pero casi no las haya, aún. Su mirada rigurosa inquiere sus cabellos, pero no, no hay todavía canas. Se observa de nuevo, olvidando la imagen y dejando viva sólo la inquietud que brota de su interior y, entonces se ve, se examina: enfrente, en ese cristal, hay un niño viejo. Porque él, que nunca tuvo padre, hoy se ha enterado de que tiene uno. ¡El hombre joven tiene padre!

¿Por qué no llegó antes, cuando aún lo aguardaba? ¿Por qué no vino cuando lo esperaba, cuando lo lloraba, cuando todos los demás lo tenían?

¿Lo llegaré a amar? ¿Disfrutaremos, juntos, de charlas, de comidas y de abrazos?

Y estos interrogantes traen de la mano otros más profundos y terribles y, juntos, hacen una ronda que lo cerca hasta ahogarlo.

¿Hasta cuándo la intolerancia le robará personas y afectos? ¿Hasta cuándo se interpondrá entre él y la felicidad? Llámese nazismo, Atocha o el nombre que lleve inscripto; ella, maldita y perversa, le ha quitado demasiadas cosas y ya no la quiere en su vida, en ninguna de sus formas, ni siquiera en las más pequeñas. Mirándose en el espejo se promete a sí mismo rechazarla en todo tiempo, forma, lugar y situación que se le presente, aun cuando se le ofrezca tentadora como mujer desnuda, conveniente como la salud. La intolerancia es destrucción, es daño, pérdida, decadencia, estropicio y ruina; y él lo sabe bien; lo ha herido dejándolo en carne viva en demasiadas ocasiones.

Entonces, a punto de renegarse por el dolor que le produce la injusticia, una sabiduría propia del alma que ha sufrido viene y se para junto a él, le susurra al oído verdades y lo obliga a abandonar el espejo, lo hace vestirse apurado, acordonarse los zapatos y salir a la calle porque, allí, en su ciudad, en su lugar de trabajo, en el trato diario es donde va a darle batalla a la maldita; allí es el campo de lucha y él va a pelear como sabe, como ya lo ha hecho en otras ocasiones.

Muchos interrogantes aún aguardan su respuesta, pero él ya no tiene desaliento, ni desazón... El hombre joven, simplemente, hará su parte. Se centrará en vivir de la mejor manera y que venga lo que tenga que venir.

Porque una verdad surge inconmovible: el encantamiento está en dejar fluir la vida y que venga lo que tenga que ser, nada más emocionante, nada más bello; la magia de la vida, que le dicen; ese río que arrastra y nos lleva a donde ni siquiera soñamos.

Siete meses después

El descapotable de color rojo serpenteaba la ruta de Florencia a Piacenza, dentro de él Emilia se inclinaba con esfuerzo para poner un CD de música en el estéreo. El cinturón de seguridad abrochado y su panza de siete meses de embarazo no le permitían moverse en el habitáculo con total libertad; pero ella quería que Fedele escuchara la canción de Caetano Veloso; su hermano Matías, que esa semana había venido a visitarla desde Brasil, se lo había traído, y ahora se deleitaba escuchándolo porque era en español. Emilia ya había gastado el CD doble que había conseguido por pocos euros y que traía «Como uma onda», esa versión en vivo cantada a dúo con Lulu Santos la emocionaba. Quería contagiarle el gusto por Caetano a Fedele, así como alguna vez se lo había contagiado por la Bruni, y él, a ella, por Laura Pausini.

—Emi, ¿cómo vas?

—Bien, bien.

—¡Mirá que le dije a Berni que cuando vos cumplieras los siete meses de embarazo no íbamos a venir más! Él sabía que no viajarías más en auto por la ruta hasta que el bebé naciera. Pero no sé qué le pasó que nos pidió que fuéramos.

—Bueno, para los siete meses falta una semana. Y la verdad es que ya tenía ganas de verlo.

—En realidad, acepté porque me daba pena. Cuando habló por teléfono, dijo que era por algo importante —reconoció Fedele.

Desde que el padre de Emilia se había marchado hacía ya medio año, ella se había apoyado mucho en Berni. Fernán recién volvería a Italia para el nacimiento de su nieto. Porque este bebé era un varón. La ecografía se los había mostrado claramente. Y por miedo a repetir el error pasado, Emilia había decidido no salir de la ciudad hasta que la criatura naciera.

Mientras ella le contaba sobre las impresiones que habían intercambiado con Poletti, su jefe, sobre el enfoque que había adoptado para el artículo que estaba escribiendo, Fedele la interrumpió:

—Volveme a contar de ese correo que recibiste...

—¡Ah, sí, cierto que no te terminé de contar!

—¿Era de España?

—Sí, de la gente de *El País*, quieren hablar conmigo por una columna que les gustaría que haga. Parece que mi nota «La memoria del cuerpo» causó revuelo. Ojalá se dé.

En el vehículo, entre charlas y canciones, los minutos se pasaban volando y el viaje a Piacenza se les hizo corto. Antes de que a Emilia se le hincharan los pies, como últimamente le sucedía si estaba mucho tiempo sentada, ellos llegaron al castillo.

Fedele estacionó en la puerta y Berni salió a recibirlos; los miraba mientras ellos caminaban hacia él. Arribaba la chica de ojos verdes que le había salvado la vida el día del nacimiento de Clarissa; esa bebé a quien le llevaba flores todos los domingos. Pero lo más increíble de todo era que llegaba con su hijo: Fedele, ese hombre al que en los últimos meses había aprendido a querer y a conocer. Pero el éxtasis total estaba relacionado con algo más: en pocos meses, Fedele lo haría abuelo. Él, que jamás había tenido a nadie, ahora, orgulloso, podía decir que tenía novia, hijo y, muy pronto, un nieto. Un familión.

Novia, porque Adela se nombraba a sí misma con esa palabra porque, según ella, para ser pareja tenían que vivir juntos todo el tiempo y ellos no lo hacían, sino que Adela venía al castillo y se instalaba allí una larga temporada, un mes o más, y luego, al cabo de unos días, a Berni le tocaba el turno de visitar la casa de Ancona. Pero Benito, a lo sumo, se quedaba diez días porque —repetía— era el tiempo que él aguantaba sin su castillo y sus objetos queridos. Aunque, poco a poco, en Ancona había encontrado algunos placeres que cada día se le hacían más necesarios: le encantaba caminar por la playa con Adela de la mano o encerrarse en ese pequeño *atelier* donde ella pintaba sus cuadros y donde él, tímidamente, empezaba a pintar los suyos. El gusto por el arte era algo que los unía, pero para encerrarse allí, a trabajar con ella, sólo le exigía una condición: que no le pusiera música de los Beatles, sino de Vivaldi. Y Adela lo condescendía, ya que él, por ella, también había hecho concesiones importantes. Benito había empezado a acompañarla a sus clases de yoga que, según comprobaba Adela, le hacían bien, lo volvían más relajado y le mejoraban el humor, y ya no le dolían más las rodillas.

A veces, cuando Berni le proponía que se mudara a Piacenza, Adela le respondía en broma que eso haría dentro de un año, cuando estuviera más viejito. Y Berni le retrucaba que, así como lo veía, muchas chicas jóvenes querrían estar con él. Los chistes, a veces, se subían de tono hasta que alguno se enojaba de verdad y entonces el otro iba y lo sacaba del enojo con un abrazo o con palabras cariñosas. Lo cierto es que ellos, a su manera y a su edad, habían encontrado su propia fórmula de la felicidad, la que Emilia y Fedele le veían en el rostro a Berni ese mediodía en que recién llegaban y los saludaba con una sonrisa. Se abrazaban y los invitaba a entrar:

—Pasen, pasen, ya creíamos que no llegaban a tiempo para comer los tallarines que tu madre amasó.

—Comida de madre —dijo Emilia y sonrió al recordar su vieja y primera nota en Italia.

En minutos entraron a la cocina, saludaban a Adela, que los recibía con una fuente en las manos y vistiendo un largo vestido de colores. Les pedía que se sentaran, porque comerían allí, en la cocina, sin tanto protocolo. Ella había cocinado toda la mañana y había hecho desaparecer por un rato al séquito de empleadas de Berni.

Sentados, mientras comían en la mesa de mantel a cuadros, Emilia les contó lo bien que se sentía y ellos festejaron con exclamaciones de regocijo. Luego, la conversación entre Fedele y su padre giró a la cuestión de los autos porque Berni, por sugerencia de su hijo, también se había comprado un descapotable. Las mujeres, ajenas a este mundo de caballos y cilindradas, se hicieron caras cómplices de fastidio, pero ellos ni lo notaron. Ni siquiera cuando se dedicaron a hablar de alimentos orgánicos, una pasión que compartían ambas.

Habían terminado de comer y llevaban un buen rato haciendo lo que todas las familias hacen, cuando Berni decidió hacer lo que no todas pueden:

—Sé, Emilia, que no pensabas viajar más, pero si los hice venir al castillo es por algo importante. Quiero que me acompañen.

Los tres se pusieron de pie. Adela sonreía; ella estaba al tanto de lo que iba a hacer su hombretón de ojos azules.

Berni los hizo caminar y los llevó hasta donde estaba el cuadro de Fiore. Y frente a él, les dijo las palabras que esa pintura había esperado durante un siglo:

—He decidido darles este cuadro —y mirando a Emilia agregó—: Sé que para vos, Emi, es muy importante. Sé que soñabas con que estuviera en tu familia.

Ella observó la pintura, se dio vuelta y le respondió:

—No, no. De ninguna manera lo puedo aceptar.

—Emilia, me he pasado años juntando objetos para darme cuenta, a mi edad, de que por más que tengan valor sentimental o valgan millones nada se compara con el afecto. Así que te lo doy de todo corazón —y mirando a su hijo, le pidió—: Ayudame, Fedele, a que lo reciba.

Fedele, que hasta el momento no había dicho nada, intervino a su favor:

—Me parece que es un hermoso regalo y creo que deberías recibirlo.

—¡Claro que sí! —dijo Adela.

Emilia miró a Berni y a Adela durante un rato. Luego, asintió con la cabeza, no podía hablar, estaba muy emocionada; sabía cuánto significa el cuadro para Berni, era parte de la colección de objetos que él amaba, lo único que le había quedado de la que fuera su familia cuando niño.

—Por favor, Fedele, tomá de allí y yo tomaré de aquí —le pidió Berni y entre los dos descolgaron el cuadro de la pared y lo depositaron en el piso. Benito le pasó un paño. Luego, entre los dos hombres lo sacaron por la puerta principal rumbo al auto. Las dos mujeres lo vieron salir por la misma puerta que había entrado y salido otras veces, pero en esta ocasión, todos los que lo que lo rodeaban, tenían el rostro lleno de felicidad y ventura. Berni y Fedele lo colocaron en el asiento trasero del descapotable.

Un ciclo se cumplía, una verdad bíblica se hacía realidad... El amor cubrirá multitud de equivocaciones.

Esa noche Emilia y Fedele volvieron de Piacenza y entraron a su casa. Cuando Fedele estaba bajando el cuadro, sonó el teléfono y ella atendió; era una llamada desde Argentina, era su padre. Le contaba detalles sobre el plan concebido junto con Berni, de los correos que habían intercambiado para acordar darle los cuadros. Y como sabía que ella ya tenía el de Fiore, le avisaba que la pintura de Gina iba camino a Italia y le daba instrucciones sobre dónde debía buscarla. Le explicaba el porqué de la decisión: esos dos cuadros tenían que estar juntos y el mejor lugar era la casa de ella y Fedele. Ellos habían sido quienes lograron unirlos y quienes tenían una de las puntas de la nueva generación, porque el pequeño que crecía en el seno de Emilia era quien tendría, en el futuro, la responsabilidad de mantenerlos juntos. Emilia escuchaba a su padre y otra vez lloraba. ¿Por qué le había tocado a ella ese honor? ¿Por qué? No lo sabía, pero estaba contenta. No se daba cuenta de que le tocaba justamente por eso, porque le daba felicidad el cuidar los tesoros de su familia. Porque su familia era lo más importante para ella, así como lo había dicho en esa cena en el castillo la noche en que Berni se había enojado con Adela. En los clanes unidos por lazos de sangre, que eran las familias, siempre uno, o tal vez dos, eran los encargados de guardar la memoria de los que habían pertenecido a ellas, de atesorar los buenos recuerdos, de mantener viva la memoria del amor, el cariño y los sacrificios que por esa familia se habían hecho. En esta estirpe, esa era Emilia Fernán, como así en la nueva y pequeña familia de Fedele le tocaría a él, porque la Providencia pensaba que lo haría bien. Berni depositaba también en sus manos toda la historia de su linaje.

El hombre joven

El hombre joven hoy se ha quedado sin palabras porque «árbol de vida es el deseo cumplido» y él siente que descansa bajo ese árbol fuerte… siente que hoy, él y árbol se confunden y son uno mismo. Porque ha comido su fruto… su deseo se ha cumplido.

No existen letras, vocablos, ni frases para describir lo que siente cuando mira esa cunita que tiene al lado, ese nido de cobijas blancas donde descansa boca abajo un osito panda, que no es otro que su propio hijo vestido de tal. Camilo, ese bebé que ha llegado hoy a la mañana dejando exhausta a su madre que duerme bajo los ojos vigilantes del hombre joven, quien, con cuatro ojos, los cuida a ambos en la quietud y la soledad de ese cuarto donde él se siente rey en medio de su reino.

El panda se mueve inquieto e insinúa un llanto fuerte que queda en suave quejido porque el hombre joven lo ha tomado en brazos y lo acuna… Duérmete, mi niño, duérmete, mi sol… Lo pega a su rostro, lo huele: es suyo, suyo, suyo… Y ya está aquí.

Lo mira, lo observa de cerca. Su naricita, la boquita, sus manitas… todo él es desprotección y entonces lo apoya contra su pecho… *Duérmete, mi niño, duérmete, mi sol…* ¿Se puede amar tanto a alguien a quien recién se conoce? Sí, se puede. Ser padre es eso y más…

Viejos recuerdos se le confunden con nuevas vivencias. Un nombre antiguo con uno novel… Carlo, Camilo. Camilo, Carlo. Y una promesa rancia se vuelve nueva en el abrazo que le da a su panda: «Te voy a querer, te voy a amar, te voy a cuidar, te voy a dar todo. Vas a ser feliz, te lo prometo». *Duérmete mi niño, duérmete mi sol…*

El hombre joven hoy se ha quedado sin palabras porque la dulzura hecha carne está entre sus brazos y tiene su misma piel, su misma sangre y unos ojos tiernos que lo hacen soñar con un mundo mejor, con que todo es posible, con que el ser humano es bello; la naturaleza, sabia y la vida, feliz… *Duérmete, mi niño, duérmete, mi sol…* Sueña, hijo mío, descansa, que aquí estoy yo para velar tu ensueño… *Duérmete, mi niño, duérmete, mi sol…* que mañana tú verás el sol, el mar, el cielo y descubrirás los abrazos; también, el pan recién horneado y los amigos. *Duérmete, mi niño, duérmete, mi sol…*

Una realidad surge inconmovible una y otra vez: él está aquí.

Duérmete, mi niño, duérmete, mi sol. Duérmete, pedazo de mi corazón… Canta hoy el hombre joven con el alma. La voz le ha fallado, su boca tiene gusto a sal.

Fin de semana de primavera.

Viernes.

Es mediodía del viernes y el parque del castillo reboza de belleza, no sólo porque es primavera y todo está verde y lleno de flores, sino porque cada rincón del lugar se ha adornado con mucho esmero. Hoy, en la mansión Berni, hay una gran fiesta. Varias mesas largas han sido armadas bajo los robles de la parte más cercana de la arboleda. A cada tronco de esos árboles los rodea una cinta blanca que da varias vueltas y remata en un enorme moño. Allí será la comida, en esa mesa de manteles celestes que ahora se vuelan con la brisa y que arriba lucen cientos de copas, de fina vajilla y arreglos florales de jazmines naturales. La comida que han hecho los cocineros bajo la supervisión del dueño de *Buon Giorno* espera caliente en la cocina del castillo a que se dé la orden de ser servida. Fedele, entre los invitados, atento, controla todo. Se pasa la mano por el pelo, los nervios y la felicidad se le mezclan. Hoy sus padres se casan. El novio tiene ochenta años; la novia, setenta y dos. Y él quiere que todo salga bien, que el evento sea inolvidable, quién sabe cuántos años de vida les quedan a esos dos ancianos. Mira el altar y se emociona; recuerda su propio casamiento en este mismo lugar cuando Camilo, su hijo mayor, que ahora tiene cuatro, recién cumplía un añito. Sus ojos controlan todo, que los mozos se preparen, que Camilo que no se trepe a un árbol porque desde que llegaron se ha subido a varios y él lo ha tenido que bajar, que sus mellizas, que recién cumplen dos años, no coman demasiado pasto. Hoy le toca todo a él porque Emilia está descompuesta. Ella no se lo dice, pero él sabe, está embarazada otra vez y a él le encanta.

Carlo y Clarissa, dos hijos perdidos, son demasiado. Y a él y a su mujer nunca les parecerán muchos los que vengan a formar parte de esta familia. Para cualquiera es locura, pero para los que han pasado una desgracia así, no. Si son cuatro, estará bien; si son ocho, también. Él y Emilia quieren llenar la casa de niños. La busca con la mirada y la encuentra: Emilia, sentada en una silla, charla con un grupo de mujeres y, entre todas, la ve brillar. Sus ojos se pierden en esas manos queridas, en esa sonrisa franca... pero no pueden quedarse todo lo que desean porque por la puerta de la mansión salen de la mano los novios. Él, de impecable *smoking*; y la novia, de largo vestido *hippie* de color blanco. «La vida en rosa», de Édith Piaf, se escucha a todo volumen. La letra de la canción que suena en francés no puede ser más acorde a la situación.

LA VIDA EN ROSA

Des yeux qui font baiser les miens,	*Ojos que hacen bajar los míos*
Un rire qui se perd sur sa bouche,	*una sonrisa que se pierde en su boca*
Voilà le portrait sans retouche	*he aquí el retrato sin retoques*
De l'homme auquel j'appartiens.	*del hombre a quien pertenezco*
Quand il me prend dans ses bras	*Cuando él me toma en sus brazos*
Il me parle tout bas,	*y me habla bajito*
Je vois la vie en rose.	*veo la vida en rosa.*
Il me dit des mots d'amour,	*Él me dice palabras de amor*
Des mots de tous les jours,	*las palabras de todos los días*
Et ça me fait quelque chose.	*y eso me hace sentir algo.*
Il est entré dans mon coeur	*Él hace entrar en mi corazón*
Une part de bonheur	*una parte de felicidad*
Dont je connais la cause.	*de la que yo conozco la causa.*
C'est lui pour moi. Moi pour lui	*Él es para mí. Yo soy para él*
Dans la vie,	*para toda la vida*
Il me l'a dit, l'a jure pour la vie.	*me lo ha dicho, lo juró por la vida.*
Et dès que je l'aperçois	*Tan pronto lo vi*
Alors je sens en moi	*entonces sentí en mí*
Mon coeur qui bat.	*mi corazón que latía.*
Des nuits d'amour a ne plus en finir	*Las noches de amor interminables*
Un grand bonheur qui prend sa place	*una gran felicidad toma su lugar*
Des ennuis des chagrins, des phases	*las penas, las tristezas, las fases*
Heureux, heureux à en mourir.	*felices, felices hasta morir.*

Quand il me prend dans ses bras	Cuando él me toma en sus brazos
Il me parle tout bas,	y me habla bajito
Je vois la vie en rose.	veo la vida en rosa.
Il me dit des mots d'amour,	Él me dice palabras de amor
Des mots de tous les jours,	las palabras de todos los días
Et ça me fait quelque chose.	y eso me hace sentir algo.
Il est entré dans mon coeur	Él hace entrar en mi corazón
Une part de bonheur	una parte de felicidad
Don't je connais la cause.	de la que yo conozco la causa.
C'est toi pour moi. Moi pour toi	Tú eres es para mí. Yo soy para ti
Dans la vie,	para toda la vida,
Il me l'a dit, l'a jure pour la vie.	me lo ha dicho, lo juró por la vida.
Et dès que je l'aperçois	Tan pronto lo vi
Alors je sens en moi	entonces sentí en mí
Mon coeur qui bat.	mi corazón que latía.

Sábado

En la casa de al lado de *Buon Giorno* hay un gran movimiento. De por sí, sus propietarios son una familia ruidosa, pero cuánto más hoy, que están de mudanza. Las mellizas arrastran sus mantitas; es su manera de ayudar. Su hermano mayor, Camilo, mientras las adelanta cargado con una caja llena de autitos, les repite: «Esto es ayudar». Emilia mira a su alrededor. Por un lado, le dan ganas de llorar de melancolía al ver que se van; pero por otro, se siente aliviada de que, al fin, han logrado meter todas sus cosas dentro del gran camión de mudanza. La casa nueva los espera aunque estiraron la estancia todo lo que pudieron. No quería marcharse porque en ese hogar han sido en verdad muy felices. Le apena irse, pero los niños ya no entran en los cuartos y además, Sofi con su esposo e hijos pronto vendrán a visitarlos y podrán parar con ellos. Adela y Benito les han insistido mucho para que vayan a vivir al castillo con ellos, diciéndoles que allí sobra el lugar; pero por ahora no lo harán, aunque, quién sabe, tal vez más adelante, en unos años... porque si continúan teniendo hijos, no habrá casa lo suficientemente grande para ellos. Emilia sonríe al pensarlo. En el bolsillo tiene una cajita de *test* de embarazo. Se la ha comprado el viernes, pero no ha tenido tiempo de hacérselo. Ayer, casamiento; hoy, mudanza. Pero no importa; son todos sucesos felices y se relaja, a pesar de que otra vez ve a las mellizas con la boca negra de comer pasto y tierra del patio.

Fedele se acerca, le da un beso en la boca y le dice con su habitual buen humor: «Let's go». Y ella le da la mano, lo acompaña, como siempre han hecho el uno con el otro.

Domingo

Emilia abre los ojos y a su alrededor ve las paredes del cuarto que está estrenando. El rostro armonioso de Fedele descansa sobre la almohada al lado de ella. Hoy es un día de suerte. Ella no tiene náuseas y los niños, a pesar de que son las nueve, todavía duermen. Emilia y Fedele, temprano, han podido amarse sin prisa y con pasión, como les gusta. Fedele ha quedado exhausto y se ha dormido. ¡También... viernes, casamiento; sábado, mudanza; y domingo, sexo a las ocho de la mañana! Emilia sonríe. Mira el rostro de ese italiano que ama con locura desde que lo conoció. Él se mueve en la cama; ella agudiza su oído. ¿Alguno de los niños llora? ¿Alguno se ha despertado? No, se responde aliviada. Mejor para lo que quiere hacer. Se levanta despacio. No quiere despertar a Fedele; desea que descanse. Camina descalza y va a la sala. El gran ventanal muestra decenas de cajas por el piso que esperan ser ordenadas. Pero lo que ella quiere ver está sobre la pared. Son los dos cuadros del matrimonio Fiore, uno al lado del otro; y ellos, mirándose uno al otro, como si realmente pudieran verse. Es un dúo en el sentido más completo de la palabra, son una verdadera belleza de lo bien hechos que están. Emilia sonríe conforme y se retira. Podría quedarse un largo rato observándolos, pero el *test* de embarazo la espera.

Las dos pinturas disfrutan de su nueva casa. Gina y Camilo se miran. Al fin juntos, al fin.

Fin

Gracias, muchas gracias...

A Cecilia Cortabarría, por las informaciones sobre bebés en incubadoras, tan certeras como sólo las pueden dar las experimentadas madres de mellizos.

A la doctora Nuria Pelliza, por su paciencia para contarme acerca de los nacimientos en plena calle y otras emociones de la medicina.

A Gachi, mi amiga siempre presente en lecturas, corrección, presentaciones y la vida misma.

A Majo, por sus consejos literarios.

A Cuki, por leerme y acompañarme en cada libro.

A María Inés David, querida profesora de italiano, quien me explica con claridad cómo se escriben todas las expresiones que quiero poner en el libro en ese idioma.

A Paola Longo, piamontesa y directora de escuela, quien me hizo descubrir que cuando hay buena voluntad el idioma no es un impedimento para comunicarse.

A Ezequiel e Iván, por darme información italiana de primera mano y por traducirme.

A Silvana Corelli, por hacer de nexo para llegar a quienes necesitaba consultar con esa manera expeditiva tan propia de ella.

Al doctor Rubén D'Agostino, por ayudarme a encontrar los contactos apropiados.

Al profesor Cesar Vaccani del Instituto de Cultura italiano, por su gentil información sobre los hospitales italianos.

A Shunko Lárraga, mi corrector, por hacer su tarea con profesionalismo y pasión.

Al Municipio de Piacenza, Italia, por responder amablemente a mis corrcos.

A Mercedes Güiraldes, mi editora, fiel compañera en la aventura que significa cada libro que hemos hecho juntas.

A María José Zaldívar, por leerme con cariño antes de que el libro salga al mundo.

A Andrea Vázquez, por estar presente con su fuerza.

A Vero Brollo, por acompañarme a soñar.

A Alejandra Giusto, por la importante reflexión que compartimos y que verá reflejada en el libro.

A mi amiga Mónica Furia, porque es una «ídola»; ella sabe por qué.

A mi amiga Cristina Galván, en esta oportunidad por enseñarme a recorrer Piacenza en una hora.

A Cristóbal, por interesarse siempre en mis cosas.

A Oscar, por hacerse siempre tiempo para leerme, sugerirme y corregirme. Por estar siempre presente y de la mejor manera. ¡Gracias!

A Vicki, por corregir a mi lado y acompañarme siempre.

A mi hermana Silvana, por leerme y querer a mis personajes. ¡Silvi, gracias por leerme de nuevo, vos me entendés!

A mi familia toda, por aceptar mi gusto por escribir.

emecé